幸徳秋水伝

無政府主義者宣言

栗原 康

目次

はじめに ……………… 7
だいじなことはあとからわかる
ビバ、分子革命
そうさ、いまこそアドベンチャー

第一章　暴動はケアだよ ……………… 17
やるな、足尾暴動
アナキズムはパンデミック
もう革命ははじまっているもんね

第二章　おーい、伝次郎 ……………… 37
虚弱、虚弱ってうるさいんだよ
いくよくるよ、神風連の乱
素読《そどく》の身体感覚
デモぜよ！
自由は死すとも、板垣は死なず
囚奴《しゅうど》！　囚奴！　囚奴！
ああ、伝次郎！　ああ、人間！
ぼくは末っ子だから我慢ができない
伝次郎がさけびたがってるんだ

第三章　水になれ、炎をまきちらせ ……… 73
兆民先生は終生野人でした
明治はだまって裸足
世のなか、やっぱりカネだな
だって秋だもの――勢い、だいじ
われわれはみな平等の人間一匹である
あなたの忠誠はなんですか？
秋水のわすれがたみ
教育勅語か、それとも教育の無償化か
政治とは人間の腐敗にほかならない
自由は死んだ

第四章　わかっちゃいるけど、やめられない … 119
がんばれ、義和団！
非戦の心がとまらない――『二十世紀の怪物　帝国主義』を読む

（一）アナーキーの自発
（二）軍国主義はひな祭り
（三）敵なき敵対性をつくりだせ
「著」ではなくて「述」なのだ
直訴じゃあ！
グッバイ、兆民
レッツ・パーティ！
わたしは闇の土蜘蛛だ——堺利彦伝
革命は天なり、人力にあらざるなり——『社会主義神髄』を読む
（一）なにが生産力かよ
（二）革命は勢いだ——水到《いた》って渠《きょ》なる
天皇制はデモクラシー
ちょっといまから会社やめてくる
第五章　もう非戦しかないもんね ……175
平民社水滸伝、はじまるよ
非戦に理屈はいらない
ソリダリティdeわるだくみ
新聞は死の商人なのだ
戦争のために税金をとるというならば、納税はしない——ゼロタックス宣言
いま会いにゆきます
大学生、詩をまく——遊説、行商、コミューン、ビラまき
トルストイはこういった
悔改《くいあらた》めれば、朝憲紊乱《ちょうけんびんらん》
おまえの内輪《うちわ》に党はあるか——『共産党宣言』とはなにか
第二、第三、第四、第五の平民新聞をつくれ
革命のおばあちゃん、万歳
それより胃の調子がきょうもよくないんだ
アメリカにいきたい
多数をなめるな
第六章　わけのわからぬ出会いに身をまかせたい ……231
おまえが舵をとれ
移民問題は非戦だよ
お腹にやさしいアナキズム
ギブ、ギブ、ギブ、ギブ、ギブ、ギブ、ギブ、ギブ、ギブ、ギブ、ギブ、ギブ、ギブ、ギブ、ギブ、ギブ、ギブ
さよなら、ジョンソン

世界はそれをゼネストとよぶんだぜ
名もいらず、金もいらず、命もいらぬは、始末にゆかぬ
仲良しクラブのつきあいはまっぴらだ
東京へゆくな、ふるさとを創れ
ゼネストはノー・フューチャー
ごめんね、相棒
中国の革命家にかたる——道徳としての暗殺精神!?
インディビジュアル・コモンアクション——アムステルダム会議より
わたしはわたしの生を無条件でいきる
イギリスのクロちゃん
革命は人民の呼吸なのだ——クロポトキン『麺麭《ぱん》の略取』をよむ
ああ、わからない
なすではなく、なるであり、なすなのだ

第七章　がまんできない …………… 299

アナ、アナ、アナ、アナーキー
エビが食べたい
恐ろしい坊主だ
すでに段落はかわっている
天子、カネもち、大地主　人の血をすうダニがおる
だって、もう配っちゃったから
皆殺しの歌
日本の歴史はおしまいだ
ぼくは恋人のためなら革命なんて捨てますよ
なにが人間関係だよ
同情するなら、魔酔しろ
唯物論者、幸徳秋水の霊性——自己の良心を宇宙のことわりと合致させろ
管野須賀子ぜよ——ソフィア・ペロフスカヤはわたしだ
愛だろ
天下の大悪僧、逮捕される
やるべし、やるべし——新宮にて
爆弾投擲じゃあ!——ニヒルを突きぬけろ
なんか辛気くさいんだよ
夢をなめるな
先生、後生ですからいっしょに死んでください
湯河原にて

第八章　神もなく主人もなく　……………… 387
ぼくも天地をふるわせたい
大逆することがテロリズムなのではない、大逆罪そのものがテロリズムなのだ
須賀子、針を刺す
われわれはみな大逆人である——イサクとマルコのよもやま話
差し入れがこない
キリスト抹殺論とはなにか——おまえはおまえの神を殺しているか
おお、マザー　サンキュー、カムレード
無職！
秋水の本気
（一）検察の三段論法
（二）アナキズム入門
（三）革命とはなにか
（四）来たるべき蜂起
やばいよ、ジャパン　前代未聞、二四人に死刑宣告
がんばらなくっちゃ——生は余剰である
日本を抹殺するぜよ

おわりに　……………………………… 435
命がけでボヤボヤしようぜ
政府の無能は、統治の過剰
カルトじゃねえよ、神秘だよ

脚注　………………………………… 448

参考文献　……………………………… 466

幸徳秋水　略年譜　……………………… 472

はじめに

だいじなことはあとからわかる

こんにちは。みなさん、お元気ですか。こんかい、おとどけするのは幸徳秋水伝。元祖、アナキストのものがたりだ。

まずは正直にいっておきたい。はじめて秋水をよんだとき、わたしはそんなに魅力をかんじていなかった。高校生のころから大杉栄が好きだったので、その兄貴分、秋水もよまなければとおもい、がんばってみたのだが、なにせ漢文調の文章だ。

たまに口語体になるのだが、ここぞというときは漢文みたいになってしまう。きびしい。なにより、わたしは漢字が大の苦手。どうしてもなじめない。それに「革命は天なり」とかいわれても、いまいちピンとこないのだ。天ってなんだよ。

それこそ評伝をよんでも、街頭で活劇をくりひろげるわけでもなく、ひたすら筆をふるっている。秋水は実践のひとではなく、あくまであたまでものを考えて論理をふりかざすひとなのかとおもっていた。

そのイメージをくつがえしてくれたのが大学時代の師匠、梅森直之だ。あれは二〇〇三年のことだったろうか。当時、わたしは大学院生。イラク戦争があったので、あらためて秋水の著書『二十世紀の怪物　帝国主義』をよみかえしていたのだが、やっぱりおもしろいとはおもえなかった。

もちろん戦争の原因がものすごく論理的にかかれている。だけどいまからするとそんなに目新しいはなしでもなく、なんかワクワクしないのだ。しかしそんなときのことだ。たまたま梅森先生と大学院の先輩と二人でいたときに先輩がこうたずねた。「幸徳秋水って、どこがおもしろいんですか?」。

　すると梅森先生はこういった。「秋水はね、身体なんだよ」。えっ。キョトンとするわたしをおいて、先輩は「ああ、魔酔ですね。筆の身体ですか」といっていた。この数年前、梅森先生は「魔酔」ということばに注目し、秋水の文章論について論稿をかいていたので、そのはなしだったとおもうのだが、まだわたしはそれをよんでおらずチンプンカンプン[1]。だけどしらないと先輩に怒られるので、「なるほど」としったかぶりをして、あやうく難をのがれたのをおぼえている。

　しかしそのあとずっと脳裏にこびりついていた。「筆の身体」。このとき、わたしはもろに物理的なはなしだとおもっていた。そういえば、秋水って筆で漢詩をかいていたよな、書道の身体性みたいなものだろうかと。たとえば、「あ」という文字を描くとする。なにを描くのかはきまっている。だけどそれはパソコンをバシバシとうったらでてくる均質な「あ」とはちょっとちがう。

　筆をおろす。毛先から和紙に墨がつたわっていく。その筆先の強度によって、腕のうごかしかたがかわってくる。スルスルと流れるその勢いにおされて、文字の太さやかたちが決定されてゆく。自分でもそれがどうなるのかはわからない。だって、わたしが描いているんじゃない。筆先がうごいてしまうのだから。線は、ぼくを描く。

　よく考えてみると書道にかぎらず、ふつうに文章をかくときだっておなじことだ。わたしは本をかくとき、だいたいパソコンをうつまえに手書きでメモをつくる。もちろん筆ではない。ペン先の固定されたものをつかっている。ZEBRA。それでも手書きはタイピングとちょっとちがう。必要なことだけをかこうとおもっていても、ペンを走らせているうちに、なんだかもっと走れるとおもって、いきさきもわからぬままムダなことばをかきつけてしまうのだ。

あるいは、いちどかきおえてもノートに余白がのこっていると、なんだかムズムズしておさまりがつかなくなってくる。視覚の問題だ。色をかえてムダになにかかきこんでしまう。しかもこんなことをかいても無意味だとおもっているのに、それでもかいてしまうのだ。わかっちゃいるけど、やめられない。しかしあとから考えると、だいたいそういうフレーズがタイトルや小見出しになっているのだ。

だいじなのは全体をおもいえがき、それをきっちりと実現することではない。おもしろい文字は、いつもその目的や計画の外にあらわれる。しかもいちどうごきはじめたら、自分の意識では制御できない。こんなふうに筆をうごかしたら、文字のかたちがくずれてしまう。こんなフレーズをかきこんだら、ものがたりが台無しになってしまう。それでもかいてしまうのだ。自《おの》ずから発する勢いをだれもとめることはできない。アナーキーの自発。だいじなことはあとからわかる。

ビバ、分子革命

当時、そんなことを漠然とおもいながらも、夢中になっていたのはあくまでイラク反戦運動。はじめてデモにいったのもそのころだ。大学院の友人たちと、はりきってプラカードをつくったのをおぼえている。なにをかいたらいいのかわからなくて、けっきょく院生部屋にころがっていた本のタイトルにした。「分子革命(2)」。

われながら、かっちょいいのをつくってしまった。しかもいざデモにでかけてみると日比谷公園に七〇〇〇〇人くらいあつまっている。もう自慢したくてたまらない。デモの出発まで時間があったので、プラカードをもって公園をウロチョロしていた。すると、とつぜん男が駆けよってきて、すごい剣幕でわたしにまくしたててきた。「おまえらのせいで日本のデモにひとがあつまらなくなったんだよ。まだわからないのか」。

えっ、いったいこのひとはなにをいっているのだろう。おれ、日本、デモ。いつもの癖でヘラヘラしていると、男は「ふざけるな」とさけんで、プラカードをうばいとろうとしてきた。やめろ。必死にプラカードをひきはなす。なおもつかみかかってくるので、ダッシュで逃げた。おいかけてくる男。ひゃあ、こわいよ。うしろから「帰れ」という罵声がきこえてくる。チキショー。

ようやく逃げきって、大学院の友人たちと合流したものの、もうグッタリだ。みんながなぐさめてくれたが、なんだか気持ちがおさまらない。はじめてのデモでウキウキしていたのに、なんであんなこといわれなきゃいけないんだよ。ひとり木陰にすわって、うなだれてしまった。帰りたい。すると、こんどは「ヒャッハッハ」と笑い声がきこえてくる。顔をあげると、メガネのお兄さんがニタニタしながらはなしかけてくる。「きみ、バカだねぇ。最高だよ」。そういって去っていった。だれだろう。

しかしおかげで元気をもらえた。まもなくデモがはじまったのでテコテコと道をあるいていると、さっきのお兄さんが一〇人くらいで警官隊にむかって、猛烈に「帰れ」とさけんでいる。たのしそう。わたしが目をパチクリさせながら、それをながめていると、隣りにいた友人がこういった。「あれがアナキストの矢部史郎さんだよ」。

不思議なことに、それがずっとあたまにこびりついていた。なんかすごいお兄さんがいたなと。そして、その記憶にスルスルとみちびかれるかのように、数年後、ひょんなことでしばらく矢部さんにくっついてうごくことになった。わたしのアナキズムについての知識は、だいたいそのときにおしえてもらったことだ。アナキズムの師匠である。気づけば、おもしろくて無我夢中。せっかく大学院にいったのに研究論文をかくことも、就活することもわすれてしまった。

だけどまわりにはおなじようなニオイのする変な子たちがいっぱいいて、みんなプラプラしている。ちょっと一、二年、がむしゃらになにかをやってみようか。矢部さんにさそわれる。どうも北海道の洞爺湖でG8サミットがあるらしい。世界中の権力者があつまって、「いやあ、権力って最高だね」といいにくるらしいので、それをとめにいこうと。でも夢中になっているうちに、当初目的としていた以外のことにシャカリキになっている。北海道でキャンプがしたい。

もちろんサミットに反対するためだったのだが、みんなが泊れるようにキャンプ地を用意していたら、キャンプ自体がたのしくなってしまう。なにせ権力者をやっつけるために、世界中からわけのわからぬ連中がわんさかあつまってくるのだ。ワクワクしてたまらない。ムダな時間をともにすごす。そしたらまたそこで出会った変な子たちとなにかしらをはじめてしまう。

ちょっと一、二年、なにかやってみようか。学生に賃金を。借りたものは返せない。はたらかないで、たらふく食べたい。放射能を食えというなら、そんな社会はいらない。地図はなくてもあるいてゆける。未来のない運動をやろう。そのつど大マジメになにかにとりくんでいるのだけど、ふと道草を食っているうちにまったく別の道にすすんでしまっている。またちょっと一、二年、寄り道をしてみようか。またちょっと一、二年。ずっとそのくりかえしだ。でもきっと自分にとってだいじな思想や経験というのは、そうやって横道に逸れているときにつちかわれているのだとおもう。

なにがおこっていたのか。筆の身体だ。きっと、デモでわたしにからんできたひとからすれば、運動というのは先をみとおせるひとたちが見取り図を設計して、そのとおりに実行するものだったのだろう。戦争をとめたい。そこまではみんなおなじなのだが、それを実現するために、政府により大きな圧力をくわえなくてはならない。自分たちは立派なことをやっているとメディアにアピールし、好意的にとりあげてもらってたくさんのひとをあつめる。それが将来、戦争をとめる力になっていくのだと。

だけど、そんなことをつづけていたらどうなるか。あたまのなかにおもいえがかれた運動の見取り図を合理的にこなすことしかできなくなる。できないと不安になる。ときにそれがいらだちにかわる。気づけば、運動を効果的にすすめてくれる人たちに絶対服従。そして、みずからすすんで不穏分子をとりしまるのだ。市民ポリスかよ。オール・コップス・アー・バスターズ。

そうならないためには、どうしたらいいか。もちろんなにかを企てなければ、なにもおこらない。この腐った世界に描きつけてやりたいことはいくらでもある。しかしだいじなのは、筆先でものを考えることだ。ヒャッハッハ。だれかが笑う。想定外の出会いがうまれる。ほんのちょっとしたことで、自分のあたまを被っていた目的の殻がパリンとわれる。身体が勝手にうごきだす。

そのときはなにがおこっているのかわからないかもしれない。だけどまるで分子同士で化学結合でもひきおこすかのように、ひとたび出会えばおのずとあたらしいなにかに変わってしまう。おもってもみなかったような文字をかきはじめる。こんなにワクワクすることはない。秘めた力、自分じゃわからないよ。ビバ、分子革命。

そうさ、いまこそアドベンチャー

デモのはなしばかりではない。いまこの社会では、自分の将来をいかに合理的に設計し、うまく生きられるのかが問われている。人生の見取り図だ。その合理性にしたがうことがどんどんあたりまえになっている。よい学校にはいれ。よい会社にはいれ。たくさんカネを稼げ。たくさん税をおさめろ。世のなかが混乱し、将来が不安定になればなるほど、はじめから数字で計れるものがよりどころになる。たえまのないリスク管理。自分の将来を自分で選択するのだ。セルフコントロール。あたかもそれが人間の「自律」を意味するかのようにいわれている。

だが、その自律は人間をたやすく社会の奴隷にしてしまう。会社から命じられたことにみずからすすんでしたがってしまう。うつ病になってもはたらいてしまう。体をこわしてもはたらいてしまう。過労死してもはたらいてしまう。リスクを計算したら辞められない。だって、わたしの将来がかかっているのだから。

さらに危機のときほど、そのプレッシャーは強くなる。戦争、震災、コロナ。よく考えれば、なにもしてもらったことなんてないはずなのに、なぜかみずからすすんで国家にすがりつく。国家が緊急事態だといえば、人権侵害もなんのその。ロックダウンもなんでもいいなり。逆に、国家が安全だといえば、根拠もないのにみんな安心。自律の名のもとに、みんな国家に隷属させられていく。

まとめるよ。自分の将来を自分で統《す》べる？　耳触りのよいそのことばにだまされてはいけない。気づけば自己奴隷化させられている。権力者にとって都合のよい自分にさせられている。自己統治ってなんだ。純然たる支配だ。

しかしそんないまだからこそ、語義どおり「統治できない」という意味での「アナーキー」がだいじなのだとおもう。ふとした出会いがあれば、ひとはだれでもポンッと社会をつきぬけてしまう。もはや自由意思や個人の選択の問題ではない。自分にとって真にだいじなことは、自分ではコントロールできないものなのだ。まるで天にでも命じられたかのように、あらがいがたい力で身体がうごいてしまう。その先に将来はない、リスクしかない。なのに、そうすることがさだめであったかのように、ごく自然にやってしまうのだ。自《おの》ずから然《しか》り。

もうこれ以上、はたらけない。国も会社もどうでもいい。いうことなんてきやしない。いちどその力に身をひらいてみれば、別次元の生がみえてくる。ひとり、ふたりと変な友だちがやってくる。友だちにあまえる、あまえられる。影響をあたえる、あたえられる。もはやだれがいいはじめたことなのかもわからなくなってくる。するとひとりではおもいもしなかったことをやりはじめる。あれもできる、これもできる、もっとできる。なんにもせずに、ただ寝そべる。やめられない、とまらない。革命は天なり。

われもわれもとわれをわすれて、横道に逸れたことをやりはじめる。なにものにも統べられなくなっていく。自分でも自分を律することができなくなっていく。それがアナーキーだ。本来の意味での「自律」なのだ。自律はあまえだよ。

よし、そろそろはじめましょうか。最後にひとつだけ。わたしとおなじく漢字が苦手なみなさん。安心してください。めっちゃルビをふっておきました。ということで、準備完了、エンジン全開。わけのわからぬ出会いに身をひらいてゆきたい。この世はでっかい宝島。そうさ、いまこそアドベンチャー。いくぜ、秋水。

第一章　暴動はケアだよ

やるな、足尾暴動

一九〇七年二月四日、午前八時。舞台は、栃木県の足尾銅山だ。古河市兵衛《ふるかわいちべい》ひきいる古河鉱業が経営し、年間、数千トンもの銅を産出。当時、八二三四人の従業員をかかえていた日本最大の銅山だ。

しかし、その排水からは鉱毒がまきちらされていて、渡良瀬川《わたらせがわ》流域ですさまじい公害をひきおこしていた。カネもうけのためなら、人命を犠牲にすることもいとわない。鬼の古河だ。そんな悪名たかい足尾銅山で、前代未聞の大暴動がまきおこる。

はじまりは通洞坑《つうどうこう》。なかなかイメージしにくいかもしれないが、足尾銅山には銅を採掘するための三つの坑道があり、主要坑道である本山坑《ほんざんこう》と小滝坑《こたきこう》。そして、その二本を横一線で結んでいたのが、この通洞坑だ。

各坑道にはいくつもの見張り所が建てられていて、会社から派遣された職員が常駐し、坑夫たちを監視していた。仕事をサボるものがいれば上に報告し、給料をさげたり、配給される米の量をへらしたりするのだ。

職員のなかにはその権限をよいことに、会社に悪く報告されたくなければ賄賂をよこせといって、坑夫たちをおどす者もおおかった。ただでさえ、過酷な現場で給料もすくない。それでいて小銭もせびられる。ふざけやがって。

この日、ついに坑夫たちの怒り爆発。数人が見張り所におしかけた。ハッシ、ハッシ。おもいきり石ころをぶん投げる。パリンッ、パリンッ。見張り所の窓ガラス、そして電灯が音をたてて砕け散った。よっしゃあ。

坑夫たちは応援をよばれないように電線を切断し、そのまま投石につぐ投石だ。

これはたまらんと職員たちが逃げだしていく。ならばよし。坑夫たちは見張り所が無人になったのを確認すると、躊躇《ちゅうちょ》せずにダイナマイトを放り投げた。ズッドーン。坑内にすさまじい爆発音がひびきわたる。それを狼煙《のろし》として、坑夫たちがたちあがった。ウフォオオオオオオ。二〇〇人、三〇〇人、またたくまに坑夫たちが見張り所を襲撃していく。

さわぎをききつけた永岡鶴蔵《つるぞう》と南助松《すけまつ》。いそいで坑夫たちのもとに駆けつける。二人はベテランの坑夫で仲間たちの信頼もあつく、それでいて社会主義者でもあった。大日本労働至誠会《しせいかい》の足尾支部をたちあげて古河鉱業と交渉し、坑夫たちの待遇改善をはかっていた。だがそのやさきの暴動である。

このままではうまくいく交渉もうまくいかない。二人は必死になって暴動をとめた。やめてけれ、ゲバルト。坑夫たちはその場でこそ二人の顔をたて、ウンウンと話をきいていたが、二人がたちさるともうきかない。石ころを手にとり、見張り所におしかけた。やれ、やれ、やっつけろ。

当時、足尾銅山には警察が二〇人ほど派遣されていたが、荒れ狂った坑夫たちをまえにして怖くてだれも手をだせない。傍観だ。午後一〇時まで、阿鼻叫喚《あびきょうかん》。怒号と投石がやまなかった。

翌日の二月五日、午前七時半。暴動は本山坑にまで波及する。まずは数百人であつまって列車をとめると、正午から坑内の見張り所にくりだしていった。七〇人、八〇人の坑夫たちが投石をする。

職員をひきずりだし、罵声をあびせかけ、ここぞとばかりにぶん殴る。職員三人が負傷。しらせをうけた坑内の職員たちは、恐れをなしてみな逃げだした。どこもかしこも無人の見張り所。そこに怒涛の投石だ。ひろえるだけひろえ。投げられるだけ投げろ。坑内の見張り所がことごとく破壊されていく。

　ここまではまだおとなしい。暴動のしらせをうけ、五日、日刊『平民新聞』の特派員としてやってきた西川光二郎は、東京にいる社会主義者たちにむけて、「来て見れば騒擾《そうじょう》案外に小なり」とかきおくっていた。なめるな。

　事態が急変するのは、翌六日のことだ。午前九時、本山坑にいた坑夫たちが二手にわかれ、坑外にくりだしていく。ねらうは会社の事務所と役員の邸宅、そして選鉱場だ。坑夫たちが石ころやこん棒を手にもって事務所を破壊していく。そのとちゅう、役宅のまえで鉱山所長、南挺三《みなみていぞう》にでくわした。こんにちは。ある坑夫が南所長の頭をこん棒でぶったたいた。ボコッ。ああっ。それをみていた警官がおもわず坑夫を逮捕する。すると、なんてことするんだと坑夫たちが警官をおしたおし、そのままボコスカなぐりはじめた。

　そのスキをついて、南所長がはいつくばりながら逃げだしていく。役宅にこもり、床下に隠れて息をひそめた。それをさがす坑夫たち。悪い子はいねえか。三時間かけてようやくみつけだし、南所長をひきずりだしてめったうちだ。

　殺すな。仲間うちから声がかかる。そりゃそうだ。いつも偉そうにふんぞりかえっている南所長が、命乞いをしているすがたをみられればそれでいい。病院にはこんでやった。おとといきやがれだ。

　しかしそのかんに、なぜか南助松と永岡鶴蔵が逮捕されてしまう。暴動を教唆《きょうさ》・扇動《せんどう》したというのだ。警察は社会主義者をつかまえれば、暴動がしずまるとでもおもっていたのだろう。むろん逆だ。だれも坑夫たちをとめるものがいなくなってしまった。ここからはもう、やりたい放題だ。

午前一一時、坑夫たちが本山倉庫を襲撃。そこから米、味噌、醤油、そして酒をうばいとった。うおお、酒だ、酒があるぞ。坑夫たちがベロベロになって気炎をあげる。エンジン全開。覚醒だ。酒があるからこいよ、こいよ。長屋をまわって、仲間の坑夫たちをさそいだす。またたくまに五〇〇人、六〇〇人と人数がふくれあがった。

日ごろ、賄賂を要求してくる現場職員を襲撃する。それでもものたりないと、こんどは偉そうにヒゲをはやし、洋服を着ている役員たちを殴りつけた。ちょうどそのころ、取材にきていた西川が、ようやく本山坑に到着。あたりをみわたすと、坑夫たちが選鉱場に群がっていた。

記者はこの報に接して本山に急行せしに、おりから選鉱場打毀《うちこわ》し中にてありき。仕事着草鞋《わらじ》ばきのままなる坑夫は猿のごとく高く選鉱場の屋根に走《は》せ登りて、手にせる鉄槌鉈《なた》等をもって屋根を毀《こわ》し、屋根に上らざる者は戸柱等を引き出してこれに火をつけつつありたりき。(1)

群衆と化した坑夫たちがだれの指示をうけるわけでもなく、おのずと連係プレーをしはじめる。ある者は「猿のごとく」スルスルと建物をよじのぼり、屋根を鉄槌と鉈《なた》でたたきこわす。

そんなすがたをみてしまったら、だれもかれも身体が震えてとまらない。まるでウイルスに感染したかのように、つぎつぎと猿となって建物にとびついていく。ウキャキャキャ。下にいる者たちは戸や柱をひきたおし、火をつけて建物を燃やしていく。

どこもかしこも猿、猿、猿だ。バカ騒ぎしているだけかとおもいきや、あっという間に選鉱場をうちこわしてしまった。猿たちの群衆知性。屋根にのぼりたい。

そして午後四時。だれかが石油倉庫に火を放つ。ブフォオオオオオオオオ。竜巻のごとく黒煙が舞いあがる。地獄の炎が天空を焼き尽くしていく。太陽が黒い。業火のなか、猿たちがもうとまらない。一人の震えがさらなる震えをまきおこしていく。それまで野次馬だった坑夫たちが、われもわれもと暴動にくわわる。ほうら、焼けたぞう。会社の施設、役員宅をじゃんじゃん放火。燃やせるだけ燃やせ。うばえるだけうばえ。その後、暴徒たちは商店におしいり、略奪を開始。メシを食わせろ。しかし略奪よりもさきに火がまわる。米がほしい。だが目のまえで米ごと倉庫が燃えていく。アチッ。死ぬおもいでもちだしても、手にはわずかばかりのまずい古米。いるか、こんなものォ。

この火事を見るべく予《よ》は本山方面に向かいしに、本山方面には群集中に酔漢《すいかん》はなはだ多かりき。これ倉庫より酒を取り出して飲みしものなるべし。一人の巡査も見受けざりき。彼らはそもそもどこを警戒しつつあるにや、また河中を見しに米五六十俵捨ててありたりき。これは倉庫より取り出して捨てしものなるべし。余《よ》は川向うに盛んに燃えつつある火と、余《よ》が立てる付近を往来する酒気を帯びたる多くの鉱夫とを見ながら、実に実に深き感慨に打たれざるを得ざりき。(2)

これは午後一〇時半、西川が記事に書いたものだ。川向いから足尾銅山の建物が炎上しているのがみえる。

火の粉がつぎからつぎへと燃えうつっていく。燃えさかる炎のなか、酔っぱらった坑夫たちが猛ダッシュ。どこへいくんだよう。

ふと川に目をむければ、五〇俵、六〇俵の米俵がぷかぷかとういている。坑夫たちが倉庫からうばいとり、川にうち捨てたのだ。暴徒たちが目的を逸脱していく。ちゃんと食わせないことに腹をたてていたのにその米を燃やし、川に放りこんでいるのだ。

これまで食いっぱぐれないために、会社のいいなりになってきた自分の人生。それを米俵ごとかなぐり捨てる。会社のため？　米のため？　そんなものにはもう縛られない。自由だ。西川はそんな光景をみて、「実に実に深き感慨」にうたれてしまう。

翌七日の午前二時、火が燃え尽きた。坑夫たちはさわぎすぎてうごけない。そんななか、やってくるのが権力だ。午前三時、まずはめざわりな記者、西川を逮捕。その後、高崎連隊三個中隊、三〇〇人が足尾銅山をとりかこんで、空砲射撃。だが、その場にはだれひとりいなかった。

みんなつかれはて、帰宅して寝ていたのだ。だが、軍と警察はむりやり三〇〇人を拘束。八日から九日にかけて、六二八人を逮捕した。うち一八二人を起訴。ちなみに死者は一名。酒に飲まれた坑夫が、火に飲まれて焼け死んだそうだ。ざんねん。被害としては建物六五棟が破壊され、うち四八棟は焼失。損害額はおよそ二八万円。いまでいうと、九億三〇〇〇万円くらいだ。正直、額が大きすぎて実感がわかない。やるな、足尾暴動。

アナキズムはパンデミック

このとき、われらが幸徳秋水は三五歳。アメリカから帰国したばかりで、いちばんイケイケだったときだ。当時、社会主義者たちは日本社会党を結成。日刊『平民新聞』を発行して、その宣伝につとめていた。さきほどの西川光二郎や南助松、永岡鶴蔵もみなメンバーである。むろん秋水もそのひとり。東京にいた秋水はこの事件にワクワクして、西川の記事にくぎづけになっていた。

後述するが、かつて秋水は田中正造にたのまれて、鉱毒被害の惨状をうったえるために、天皇への直訴状をしたためたことがある。そのにっくき足尾銅山で大暴動。おのずと気分が高ぶってしまう。いつも冷静な秋水が西川の記事をまちつづけ、いまかいまかと落ちつかない。ある同志がこんな記述をのこしている。

> 事件起ると聞くや幸徳は興奮の余《あま》り自らを制止することが出来《でき》ず、社の入口を出たり入ったりして、如何《いか》にも感に堪へざる面持《おもも》ちであるのを見受けた。(3)

よっぽどだ。血沸き肉躍る。西川の記事をみて、秋水は身体をふるわせていた。かつて田中正造がいくら公害被害を議会にうったえてもなにも変わらず、天皇に直訴してもやっぱりなにも変えられなかった。だが今回の坑夫たちはちがう。政治家にもだれにもたよらない。それなのに、たった三日で銅山をおとしたのだ。自分のことは自分でやる、やれるのだ。暴動の結果、大日本労働至誠会は壊滅してしまうし、坑夫たちは全員解雇。会社が好ましいとおもう人材だけが再雇用されたのだが、それでも労働者の待遇はすこし改善された。

なにより、上からの命令には絶対服従。そうしなければ生きていけないとおもわされてきた自分の人生を、自分自身でうち砕いたのだ。いざとなったら、会社なんてなくてもいい。米を奪いとってでも生きぬいていく。その米すらなくたっていい。たとえ朽ち果ててでも、だれにもなんにも縛られない。真に自由な生がありうるということを、いまここでしめしたのだ。自律《オートノミー》。

さて、暴動から一〇日後のこと。二月一七日、東京神田錦町の錦輝館《きんきかん》で、日本社会党第二回大会がひらかれた。参加者は六四人。来賓席には、文学者の徳富蘆花《とくとみろか》、自由党の老壮士、奥宮健之《おくのみやけんし》などの著名人もみられた。まずは石川三四郎の緊急動議。つかまっている南や永岡、西川に、党の名前で慰問電報を送りましょうというと拍手喝采、満場一致で可決された。だが、幹事役の堺利彦が党の運動方針についてはなしはじめると、いっきに険悪ムード。

「わが党は、労働者の階級的自覚を喚起し、その団結・訓練につとむ」。堺はあえてその具体的な方法を明記しなかった。運動方針を一本化するとモメてしまうから、党員一人ひとりの任意にゆだねようとしたのだ。

これにたいして、アメリカ帰りの経済学者、田添鉄二《たぞえてつじ》が異をとなえる。「わが党は、議会政策をもって、有力なる運動方法の一なりとみとむ」の一文をいれろと。社会主義の実現のためには政権をとるしかない。だがいまだに制限選挙。カネもち男子にしか選挙権がなく、その代表者しか議員になれない。まずは普通選挙権の獲得が急務だ。その運動にたずさわるのが党員の義務なのだと。

ここまで、だまってはなしをきいていた秋水。するどい眼光で田添をにらみつけた。くだらないことをいいやがって。やがてゆっくりと口をひらき、こういいはなった。もはや議会は無用である。労働者は政治家に依存しなければなにもできない？　なめんな。労働者の解放は労働者自身の手でなさなければならない。議会も選挙もその力をよわめるだけだ。

そういうと秋水はテコテコと演壇のまえにたち、だれにもたのまれてもないのにいきなり演説をぶちはじめた。

田中正造翁は最も尊敬すべき人格である、今後十数年の後と雖《いえど》も、斯《かく》の如《ごと》き人を議会に得るのは六ケ敷《むずかしき》と思ふ、然《しか》るに此《この》田中正造翁が、二十年間議会に於《おい》て叫だ結果は、何《ど》れ丈《だけ》の反響があつたか、諸君あの古河の足尾銅山に指一本さすことが出来《でき》なかつたではないか、然《しか》して足尾の労働者は三日間にあれ丈《だけ》のことをやつた、のみならず一般の権力階級を戦慄せしめたではないか、（拍手）暴動は悪《わ》るい、然《しか》しながら議会二十年の声よりも三日の運動に効力のあつたこと丈《だけ》は認めなければならぬ。

私は今日直ちにストライキを遣《や》れとは言はぬ、併《しか》しながら労働者は団結と訓練によりて十分に力を養はなければならぬ、今日社会党が議会政策や議員の力を信ずるか、或《あるい》は労働者自個の力を信ずるかと云《い》ふ此《この》分岐点は、将来社会党が紳士罰の踏台となるか否かの運命を決する分岐点となることを信ずる、私は此《こ》の点から此《この》修正案を提出したのであります。（拍手）(4)

この演説を足尾暴動の熱気冷めやらぬなかでうったのだ。どれだけ会場が高揚につつまれたことだろう。議員の力を信じるか、それとも「労働者自個」の力を信じるか。ズバババババババ。怒涛の拍手。

奴隷の生はまっぴらごめん。ブルジョアに支配されるのも、政治家に支配されるのももうたくさんだ。自分のことは自分でやる、自分たちでやる、やれるのだ。生の直接性をつかみとれ。直接行動あるのみだ。そして、その力だけが真に権力者を戦慄させる。ビバ、ダイレクトアクション。

その後、評決をとると、田添の議会政策案が二票。幸徳の直接行動案が二二票、堺の原案が二八票で、けっきょく堺案が採用されることになった。ちっ、なんだよ。評決に敗れた秋水がイラつきをかくさずにたちさっていく。だが、田添案に二票しかはいらなかったことからも、直接行動派が議会政策派を圧倒していたことがわかる。それくらい秋水の演説が仲間たちの胸をうっていたのだ。

しかしこのときの秋水を批判して、かれの直接行動論は机上の空論にすぎないというひともいる。労働組合の組織的基盤すらないのに、ムダに過激なことをあおって、社会主義者たちの関心を現場から乖離《かいり》させてしまったのだと。

かれらはいう。坑夫たちは無知であり、組合指導者が正しく導いてやらなければどうにもならない。その組織をまもるためには政治家に労働法制を整備してもらわなければならない。労働組合の組織拡大、その力をつかって選挙活動だ。そんな地道な努力をぬきにして、労働者の生活が改善されることはない。現実をみよと。

じっさい南や永岡からすれば、長い年月をかけて坑夫たちをまとめあげてきたのに、暴動一発で弾圧をまねき、大日本労働至誠会を壊滅させられてしまった。だから、坑夫たちを考えなしに暴れさせてはいけない。われわれが正しく導いてやらなければならないと考えていたことだろう。南や永岡と親しかった西川も幸徳を批判し、議会政策派の立場をとった。リアルポリティクスである。

だが、秋水のリアルはちがう。組織の維持拡大ではない。「猿たちの群衆知性」だ。自分一人ではなにもできないとおもっていた坑夫たちが、だれに命じられることもなく、仲間たちとつるみ、即興で足尾銅山を火の海におとしいれた。会社の命令にしたがわないだけではない。組合指導者にもしたがわないのだ。

今回の足尾の騒動の如《ごと》きは、或《あ》る首領なるものが代表したる運動では決してない、彼等の間には首領はない、彼等は実に直接の運動を取つたのである。(5)

もしかしたら、この発言に違和感をおぼえるひともいるかもしれない。だったら、日本社会党とか「党」を名のるなよと。社会主義で「党」といえば、共産党よろしく党中央からの命令は絶対であり、その鉄の掟にしたがわなければ即排除。「首領」が代表する運動そのものではないかと。

だが、そんな党のイメージが定着する以前のはなしである。おそらく幸徳にとって、党とは「徒党を組む」という意味だったのだとおもう。じっさい、かれはニヒリストやアナキストのことも「虚無党」「無政府党」とよんでいた。徒党を組んでハチャメチャなことをやらかすのだ。レッツ・パーティ。

暴動に首領はいない。代表者のいない運動だ。統制もない。秩序もない。束縛もない。やれるとおもったやつがやれるとおもったことをやるだけだ。他のやつをみていたら、それまでやれないとおもっていたこともやれてしまう。そのつどその場で、群衆一人ひとりが身体にわきたってくる集団知性を発動させていく。無秩序の秩序を創出しよう。それを他のだれでもない、自分たち自身の力でつくりだすのだ。

運動が組織をこえていく。その首領の手にも負えなくなっていく。その場にいた坑夫たちだけではない。この年、足尾暴動を起点として、他の鉱山でも続々と暴動が勃発していった。あの猿たちのウイルスが山から山へと感染していったのだ。鉱山ばかりではない。社会主義者の首領とみなされていた秋水自身も猿になっている。あとは自分がウイルスとなって感染爆発をまきおこすだけのことだ。猿の惑星をつくりだせ。

いや、もしかしたら、もともと秋水はウイルスそのものだったのかもしれない。足尾暴動のすこしまえ、アメリカで弾圧をうけていた日本人同志たちにむけて、つぎのようなエールを送っている。

仏国革命の偉人ダントン叫んで曰《いわ》く、
大膽《だいたん》なれ、大膽《だいたん》なれ
而《しか》して更《さら》に大膽《だいたん》なれ(6)

そして、こうつづけるのだ。

団結は勢力也《なり》、熱誠《ねっせい》は大膽《だいたん》を生ず。(7)

どえらいメッセージだ。迫害されたらもっと大胆になれである。一人の熱情が、また一人、また一人と熱情をひきおこし、やがて百、千、万の熱情をうみだしていく。団結は勢力である。熱気が熱気をうみだす力の勢いである。その勢いこそが、だれにも制御できないほどの大胆さをうみだしていく。

いいかえよう。団結は暴動だ。あばれゆく力そのものだ。その火の粉がさらなる爆発をまきおこしていく。あっちも火の粉、こっちも火の粉。そうしてさらなる大爆発へと連鎖していくのだ。幸徳秋水のリアルとはなにか。万国の労働者よ、団結せよ。おまえの上にボスはいらない。もっと大胆になれ、もっと大胆になれ。アナキズムはパンデミック。われわれはみなウイルスなのだ。

もう革命ははじまっているもんね

しかし、それでも秋水のリアルは暴動のリアルであって、坑夫たちの生活には即していないというひともいるだろう。だがそれもちがう。むしろ秋水は坑夫たちの日常に潜んでいる自律の感覚をつかんでいたのだとおもう。この点をすこしみておこう。まずはこれだけあたまにいれておきたい。

一、友子《ともこ》同盟

二、　飯場《はんば》制度
三、　古河鉱業

江戸時代から、鉱山では熟練坑夫の存在が欠かせなかった。ちょっとしたミスで大事故だ。機械の入れにくいこの仕事では、とにかく坑夫の腕がものをいう。だから会社もベテランの坑夫を重宝した。一つの仕事を終えたらまたつぎの鉱山へ。その渡り坑夫たちがネットワークをたちあげた。友子《ともこ》同盟だ。

きびしく技術を指導。それればかりでなく、みんなで資金を拠出してたすけあいだ。どこからともなく坑夫が流れつき、自分は友子同盟の一員だと名のったら、一宿一飯をほどこしてもらえるし、仕事に空きがあれば紹介してもらえる。なければないで、他の鉱山にいくまでの路銀をねん出。怪我や病気ではたらけなくなれば、これからの生活費を工面してもらえる。相互扶助だ。

だがそこに飯場《はんば》制度がからんでくる。鉱山労働はマジ過酷。会社が公募をだしただけでは、ひとが集まらない。そこで力をもったのが飯場頭《はんばがしら》だ。飯場とは坑夫たちの宿泊所のこと。掘立小屋だ。そこに坑夫たちを放りこみ、衣食住を提供する。飯場頭はその世話人で、ベテラン坑夫がその役をひきうけることがおおかった。

仕事についても、かれらが自分の縁をたどって若者を勧誘してくる。世話人だからと給料のうけわたしもかってでて、ときに食事や作業道具にカネがかかったとウソをついては給料をピンハネし、酒やバクチを斡旋《あっせん》して借金漬けにしてしまう。

そうやって借金返済までは辞められない、逃げられない状況においこんで、坑夫たちを奴隷のように酷使するのだ。坑夫たちはあまりの疲労に、また酒とバクチで気をまぎらわせる。借りたものは返せない。

暴動の直前、足尾銅山では友子同盟の資金を飯場頭が管理していた。坑夫たちに給料をわたすまえに、その分をさしひいて積みたてることになっていたのだ。これを「箱」とよぶ。むろん、ただピンハネされていただけで、だれにもちっともつかわれない。南や永岡たちの大日本労働至誠会はこのことを問題にしていた。

おれたちの「箱」を返しやがれ。おおくの坑夫たちがこれに賛同。あまりの圧に、飯場頭も折れはじめていた。だけどここでもう一つ、大きな問題がたちはだかる。会社だ。二〇世紀初頭にもなると、古河鉱業は徐々に機械化を導入。熟練坑夫の手作業にたよらなくても、なんとかできる余地が増えてきた。仕事の斡旋についても、会社の力でなんとかなりはじめていた。

だからだ。まえにもいったように、会社から派遣されてくる現場職員の権限が増してくる。仕事の評価は職員がきめるから、みんなヘコヘコあたまをさげる。坑夫も飯場頭も賄賂をせびられればことわれない。ああ、職員さま。

仕事をサボれば、配給される米の量をへらされる。地獄だ。そもそも当時、古河鉱業の南所長は公害対策のためにカネがかかるといって、坑夫たちの人件費を削減していた。そのひとつが米である。たかい国内米をやめにして、やすい南京米を食事にだす。しかもそれを大量に買いこんで倉庫にしまい、何年もかけて古米をちょっとずつ配るのだ。くさいよ、まずいよ、ふざけんな。

しかも以前は慰安のために、酒が配られることがあったのに、それも合理化されてしまう。倉庫に酒はあるのに、もらえた酒がもらえなくなってしまった。カネを払わずに倉庫からとれば窃盗だ。チキショウ。

もう一つは廃材問題だ。それまで、坑夫たちはいらなくなった廃材を勝手にもちかえることができた。いらないのだからもらうまでだ。むろん廃材といいはって、新品同然のものをもっていってしまうこともあっただろうが、それも問題ない。だって、ほんらい鉱山《ヤマ》はだれのものでもないのだから。ヤマはみんながはたらき、みんなが住まう共有地だ。そこにあるものを必要な範囲でもちかえるのに、なんの問題があるだろう。

それをとつぜん会社が禁じはじめたのだ。このヤマは会社の所有物、私有地だ。だから、そこにあるものを奪ったら窃盗であると。所有とはなにか。

なにがおこっていたのか。収奪だ。友子同盟からすれば、もともとみんなで助けあうためにカネを拠出しあっていたはずなのに、その「箱」をチンピラまがいの飯場頭にうばわれてしまった。だから坑夫がケガや病気でたおれたら、給料をピンハネしているはずの飯場頭に頭をさげて借金をするしかない。奴隷労働にまっしぐら。

あるいは、タダで飲めたはずの酒が飲めない。うまい米が食べられない。廃材をひろって生活の足しにすることもできない。生きていくためには、とにかく会社から賃金をいただくしかない。現場職員にペコペコだ。賃金奴隷にまっしぐら。

想像してみよう。ある日とつぜん、みんなで共有していたものがうばいとられる。会社や飯場頭に独占される。私的所有権なるものを主張される。つかえば泥棒といわれてしまう。くやしい。マルクスだったら、これを「資本の本源的蓄積」というだろうか。資本主義が稼働するためには、賃労働があたりまえにならなくてはならない。たとえ奴隷のように酷使されても、ほかに生きる術はないかのようにおもわされる。

一六世紀のイギリスでは、ジェントリとよばれる大地主たちが小農民の共同耕作地をうばいとった。それまでだれのものでもなく、みんなのものだとみなされていた入会地。所有権があいまいだったその土地に垣根をたてて、大地主がいきなり俺さまのものだと宣言したのだ。今後は私有地だから、侵入すれば犯罪者。武装したチンピラを雇いいれて、さからうものたちを血祭りにあげてゆく。農地をうしない、生きる術をうしなった人びとは身ひとつで都市にでてきて、カネがなければ生きていけない。ムチをうたれようがなにをされようが、仕事をいただけるだけありがたい。賃金奴隷だ。

よく日本では、一八八〇年代の松方デフレ期が「資本の本源的蓄積」にあたるといわれている。農作物が売れなくて貧しい農民たちがつぎからつぎへと没落し、その土地を大地主が買収していく。没落した農民たちはその小作人となるか、製糸工場や紡績工場、はたまた鉱山にでてはたらくか、どっちかだ。

とまあ、それはそうなのだが、資本の本源的蓄積はいちどきりで完結するものではない。なんどでもだ。いざ鉱山労働に目をむけてみれば、農村とおなじことがおこっている。本源的蓄積は継続的なものなのだ。

むろん鉱山は入会地そのものではないけれど、坑夫たちが長年共有してきた物や資金、しきたりがうばいとられていく。「箱」やタダ酒、廃材の使用。仲間うちで暗黙のうちに共有されていたものがなかったことにされていく。すべては飯場頭か、会社の私有財産。略奪だ。それさえあれば、多少なりとも仲間うちでたすけあいながら自立して生きていくことができたのに、いまでは略奪者に頭をさげてカネをいただかなければ生きていけない。奴隷の生を強いられるのだ。がまんできない。

南や永岡が大日本労働至誠会をつくって、会社や飯場頭とやりあっていたのも、そこでだった。われわれのヤマをとりもどせ。「箱」の管理権をとりもどせ。合理化の名のもとに、抹消されてしまった坑夫たちのしきたりをとりもどせ。そのプレッシャーにおされて、飯場頭たちは要求を飲みはじめていた。あとは会社と交渉だ。

と、おもっていたやさきの暴動である。労働運動研究者の二村一夫は、この暴動は自発的なものではなく、飯場頭たちが自分たちへの批判をかわすために、意図的に坑夫たちを煽って、会社の職員を襲撃させたのだといっている。(8)「飯場頭陰謀説」だ。じっさいどうだったにせよ、坑夫たちがその怒りの矛先を飯場頭ではなく、会社の職員にむけたのはたしかだ。収奪者を収奪せよ。

このとき、秋水は暴動に駆りたてられた坑夫たちのおもいが、どことなくわかっていたのだとおもう。暴動から一年後、かれは革命状況でふるわれる民衆の暴力について、つぎのように述べている。

無政府主義は万人の自由を尊《とうと》ふので、他人を強制することは嫌ひます、故《ゆえ》に共産制に賛成しない人は勝手に我々無政府社会を脱して孤独の生活をするが良い、我々は彼の自由を束縛するの権利はない、左《さ》れど彼れにして自分が賛成しないといふだけでなく、更《さら》に来《きた》つて我々の共産制を破壊せんとすれば、我々は之《これ》を防御せねばならぬ、之《これ》に敵対せねばならぬのです、〔中略〕斯《か》くて我々は他人の自由を尊重して威圧を加へない、而《しか》し自分の自由を防護するのには敵人を討伐せねばならぬ、革命は平民自由防御、自由快復の為《た》めである、他人を威圧するのではない。(9)

いきなり「共産制」といわれても、とまどうかもしれないが意味は単純だ。マルクスいわく。「各人の能力に応じて、各人の必要に応じて」。これが共産制の定義である。いってしまえば、坑夫たちの友子同盟。かれらが日常的につくりあげていた技術伝達、相互扶助のネットワークがそれである。各人がやれることをやれるようにし、必要だとおもったものを必要なだけうけとれるようにしていく。いまここにあるコミュニズム。あとはその力をどれだけ拡充していくことができるか。それが革命の賭け金だ。

だけど、資本家と政府がそれをゆるさない。なんでもかんでも私有財産の論理を強いてくる。みんなで共有していたものを、自分だけのものだといいはじめる。それにしたがわなければ、暴行をくわえてでもしたがわせ、ときに警察を動員し、監獄に送りこむ。チンピラよろしく略奪だ。権力者たちが共産制を破壊している。

秋水はよびかける。防御せよ。敵は討ちとらなければならない。暴動だ。坑夫たちがようしゃなく古河鉱業の財産を破壊していく。パンを略取していく。略奪者たちのように私腹を肥やしたいのではない。弱い者を虐げ、威圧したいのではない。平民の自由を防御しているだけのことだ。みずからの自由を回復しているだけのことだ。逆にどれだけ力を手にしても、革命のためにしたがえといって、平民の自由を奪うのでは意味がない。それはあたらしい権力だ。威圧だ。強制だ。

むしろ平民たちがみずからの行動をつうじて、いまここに共産制をつくりだしていく。とりわけ暴動はその原理そのものだ。「各人の能力に応じて、各人の必要に応じて」。うごけるものがうごけるだけうごき、わかちあえるものをわかちあえるだけわかちあっていく。たすけあいだ。たがいがたがいをケアしていく。暴動のコミュニズムを創出しよう。もう革命ははじまっているもんね。暴動はケアだよ。泣いてチンピラ。

第二章　おーい、伝次郎

虚弱、虚弱ってうるさいんだよ

幸徳秋水は一八七一年一一月五日、午前三時にうまれた。秋水はペンネーム。本名は伝次郎なので、しばらく伝次郎とよばせてもらおう。生家は、高知県幡多郡《はたぐん》中村町大字中村町一三番地屋敷。現在でいうと四万十《しまんと》市中村京町二丁目三三だ。こまかすぎるとわかりにくいので、高知県中村うまれとしておこう。（1）時代的には廃藩置県の直後。すこしまえまでは、土佐藩とよばれていたところだ。気候は温暖。たくさん米がとれ、太平洋に面していて漁業もさかん。捕鯨やカツオ漁でさかえていた。

伝次郎の故郷、中村は土佐の南西部。地理的に高知市とはかなりはなれていて、現在でも鈍行電車をつかうと四時間ほどかかる。おなじ土佐でも独自の歴史をはぐくんできたので、「土佐」というよりも「幡多《はた》」の呼び名でしられてきたという。このあたりは海がちかくて死ぬほど魚がうまい。さいきん取材をかねて、あそびにいってきたのだが、次元をこえてうまかった。もちガツオ、最高。

ではこの中村、どんな街だったのか。三方を山にかこまれ、太平洋に注ぐ四万十川、そしてその支流にあたる後川《うしろがわ》にはさまれたちいさな街だ。水運業がさかんで、伝次郎がうまれたころは、うんとにぎわいをみせていた。毎日、物資をのせた川舟が四万十川を往来していく。よそからは米や塩、醤油などの日用品がどんぶらこ。こちらからは木炭や木材をのせていく。

街なみにも風情があり、むかしから中村は「土佐の小京都」とよばれてきた。じつは中世から、この地を支配してきたのは公家の一条家。応仁の乱のとき、関白の一条教房《のりふさ》が戦火をのがれてやってきて、そのまま中村にいすわったのだ。土佐一条家である。しかしこの一条教房。みやこへのおもいが捨てきれず、街を都ににせてつくりかえた。碁盤の目状だ。そのなごりがいまものこっている。

さて、伝次郎のお父さんは幸徳篤明《あつあき》。薬種業、酒業をあきなう商人だ。ちなみに、幸徳家の家系は古代までたどることができる。なんと京都の陰陽師だったらしい。やはり応仁の乱で大阪にのがれ、江戸中期になって中村にやってきた。ご先祖さまのひとり、幸徳篤胤《あつたね》が縁あって中村の薬種問屋「俵屋《たわらや》」の手伝いによばれ、その後、店を継ぐことになったのだ。屋号は俵屋嘉平次《たわらやかへいじ》。お父さんの篤明《あつあき》は、その四代目にあたる。

幸徳家は裕福だったので、親類のなかには武士になるものもいた。土佐藩ではカネをだし、藩から「郷士株《ごうしかぶ》」という権利証を買えば、下級武士の身分をえることができたのだ。だが篤明はそうしなかった。篤明の青春時代は、まさに幕末動乱期。教養を身につけるために漢学をまなび、その師匠たちは尊王攘夷をとなえて奔走していたのだが、篤明は政治にまったく関心をしめさず、たんたんと商売をしていた。逆にたのもしい。好きに漢学をまなぶだけならいいけれども、血なまぐさい武士の政争に巻きこまれるなんてまっぴらごめんんだ。政治はいらない。商人上等。

お母さんの多治《たじ》は、中村の郷士で医者をしていた小野亮輔《りょうすけ》の娘。すごく教養のある父親だったのだが、女が学問をすると恋文をかいたりして、ろくなことにならんといい、多治にはあまり教育をほどこさなかった。さすが儒教文化だ、くそったれ。多治は母親の須武子《すぶこ》から、プライドだけ高い貧乏武士に嫁いでも苦労するだけだから、豊かな商人に嫁いで、らくな暮らしをしたほうがいいとすすめられ、篤明と結婚することにした。いざ嫁いでみれば、幸徳家が裕福だったのはもちろんのこと、篤明がとにかくやさしい。よかった。二人はなかむつまじく暮らしていた。

やがて子どもにもめぐまれて、多治は合計六人の子どもを産んだ。ざんねんながら長男の覚太郎と次女の唯衛《たえ》は幼くして亡くなってしまい、伝次郎の兄弟は四人。うえには民野《たみの》と寅の姉二人、そして次男の亀治がいた。だが亀治は父方のおじ、篤道《あつみち》の家にもらわれることになっていたので、末っ子の伝次郎があとつぎだ。家のあとつぎにして末っ子。母は伝次郎をかわいがった。でき愛である。

ちなみに、だれが伝次郎と名づけたのか。親ではない。当時、中村には貧乏ながらも子だくさん、子どももみんなが健康に育っていた家があったので、すこしでもあやかりたいと、大量の酒とモチをもっていって名付け親になってもらった。その後も、伝次郎が七歳になるまでは毎年、モチをついてもっていったそうだ。伝次郎は自分の名前が気に入っていなかったので、「酒のほかに餅までやったというのだから、もう少しなんとかまともな名前をつけてくれそうなものだが、どうも酒の量が少なかったらしい」(2)と、よくグチをこぼしていたという。あきらめろ。

その後、幸徳家に変化が生じたのは、一八七二年九月一六日のことだ。父の篤明が亡くなってしまう。このころ篤明はその財力と人望をかわれ、近隣の村の村長に任じられていた。どうもこの地域では地元のひとではなく、近隣の有力者が村長になるしきたりだったらしい。単身赴任だ。気がすすまない。だけど自分がいかなければ、村がどうなるかわからない。篤明は嫌々ながらも生まれたばかりの伝次郎をおいて、ひとりよそへいって、がんばって村長の役をこなしていた。だがよほど体にこたえたのだろう。病気になって急死してしまった。享年三八。父ちゃん。

このとき、母の多治は三三歳。まいった。家のことも店のこともやらなければならない。まずは節約。いっさいのぜいたくを禁止して、家で着るものはすべて木綿。毎晩、手機をうごかして、着物はぜんぶ自分でつくった。店のことは番頭の長尾駒太郎とすすめていく。戸主は伝次郎だが、まだ幼いので、駒太郎に養子にはいってもらい、伝次郎が成人するまで店の実務をまかせることにした。

とはいえ、あるていどは自分でやらなければならない。多治は船着き場に荷物がとどくと、みずから現場にでかけていって、荷揚げ人足たちに指示をとばす。家事、育児、そして店のことまで、朝から晩まで馬車馬のごとくはたらいた。近所の人たちからは「幸徳のお多治さんは、夜ねるろうか」とうわさされていたらしい。たいへんだ。

では、まだ赤ん坊だった伝次郎はどんな子だったのか。虚弱。人並みはずれた虚弱体質だ。とにかくお腹が弱い。いつも下痢をしていて、いつまでたってもタライにはオムツの山。赤ん坊は頭ばかりが大きくて、あとは骨と皮。ガリガリだ。まわりからは「こんな子が無事に育つんじゃろうか」と声がきこえてくる。ききたくない。多治はオムツをかえるたびに涙をながした。わが子よ！

だが、多治には希望もあった。まだ乳飲み子だった伝次郎がバブバブいいながら、母の乳房にゆびで文字をかいたのだ。伝次郎、神童伝説。ああ、この子は天才にちがいない。親バカだ。その後、伝次郎はぶじに大きくなったものの、体が弱くて外ではあそばなかった。節約につぐ節約のなか、母があたらしい下駄を買ってあげても、その下駄がよごれることはなかった。ひきこもりだ。内気で寡黙な少年。

だが家にあった絵草子や錦絵をみせると、もう食いいるようにみいって一日中ながめている。もっとみせて、もっとみせて。本が好き。物語が好き。絵も好きだ。伝次郎が成人してからの絵ものこっているが、これがけっこううまい。おいっ子が画家になっていることからも、いがいと才能があったのかもしれない。幸徳秋水の幼少期。虚弱、虚弱ってうるさいんだよ。

いくよくるよ、神風連の乱

しかし、そんな伝次郎にもやんちゃな友だちができはじめる。きっかけは一八七六年一〇月、神風連《じんぷうれん》の乱。なにがあったのか。すこしとおまわりしてから、おはなしすることにしよう。舞台は幕末。土佐の中村に樋口真吉というひとがいた。(3) あの大石新陰流《おおいししんかげりゅう》をきわめた剣の達人だ。大石新陰流は幕末にできた剣術流派。当時最強だ。ふつう日本刀のながさは七〇センチくらいなのに、一六〇センチくらいのながい刀をぶんまわしていた。刀はながければながいほどつよい。それが大石新陰流の神髄《しんずい》だ。

発想が貧弱だとなめないでほしい。斬りあいはスポーツではない。決まったルールなどない。敵とおなじ土俵で闘わなくていい。非対称の戦闘を思考せよ。だれにも予測できない前代未聞の長剣をかちこむのだ。剣術とは剣の技術にほかならない。

ちなみに、創始者は福岡出身の大石進。その必殺技、左片手突《ひだりかたてつ》きはだれ一人かわすことができず、大石が江戸にでてきたとき、名だたる剣豪たちがのきなみ瞬殺されたという。天下無双だ。だってながいんだもの。真吉はその大石から剣術をまなび、さらにあらゆる武芸をきわめようと放浪の旅をして、江戸では佐久間象山《しょうざん》から西洋砲術もまなんだ。帰郷してからは中村で道場をひらき、門弟はおよそ七〇〇人。武市半平太《たけちはんぺいた》ひきいる土佐勤王党《とさきんのうとう》にもはいっていた。尊王攘夷《そんのうじょうい》派、幡多《はた》一帯のリーダーだ。

この真吉さん、年でいうと二〇歳ちかく下の坂本龍馬をえらく気にいっていて、たずねてきた龍馬に惜しむことなく諸外国の知識を伝えたという。龍馬が日本を洗濯するぜよといって脱藩し、全国をとびまわっていたときも、極貧だった龍馬を心配し、小判をくれたりしている。龍馬からも信頼されていたらしく、なんと暗殺される三日前、友人に真吉宛ての手紙をたくしていたという。

そこにはこうかいてあった。おれはいま命を狙われていて、定宿にしている近江屋も危うくなってきた。だが土佐藩も薩摩藩もあてにならない。真吉さん、京都にきていると聞きました。どうかおれをたすけてくれませんか。至急、あらたな隠れ家を探してほしいと。SOSだ。残念ながら、たのんだ友人が忙しくて手紙をわたすまえに暗殺されてしまうのだが、このとき真吉は、龍馬が殺された近江屋から一〇〇メートルほどのところに住んでいたという。真吉が手紙をうけとっていたら龍馬暗殺をふせいでいただろうか。それとも龍馬といっしょに斬り殺されていただろうか。おーい、龍馬。

その後、真吉は戊辰戦争に参加。龍馬のアダ討ちじゃあと、旧幕府軍にバカスカと大砲をぶちこんでいる。だが、このときさらに活躍したのが真吉の友人、安岡良亮《りょうすけ》だ。安岡は文武両道。漢学や詩歌をまなんだインテリであったが、真吉とともに武芸の鍛錬にはげんで、めちゃくちゃつよくなっていた。槍の達人だ。武器はながいほうがつよい。戊辰戦争では乾退助《いぬいたいすけ》、のちの板垣退助がひきいる部隊にはいり、龍馬暗殺の下手人とみなされていた新選組に斬りこんでいく。そしてたおしてしまうのだ。

安岡はおちのびようとする近藤勇を捕縛し、薩長の反対をおしきって強引に斬首。その勢いにのって会津にせめこみ、少年兵の白虎隊ともども会津兵を斬りまくった。まさに外道《げどう》。だがそれで維新の功労者とみとめられ、立身出世の道をあゆむ。初の熊本県令に任じられた。いまでいうと県知事だが、当時の感覚としては一国の殿さまになるようなかんじだろうか。一族をひきつれて熊本にゆく。よっ、幡《はた》多一番の出世頭。

しかしむかえた一八七六年。事件がおこる。このころ廃刀令と廃藩置県に不満をもった士族の反乱がおこりはじめていた。せっかく維新のために身を尽くしたのに、誇りとしていた刀は奪いとられるし、皇国の神政を復古するとおもっていたら、やっていることは外国のマネゴトをして欧化政策。まるでカネと権力がすべてであるかのような国になっている。不純だ。利己心《われよし》の世だ。

ならばたとえ敗北し、斬首されてもかまわない。身を捨てて決起。その無私の心こそが国をおもう純粋さのあかしであり、皇国の精神そのものだ。そういって血をたぎらせていた士族たちがいまにも暴走寸前。まずいぞ。一〇月二四日、安岡は部下をあつめて対策を練りはじめた。おそらく自分もかつて尊王攘夷派だったし、はなせばわかるくらいにおもっていたのだろう。

だがその日の深夜。先手必勝と「神風連《じんぷうれん》」を名のる士族たちが、安岡の屋敷を襲撃した。このヒノモトに神風をふかせるのだ。西洋かぶれの国賊どもを血祭りにあげろ。手にした武器は刀と槍のみ。ザ・ラストサムライ。不意をつかれた安岡。さすがに廃刀令をすすめていた為政者だ。手元に刀や槍をおいていなかった。とっさに花瓶をつかんで応戦したが、いかんせん敵の刀のほうがながい。複数人におもいきり太刀をあびせられた。ギャア。なんとか外に逃げのびて、畑のなかに身をかくす。首こそとられなかったが、重傷だ。その傷がもとで三日後に死んでしまった。燃えよ剣。

その後、反乱は鎮圧。すぐに代わりの県令がやってくる。安岡家の一族郎党は用なしだ。都落ちさながら土佐中村に帰ってくる。むなしい。船にゆられてどんぶらこ。きっとだれも出迎えなんてしてくれないだろう。そうおもいきや手をふり、歓迎する親子がみえる。幸徳多治とその息子、伝次郎だ。じつは殺された安岡良亮は多治のいとこだったのだ。(4) しかもお父さんの幸徳篤明《あつあき》に漢学をおしえてくれた師匠でもある。

たのもしい親類縁者がもどってくる。夫を亡くし、心細くなっていた多治からすれば、良亮の死は悲しかったけれど心強くおもえたにちがいない。なによりこのときやってきた安岡家の次男・秀夫は伝次郎と年がちかく、いいあそび相手になってくれた。内気だった伝次郎を外につれだしてくれる。ありがとう。とにもかくにも、まだ幼くてなにも意識していなかっただろうが、伝次郎はドロッドロで血なまぐさい政治のどまんなかにいたのである。いくよくるよ、神風連の乱。

素読《そどく》の身体感覚

さて、はなしを先にすすめよう。一八七六年一二月、伝次郎は中村小学校下等第八級に入学した。五歳のときである。小学校時代の伝次郎は、まさに神童そのもの。安岡秀夫がのちにこうかたっている。

私も学校の出来が好いので、いささか天狗になってはいたが、このKにはとても及ばぬと思った。それで、小学校から中学校へと進むまで、常にKを模範としてその足跡をつけることになった。大概《たいがい》のことはKの言うがままに賛成したものである。(5)

ここでいうKは幸徳のK。伝次郎のことだ。学校でトップクラスだった秀夫がこういうくらいだから、相当できたのだろう。秀夫は親戚でもあり、かしこくておなじく父親がいなかった伝次郎に親しみをおぼえた。あそぼうよ。すぐに仲良くなって、街の少年たちといっしょに外であそぶ。

山へいったり、川へいったり。木登りや魚つり。木の実をとったり、小鳥を落としたり、ときには悪いこともしたりする。畑に忍びこみ、サツマイモ掘りをして、川で洗って生で食う。あるいは近所の柿をむしりとり、みんなでペッペと種を吐く。だけど、無人販売所には手をださない。なにかそういう、少年たちなりの仁義があったのだろう。わたしはサツマイモが好きだ。

いちばんのたのしみは月にいちどの屠殺《とさつ》の日。この日になると少年たちはこぞって屠殺場にいき、一銭ずつカネをだしあって牛肉を買った。鍋がないので石盤をかかえて山のてっぺんに登る。ちなみに石盤は筆記用具のひとつで、ミニ黒板みたいなものだ。それを鍋代わりにつかい、肉をジュウジュウ焼いて塩をまぶして食べるのだ。たまるか。精をつけてまた野山をはしる。

なにぶん力がありあまっていたのだろう。ちかくの石見寺山《いしみじ》をのぼったときのことだ。この山には、村びとに親しまれていた八八体の石地蔵がならんでいた。だが、少年たちにはたんなる不格好な石ころにしかおもえない。えいっ、えいっ。極道よろしく石地蔵を手につかみ、のきなみ谷底にたたきおとした。地蔵たちがころがってゆく。コロコロ、コロコロ、ころがってゆく。

しかし時期的に明治政府が国家神道のもとに宗教を一本化しようとしていたころだ。もし小学校で廃仏毀釈《はいぶつきしゃく》的なことをおしえられていて、仏や地蔵をかろんじてやったのだとしたらひどいことだ。地蔵をなめるな。だから少年たちにバチがあたる。半年後、ふたたび少年たちが山をのぼったときのことだ。すると、あれ？　突き落としたはずの石地蔵たちがスウッときれいにならんでいる。ありえないくらい元のままだ。

もしかしたら、地蔵がみずからの力で這ってのぼってきたのではないか。どこからともなく得体のしれない声がきこえてくる。ゆるさんぞう、ゆるさんぞう。なぜかそうおもえて、体中に震えがはしる。こわいよう。少年たちは幼いながらに感じとった。神は天になどいない。地獄の底から這いあがるのだ。なにが天照《あまてらす》だよ。

そんなワルガキたち。性のめざめもはやかった。当時、中村には「ヤグラ」とよばれる小屋があった。床一面にワラが敷いてあってフカフカだ。もともと江戸時代、非常事態にそなえて、見張り役の若者が休憩するためにつくられたのだが、その本来の目的をうしない、男女のあいびき場になっていた。あちらでゴソゴソ、こちらでゴソゴソ。セックスだ。性的な好奇心を募らせた少年たちが、こぞってヤグラをのぞきにいく。きっと伝次郎もこれで性にめざめたのだろう。

ところで、そんなワルサをしながらも、伝次郎はみずからの学問に磨きをかけていた。小学校にあがったころからだろうか。父の蔵書を読みふけり、漢籍の教養を身につける。おじの克作にも多少の知識があったというから、読み方をおしえてもらったのではないかとおもう。すごいのは七歳のとき、祖母、小野須武子《すぶこ》の還暦祝いで、自作の漢詩を披露していることだ。

賀寿筵開六十春
満堂迎客酒千巡
鳳雛饒膝相伝称
誰似侃母緑髪新(6)

（読み下し文）

賀寿筵《がじゅえん》は開く六十の春
満堂客を迎えて酒千巡
鳳雛《ほうすう》膝を饒《めぐ》って相伝えて称《い》う
誰か侃母《かんぼ》に似て緑髪新《りょくはつあら》た(7)

おバアちゃん、おめでとう。そういう詩だ。わたしには漢詩の教養がないので、うまいのかへたなのかもわからないが、しかし、こんなものを七歳でつくってしまう伝次郎はすごいのだとおもう。

翌年から伝次郎は塾にかよって本格的に漢学をまなびはじめた。土佐一番の儒学者、木戸明《きどめい》の修明舎《しゅうめいしゃ》だ。木戸はかつて先輩の樋口真吉、安岡良亮とともに京都へ遊学し、儒学や国学をまなんで尊王思想をいだいていたが、先輩二人のように国事にはかかわらず、あくまで学問を追求していた。思想的には忠君愛国。のちの伝次郎とはバチバチになるのだが、漢文の教養はピカイチだ。

のちに伝次郎は漢文調の文章をつかいこなし、名文家として知られるようになるのだが、それは木戸のおしえのたまものだ。よほどおしえかたがうまかったのだろう。といいたいところだが、おしえかたはすごくたんじゅんだ。まず『孝経《こうきょう》』を素読《そどく》させ、それが終わったら『三国志』、『唐詩選』を素読。ちなみに、素読とは文章の内容にはふれずに、ただ読みあげていくという漢文の勉強法だ。文法も語彙もいっさい解説はしない。ひたすら暗唱。一〇〇回、一〇〇〇回、一〇〇〇〇回。繰りかえし、音読していく。本はなんども音読していれば、おのずから身体にしみこんでくる。それが木戸の教育方針だ。

わたしは素読の経験はないけれど音読は大好きで、よくおなじ文章を一日中、読みあげたりしている。するとあたまでなにも考えていないのに、なぜかいわんとすることがわかってくる。先生からおしえられたわけではない、自分の意思で主体的に理解したのでもない。でもわかってしまうのだ。

意味のわからぬ文字の羅列。それを呪文のようにブツブツと口にだしていると、おのずとリズムがうまれてくる。勢いがうまれてくる。その力に駆りたてられて、ことばの道筋をあるきだす。あるいちゃった、読めちゃった。

能動的でもなく受動的でもなく。文法学者だったら「中動態」とよぶだろうか。(8) のちに伝次郎はみずからの意志すらとびこえて、人間を衝き動かしてやまない、自然の勢いをおもんじるようになる。自《おの》ずから然《しか》りだ。おのずと手をさしのべる。ひとだすけに理由はいらない。そういう思想の内容もさすることながら、伝次郎がこぞというときに言文一致ではなく、漢文調の表現をつかったのはこの身体性からきているのだとおもう。素読、だいじ。

デモぜよ！

さて、伝次郎が文章を書きはじめるのは、このころのことだ。みんなに読んでもらおうと、物語をつくりはじめる。秀夫は当時のことをこういっている。

Kは九歳の頃に、自分の創意になる小説めいたものを書いて居た。それは、『三国志』などに擬《なぞら》えた狐と兎との戦争の軍談で『狐兎《こと》戦記』と題してあったことを記憶する。勿論《もちろん》十枚か二十枚かの薄ツペラな物であったが、自分で挿絵までしてあった（絵も好く描いた）。その内容は忘れてしまったが、今時のお伽噺《とぎばなし》なぞとは違って、馬鹿に力んだものであった。是れで見ても兎《と》に角《かく》に、Kが非常に早熟な男であったことが判るのである。(9)

文中に「九歳」とあるが、これは数え年。いまの満年齢でいうと八歳だ。木戸の塾にかよいはじめたころである。漢文でたくさんの言葉を身につけたばかりでなく、『三国志』を読んで大好きになっていた。大人になってからも、よく文章で諸葛孔明《しょかつこうめい》や曹操《そうそう》の例をだしてくるくらいだから、よっぽど好きだったのだろう。『三国志』のストーリーになぞらえて、キツネとウサギの戦いを描いていく。しかもそこに自作の挿絵をはさんでいたそうだ。残念ながらのこっていないのだが、おもしろそうだ。

伝次郎の文章がグレードアップしていくのは、中学にあがってからのことだ。一八八一年六月、伝次郎は中村小学校を卒業。九月からは中村中学校に進学している。どうもその翌年あたりから、自分で小さな新聞をつくりはじめたようだ。ふたたび、秀夫の回想を引用してみよう。

其《その》新聞の雑報欄には、何處《どこ》で犬が五匹の子を生んだとか、誰の家で井戸を掘つたとか、無邪気すぎたものも多かつたが、社説めいた所へは、本統《ほんとう》の新聞を焼直した生意気千万《なまいきせんばん》な理屈が並べられてあつた。(10)

ジャーナリスト、伝次郎。ご近所で子犬がうまれました。井戸を掘りました。それを仲間うちやご近所さんにくばって読んでもらっていたのだから、反応がよくわかる。うちのこともかいてよ、おもしろい話題がいっぱいあるぞと声をかけられたにちがいない。しかもそこに政治記事ももちこんでくるのが伝次郎だ。さいしょは保守的な記事をかいていた伝次郎。しだいに自由民権を論じはじめる。

このころ、秀夫のお兄さん、安岡雄吉は東京にでていた。福沢諭吉の慶應義塾でまなび、その後、土佐の先輩、後藤象二郎《しょうじろう》とともに自由民権運動にまい進していた。ひとにぎりの維新功労者だけでしきられていた藩閥政府をたたき、公の議論をみんなにひらく。民主的な憲法を制定し、議会をひらいて万人の意見を政治に反映させる。そのためにひろく世論を喚起していく。そうおもって雄吉は弟のいる郷里にむけ、『絵入自由新聞』『団団珍聞《まるまるちんぶん》』などの自由民権派の新聞をおくっていた。伝次郎もそれを読ませてもらう。共鳴、共感、共振だ。伝次郎、一一歳で自由民権の壮士になる。いまでいう活動家だ。

もしかすると、土佐といえば板垣退助や後藤象二郎の出身地だし、自由民権派の土壌とおもわれるかもしれない。だが、それは地域によってぜんぜんちがう。むしろ伝次郎のいた中村は保守派の牙城になっていた。すこし時代をさかのぼって事情を説明しよう。一八七七年、西郷さんが西南戦争をおこしたときのことだ。

これに呼応して、土佐では高知立志社の林有造《ゆうぞう》ら、自由民権派のラジカリストたちが武装蜂起し、大阪城を占拠、そのまま京にせめのぼって、政府高官を暗殺、いっきょに政権を掌握するという計画がねられていた。いわゆる「一夜にして天下をとる法」である。だがその計画がバレてしまってのきなみ逮捕。世にいう「立志社の獄」だ。

おなじころ、幡多郡でも土佐古勤王党を名のる人びとが武装蜂起の計画を練っていた。しかし、ここでも事前に計画がもれてしまい、やばいとおもったメンバーは自首をして、政府に命乞いをした。

ちなみに、このとき命乞いのための弁明書を作成したのが伝次郎の師匠、木戸明だ。そのかいもあって全員、無罪放免。なんだかかな。しかもたすけられたからにはと、みんな恩義ある藩閥政府の先兵となる。政府の犬だ。

専制政治、バンザイ。天皇の名のもとに実行されることはすべてただしい。その後、国会開設がきまり、自由党や立憲改進党がうまれたときには、福地源一郎ひきいる立憲帝政党を支持するようになった。天下御免の御用政党だ。

そんなドンピシャ、保守のホームタウンでそだったのである。さいしょは伝次郎も立憲帝政党のシンパだったが、しだいに変化が生じる。秀夫はこういっている。

Kなぞも、斯様《かよう》な環境の中にあつたから、政治を云々し始めた頃には、立憲帝政だの漸進《ぜんしん》主義だのと唱へて居たが、間もなく自由民権を彼《か》れ是《こ》れ言うやうになつた。それは私の家に来る絵入自由新聞の外に、種々な新聞雑誌類を読み散らした影響であつたろうが、兎《と》に角《かく》この環境に囲まれながら、子供の癖《こ》に斯んな風に進んで行つたのは、どこか異なつた所のあつたものと見える。

Kの手製の新聞も、最初は帝政党の主義であつたが、やがて大の自由主義になつたのである。私もKの変説改論には、一時の間、甚《はなは》だ不満であつたから、多少政治かぶれのした年上の少年組と一緒になつて、Kに圧迫を加え、『擦《こず》る』(鉄拳制裁のやうなもの)とか何とか騒いだものであつたが、何時《いつ》しかKに説き着けられて、真先《まっさき》に自由主義の洗礼を受けることに為《な》つた。(11)

まわりの大人も子どもも、ほとんどが帝政党を支持するなか、少年伝次郎ひとりが自由民権をとなえはじめた。なにせ、自由民権は国を滅ぼす、天皇に弓ひくものだとおしえこまれていた時代だ。親友だった秀夫もふくめ、年上の少年たちが伝次郎をしばきあげるといって、鉄拳制裁。国賊は死ね。

だが、それでも伝次郎はめげない。みんなにおのれの理屈をとうとうと述べるのだ。われら人民をして自由の民ならしめん。ひろく会議をおこし、万機公論に決すべし。かっこいい。いつしか秀夫もまわりの少年たちも伝次郎に共鳴し、自由民権派になっていた。少年自由党の誕生だ。

では、この少年壮士たち、なにをやったのか。やんちゃ心がくすぶられる。当時、中村では帝政党の支持者たちがちょくちょく懇親会をひらいていた。大宴会だ。伝次郎たちはそこにのりこんでいく。人数は二〇名ほど。「自由」「民権」としるした紙の旗をつくり、隊列をくんで懇親会につっこんでいく。さすがに土佐の屈強な大人たち。ちびっ子たちがいくら騒いでも、ギャッハッハと笑って相手にしない。それをいいことに、少年たちは叫びたいことを叫びまくった。権力はクソ。自由だ、自由だ、自由だ。これを二、三年つづけていたという。なにがしたかったのか。デモぜよ!

自由は死すとも、板垣は死なず

ここまでのびのびとそだった伝次郎。だが一八八五年、一三歳のときに転機がおとずれる。この年の六月、伝次郎は中村中学校の第三学年後期を終了。つぎは四年だとおもっていたら、八月、中村をどでかい台風がおそう。四万十川、大氾濫。死者多数だ。ようやく嵐がおさまったとおもったら、中学校の校舎がふっとばされて倒壊している。ガーン。ならば、あたらしい校舎をたててくれ。だがそうはならなかった。

そもそも一八八一年の中学校令。政府は一府県一校の原則をうちだしていた。だが、このひろい高知県に一校というのはあんまりだということで、中村にも中学校がおかれていたのだが、ちょうど県は財政難。これを機に中村中学校の廃校を決定してしまった。まなびたければ高知までこい。めちゃくちゃだ。

当時、中村から高知まで汽船にのって、およそ一〇時間。さすがに実家からはかよえない。中学にいくにはカネをだしてもらって、高知に留学しなければならなかった。むろんそこは裕福な幸徳家。問題はないだろう。

といいたいところだが、そうではなかった。このころ幸徳家は親類、桑原戒八《くわはらかいはち》のよびかけで、一族共同出資。酒造業の拡大、さらには樟脳《しょうのう》の輸出や大阪航路の開設、銅山の採掘などにのりだしていた。しかしこれに大失敗。借金で火の車だ。

なにより、その事務所が幸徳家におかれていたため、そのダメージははかりしれなかった。幸徳家、没落だ。カネがない。ほかの子どもたちが高知に送りだされていくなか、神童だった伝次郎はどこにゆくこともできず、ポツンと中村にとりのこされた。どうして、このぼくが。くやしい。

とほうにくれた伝次郎は、中村にのこされた友人たちと結社、淡成会《たんせいかい》をたちあげた。その名前がどこからきたのか正確にはわからないが、『荘子』の「君子、交わること淡々として水の如し」あたりだろうか。友だちとはいえ、あまえきった依存関係などまっぴらだ。ただ淡々とつきあえばいい。ごちゃごちゃいうな。水になれ。そういうおもいがこめられていたのだろう。友よ。

伝次郎たちは、住職のいない地蔵寺を根城にして勉強会をひらき、日々討論。たまにゲストをまねいて演説会をひらく。おたのしみは勉強会後の牛鍋パーティ。そして、日本酒だ。たのしい。どのくらい飲んだのか。いまでも高知といえば、しこたま酒を飲むイメージがあるのだが、このころはさらにすごかったらしい。酒はすすめるものではない。もう飲めないと断っても、ムリ強いしてひたすらノドに流しこむ。ヘドを吐いてもそそぎこむ。むろんいまそんなことをしたら犯罪だが、当時はそれが酒の礼儀作法とみなされていた。こわい。少年、伝次郎もそうやって酒にきたえられていったのだ。酒になれ。

余談だが、伝次郎がはじめて酒を飲んだのは一〇歳のときだ。母の多治にいわれ、氏神秋祭りのお供え物をもっていったところ、大人たちに「まあ、飲め飲め」とすすめられた。調子にのって飲んでいると、目がぐるぐるまわってうごけない。酔いつぶれてベロベロになって家までおくりとどけられた。

それ以来、伝次郎はしばらく体をこわしてしまった。多治がなげく。酒のせいで、せっかく体調のよくなってきたわが子が、また虚弱体質にもどってしまった。なにをしてくれてるんじゃあ。酒は飲んでも飲ませるな。

はなしをもどそう。この年の一二月、中村に自由党の大物がやってくる。林有造だ。さきほどもふれたように、一八七七年、林は西南戦争に呼応して決起しようとしたが、あえなく逮捕。禁固一〇年の刑をくらっていた。一八八四年に仮釈放がみとめられ、故郷、高知の宿毛《すくも》に帰還。さながら凱旋《がいせん》将軍だ。

もう宿毛はてんやわんやの大騒ぎ。その林が来たるべき県会議員選挙の相談にと、敵対する帝政党の牙城、中村にのりこんできたのだ。わあ、会ってみたい。伝次郎はドキドキしながら林の宿を訪ねていった。なにをしゃべったのかはわからないが、おもわぬ少年壮士の来訪に、林も気をよくしたことだろう。伝次郎いわく。「初めて天下の名士豪傑なるものを見た」(12)。林さん、ついていきます。

翌年、一八八六年一月、伝次郎は大人たちといっしょに宿毛にいき、ふたたび林を訪ねている。その後も街をいききして、中村での県会議員選挙を手伝う。中村でも自由党員を立候補させ、当選させようとしていたのだ。具体的になにをしていたのかまではわからないが、大人たちにまじってよく牛鍋屋にいっていたという。一人前、八銭。いまでいうと、六〇〇円くらいだ。のちに自筆の『年譜』でわざわざ値段を記しているくらいだから、よほど印象に残っていたのだろう。きっとこうおもったにちがいない。そのくらいおごってくれよ、大人たち。

では選挙結果はというと、自由党敗北。帝政党の圧勝だ。勝てるわけがない。なにせ選挙当日、帝政党員たちは自由党シンパとみれば、とっつかまえて殴る蹴る。投票させなかったのだから。むろん自由党員たちもだまってはいない。かちこむぜよ。殴りあい、とっくみあいの大ゲンカ。のちのアナキスト・秋水からすれば、なに選挙で熱くなってるんだよとおもわなくもないが、それでも虚弱な伝次郎が大人たちにまじって、えいやあとあばれていたのだ。がんばれ。選挙は大混乱だよ。

その熱気がさめやらぬなか、二月になると、自由党のさらなる大物が中村にやってくる。板垣退助だ。政治運動ではなく、狩猟のために中村まで足をのばしてきたようだ。板垣は、土佐出身。維新の功労者にして自由民権の花形。演説中に刺客に刺され、「板垣死すとも、自由は死せず」とさけんだといわれるあの板垣である。

しょうじき、わたしからしたら板垣は信用できない。このころ秩父事件よろしく、圧制にくるしむ民衆たちが自由民権をかかげて決起したのに、それにまきこまれたくないからと、とつぜん自由党を解散し、三井財閥から大金をもらって海外で豪遊していたのだから。なにが「自由は死すとも、板垣は死せず」だ。だがそれでもやはり地元のひとには輝いてみえたのだろう。中村の青年たちは大はしゃぎ。自由亭という料理屋で宴会をひらいた。むろん伝次郎も出席している。

二月、板垣退助君銃猟《じゅうりょう》の為《た》め我郷《わがさと》に来る、有志迎て小宴を張る、予も亦《また》席に列《れっせ》り初めて自由の泰斗《たいと》なるものを見たり、板垣は座談にて人民の自由の必要、明君賢相《めいくんけんしょう》の人民の進歩に害あること、青年の身体を強壮《きょうそう》にすべきことなど語れり、予は祝詞を朗読せり。(13)

このとき、板垣は中村の青年たちにむかってこんなことをしゃべっている。政《まつりごと》を公のものにするためには、なにより人民の自由がなくてはならない。自由に集い、自由に意見し、自由に結社せよ。そのためには名君も名宰相も害でしかない。人民がみずからものを考え、政治に参加するのを妨げてしまうからだ。そしてこれから政治にかかわろうとする青年たちには、この言葉をおくろう。きみたち、体をきたえなさい。

たいしたことはいっていないのだが、なにせ自由の象徴、板垣のことばだ。迫力がある。さすが板垣さんじゃ、どえらいことをいいおるぞ。みんな大感動だ。その後、伝次郎は歓迎の祝詞をよみあげた。こんにちは、ぼくも体をきたえます。

囚奴《しゅうど》！　囚奴！　囚奴！

こうして政治づいていた伝次郎だったが、ふたたび勉学のチャンスがおとずれる。お母さんの多治が「なんとしてでも高知の学校に入れてやらねば」とおもい、借金につぐ借金のどん底のなか、死にもの狂いでカネをかきあつめ、高知遊学のための学費を用意してくれたのだ。かあちゃん。一八八六年二月二二日、さっそく実家を離れ、汽船にのって高知にくりだしていく。伝次郎、一四歳だ。

高知についた伝次郎は漢学の師匠、木戸明《きどめい》の遊焉義塾《ゆうえんぎじゅく》に寄宿させてもらうことになった。このころ、木戸は高知中学本校で漢文をおしえることになり、高知にひっこしてきていた。そして中学校で教鞭をとるかたわら、中村からやってきた中学生たちを塾に住まわせ、ひきつづき漢学の指導にあたっていた。めんどうみのいいひとだ。伝次郎が到着すると、先生はむちゃくちゃよろこんでくれた。よくきたね。住まいにはみしった仲間たち。みんな大歓迎だ。うれしい。

ここでも伝次郎は漢学の才能を発揮している。おなじころ高知にやってきた親友、安岡秀夫によれば、年上の塾生にかこまれながらも、伝次郎の成績は群をぬいていたという。なかでも秀夫の記憶にのこっているのは、ある日、木戸がひらいた詩会のことだ。ここで伝次郎は「春雨《しゅんう》」という漢詩をうたい、木戸に絶賛されている。その詩がのこっているので、ご紹介しておこう。

濛々春雨久難晴　烟繞山腰十里横
午睡覚来無一事　静聞窓外落花声(14)

（読み下し）

濛々《もうもう》たり春雨《しゅんう》久しく晴れ難く　烟《けむ》りは山腰《さんよう》を繞《めぐ》って十里に横たわる
午睡《ごすい》覚《さ》め来たって一事なし　静かに聞く窓外落花《そうがいらくか》の声

春の雨をうたった叙景詩だ。漢詩に不慣れなわたしでもいいなとおもうので、きっとうまいのだろう。先生からは最後の「静聞窓外落花声」がいいと褒められた。やったあ。その後、伝次郎は社会主義者になってからも、おもいがたかぶると漢詩をうたっているのだが、それはもう木戸の教育あってこそだ。しかし、まもなくして伝次郎は木戸の教育方針に不満をいだきはじめる。

同塾の教育は極々《ごくごく》の干渉主義にして、少年の元気を沮喪《そそう》せしむるをつとめ、一日に一時間の外《ほか》外出を禁し、且つ室内の汚穢《おわい》なる、食物の粗悪なる、一言すれば一個の囚徒《しゅうと》に過ぎざりしなり、新聞紙野乗《やじょう》の如きは塾内に入るるを厳禁したり。(15)

木戸の寄宿舎がものすごい干渉主義だったのだ。元気溌溂《はつらつ》とした少年たちが意気消沈させられていく。一日一時間しか、外出がみとめられない。自由民権派の新聞を読みたくても、読ませてもらえない。「野乗《やじょう》」、つまり正史以外の歴史書も読ませてもらえない。あたらしいものの見方などを身につけたら、お上に逆らいはじめるかもしれないからだ。徹底的な思想統制。つらい。すでに淡成社の仲間たちと好きなことを好きなだけ学び、そのたのしさをしってしまった伝次郎にとってはたえがたいことだったろう。「一個の囚徒《しゅうと》に過ぎざりしなり」。脱獄したい。

しかも伝次郎にとってくやしいのは、ここ高知の青年たちにとって、木戸は帝政党の手先であり、政府の犬だったということだ。こいつら幡多《はた》の連中に、どれだけ迫害されてきたことかと、その怒りが塾生たちにむいてしまう。ハッシ、ハッシ。木戸の遊焉義塾に小石の雨が降ってくる。塾生が一人であるいていると、自由党支持の青年たちにとり囲まれて、ひたすらリンチ。やられたらやりかえせ。塾生たちは復讐をちかう。そのためにまずはマラソンで体力増強だ。ちょっとかわいい。だけど、自由民権派でありながら木戸門下でもあった伝次郎はやるせないよね。

さらに伝次郎の文中にもあるように、遊焉義塾の食事はあまりに粗末で、ご飯と漬物だけ。まずいし、栄養がとれない。牛肉が食べたい。しかも部屋はとにかく汚くていきぐるしい。これが虚弱な伝次郎にとっては致命的だった。この年の四月末、伝次郎は体調をわるくして倒れてしまう。病名は肋膜炎《ろくまくえん》。いまでは胸膜炎《きょうまくえん》とよばれている病気だ。肺の外側の膜が炎症をおこしてしまう。肺炎をこじらせたり、結核になったあとに患う病気だから、せまくて不衛生な環境で、だれかからウイルスをもらったのかもしれない。そのまま寄宿舎で養生していた伝次郎であったが、病状は悪化していく。
五月八日、伝次郎は自然堂《じねんどう》病院にうつされる。死ぬかもしれない。故郷から兄の亀吉と母の多治が駆けつけた。いっときは重体におちいったという。家族の介護のかいもあって、なんとか命はとりとめてぶじに回復。八月になって、ようやく退院にこじつけた。しばらく静養したほうがいいということで、実家に帰ることになった。しかし帰ったら帰ったで、八月二一日、中村では記録的な大洪水。街中水浸しだ。幸徳家も床上までビシャビシャ。家族みんなで山をのぼって生きのびた。命ってなんだ。
翌年一月、体調のよくなった伝次郎は、ふたたび高知にもどる。遊焉義塾に寄宿して、高知中学校に復学した。だが、伝次郎。もう塾の抑圧的な空気にはがまんができない。規律の厳格さばかりではない。四方八方にのびあがっていこうとする自らの思想が、この監獄のなかですべて閉ざされてしまう。もっと世界のことをしりたくても師匠は関心がない。しらないのだ。中国の古代史を学び、忠君愛国さえ身につければいいとおもっているのだから。余計なことは学んではいけない。禁止、禁止、禁止。

余は一個の囚奴《しゅうど》たるに堪《た》へ得ず、此檻籠《かんろう》を脱せんことを企つるしばしばなりしも、親族家族の為に圧制せされて果たさず。(16)

「囚奴《しゅうど》」である。おれは囚人だ、奴隷だ。しかし塾をでたいといっても、郷里のみんなから信頼のあつい木戸明だ。その大先生に無礼をはたらくことは、家族がゆるさない。圧制だよ。勉強がしたい、でもできない。勉強がしたい、でもできない。ひとはだれも縛られたかよわき子羊ならば、先生あなたはかよわき大人の代弁者なのか。おれたちの怒りどこへむかうべきなのか。もんもんとした気持ちが強すぎて、中学校の勉強にも身がはいらない。病気をして半年以上、勉強に遅れていたこともあるだろう。ついていけない。その年の六月、進級試験に落第してしまった。

伝次郎、人生初の挫折である。子どものころから神童とよばれてきて、ひとより体が弱いぶん、あたまのよいことが自分のアイデンティティのよりどころだった。だがそれすらうしなわれ、なにもなくなってしまう。おれは体が弱くて、あたまも悪いのか。ショックでなにも考えられない。そのおもいをさっしたのか、家族がとりあえずかえっておいでと連絡をくれる。そうしよう。

悲嘆にくれた伝次郎が青い顔をしてもどってくると、家族がやさしく接してくれた。だいじょうぶだよ、おまえはやればできる子なんだから。そのことばがおれの胸を引き裂いていく。やめてくれ、同情。やめてくれ、笑顔。伝次郎のあたまをこのことばが駆けめぐった。囚奴！　囚奴！　囚奴！　そろそろトンズラするときがやってきたようだ。

ああ、伝次郎！　ああ、人間！

一八八七年八月一八日、伝次郎は高知にもどるとウソをついて家をでた。いってらっしゃい。むかったさきはそう、花の都大東京だ。家出である。もってきたカネはわずかに五〇銭。いまでいうと三六〇〇円くらいだ。

ほかには家からもってきた『史記』『唐宋八大家文《とうそうはちたいかぶん》』。高知につくと、その本を売りはらい、手元には四円と五〇銭。これでいける。汽船にのって、東京にむかった。九月九日、横浜港に到着。そこから汽車にのって新橋へ。午後八時、到着。はじめて東京の地をふんだ。たよったのは、あの林有造だ。たずねてみると、さすが林さん。ふところがひろい。もともと弁のたつ伝次郎を気にいっていたのかもしれないが、とにかく自分の書生にしてくれるという。感謝。住まいは小石川丸山町にあった林の実兄、岩村通俊《みちとし》の別荘だ。

このとき、岩村は北海道庁長官に赴任していたので、伝次郎はその留守をあずかることになった。しかも自由党の同志だった林包明《かねあき》の私塾、日本英学館にもかよわせてくれた。神である。

だが、それから四か月ほどして事件がおこる。当時、東京では自由民権運動が再燃していた。後藤象二郎が分裂していた運動の大同団結をよびかけ、全国から壮士たちが結集。そして元老院に「三大事件建白書」を提出し、言論・集会の自由、地租の軽減、外交政策の挽回をうったえていた。

死を賭して実現しよう。壮士たちが街中で気焔をあげ、いまにも決起しそうな雰囲気だった。血の気配がする。そんななか、一二月二四日に後藤邸で仲間うちの会合がひらかれた。酒を飲みながら、今後の運動方針をはなしあう。だが、よい案がうかばない。そのうちに夜もふけて、みんな酔っぱらいはじめた。

のちに「憲政の神様」とよばれる尾崎行雄が気勢をあげる。こうなったら東京を火の海にしよう。三〇人、四〇人くらいで手分けして、各所に石油をいれた樽でも積んでおいて、時間になったらいっせいに火を放つ。そうして、狼狽してでてきた大臣どもを暗殺し、大蔵省にのりこんで金庫を奪いとり、その軍資金でさらなる武装蜂起をよびかけるのだ。さすが「神様」はいうことがちがう。

一同、「いいよ、いいよ」と大笑い。さながら、土佐立志社の「一夜にして天下をとる法」だ。むろん冗談なのだが、壮士とよばれる人たちは、みんなこういう話が大好きだ。のちに伝次郎もおなじような笑い話をして、大逆事件で吊るされている。バカはなんどでもおなじことをくりかえす。いいね、われわれは圧倒的にまちがえる。

しかもこのはなし、官憲につつぬけで、すぐに総理大臣の伊藤博文につたわってしまう。ちょこざいな。翌日、伊藤は保安条例を制定。集会、言論、結社の自由を制限するほかに「危険人物の追放」もできる。官憲がおまえは危険人物だと名指しさえすれば、だれでも東京からたたきだし、三年間、皇居から三里（一一・八キロメートル）圏内のたちいりを禁じることができるのだ。伊藤博文、一夜にして天下の悪法をつくる。冗談じゃないよ。

一二月二六日、内務大臣、山県有朋《やまがたありとも》の命で、東京にいた自由民権運動の壮士たちがいっせいに追放された。林有造、片岡健吉、中江兆民《ちょうみん》、星亨《ほしとおる》、尾崎行雄など、その日だけでも二九四人。その後、三日間で五七〇人が東京から追放された。

伝次郎も例外ではない。林とおなじ一二月二六日、東京退去の命令。せっかく家出がうまくいったとおもったのに、自分の将来を自分できりひらいたとおもったのに、なんでだよ。伝次郎、一六歳。東京を追放される。ああ、伝次郎！　ああ、人間！

東都に止まる僅々《きんきん》四ケ月にて、保安条例の一令一片の退去状と共に、東都を放逐《ほうちく》せられたり。
嗟《ああ》帰路実に寒かりし、餓たりし。(17)

都落ちさながら、東海道を西へ西へとあるいていく。ただひたすらにあるいていく。時期は年末、真冬である。ほんとうは絶望と悲嘆にくれたいところだが、そんなよゆうすらもてなかった。寒いのだ。カネもない。食料もない。力もない。知識もない。運もない。ああ帰路、じつに寒かりし。ゆるさねえぞ、伊藤博文。ゆるさねえぞ、山県有朋。なにが保安だ、コノヤロー。なにか食べたい。

なんとか大阪にたどりつく。当時、兄の亀吉が大阪で薬学を学んでいたので、しばらく世話になりながら、自由党のつてをたどろうとおもっていたのだろう。だが、そこはさすがに幸徳家だ。家出少年の居場所がわかって、ほうっておくわけがない。けっきょく、家のものにつかまってむりやりつれもどされてしまった。年はあけて一月一五日、中村に到着。おかえり、伝次郎。くそったれの涙。

ぼくは末っ子だから我慢ができない

さて、東京を追放された伝次郎。高知や宿毛だったら英雄あつかいされるかもしれないが、ここは保守の牙城、中村である。まわりはもう腫れ物にでもふれるようなあつかいだ。いやな感じ。もはや学問で身をたてることはできない。やることもなくてブラブラしていたら、それをみかねた親類から素行不良だとなじられた。ウジウジと不平ばかりいいおって、この極道もんが。おまえには将来の目標もないのか、ちゃんとせい。だいたい、それが幸徳家の嫡男がすることか、と。

いいかえしてやりたいが、きっとこの人たちになにをいってもつたわらない。伝次郎が無言で冷笑していると、母のグチがきこえてくる。「親父があったなら外への気兼《きがね》もなく勉強も出来たらんに」(18)。ああ、家とか嫡男とか親父とか、うるさいんだよ。ぼくは末っ子だから我慢ができない。

なにをやってもうまくいかない。人生はつまずきやすく、希望などたやすく砕け散ってしまう。絶望のさきはさらなる絶望。伝次郎が虚無にとらわれる。なにひとつ寄る辺もなく、ただひたすら漆黒の闇を落下していく。底もみえない。おまえが深淵をのぞくとき、深淵もまたおまえをのぞいている。死のうか。その暗闇のなかで、伝次郎に道なき道がひらきはじめる。

人生に不平しかないのであれば、いっそ不平にひらきなおろうか。「人は不平の動物なり、不平あればこそ人間の活動もあれ」(19)。どこにいってもなにをやってもうまくいかないならば、「運を天に任せて留《とどま》る處《ところ》に止《とど》まらんのみ」[20]だ。この世界のあらゆる場所で、あなたの不平をさけびたい。チキショー！

一八八八年六月二四日、伝次郎は友だち二人を誘って再び家出。行き先もわからぬままにとびだした。放浪だ。どこへいったのか。まずは愛媛県の宇和島だ。道中、漢学の素養がある酒枝義員《さかえだよしかず》と意気投合し、ともに愛媛をまわる。

カネがなくなると、みんなで日銭をかせぐために壮士さながらの政談演説をうった。伝次郎が手ぬぐいで顔をかくしながら、恥ずかしそうに入場料をねだって木戸銭《きどせん》をうけとっていく[21]。たのしい思い出だ。

さて、一行は松山で義員《よしかず》と別れると九州にわたり、長崎へ。中国にでもいこうか。上海への渡航を考えたが、失敗。なぜいけなかったのか理由はわからないが、きっとカネをつかいはたしたのだろう。うまくいかない。友人たちとはここで解散。だが伝次郎放浪記はまだ終わらない。ここから一人旅をしはじめる。

七月、宇和島にもどる。高木行正というひとの家に泊めてもらった。だがこのままではいられないだろうと、高木のつてで法円寺を紹介してもらい、お寺の一室をあてがってもらえることになった。ここでゆっくり本でも読もう。

とおもっていたら、なにか様子がちがう。自分は客人だとおもっていたら、そうではなくて寺の小僧にさせられていたのだ。毎朝、はやおきをして寺の掃除をし、炊事、洗濯、畑の仕事まで酷使される。ヘトヘトだ。本を読むヒマなんてない。それでいて給料もでないのだから奴隷労働である。うまくいかない。そうおもっていたら一〇月一日、伝次郎の東京退去命令が解除された。よいきっかけだ。伝次郎はすぐにお寺にわかれをつげて、故郷の中村に逃げかえった。もうこれ以上、はたらけない。お寺は地獄ぜよ。

伝次郎がさけびたがってるんだ

そうはいっても、もう郷里にはとどまれない。身体がうずうずして外へ外へとひきよせられてしまうのだ。勉強がしたい。一一月二日、伝次郎は東京にいくといって、ふたたび家をとびだした。伝次郎、みたび家出をする。

されど再ひ上京すると称して家を欺き上阪の途に就けり、阪府に横田金馬《きんば》あり、予が最も親愛なる益友《えきゆう》なれば万事相談すべく思ひしなり。(22)

上京するとウソをついて大阪にいったとある。なぜそんなことをしたのか。めんどうくさいからだ。家のものたちは、伝次郎が過激な政治運動に身を投じることを心配していた。そしていま、その舞台は東京ではない。大阪だ。ここには保安条例で追放された自由民権派の壮士たちがわれもわれもと結集し、たくさんの新聞、雑誌が刊行されていた。いわゆる言論ばかりではない。壮士たちは街頭にたち、みずからの演説を歌にして権力をぶったたいていた。自由演歌だ。「オッペケペー節」など、いまでも名前をしられているような流行歌もあったし、こんな歌もうたわれていた。

民権論者の　涙の雨で　みがきあげたる大和胆《たまとぎも》
コクリミンプクゾウシン（国利民福増進）シテ
ミンリョクキュウヨウ（民力休養）セ
もしもならなきゃ　ダイナマイトどん

「ダイナマイト節」だ。ヤバい。街のあちこちで、壮士たちが三味線をかきならし、この物騒な歌詞をさけびあげる。そして、それが民衆のあいだではやってしまうのだ。自由の火の粉をまきちらせ。燃えたぎる表現の力で、この腐りきった専制政治をふっとばそう。コクリミンプクゾウシンシテ、ミンリョクキュウヨウセ。もしもならなきゃ、ダイナマイトどん。心を燃やせ。

これまで一揆、反乱。武装して決起したものたちが、つぎつぎと政府軍によって血祭りにあげられてきた。血涙の雨がふる。徹底的に弾圧されて心まで踏みにじられて、もうボロボロだ。だがたとえ突っ伏しても、また這いあがってくればいい。大石新陰流《おおいししんかげりゅう》の戦術とおなじことだ。敵の土俵でかなわないならば、まったく別の力でたたかえばいい。非対称の戦闘を思考せよ。

壮士たちはおもう。剣がダメならペンがある。ペンがダメなら歌がある。歌がダメなら芝居がある。その力が東京で封じこめられてしまったならば、大阪にいけばいい。大阪がダメなら高知がある。高知がダメなら鹿児島がある。埼玉でも千葉でもいい。それすらも封じこめられてしまったら、地下にもぐればいい。秘密出版だ。どんなかたちでもいい。自由闊達な議論をまきおこせ。考えるよりさきに、わたしの口がうごいてしまう。紙のダイナマイトをぶんなげろ。いくぜ、ジャスティス！　こいよ、フリーダム！

そんな活気ある大阪に伝次郎があこがれないわけがない。だけどそんなことをいったら、家中のひとたちに猛反対される。だから東京にいくとウソをついて大阪にきたのだ。すでに郷里の友人、横田金馬《きんば》が大阪で運動に奔走していた。金馬は伝次郎よりも四つほど年上で、木戸明の修明舎でも同門だった。なんとかなるだろう。そうおもって金馬をたずねたら大歓迎。よくきたな、伝次郎。うう、アニキ。

きっと、おもいのたけをぶちまけたことだろう。カネはない。住まいもない。はたらきたくもない。たらふく食べたい。めいっぱい本が読みたい。それでいて、圧倒的な知性をもったすぐれた師匠がほしいのだ。だれか書生にでもしてくれないか。そんな都合のいいはなしはないよね、アッハ。

そしたら、金馬がついてこいという。どこへいくんだよう。二人でテコテコあるいていく。場所は梅田駅ちかく。いってみたら、なんと天下の大思想家、中江兆民の家だ。じつはこのとき、金馬は自由民権運動の宣伝のために、壮士芝居というのをやっていた。そして兆民にその顧問役になってもらっていたのだ。トントン。こんにちは。はじめて会ったとき、伝次郎と兆民はどんな会話をしたのだろうか。兆民先生、勉強がしたいです。ホッホッホ。伝次郎がさけびたがってるんだ。

第三章　水になれ、炎をまきちらせ

兆民先生は終生野人でした

伝次郎、一六歳。中江兆民《ちょうみん》の学僕《がくぼく》となった。書生となって、兆民と寝食をともにしながら勉強をおしえてもらうことになったのだ。では兆民先生とは、どんなひとだったのか。歴史の教科書をひもとけば、「東洋のルソー」と称されていて、偉いひとのようにおもえてしまうが、同時代人の証言をみると奇行がめだち、奇人変人の類だともいわれている。あるひといわく。兆民先生は「終生野人」でした。伝次郎への影響もさることながら、とにかくおもしろそうなひとなので、ご紹介してみよう。

兆民は一八四七年うまれ。土佐藩の足軽の子としてうまれた。ひとまわり上の先輩たちは、藩に背いてでも尊王攘夷を決行しようとしていたが、兆民はちがう。なぜ外国人を殺さなければならないのか、意味がわからない。ふつうに藩校でまなんだ。一八歳のとき、長崎留学。そこで坂本龍馬に出会った。かっこいい。まわりからなんとなくすごいひとだといわれていたというのもあるが、その人柄やオーラにひきつけられたようだ。のちに伝次郎にむかって、こんなことをいっている。

豪傑といふものは、何となく尊拝《そんぱい》の念を起すものなり、予が長崎に居《いたり》し頃、坂本龍馬に煙草買ひにやられしことあり、まだ少年の心に、何となく此人《このひと》はえらさうな人と信じ居たれば、容易に人に駆使せられざりし予も、龍馬が土佐訛《なまり》にて、「中江の兄さんこれで煙草を買ふて来てヲーセ」と頼まれし時には、まめまめしく立ちて使ひしたりと、坂本は如何《いか》なる人なりしやと問へば、「先生こんな細き目して頭は此邊《ここまで》黴毒《ばいどく》にて禿《は》げ居れり。（1）

あいつ梅毒でハゲてたぞと、ちょっとバカにしている気もしなくはないが、ひとは尊敬しているひとほど親しみをこめて、こういういいかたをしがちである。ふだん反抗心バリバリで他人に従うのをよしとしない兆民が、龍馬にタバコをたのまれると、なんの躊躇もなく買いにいってしまう。好きだ。

とりわけ龍馬から、その生きかたを学んだようだ。国も藩も関係ない。まわりの評価など気にしない。自分の道は自分できめる。おまえが舵をとれ。そしてだれにもしばられないからこそ、薩長同盟のように個々の利害にとらわれず、国全体のことを考えて政治をうごかすことができるのだ。大同小異である。

わたしなどからしたら、国家でも社会でも全体のことを意識させ、みんなのことを考えたらこうしなければならないといって、他人にその行動を強いるのが権力だとおもうのだが、いまはおいておこう。自主独立の精神と全体の意識。このふたつが同居しているのが兆民だ。龍馬におまかせ。

はなしをもどそう。兆民は長崎でフランス語を学び、その語学力をもっと磨きたいとおもいはじめる。二〇歳のとき、同郷の後藤象二郎にたのみこみ、カネを借りて江戸にいった。フランス語の大家、村上英俊《ひでとし》の塾にかよう。ここでメキメキと語学の腕をあげたが、しばらくして破門されてしまった。どうも兆民は遊郭にハマって、さらに酒びたり。酒グセもわるかった。先生に怒られ、もう二度と遊郭にはいきませんとちかいをたてたのに、なぜかまた遊郭にむかってしまう。それがバレて破門である。しょうがない。とりあえずフランス公使、ロッシュの通訳をして食いつないだ。

維新後、兆民は福地源一郎の日新社にはいり、その塾頭になってフランス語をおしえていた。けどひとにおしえるまえに、自分がもっと勉強したい。フランスにいって、いろんなことを吸収してこられないか。どうしたらいいか。この国のことは大久保利通が決めている。よし、直談判だ。自宅におしかけた。しかし兆民、きたない格好をしたただの貧乏人だ。門前払い。ちくしょう、なめやがって。

兆民は大久保おかかえの人力車夫に、毎日しゃべりかけて仲良くなった。車夫から大久保の予定をおしえてもらい、屋敷から車にのってでてきたところを直撃だ。大声をはりあげる。大久保公にものもうす。フランスにいきたい！　フランスにいきたい！　よかでごわす。ちょうど岩倉具視《ともみ》を代表として、欧米使節団をおくろうとしていたので、その船にのっていけばいいと。一八七一年一二月、まさに伝次郎がうまれたころ、兆民はフランスに旅立っていった。二四歳である。

さて、兆民が足をふみいれたフランス。まだパリ・コミューンが陥落してまもないころだ。ドイツに戦争で負け、ナポレオン三世が失脚すると、すかさずパリの民衆たちが決起する。君主も貴族もブルジョアもその代弁者もいらない。自分たちのことは自分たちでやる。政治も経済も軍事も食料分配も教育も芸術も、ぜんぶ自分たちでまわす。自治《コミューン》だ。民衆みずからの力で革命的自治をたちあげるのだ。パリ・コミューン宣言。

けっきょくブルジョアの軍隊に攻めこまれ、パリ市民一〇万人の大虐殺。血の雨がふるのだが、まだパリにはその熱気がかすかに残存していた。そんななかで兆民は政治思想を学び、ルソーを読んでいる。このとき、兆民がどんな先生からなにをおしえてもらったのかはわかっていないのだが、どうもパリで親友になった西園寺公望《さいおんじきんもち》が、パリ・コミューンに参加していた人物から政治思想をまなんだというから、似たようなものだろう。革命の核心はなにか。自治だよ。

一八七四年、日本にもどった兆民は仏蘭西《ふらんす》学舎をたちあげ、ルソー「民約論」の翻訳を手がけていく。『社会契約論』だ。そしてそれをテキストにして講義をおこなう。これが自由民権派の壮士たちに絶大な影響をあたえていった。どんなことをおしえていたのか。直球だ。民主主義、だいじ。ならば、民主主義とはなにか。せっかくなので、兆民の解説部分をひいてみよう。

民主国というのは、人民がともども政治を行なって国の主人となり、別に権威をおかないのをいう。(2)

民主主義とは民衆による民衆の統治であり、その上にいかなる権威もおかないことだ。全員のことを全員で決める。だれもが国の主人であり、みんなでみんなのことを話しあい、みんながよいとおもったことをルールにしていく。直接民主主義だ。だから兆民は、ルソーが民主国の意味でつかう「リパブリック」を「共和政」と訳さないほうがいいといっている。「民衆自身の」というニュアンスが消えてしまうからだ。兆民はこう訳している。「自治の国」。シンプル・イズ・ベスト。自分たちのことは自分たちで決める。そこに自治がないかぎり、民主主義はありえない。

全員が集まってことを議論し、命令をくだす。これが、いわゆる君である。議論したところにしたがって、全員がともにその命令を執行する。これが、いわゆる臣である。だから人びとはすべて、君と臣との職を兼ねそなえている。(3)

ここでいう「君」とは「主権」のことだ。みんなの生命と財産をまもるために、みんなの力を結集して、みんなが従わなくてはならない絶対権力をたちあげる。主権だ。だけど、その力を他人にゆだねた瞬間に、「専制」がうまれてしまう。たとえそれがどんなにすぐれた人物であっても、血筋のいい人間であっても、多数の支持をえた議員であってもダメなのだ。全員で決めるのではなく、ひとにぎりの人間が決めたことを強制されるかぎり、それは専制にほかならない。

「全員」とか「みんな」というと、まだあいまいさがのこるので、はっきりさせておこう。明治初期、日本の人口は三五〇〇万人。君主政はその意思決定を一人でおこなうのだ。専制である。ならば、貴族政はどうか。おなじことを数人でやる。専制だ。では、代議制はどうか。数百人で決める。専制だ。民主主義とはなにか。三五〇〇万人のことを三五〇〇万人で決める。リパブリックとは直接民主主義であり、革命的自治にほかならない。とまれ、コミューン。民しかいない。

のちに伝次郎は兆民を「革命の鼓吹者《こすいしゃ》」と評しているが、こういうところだ。じっさい、兆民の講義をきいた壮士のなかに、熊本からやってきた宮崎八郎という青年がいる。九州がほこる革命の風雲児、宮崎滔天《とうてん》の兄ちゃんだ。八郎は兆民の講義をきいて大号泣。好《ハオ》、好《ハオ》。世のなかに、こんなに痛快な思想があったとは。八郎、涙をながして「民約論」を読む。そしてその写しをもちかえって、地元で学校をひらいた。わが九州にいかなる専制もない、自治の国を建設しよう。

その実現のため、八郎は西郷隆盛のよびかけにおうじて、西南戦争に参戦。西郷のあたまにはコミューンなどみじんもないのだが、それは新政府の専制をぶっつぶしてから考えればいい。とりあえず死にもの狂いでドンパチだ。熊本で西郷軍とともにたたかったが、奮戦むなしく敗北。戦死してしまった。享年二六。兄ちゃん。

しかし兆民自身の思想は、八郎ほどすっきりしたものではなかった。ドンパチは好まない。そしてフランス革命のジャコバン派みたいに、国王をギロチンにかけて民主主義を実現するというものでもなかった。オレは革命派だけど、もし主君が斬首されそうになっていたら、涙を流してかけつけて命をはってまもりぬくよ。伝次郎にそうかたっていたそうだ。忠臣かよ。だがそれがルソーそのままではなく、兆民独自の思想につながっていく。

共和政治の字づらは、ラテン語の「レスピュブリカー」を訳したものだ。「レス」は物である。「ピュブリカ」は公衆だ。だから、「レスピュブリカー」は、つまり公衆の物であり、公有物の意味だ。この公有の意味を政体の名前に及ぼして、共和政治の名をつけたのである。ほんとうの意味はこういうことである。だから、いやしくも政権を全国人民の公有物とし、ただ有司がほしいままにしないときは、みな「レスピュブリカー」である。みな共和政治だ。君主があろうとなかろうと問題ではない。(4)

君主の有無は問わない。だいじなのはあくまで民衆の政治をうちたてることだ。一見よさげなことをいっているのだが、しかしここには二つの意味がある。ひとつは、パリ・コミューンのようにドカンと革命的自治がうまれて、それで政治をまわせるならそれでいいということだ。邪魔さえしなければ、君主はいてもいなくてもどちらでもいい。殺す必要はないのだと。

だけどもうひとつ、こういう意味もある。君主政のままでいい。日本はもう天皇を頂点とした君主政になっているのだから、それを前提としてリパブリックをおしすすめればよい。言論、集会、結社。民衆が自分たちの意見を自分たちで発言できる場をつくり、さらに議会をつくってそれを反映できるようにしていく。君主がいようといまいと、政治が民衆のものになっていればいいのだと。

しょうじき、後者の論理でいくと、君主が万人の意思を反映しているならば、君主政でもリパブリックということになってしまう。そもそも天皇は万人の意思そのものであり、なにをやろうと君民一体の善政を敷いているのだと。もちろん兆民はそこまでふざけたことはいわないのだが、それにしてもコミューンはどこへやらだ。

兆民はこの二つのリパブリックのはざまにあった。だが、力点は後者にあったようだ。パリ・コミューン陥落後の惨劇もしっているし、コミューンを夢みて武装蜂起した八郎は殺されてしまった。どんなに武装しても、自治をたちあげて政府軍と正面衝突すれば、軍事力ではかなわない。血祭りだ。だから別の道をさがさなくてはならないというおもいがつよかったのだろう。ちなみに、君主にたいするこの微妙なスタンスは、よくもわるくも弟子の伝次郎にもひきつがれていく。あとでふれよう。

ともあれ、兆民はデモクラシーの旗手として自由民権運動にのぞんでいく。一八八一年、三四歳のとき、兆民は親友、西園寺公望とともに『東洋自由新聞』を発刊。そこで筆をふるおうとおもっていたのだが、おもわぬ横槍がはいってしまう。天皇だ。明治天皇が西園寺に命じてきたのだ。公家の名門にうまれ、愚民どもを支配するためにうまれてきたおまえがなにを自由だとかいっているのだ、やめろと。西園寺、これを承諾。新聞は一ヶ月で廃刊してしまった。兆民は一言、「天命」だといっている。なにが天子の命令だ、コノヤロー。シャレである。

その後はひたすら執筆。そして火をはくような演説をぶちかました。とにかく奇抜な格好が好きで、とび職がはおるような印半纏《しるしばんてん》に腹かけ、紺色のステテコをはいて演壇に登場したり、街をあるくときは真っ赤なトルコ帽に、なぜか「火の用心」とかかれたタバコいれをもっていた。そして「先生、先生」とよってくる若者をひきつれて、飲みにいって気勢をあげる。芸者をあげてレッツ・パーティ。あそび狂う。奇行をくりかえしていて、兆民はヤバいといわれていた。

有名なのは「キンタマ酒」だ。ある日、芸者をあげて飲んでいたとき、兆民が調子をこいて素っ裸になった。そしてキンタマの皮をビロンとのばし、そこに日本酒をついで芸者に飲めという。とんだクソ野郎だ。だがこのときの芸者の対応がすさまじい。「ようござんす」といって、それを飲み干すと「それでは先生、お礼に返杯を」というのだ。兆民がいいぞというと芸者は酒をとりにいく。もってきたのはカンカンに熱した熱燗だ。それを兆民のキンタマに注ぎこむ。ギャア。とびあがった兆民。もんどりうちながら、非礼をわびた。芸者の圧勝だ。どうもすみませんでした。

そうこうしているうちに一八八七年。主著となる『三酔人経綸問答《さんすいじんけいりんもんどう》』をかきあげ、後藤象二郎らとともに大同団結運動。やってやるぞとおもっていたら保安条例だ。東京追放。ならばと大阪にひっこし、体勢をととのえて、まずは『東雲新聞《しののめしんぶん》』をたちあげて執筆活動。そして壮士芝居をやりたいと相談にきた横田金馬《きんば》に「いいじゃん」といって顧問役をひきうけた。そんなときにたずねてきたのが伝次郎だ。兆民、四一歳。すこしながくなってしまったので、そろそろはなしをもどすことにしよう。

明治はだまって裸足

一八八八年一一月二日、伝次郎は兆民の書生となった。兆民の家には、いつも四、五人の書生がいて、ちょくちょくメンバーが入れ替わりたちかわり。最後までいたのは伝次郎ひとりだ。よほど信頼されていたのだろう。

では、家でなにをしていたのか。玄関番だ。朝おきて掃除、洗濯。そしてひっきりなしに訪ねてくる客の応対だ。ことづけをあずかったり、客間にとおしてお茶をだしたりする。あとはつかいっぱしり。

そのほかは部屋にこもって読書三昧だ。一日六時間以上、本を読むことができた。これが伝次郎にはたまらない。もっと読みたい。じゃあ、どんな本を読んでいたのか。ありがたいことに、読書リストがのこっているので、ざっと列挙してみよう。

中国古典
『孟子』、『荀子』、『古文真宝《こぶんしんぽう》』、『白詩選』、『唐詩選』、金聖歎《きんせいたん》『三国志』、和訳『金瓶梅《きんぺいばい》』、和訳『水滸伝』、和訳『西遊記』など

日本古典
『古今集』、『徒然草』、『太平記』、『平家物語』、『源平盛衰記』、滝沢馬琴『南総里見八犬伝』、滝沢馬琴『椿説弓張月《ちんせつゆみはりづき》』、滝沢馬琴『夢想兵衛胡蝶物語《むそうびょうえ》』、『近松著書全書』、曲山人『娘節用』、為永春水《ためながしゅんすい》『春色梅暦《しゅんしょくうめごよみ》』、十返舎一九《じっぺんしゃいっく》『東海道中膝栗毛』、式亭三馬『浮世風呂』、浅見絅斎《けいさい》『靖献遺言《せいけんいげん》』、『法華経』、『日蓮大士真実伝』など

近代文学
東海散士『佳人之奇遇《かじんのきぐう》』、矢野龍溪《りゅうけい》『経国美談《けいこくびだん》』、坪内逍遥『書生気質』、坪内逍遥『細君』、二葉亭四迷『あひびき』、二葉亭四迷『浮雲』、山田美妙『胡蝶』など

新聞雑誌
『大阪毎日新聞』、『東雲新聞』、『大阪公論』、『鶏鳴《けいめい》新報』、『京都日報』、『讃岐日報』、『国民之友』、『経世評論』、

『社会燈』など(5)

兆民の著作があがっていないが、あたりまえすぎるからだろう。のちに伝次郎は自分の人生に影響をあたえた書物として『孟子』と『三酔人経綸問答《さんすいじんけいりんもんどう》』をあげているから、この二冊をめちゃくちゃ読みこんでいたのだとおもう。毎日、兆民の家に送られてくる新聞雑誌のすべてに目をとおし、そのうえで古典や好きな小説を読みまくる。そんな生活をおくっていた。たのしい。

それでは兆民はどんな教育をほどこしてくれたのか。とくにない。いわゆる学校の授業のように、時間をとって講義するというようなことはしていなかったようだ。そうではなくて、兆民が酒を飲んでいるときにおしゃべりをする。ときの権力者についてどう考えるのか、政治はどうあるべきなのか。ただの世間話のときもあっただろうし、昔ばなしに火がついて、苦労ばなしや笑いばなしをきかされたときもあっただろう。いま読んでいる本が話題になったかもしれないし、伝次郎のほうから議論をふっかけたこともあったかもしれない。酔っぱらいはよくしゃべる。

こんなこともあった。一八八九年二月、大日本帝国憲法が公布されたときのことだ。兆民がクダをまいている。

明治二十二年春、憲法発布せらるる、全国の民歓呼《かんこ》沸くが如し、先生嘆《たん》じて曰く、吾人賜《しょ》与せらるるの憲法果して如何《いか》の物乎、玉耶《か》将《は》た瓦耶《か》、未だ其《その》実を見るに及ばずして、先づ其名に酔ふ、我国民の愚にし

て狂なる、何ぞ如此《かくのごとく》なるやと、憲法の全文到達するに及んで、先生通読一遍唯《た》だ苦笑する耳《のみ》。(6)

明治憲法が発布されて、おおくの国民が歓喜に酔いしれている。それをみて、兆民は「愚にして狂なり」といいはなち、さらに憲法に目をとおしてただ苦笑していたというのだ。じっさい、ひどい。天皇は「神聖にして不可侵」。国民は「臣民」とされる。天皇のしもべなのだ。議会をひらくといいながら、それは天皇の「協賛機関」にすぎず、なんでも笑顔で拍手していればいいとされている。議会は条約の締結にも宣戦布告にも口をだせない。天皇がやれといったらやるのである。

いちおう議会には予算承認権があたえられていたが、その議会にしても上院と下院がもうけられていて、うち上院は選挙ではなく血筋のよい華族からえらばれる。貴族かよ。それが下院とおなじ権限をもっているのだ。しかも総理大臣は与党からえらばれるとか、そういうものでもない。これまで権勢をふるってきた藩閥政府の有力者たちが元老院をたちあげ、憲法とも議会とも関係なく、かってに総理大臣を決められるのだ。もちろん、いまの議院内閣制をしっているわたしたちからすれば、たとえ議会や政党の力がつよくなったとしても、クソみたいなことにしかならないのはわかっているが、それにしてもめちゃくちゃである。兆民はこういった。おれたちは「政府の奴隷」なんだよ。

先生其《その》著、三酔人経綸問答に於《おい》て曰《いわ》く、世の所謂《いわゆる》民権なる者は自ら二種有り、英仏の民権は回復的の民権なり、下より進みて之《これ》を取りし者なり、世又一種恩賜《おんし》的の民権と称す可《べ》き者有り、上より恵みて之を与ふる者なり、回復的の民権は、下より進取するが故に、其《その》分量の多寡《たか》は我の随意《ずいい》に定むる所なり、恩賜的の民権は、上より恵与《けいよ》するが故に、其《その》分量の多寡は我の得て定むる所に非ざるなりと、然り先生は決して恩賜的民権を以《もっ》て満足する者にあらざりし也、況《いわ》んや其《その》分量の極めて寡少《かしょう》なる者をや、即ち慨然《がいぜん》として曰く、咄々《とつとつ》朝三暮四の計、黔首《けんしゅ》を愚にするの甚《はなはだ》しきや、我党宜《よろ》しく恩賜的民権を変じて、進取《しんしゅ》的民権と成《な》さざる可《べか》らず。(7)

これは兆民のぼやきをきいて伝次郎がおもったことだ。先生はやる気満々です。もともと『三酔人経綸問答』で、兆民は民権には二種類あるといっていた。「恩賜《おんし》的民権」と「回復的民権」だ。恩賜的民権とは上からあたえられたもので、ときの権力者が恵んでくれたものにすぎず、たいした権利はえられない。いまの明治憲法と国会開設だ。これにたいして、回復的民権とはフランス革命みたいに民衆がみずからの力でかちとった権利のことだ。とうぜんえられる力は大きい。

ざんねんながら、日本の民権は上から付与されたもので、その力は微弱。しかし、そのわずかばかりの力をつかって、あたえられた民権を自分たちのものに変えていくことはできる。「進取的民権」だ。はやく憲法を改正し、ほんものの民権を獲得しよう。あたえられたものをかちとってゆけ。国会で進取だ。

そんな兆民のおしえをうけていたころだ。七月七日、伝次郎は林有造が大阪にやってきたことをしる。かつて東京に家出をしたとき、書生にしてくれた大の恩人である。ごあいさつにいかなければ。滞在先の大三輪《おおみわ》長兵衛《ちょうべえ》の家をたずねた。大三輪は当時の大富豪にして、林のパトロンだ。伝次郎の来訪によろこぶ林。なにせ四年ぶりだ。

おお、元気だったか。最近どうしてたのだときかれたので、兆民先生のもとでお世話になっていますとこたえた。それなら、『東雲新聞』ではたらいているのかい。いいえ。掃除と洗濯と読書です。もっぱら文学書をよみまくっています。

そんなやりとりをしていると、林がけげんな顔をしている。きみは政治活動をしていないのか。いや、まずは学問をきわめますとこたえると林がこういった。「そんなくだらないことはやめたまえ。政治に学問なんて役にたたないよ」。

えっ。おどろく伝次郎。つづけて、林はこういった。「きみ、政治はカネだよ。算術くらいできるんだろう。商人にでもなりたまえ」。すると隣りにいた大三輪が笑いながら、「そうですね。明治の世はカネですから」という。うるせえよ。

カネ、カネ、カネ。あこがれの林先生が変わってしまった。命を投げ捨て、無私の心で決起せよ。そういっていたあのころの先生はどこにいってしまったのか。ときは国会開設直前。林が政界進出をはかっていたころだ。

カネと権力。藩閥政府の怪物たちをやっつけるために、こちらもカネと権力を手にしよう。そのうちに、林自身が怪物になりさがってしまった。だいたい商人になるなら実家を継いでいるんだよ。

伝次郎は儀礼的なあいさつをすませると、すぐに帰宅の途についた。なんだよ、林、夢、おカネ。ひとの志をカネで変えられるとおもったら大まちがいだ。貧乏人とバカにされてもいい。役立たずとののしられてもいい。裸足のままで笑われても、裸足のままで立たされても、裸足のままで責められても、おれはおれを信じてやる。明治はだまって裸足。兆民先生に会いたい。

世のなか、やっぱりカネだな

一八八九年一〇月五日、伝次郎は兆民一家とともに東京にひっこした。兆民の東京追放がとけたので、活動の舞台を花の都、大東京に変えたのだ。一一月二四日には、小石川柳町二七番地にひっこしている。ひろい。のびのびだ。

だが、このころの兆民はときの権力に腹をたてて毎日、酒に酔って醜態をさらし、クダをまいていた。アル中だ。もしかしたら伝次郎が林有造にかんじとったのとおなじように、自由民権の壮士たちが国会開設をまえにして、カネと権力におぼれていくさまをまのあたりにしたのかもしれない。

とはいえ、それで酔っぱらいを相手にしなくてはならないのだから、家族と伝次郎はたいへんだ。たまったものではない。だがそんな生活も半年ほど。一八九〇年六月、伝次郎は病にかかってしまう。どうも耳をわずらっていたようだ。空気がよいからといわれて、千葉に療養にいったが、いっこうによくならない。九月、静養のためにいちど故郷の中村にもどった。みんながやさしくしてくれる。うれしい。

しばらく体調がわるかったが、翌年の春にはよくなってきた。そろそろ東京にもどろう。でもそのまえに、ちょっとお参りでもしておこうか。三月、伝次郎は地元の不破八幡宮に参拝し、絵馬を奉納している。絵心におぼえあり。

ちなみにこの絵馬、いまは四万十市郷土博物館に展示されているのでみてきたのだが、おもっていたよりもずっと大きかった。画用紙くらいのサイズだ。絵のテーマは、西行法師。放浪の詩人としてしられているお坊さんだ。

ちょいと解説。時代は鎌倉。ある日、西行が源頼朝から銀でできたネコの置物をもらいうけた。どうも、おまえの和歌はすばらしいといって、ときの天下人、頼朝がほうびをくれたのだ。しかしその帰り道。西行が街をテコテコあるいていると、みしらぬ子どもが「おじちゃん、そのネコちょうだい」といってくる。いいよ。惜しげもなくくれてやった。西行さんの心意気だ。わたしはだれの庇護もうけない。おもうがままに生きるのだ。なにが天下人だよ。そんな逸話だ。

伝次郎はそれを絵馬にした。きっと腹をくくったのだろう。いつかの兆民とおなじ道だ。カネも地位もなくていい。まわりの評価もどうでもいい。自分の道は自分で決める。おまえが舵をとれ。東京にいきたい。

しかし四月、そろそろ上京をとおもっていたら、徴兵検査をうけさせられた。徴兵制が義務化されたのだ。まいった。しかし結果は不合格。体が弱すぎて、おまえは兵隊にいらないといわれたのだ。やったぜ。伝次郎はおおでをふって東京にくりだしていった。まってろ、先生。

そのかん、兆民はどうしていたのか。じつは国会議員になっている。一八九〇年六月、第一回衆議院議員選挙で、大阪四区から立候補。カネも地盤もない兆民が当選してしまったのだ。どうも渡辺村に住んでいた被差別部落の人たちが、がんばってくれたらしい。ありがたい。せっかくだし、きばってみよう。兆民は毎日、竹の皮におにぎりをつつんで、いそいそと国会にくりだしていった。所属は、立憲自由党。ともに自由民権運動をたたかった仲間たちとつるむことにしたのだ。

ほんとうのところ、兆民としてはすぐにでも憲法改正を審議したかった。だが、みんなに反対されてなかなかできない。あやういことはやめて、まずは予算審議に徹しよう。ちっ。当初の議題は「民力休養」「政費節減」。税金を減らして、民の力をやすませろ。そのためには、異様にふくれあがっている軍事費を削減しなければならない。ならばと、兆民は本腰をあげてがんばって、おしにおしてもうすこしで政府にこちらの要求を飲ませるところまでやってきた。あとひとおし。

だがここで予期せぬ事態がおこる。自由党土佐派の議員二六人が、政府に買収されて裏切ったのだ。ガーン。名前をあげると片岡健吉、植木枝盛《えもり》、竹内綱《つな》、大江卓《たく》、そしてなんと林有造である。林、おまえもか。もはやカネの亡者である。

というか、自由民権運動っていったなんだったんだ。そんなことをおもいたくなくても、おもってしまう。結局、政府のおもいどおりの予算案がとおってしまった。あん畜生。おなじ土佐の人間として、もうくやしくて悲しくて。プンプン、ププンプン。筆にまかせて、立憲自由党の機関誌にこうかきなぐった。

無血虫《むけっちゅう》の陳列場……、已《や》みなん、已みなん。(8)

テメエらみんな虫けらだ。血のかよわぬ残酷な虫けらだ。やめた、やめた。一八九一年二月、兆民はこの文章をかきのこして、議員辞職。かっこいい。だいじなことなので、くりかえしておこう。国会議員は虫けらだ。

さて、伝次郎がもどってきたのは、それから二か月後である。さいしょは、小石川武島町にひっこしてきていた兆民一家といっしょにくらす。まえの家よりもひろい。だけど書生専用の部屋がない。プライバシーがない。集中して本がよめない。自分ひとりの部屋がない。ストレスフルだ。もしかしたらよくねむれなかったというのもあるのかもしれない。六月になってまた病気になってしまい、小石川の心光寺で静養させてもらうことになった。ぼく、虚弱ですから。

しかし体調がよくなってくると、そろそろということで、神田駿河台にあった国民英学会にかよいはじめている。今後のために、ひとつくらい語学を習得しておいたほうがよいと兆民にいわれたのだ。ナイス・アドバイス。

国民英学会は、元自由党幹部の磯辺《いそべ》弥一郎《やいちろう》が創立した学校で、とりわけ実用英語の教育に熱心なところだった[9]。むろん英文読解もやるのだが、それでもしゃべれなければ意味がない。英会話、だいじ。のちに渡米したさい、伝次郎はアメリカの社会主義者と交流してくるのだが、それはこの教育のたまものだ。

この年の七月、母方のおじ、小野道一が神楽坂にひっこしてきた。こいよ、伝次郎。いっしょに住まわせてもらうことになった。だがこのおじさん、口うるさいひとで、ちょっとめんどうくさい。家をでたい。きっと故郷の母に泣きついたのだろう。ちょうど幸徳家の商売がうまくいきはじめていたので、毎月七円の仕送りをしてもらうことになった。いまでいうと四万円くらいだ。やった。すぐに本郷森川町の下宿屋にひっこした。伝次郎、一九歳。はじめてのひとり暮らしだ。

東京満喫中の伝次郎。毎日、英語の本をよみまくり、あまった時間は貸本屋にいって文学書をよみあさった。たのしい。調子にのって吉原の遊郭にいってみたら、これまたたのしい。それからはもうひたすら遊郭がよいだ。仕送りのカネを遊郭で浪費しまくる。だが、それが親戚にバレてしまって、おじさんによびだされた。おきまりのひとことだ。「おまえは極道じゃあ!」。すみません。

それからの伝次郎。英語の勉強にうちこんだ。一八九一年一二月一五日、国民英学会の訳読科を修了。翌年の一二月一〇日には、正科を卒業している。国民英学会には訳読科と正科、文学科の三科があって、訳読科は普通英語。ようするに基礎英語をまなぶ学科なのだが、じつは修業までにかかる年数は三年とされている。伝次郎はこれを半年で修了しているから、飛び級ということだろう。

その後、正科にすすんで英会話と英作文、英文読解をまなんでいる。こちらは就業年数が一年とされているから、通常どおりの卒業だ。ちなみに、文学科は英文学研究。理由はわからないが、こちらにはすすまなかったようだ。(10)

ともあれ卒業、おめでとう。まもなくして、ふたたび兆民からお声がかかった。またうちにもどってこないか。もちろんです。しかし、いってみておどろいた。兆民一家、貧乏のどん底にあったのだ。どうも兆民先生、あれから北海道にいって記者になろうとしたものの、ほどなくしてやめてしまう。そして、なぜか実業界デビューをはかったのだ。札幌で山林事業に手をだすも失敗。さらに東京にもどってきて、鉄道事業に手をだすが、これも失敗。やればやるほど借金で火の車だ。

なぜ、こんなことになってしまったのか。なにせ、買収された議員たちを虫けらだとののしっていた兆民である。カネや権力とは無縁の清貧生活をおくろうとしていたのではなかったのか。否。議員をやめたあと、むしろこうおもうようになっていた。世のなか、やっぱりカネだな。カネがないからカネに翻弄されてしまったのだ。全力でカネもうけにゆく。そうしてまた大失敗。兆民、サイコー。

だって秋だもの――勢い、だいじ

伝次郎が家にはいったとき、兆民一家は食うにもこまっていて、毎日、おからと菜っ葉のおひたしだけを食べていた。しかし兆民の酒の量だけは、いっこうに減らない。むちゃくちゃに飲みまくる。そして酔ったいきおいで、伝次郎にむかって「オレは金持ちになる」と豪語するのだ。そのカネでもういちど政界に進出する。いや、ヨーロッパ旅行にでもいってみるか、そのときはおまえもつれていってやるからな。たのしみにしてろというのである。ぼくも先生といっしょに旅行がしたい。

そうはいってもカネがない。ひっきりなしに借金とりがやってくる。伝次郎は先生が愛用していた金時計を質屋にもっていき、ねばりにねばって二〇円をゲットしてきたが、それも一日でなくなってしまう。にっちもさっちもいきやしない。だがそんななか、ひょんなことで伝次郎にペンネームがさずけられる。

而《しか》して先生亦《また》自ら其《その》処世に拙《せつ》なる所以《ゆえん》を知れり、酒間《しゅかん》笑つて予に謂《いい》て曰《いわ》く、今朝来訪せし所の高利貸を見よ、彼れの因循《いんじゅん》にして不得要領《ふとくようりょう》なる、人をして煩悶《はんもん》に堪へざらしむ、然《しか》れども彼れ甚《はなは》だ富めり、処世の秘訣は朦朧《もうろう》たるに在《あ》り、汝《なんじ》義理明白に過《す》ぐ、宜《よろ》しく春藹《しゅんあい》の二字を以て雅号《がごう》と為《な》せと、予曰《よいわ》く、生甚《はなは》だ朦朧《もうろう》を憎む、乞《こ》ふ別に選む所あれ、先生益々《ますます》笑ふて曰《いわ》く、然《しか》らば秋水《しゅうすい》の二字を用ゐよ《もちい》、是《こ》れ正《まさ》に春藹《しゅんあい》の意と相反す、予壮時此《よそうじこの》号を用ゆ、今汝《なんじ》に興《あた》へんと、予《よ》喜んで賜《し》を拝せり、屈指《くっし》すれば匆々《そうそう》十余年、真に隔世《かくせい》の感有《あ》り。(11)

兆民が酔っぱらいながらいったのだ。いやあ、今朝きた借金とりは手ごわかったぞ。おれが知恵をふりしぼってカネを返さなくてもいい理由を述べても、それをハイハイとあしらって、あいまいにかわしてしまう。そしてこういうのだ。それでは先生、おカネを返してくださいと。ムカつくぜ。

しかし、あいつはああいう性格だから財産を築くことができたのだ。つきましては伝次郎くん、きみはなんでも物事をはっきりさせようとしすぎるよ。よくない。すこしは借金とりをみならって、あいまいさを身につけなさい。これからは「春藹《しゅんあい》」と名のるがよい、と。春のもやもやした感じという意味だ。

だが、伝次郎はこれが気にいらない。先生にはっきりとこういった。いやです。ぼくは「春藹」ということばが大キライです。そのことばを憎んですらいますと。すると先生、そうかそうかと大笑い。じゃあ、真逆の名前をさずけよう。「秋水《しゅうすい》」。秋の澄みきった水という意味だ。

さらに先生はこういった。これはぼくが若いころにつかっていたペンネームだよ。よろしくつかいたまえと。伝次郎は大よろこびだ。ぼくにぴったりです。ありがたくちょうだいいたします。「幸徳秋水」の誕生である。ここからは伝次郎をあらため、秋水とよばせてもらうことにしよう。あばよ、伝次郎。
ちなみに、「秋水」という名は『荘子』の「秋水篇」に由来している。のちに秋水は未発表の自伝「時至録《じしろく》」でも、このことばをつかっているくらいだから、きっとその名前のなかに、みずからの思想があらわれているとおもっていたのだろう。せっかくなので、すこしこの「秋水篇」をご紹介しておこう。

（原文）
秋水時至、百川灌河

（読み下し文）
秋水《しゅうすい》時に至り、百川《ひゃくせん》河に灌《そそ》ぐ。(12)

これが最初の一文だ。季節は秋。主人公は水だ。大雨がふって無数の川が氾濫につぐ氾濫。すさまじい勢いで黄河へと合流していく。すると大河となった水はこうおもった。おれは最大にして最強だぞ。だが、流れにながれて海までたどりつくと、びっくり仰天。どこまでも無限にひろがっていく広大な海をみて、おれはなんて小物だったのだとおもいしらされる。ことわざ、「井のなかの蛙《かわず》、大海をしらず」でしられる有名なくだりだ。せまい了見で、ものごとを判断してはいけない。

しかしこのせまい了見とはなんのことか。「人為」だ。人間の合理的判断とそれにもとづく行為そのものだ。とりわけ、荘子は人間の認識のありかたを問題にしている。認識とは比較することだ。とかく人間はなんでもまわりとくらべたがる。善悪優劣の区分をもうけて、目のまえの対象がなにかを把握していく。そうしてよりよいものを、よりすぐれたものを選択していくのが合理的ということだ。

だが、そうやってものごとを認識していると、いつしかまわりとくらべて、自分がいかに善であるかを誇示しはじめる。たとえば、いまは資本主義。カネの世だ。カネもうけが善である。そうおもいはじめると、そのために有用なことだけをやりはじめる。ほんとうはやってみたいことがあって横道に逸れたいとおもっていても、いまは我慢だ、とにかくはたらけとたえしのぶ。

将来のために、いまを犠牲にして生きる。いつまでたってもだ。自分がどうおもうかではない。まわりにどうみられるか。まるでテストの点数でもつけられるかのように、こうして人間がカネによる優劣のはかりにかけられるのだ。

その人為をもって、民主主義や社会主義の世をめざしたとしてもおなじことだ。ほかとくらべて、自分たちこそが絶対にただしい。そのあかしをたてるために、異なる意見をバッシング。あとは大義を実現するために、こいつは役にたつかたたないか。仲間うちで点数をつけるのだ。人間を数にする。そいつが「人為」の正体だ。

だが、ひとはふとしたときに、その大義を突破してしまう。あきらかに破滅にむかっているとわかっていてもやらかしまうのだ。立身出世のために、いまはがまんだとわかっていても、中学すら卒業せずに家出してしまう。わけもなく家をでたんだ。いつか憲法を改正するために、いまはがまんだとわかっていても、買収された同志を虫けらとののしり、議員をやめてしまう。

社会主義をひろめるために、いまはがまんだ、弾圧をさけなければいけないとわかっていても、火を吐くような演説をして、民衆の決起をあおってしまう。やめられない、とまらない。まわりがどうこうではない。点数なんてつけられない。われしらず損得かえりみずにやってしまうのだ。その流れに身をまかせよう。

季節は秋。水の流れは大雨となり、勢いあまって濁流となり、洪水となり、大河となり、大海となる。中国最大の黄河でも、それが最大ということはありえない。おのずと大海にひろがってゆく。おわりのない、際限のない、大きすぎてだれにも計測できないなにものかへと変化してしまうのだ。なぜそうなるのか。理由などない。自《おの》ずから然《しか》りだ。「自然」である。考える余地もあらがうすべもなく、すさまじい勢いで濁流に飲みこまれてしまう。なぜ？　だって秋だもの。

「秋水」とは、われわれを衝き動かしてやまない力の流れだ、勢いだ。どれだけ合理的にものを考えて、どれだけ見識をひろげても、それが絶対ということはありえない。あらゆる大義をぶちぬいて、理由なき行動をよびおこす。おのずと身体がうごきだす。われもわれもと計測不可能なものへと変化していく。

その勢いはだれにもなんにもとめられない。自《おの》ずから然《しか》り。あらゆる「人為」をなげすてて、「自然」の力に身をまかせよう。無為自然。なぜという問いなしに生きる。目的のくびきをたちきって、必然の世界に迷いこめ。秋の水はなにものにもとらわれない。勢い、だいじ。Ｂｅ　Ｗａｔｅｒ！

われわれはみな平等の人間一匹である

一八九三年九月、幸徳秋水は『自由新聞』に入社した。兆民の紹介で、板垣退助が主宰していた立憲自由党の機関誌に雇ってもらったのだ。ジャーナリスト、秋水のデビューである。とはいえ、入社できたのはあくまで国民英学会をでて、英語の腕をかわれたからだ。あてがわれた仕事は、ほとんど翻訳。ロイター通信社から電報で送られてきた記事をひたすら訳していく。きつい。

なにせこれまで学校で読んできた本といえば、チャールズ・ディケンズやトーマス・カーライル、トーマス・マコーリーなど政治や文学、歴史の本だ。なのにいきなり時事英語をハイスピードで翻訳させられる。翌朝、ほかの新聞社の翻訳とくらべてみると、自分の訳がいかにつたないものであったかに気づかされる。泣きたい。

だけど、つらいながらもたのしい日々。秋水に親友ができた。ひとつ年下の同僚、小泉三申《さんしん》だ。ジャーナリストにして作家。のちに政治家や警察と黒いパイプをもち、実業家に転身。ボロもうけして、大正期にはいってからは本人も政治家になっている。ちょっとわるいひとだ。だがよくもわるくも秋水にとっては悪友だった。ふたりは年がちかく、はなしもあって意気投合。すぐに仲良しになった。カネもないのに、ふたりで大酒を飲み、連日連夜、てんやわんやの大騒ぎだ。

しかし入社当初、秋水の給料は月に六円。まもなく七円にアップしたが、それでも決しておおいほうではなかった。いまもむかしも家賃がきびしい。兆民の家をでたあと、秋水は同郷の先輩の家にお世話になっていたが、さすがに独立しなければと、麹町平河町《こうじまちひらかわちょう》の下宿屋にうつることにした。だが、家賃をはらったら手元には一円とのこらない。やばい、カネがない。どうしよう。

秋水は小泉とともに下宿をひきはらい、新聞社の二階に住みこんだ。そして毎日、宿直をひきうける。宿直料は一日、一六銭。これで節約すれば、カネも貯まるのだろうが、そうはいかない。小さいころから、牛肉好きの秋水だ。朝から牛鍋を食らい、昼には天丼。すると夜には一銭しかのこらない。ふたりでやすい店をみつけて、赤飯を買いこみ、それで腹をみたした。

けっきょく、ふたりで飲みにでて、あげくのはてに私娼窟。カネがなくなり大赤字だ。ここで小泉が一計をこうじる。ちょっと小説でもかいて、小銭をかせごう。異議なしだ。牛鍋が食べたい。秋水は「いろは庵」を名のり、『自由新聞』に小説をかきはじめた。「おこそ頭巾《ずきん》」だ。すこし内容を紹介しておこう。ときは明治。ある士族の男が放浪の旅をしていた。そのとき、よくしてくれた被差別部落の女性と恋におちる。やがて男の子がうまれるが、どうしてもいまは育てられないので、子どもを村人の養子にして、男は故郷にかえっていった。

その後、男は女の身分をかくして妻にむかえる。二人のあいだにはふたたび男の子がうまれ、こんどこそはとだいじにそだてる。やがてその子は大学を卒業し、会社員となって良縁にもめぐまれた。そろそろ結婚。だが、そのかんに養子にいっていた長男がやさぐれてしまう。放蕩生活のはてに妻を捨て、その妻が悲しみのあまり自殺してしまった。それをしった妻のお姉さん。おこそ頭巾をかぶって、妹の復讐に燃えあがる。天誅じゃあ！

しかしこのお姉さん。おっちょこちょいで、顔の似ていた弟のほうにわるさをしてしまう。かれが「新平民」、被差別部落出身であることを縁談相手にばらしてしまうのだ。その事実をはじめてしった弟さん。さいしょはびっくりしたが、やがて胸をはってこういった。上等だよ、新平民。人間に高いも低いもありはしない。高下貴賤、浄不浄などクソくらえだ。われわれは「平等の人間一匹」であると。

縁談相手もその家族も、そうだそうだと差別反対。逆に、おこそ頭巾は誤爆だったことを恥じて、投身自殺だ。それをしった例の長男も罪の意識にさいなまれ、やがて毒をあおって死んでしまう。こうして弟さんは、ぶじに結婚式をむかえました。めでたし、めでたし。それでいいのかという結末だが、いいたかったのはこれだろう。われわれはみな平等の人間一匹である。

あなたの忠誠はなんですか？

さて、「いろは庵」として小説家デビューをはたした秋水。ここから文才を発揮かとおもいきや、そうはいかない。一八九四年末、『自由新聞』が経営難でつぶれてしまうのだ。うまくいかない。

小泉は早々に「めざまし新聞」にうつったが、秋水はどこにいくか決まらない。そうこうしているうちに、自由党系の広島新聞社から声がかかった。これからあたらしく新聞をつくるから、きみもこないかと。

兆民先生に相談すると、そんなとこやめとけという。でもかきたい。翌年二月一一日、秋水は先生の反対をおしきって東京をとびだした。三月にはぶじ新聞が創刊されたのだが、これがつまらない。かえりたい。兆民に手紙をだして相談をする。だがそこはさすが師匠である。返事をだしてこういった。勉強だとおもって、しばらくそこではたらきたまえと。しかし秋水はがまんができない。四月には東京にかえってきてしまった。

カネがない。どうしたものか。手もちぶさたでプラプラしていたら、親友の小泉が手をさしのべてくれた。国民協会派の大岡育造が社長をつとめていた『中央新聞』を紹介してくれたのだ。新聞の色はドンピシャ保守。だけど、いまの政府に批判的なことをかいてもいいようだったので、まあいいか。秋水は『中央新聞』の記者になった。

まかされた仕事は、ふたたび翻訳係。まだまだ誤訳だらけの翻訳記事をつくっていたが、ときは日清戦争直後。三国干渉などもあり、海外情勢が注目されていたころだ。もっともっとと翻訳記事がもとめられる。エンジン全開だ。

秋水は英米圏のおもだった新聞雑誌に目をとおし、めぼしいものを翻訳していった。これを一、二年くりかえしているうちに、メキメキと翻訳の腕をあげていった。なにより世界の一大潮流がどこにあるのか、それを読みとる目をやしなったのだ。海外通の秋水だ。

そして、もうひとつ『中央新聞』でまかされたのが雑報係。いまでいうと社会部の記者だ。このころから、じょじょに社会問題に目をむけはじめている。たとえば、一八九六年一二月一九日の記事、「織物会社を観る」。

どうも足利か桐生あたりの織物工場を見学にいかせてもらったらしい。職工六〇〇人ほどの工場で、そのうち四〇〇人は一二歳から一五歳くらいの女工さんたちだ。

毎日、一二時間ぶっとおしで立ち作業を強いられ、休憩時間はお昼の三〇分のみ。それ以外はトイレにいくほか、もち場をはなれることさえゆるされない。ろくな換気もせず、不衛生なまま密集して作業しているから風邪にインフルエンザ、そして肺結核の大流行。バタバタとひとがたおれていく。日々、パンデミックだ。

しかも、その女工さんたちのおおくが寄宿舎住まい。ただでさえ、安い給料から食費をさっぴかれ、低収入であるにもかかわらず、そこから医療費もとられてしまう。給料ではたりないから会社から前借りして、それが借金になる。借りたものは返せ。それができないやつはひとでなし。その腐った道徳の名のもとに、一〇代前半の女工たちが奴隷のように酷使される。そんな状況をまのあたりにして、秋水はこうかいた。

> 吾人門外漢《ごじんもんがいかん》に在《あ》りては元より近世メカニックの進歩に驚嘆するの外なし、左《さ》れど器械学の進歩と分業の法は資本の跋扈《ばっこ》と伴ふて無数の活人を把《と》つて可憐血肉《かれんけつにく》ある器械となし了するの現象は此《この》工場にも見られ得たり、噫々《ああ》、職工、昔は主従の関係なりき今は到る處傭主《こようぬし》被傭主《ひようぬし》の関係たるなり。[13]

きっと会社からは最新設備の近代的な工場を見学してこいといわれていたのだろう。たしかにびっくりだ。しかし真にびっくりしたのは女工たちの惨状だ。むかし主人と奴隷といわれていた主従関係が雇用主と被雇用主という名前に変わっただけである。工場とは生きた人間をたばねた「可憐血肉《かれんけつにく》ある器械」にほかならず、資本主義とはあたらしい奴隷制にほかならない。社会派ジャーナリスト、幸徳秋水の誕生だ。
しかし、残念ながらかれの名声をひろめたのはこの記事ではない。皇室の記事だ。一八九七年一月一一日、英照《えいしょう》皇太后が死亡。生みの親ではないが、嫡母《ちゃくぼ》といって明治天皇のお母さんといわれていたひとだ。その棺が列車で運ばれてくる。大森駅付近には日の丸をかかげ、「ああ、陛下」と号泣しながら、それを見送ろうとする人たちが群がっていた。秋水はそのようすを報じたのだ。二月三日、「大森駅奉送《ほうそう》記」である。

頓《やが》て午前二時四十五分と申すに殷々《いんいん》たる遠雷につれて万人の眼光斉《ひと》しく転ずる其方より機関車前に喪章《もしょう》を付けたる国旗を挿《はさ》みて馳来《はせきた》る是《こ》れぞ是《こ》れ四千万赤子《せきし》の号天哭地《ごうてんこくち》して恋望《れんぼう》の涙乾《かわ》き難《がた》き英照《えいしょう》皇太后陛下の還らぬ旅に出でたまふ梓《あずさ》の宮《みや》を載せ奉《まつ》りし列車なりけり。(14)

のちのアナキスト、幸徳秋水からは想像できない文章だ。しかも冗談ではない。マジでいっているのだ。幼いころから木戸明の塾で尊王をおしえこまれ、師匠の兆民からも忠義の心をおそわっていた。そんな秋水が皇室をうやまう記事をかいてもおかしくはない。群衆とともに涙をながし、皇太后の死をなげき悲しんだ。ああ、陛下。
ともあれ、この記事が評判になり、社長の耳にもはいる。皇室が大好きな社長さん。秋水の記事にえらく感動し、めっちゃホメてくれた。さらにさらにと異例の昇給。社内でもいっぱしの論説記者として認められるようになった。たんにバアさんが死んで大勢が泣いていましたとかいただけなのに。これが天皇制というものだ。おそろしい。ともあれ、ここから秋水は売れっ子の記者になっていく。

ちなみに、このころ秋水は『めざまし新聞』にも記事をかいていた。板垣退助や星亨がやっていた新聞だ。そのなかの「虚無党書生」（一八九五年一一月三日〜一〇日）という記事は秋水によるもので、一八八一年三月一日にロシア皇帝、アレクサンドル二世を暗殺したソフィア・ペロフスカヤを主人公とした物語だ。

ひどい圧政に苦しむ民衆たち。皇帝はその専制権力の権化なのに、まるで神であるかのように崇められている。殺すしかない。いちど殺して神などいない、逆らえない権力などないと民衆にしらしめるのだ。失敗してもいい。吊るされてもいい。それでも、われもわれもと身を捨てて決起するそのすがたが民衆を鼓舞するのだ。まだニヒリズムや「行動によるプロパガンダ」の思想を紹介しているわけではないのだが、身をかえりみずたちあがるというところに、維新の志士や自由民権運動の壮士たちを重ねていたのかもしれない。あらためて問わなくてはならない。あなたの忠誠はなんですか。

秋水のわすれがたみ

それでは、秋水はどんな生活を送っていたのか。中央新聞社に入社したとき、秋水はふたたび、おじさん、小野道一の家でお世話になっていた。毎日、お昼まで寝て、ゆっくりと出社。夜遅くまではたらいて帰宅してからも、ランプをつけて朝まで本を読みふける。もちろん、まじめに勉強していただけではない。夜なべしているおばさんのそばで、ランプのカサに漢詩の落書きをしたり、エロい絵草子の模写をしていたというから、好きにやっていたのだろう。

ときには友人たちと飲んだくれ、そのいきおいで遊郭にくりだしていく。カネがない。だけど、秋水にもいいところもあって、友人から金策をたのまれると、自分にカネがなくても断らない。いちどなどは、母親から送られてきた羽織袴《はおりはかま》一式を質屋にいれて、カネをつくってやったこともあったそうだ。かあちゃん。

しかし、そんな生活も一八九五年八月までだ。おじさんの死をきっかけに、小野家が解散。秋水は麻布市兵衛町《あざぶいちべえちょう》に借家をかりて、独立することにした。翌年の春には、お母さんの多治をむかえていっしょに住む。ちょっと手ぜまだということで、まもなく麻布御殿ちかくの借家にひっこしている。そしてこの年、秋水は一度目の結婚をした。どうもおなじ兆民門下の森田基から、この娘さんでどうかいといわれ、パッと写真をみて「君がよければ、それでよい」とこたえたらしい。

やってきたのは元久留米藩士、西村正綱の娘、ルイ。(15)当時は一家で福島県の郡山に住んでいた。一八八二年生れというから一四、五歳くらいだろうか。しかし新婚初夜から、秋水がやらかしてしまう。これは『中央新聞』の主筆だった松井伯軒がかきのこしているのだが、結婚式に参列した松井が吉原の遊郭にあそびにいったところ、なんとそこに秋水がいたという。おまえなにやってんだというと、秋水は「口直しにきた」という。ひどい。秋水は、まるで女中のように母の言いなりになっているルイが気にいらないといったらしいのだが、福島からひとりさみしいおもいをしてやってきた娘さんに、なんてことをいうのだろうか。とんだクソ野郎だ。

けっきょく一年も経たないうちに、秋水はルイを離縁してしまう。いちど里帰りしてくるといったルイに絶縁状を送りつけて別れたというから、これまたひどいものだ。ルイはよほどショックをうけたことだろう。わたしがなにをしたのか。なんでこんな目にあわされなくてはいけないのか。じつはこのとき、すでにルイは秋水の子どもを身ごもっていた。このことを秋水はしらない。

というか、ながらく幸徳家の人たちも秋水研究者もしらなかった。わかったのは、一九八二年に朝日新聞がスクープしてからだ。ルイからしたら、こんな家にはもうかかわりたくないとおもっただろうし、子どもにしても、一〇代のころ親父は大逆人として処刑されているのだ。そりゃ、すすんで名のりでたりはしないだろう。

その後ルイさん。どうも東京の妹をたよって、ふたたび上京していたらしい。これからどうしようか。途方にくれていたところ、たまたましりあった大工の横田与八が声をかけてくれた。こいよ、こいよ、おいらのうちまで。埼玉の実家につれていってくれた。そこで娘のハヤ子を出産。秋水のわすれがたみだ。それから横田といっしょになり、東京に住んだ。ふたりのあいだにも四人の子どもがうまれている。かなり長生きしていて一九七三年、九二歳で亡くなったという。近所の子どもたちにお菓子をくばってくれるやさしいおばあちゃんだったそうだ。なむあみだぶつ。

教育勅語か、それとも教育の無償化か

さて秋水、二五歳のことだ。一八九七年のはじめ、運命の出会いがあった。恋ではない。本である。たまたまイギリスから安岡雄吉が帰国したときいて、土産話でもきこうと家に遊びにいった。

ちなみに安岡といって、おぼえているだろうか。幼なじみにして再従兄《またいとこ》、秀夫くんのお兄さんだ。秋水は中村という保守の牙城で育ちながらも、このお兄さんが送ってくれた新聞を読んで、自由民権運動にめざめた。

そういう縁はつづくもので、こんども芝の君塚町にあった家をたずねていくと、雄吉兄さんがおしえてくれた。オレは日本の実情にあわないとおもうけど、世界的にはいまこれがいちばんきているよ。

そういって、雄吉は一冊の本を貸してくれた。ドイツの経済学者、アルベルト・シェフレ『社会主義真髄』の英訳本だ。シェフレは社会主義者ではなく、ビスマルクのもとで社会政策の実現にむけてがんばりましたというひとなのだが、とはいえ、マルクス、エンゲルスの思想をまとめたこの本がめちゃくちゃわかりやすくて、ひろく社会主義入門として読まれていた。

帰宅してから、秋水はこの本をむさぼり読んだ。おもしろい。感動だ。ああ、オレは社会主義者だったのか。もっと勉強したい。秋水は中央新聞社の先輩、石川安次郎の紹介で、四月三日に発足した社会問題研究会にいれてもらった。

だが研究会に参加してみたものの、いまいちパッとしない。なにをやりたいのかよくわからないのだ。しっかりしろ。秋水は、ほとんど発言しなかった。だから、この無口な青年がのちに有名な社会主義者になるなんて、だれもおもわなかったという。

とはいえ、秋水にかきたい記事ができた。人民のなかへ。しかし一八九八年一月、おもいもしない出来事にみまわれてしまう。『中央新聞』があの伊藤博文に買収されてしまったのだ。伊藤にはかつて保安条例でやられた恨みもあるが、それだけではない。いまや専制権力の権化である。自社がそんなやつの御用新聞になってしまったのだ。ふざけんな。秋水はさっと辞表をだしてやめてしまった。

するとそれをしった兆民先生が二月、また新聞社を紹介してくれた。黒岩涙香《るいこう》ひきいる『万朝報《よろずちょうほう》』だ。『万朝報』はいまでいうゴシップ紙。権力者たちの暴露話をガンガンのせ、さらに人気のある探偵小説を翻訳して読者層を増やしていた。

一八九五年の時点で、発行部数が六六〇〇〇部。『東京朝日新聞』をぬいてトップにおどりでるほどの勢いだ。むろんそれだけではいけないと、社会問題にふみこんだ記事ものせていく。

そのために幅広い人材をあつめ、秋水が入社したころには内藤湖南《こなん》、齋藤緑雨《りょくう》、内村鑑三、堺利彦なども執筆陣に顔をならべていた。社風もほんとうに自由で、社長の黒岩は記事の内容にいっさい干渉しない。秋水には、もってこいだ。

そして入社早々、おおきな事件がおこった。二月二四から二五日にかけて、日本鉄道の機関士たちが待遇改善をもとめてストライキをおこしたのだ。東北線全線がストップする。通勤できない。はたらけない。やったぜ。これに新聞各紙は賛否両論の意見をのせていたものの、いまここでなにがおこっているのか、このあたらしい事態をどうとらえればよいのかよくわかっていなかった。そこで新進気鋭のジャーナリスト、秋水の出番である。論説記事、「社会的人権の認識」（三月五日）だ。

秋水はいう。鉄道だけではない。いまやストライキは全国各地でおこっている。いや日本だけではない。世界中でジャンジャンおこっている。世界の大勢だ。ではなぜ、労働者たちがこのような行動をとるのか。それはかれらが怠慢であるからか。

否、否、否。みたび否。ストライキの原因は、労働者の社会的人権を理解しようともしないブルジョアのほうにある。怠慢だ。今後、鉄道をとめられたくないならば、雇用主のみなさん、まっとうな労働条件をまもってください。政治家のみなさん、それをうながすような法律をつくってください。

まだあくまで統治者目線だし、内容としても社会改良をよびかけているだけなのだが、ド直球でストライキを擁護している。シェフレを読みこんだ成果があらわれはじめたのだ。わたしは怠慢でありたい。

たぶん、この記事の評判がよかったのだろう。秋水は社会主義の視点から、日本の政治を批判しはじめる。そのひとつが「社会腐敗の原因と其《その》救治」(一八九八年一一月一八日、一九日)だ。

今日の腐敗堕落は、腐敗堕落者其者《そのもの》の罪たるよりも、寧《むし》ろ彼等をして其此《そこ》に陥る已《や》むなきに至らしめたる社会現時の制度組織の罪に坐すること多からずんばあらず……。(16)

いまもむかしも貧困問題がとりあげられると、きまってそれは自己責任だというやつらがあらわれる。貧乏人は努力しないから貧乏なのだと。ウソッパチ。そこにはあきらかに個人をこえた「制度組織」の力がはたらいている。資本主義だ。

金持ちはさらに肥え太るために、安い賃金でひとをつかう。貧乏人は日銭を稼ぐために、どんな命令でもきかざるをえない。どんなに体がつらくてもはたらいてしまう。それで病気やケガでもすれば、ポイ捨てだ。もうはたらけない。そこかしこに貧民窟があらわれる。それを「腐敗堕落」というのだろうか。なにか食いたい。

どうしたらいいか。制度をかえるにしても、いまの議会はひとにぎりの金持ちがぎゅうじっている。そもそも選挙権をもっているのは、日本の人口の一・一％だ。年に一五円以上の国税をおさめている金持ちだけが投票をする。

しかも議員の半分は華族たち。爵位と世襲財産をひきついだ元貴族の富豪である。選挙でえらばれる議員にしても三井や三菱など財閥のパトロンが欠かせない。

ようするに、いまの政治は金持ちによる金持ちのための政治でしかない。それこそ「腐敗堕落」じゃないか。これを変えるためには、まず普通選挙を実施。華族制度や世襲財産を廃止して、どんなに貧乏でも政治の知識をもてるように公教育を無償化する。

そうして志士仁人《ししじんじん》の心をもった者たちが政治の場にくりだして、ひとにぎりの特権者のためではない、みんなのためのみんなの政治を実行するのだ。工場法、企業や土地の国有化。これが「進取的民権」だ。社会主義は民主主義にほかならない。

この文章が社会主義研究会のメンバーの目にとまる。さきの社会問題研究会がパッとせずに活動休止。かわりに、社会主義を日本の文脈でどういかしたらいいかを考えるためにつくられたのがこの研究会だ。

村井友至《ともよし》、豊崎善之助、岸本能武太《のぶた》、金子喜一、安部磯雄、河上清、片山潜《せん》など、そうそうたるメンバーが名をつらねていた。村井と片山は連名でハガキをだして、秋水を会合にさそってくれた。うれしい、いきたい。

秋水は一八九八年一一月二〇日、二回目の会合から出席している。
秋水はやる気満々。第八回の会合では、「現今の政治社会と社会主義」というタイトルで報告をしている。内容はさきほどの「社会腐敗の原因と其《その》救治」とほとんどおなじ。ちがうとすれば、教育の重要性をさらに強調していることだ。

彼《かの》藩閥政治家等は曾《かつ》て自家の権勢を維持せんが為に、大《おおい》に政党の破壊に用ひ政治思想の発達の防御に勉めしのみならず、更に大学に私して一種の学閥を作り之を爪牙《そうが》として熾《さか》んに専制主義を鼓吹《こすい》せしめ、教育の目的を以て一に国家政府長上に服従する従順の国民を作るに在りとなし、独立の念、権利の思想、社会に対する公徳、平等博愛の心を養成するが如きは、極めて有害の事として排斥し、甚《はなは》だしきは則ち勅語に拝跪《はいき》せざりしとて某教員を逐《お》ひ、神道を論ぜりとて某教授を逐《お》へるが如き奇観を生ずるに至る……(17)。

秋水はいう。いまの教育は二極化しています。ひとつはエリート教育だ。藩閥政治家たちが大学に学閥をつくる。名家出身の若者たちに専制主義をたたきこむ。すぐれたエリートが愚民どもを統治するのだ。そういう連中が政治家になり、官僚になり、大企業につとめて、国を治める。専制政治の再生産だ。
もう一方で、貧乏人は真逆の教育をほどこされる。一八九〇年の「教育勅語」だ。小中学校のころから、上からの命令には絶対服従だとおしえこまれる。口ごたえはゆるされない。なにをいわれても、先生のいうことにはしたがうのだと。だって、従順な国民になることが天皇への忠義なのだから。

反抗すれば、教師からの鉄拳制裁。みんなこたえる、ありがとうございます。たとえ教師でも、そんなのおかしいと声をあげれば、「非国民」のレッテルを貼られて学校からたたきだされる。

たとえば、『万朝報』で同僚になった内村鑑三。かれはもともと中学校の教師だった。どうもかれのいた学校では、朝礼で教育勅語を読みあげ、さらにその文書に記された明治天皇の署名に最敬礼をするのがきまりだったらしい。

しかし内村にはそれができない。天皇は現人神だといわれても、オレはまがりなりにもキリスト教徒だ。神さまがちがう。そこで一計。軽くペコっとあたまをさげてやりすごそうとしたのが、それがバレて大騒動。不敬だ、国賊だとののしられて、内村は辞職をよぎなくされた。「内村鑑三不敬事件」である。ムチャクチャだ。

命令をくだすのがあたりまえだとおもっている統治エリート。それに従うのがあたりまえだとおもっている従順な国民。その回路を切断しなければ、専制政治をなくすことなどできやしない。

だから、秋水は教育の「無償化」をよびかけた。無償化とは無料という意味だけではない。まなぶことに償《つぐな》いをもとめられないということだ。見返りをもとめられないということだ。無条件にまなんでいいということだ。

立身出世などしなくてもいい。国や天皇の役にたたなくてもいい。社会主義のためですらなくていい。いつだれがどこでどんなことをまなぼうとひとの勝手だ。無数の知性が花ひらく。教育は国家の私物ではない。教育勅語か、それとも教育の無償化か。条件なき教育を構想しよう。レボリューション。

政治とは人間の腐敗にほかならない

一八九九年七月、秋水は二度目の結婚をしている。二七歳のときだ。どうも仕事が忙しくなってきた秋水を心配し、兆民が骨をおってくれたらしい。秋水は学問が好きだから、学のある女性だったら気があうのではないか。

兆民門下、井上音信の紹介で、師岡《もろおか》千代子がやってきた。旧宇和島藩士、師岡正胤《もろおかまさたね》の娘で、国文学につうじ、和歌も日本画もたしなみ、英語、フランス語もできるという才女である。じっさい、文章がむちゃくちゃうまくて、秋水の死後、思い出をつづった「風々雨々」をかいているのだが、これがおもしろい。(18) おすすめだ。めでたく芝浦の竹芝館で結婚式。とおもいきや、ふたたび秋水がやらかしてしまう。また逃げたのだ。披露宴の途中で、花婿の秋水がゆくえをくらましてしまう。披露宴は大騒ぎ。そんなこととはつゆしらず、翌朝、ケロッと自宅に帰宅した秋水は「吉原で遊んできた」といったらしい。マジかこいつ。

いっしょにあそんでいた小泉三申《さんしん》によれば、お見合いのときは美人だとおもっていたのに、よくみたらブサイクだったので逃げてきたといったらしい。いいかげんにしろ、愚か者め。しかし、これで千代子にこっぴどく怒られたのだろう。以後、秋水は遊郭がよいをやめている。

いちおう、秋水は秋水なりに千代子には気をつかっていたようだ。せっかく才女がきてくれるのだしとおもって、家によさそうな掛け軸をかけてみる。それに気づいた千代子が、これはだれの作品ですかときいてくるが、よくわからない。わからないって、どういうことだ。問いただす千代子。

秋水はついゲロってしまう。兆民先生の家に飾ってあったから、いいじゃんとおもってかっぱらってきたんだと。バカなのか、こいつ。だが後日、兆民の家に遊びにいったときのことだ。千代子が夫の非礼をわびると、兆民はケラケラと笑って、いいよ、いいよ、でもあいつには掛け軸の値打ちなんてちっともわからないだろうがねといったらしい。そういう師弟関係だ。

さて、はなしをさきにすすめよう。『万朝報』にはいったころ、秋水には政治家になる野心があったようだ。記事でも伊藤博文や山県有朋の藩閥政治とたたかうために、自由党系の憲政党と進歩党系の憲政本党の協力をうながしているが、筆をふるっていただけではない。星亨の側近や犬養毅と面会して、その意義を説いてまわっていた。だけど、それがうまくいかない。

というか、潔癖な秋水には政治家などむいていなかったのだろう。たとえば、星派の議員のスキャンダル。秋水はそれを報じていたのだが、そんなある日、悪友、小泉に飲みにさそわれる。いってみたら星派のボス、岡崎邦輔《くにすけ》がいた。めっちゃもてなされ、小泉などはカネまでもらった。

そして、それを秋水にもわけてくるのだ。小泉はそうやって泥にまみれ、悪いやつらと黒いパイプをもち、やがて自身も政治家に転身していくのだが、秋水にそれはできない。記事をみると、けっきょくそのスキャンダルを暴露しているから、カネで黙らされるかコノヤローとおもっていたにちがいない。それにしても、小泉さんよう。政治とは人間の腐敗にほかならない。

くそ。政治家になれない。カネもない。一八九九年一二月二三日、家でむしゃくしゃしながら酒を飲んでいると、母親の多治がこういいはじめる。なんでうちにはこんなにおカネがないんだろうねえ、伝次郎ちゃん。

うるせえんだよ、ババア！

ふだんおとなしい秋水が怒りを爆発させ、これでもかとばかりに母親をののしる。おどろき、悲しげな表情をする母。それをみればみるほど怒りがこみあげてとまらない。うわああああああ！！！

秋水は家をとびだした。朝報社にいって、ベロベロになりながらクダをまいていると、同僚が心配して家に送りとどけてくれた。ありがとう。でもオレは家にいたくないんだ。千代子をさそって飲みにでる。そこでまた浴びるほど酒を飲み、夜一二時ころ、家にかえって泥酔だ。朝おきて、秋水あたまをかかえた。ああ、オレはなんてダメなんだ。死にたい。

自由は死んだ

やっぱり、オレには社会主義しかない。しかし先手必勝と、第二次山県内閣が手をうってくる。一九〇〇年三月、治安警察法だ。この法律は集会条例をひきついでいて、現役軍人や警官、教員、女性、学生が政治結社に参加することを禁止し、さらに集会をひらくには警察の許可が必要であるとした。しかも警察は集会に自由に出入りし恣意的な判断で演説をやめさせ、集会を解散させることもできるのだ。これだけでもありえない。

さらにこんかいの治安警察法第十七条ではこうつづく。ストライキその他の団体行動を「煽動《せんどう》」した者には、一か月から六か月の重禁固刑、三円から三〇円ほどの罰金刑を課すと。ようするに、いままさにたちあがろうとしている労働運動を弾圧する法律をつくったのだ。

秋水はこれに怒り吠える。プンプンプンのプンだ。『万朝報』に「治安警察法案」(二月一七日、一八日)と題してこうかいた。


是《こ》れ実に資本家及《およ》び地主を保護して、労働者及《およ》び小作人を圧虐《あつぎゃく》するもの也《なり》。(19)


まさに圧虐《あつぎゃく》。だいたいカネも権力もない労働者たちが、ストライキのほかにどんな手をつかって、みずからの境遇を変えればいいのか。秋水は議員たちに強い口調でよびかける。あんたらは労働運動がキケンだ、暴力的だと煽りたてているが、こんなクソみたいな法律こそがキケンじゃないか、暴力的じゃないのか。みんな自分たちが自由民権の壮士を名のっていたときに、集会条例でどれだけ痛い目にあったのか忘れてしまったのか。おもいだせ、青春。再燃させろ、怒りの炎。だが秋水のよびかけもむなしく、法案はなんの反対意見もないまま、国会を通過してしまった。政治家はみんなクソ。

吠えても吠えても、怒りがおさまらない。しかし三月、ちょうど母が還暦ということもあって、いちど母をつれて中村に帰省することにした。一一日に出発して、一四日に到着。翌日から二日間にわたって、還暦祝いの会をひらいた。そのついでに、中村で普通選挙同盟をたちあげている。まだ政界に未練でもあったのだろうか。とはいえ、いい気分転換になった。ふたたび上京だ。

もう藩閥政府だけが問題じゃない。ブルジョアの手先と化した政治家すべてをやっつけなければならない。ちょうどそうおもっていたやさきだ。八月二六日付けで、兆民から手紙がとどいた。

　自由党文と題して、大兄之椽筆《てんぴつ》を揮《ふる》われ度《たく》。(20)

　じつはこの前日、自由党のながれをくむ憲政党が解党し、なんと長年の敵であった伊藤博文の軍門にくだってしまったのだ。伊藤を総裁として、立憲自由党をたちあげる。命がけでとりくんだ自由民権運動が死んだのだ。腐っている。この悔しさを怒りの火の玉にして、やつらのドッテッパラに投げこんでやりたい。だが、自分は老いてしまって、もうその力がない。たのむ、秋水。やってくれ。秋水はすぐに筆をとった。全集中でいく。水になれ、炎をまきちらせ。

　こうして一九〇〇年八月三〇日、「自由党を祭る文」(『万朝報』)が発表された。

　歳は庚子《かのえね》に在り八月某夜、金風淅瀝《せきれき》として露白く天高きの時、一星忽焉《こつえん》として堕ちて声あり、嗚呼《ああ》自由党死す矣《い》、而《しか》して其《その》光栄ある歴史は全く抹殺されぬ。(21)

　死者を供養するための祭りの文。もちろん皮肉そのものなのだが、大マジでもある。自由民権運動に身をささげたものたちへの鎮魂歌だ。

嗚呼《ああ》彼れ田母野《たもの》や、村松や、馬場や、赤井や、其熱涙鮮血《そのねつるいせんけつ》を濺《そそ》げる志士仁人《ししじんじん》は、汝自由党の前途の光栄洋々たるを想望して、従容《しょうよう》笑を含んで其《その》死に就けり、当時誰か思はん彼等死して即ち自由党の死せんとは、自由党死して即ち自由の死せんとは、彼等の熱涙鮮血が他日其仇敵《そのきゅうてき》たる専制主義者の唯一の装飾に供せられんとは、嗚呼《ああ》彼熱涙鮮血や丹沈碧化《たんちんへきか》今安くに在る哉《かな》。(22)

秋水は自由民権運動で弾圧された志士仁人《ししじんじん》の名前をあげていく。福島事件で逮捕され、獄死した田母野《たもの》秀顕《ひであき》。飯田事件でつかまった村松愛蔵。専制政治を批判しただけで、爆弾容疑をでっちあげられ、アメリカへの亡命を余儀なくされた馬場辰猪《たつい》。高田事件でとらえられ、無念のあまり脱獄をくわだてるも、そのさい殺人を犯してしまって首を吊られた赤井景韶《かげあき》。ああ、かれらの熱涙鮮血《ねつるいせんけつ》はなんのためだったのか。ああ、自由党が死んで、みずから自由を殺してしまうためだったのか。ああ、あの憎らしい専制主義者どもの手先となるためだったのか。あゝ、アァ!

汝自由党の死を吊し霊を祭るに方《あた》つて、吾人豈《あ》に追昔撫今《ついせきぶこん》の情なきを得んや。(23)

シビれる。名文だ。この文章をかきながら、秋水は実感したことだろう。闘争のステージが変わったのだ。やつらの自由はブルジョアの自由。もはや自由民権運動は終わった。あるのは霊魂ただそれだけだ。来たるべき蜂起のために、いまは祈ろう。たて、志士仁人の霊魂たちよ。ダイナマイト、ドン。自由は死んだ。

第四章

わかっちゃいるけど、やめられない

がんばれ、義和団！

一九〇一年四月二〇日、幸徳秋水は初の単著となる『二十世紀の怪物　帝国主義』（警醒《けいせい》社書店）を出版した。二九歳だ。このころ秋水は記者として、列強の中国侵略をガンガン批判していた。なにがあったのか。ときは日清戦争後。日本は三国干渉によって遼東半島こそうばいそこねたものの、台湾を植民地化し、さらに二億三〇〇〇万両の賠償金をとる。日本円にすると三億六五〇〇万円だ。国家予算のおよそ四倍。このカネをつかって、日本は国内産業を発展させていく(1)。

逆に中国は賠償金をねん出するためにイギリス、フランス、ドイツ、ロシアから巨額の借金。返せない。ならば代わりにと続々と領土をうばわれていった。とりわけロシアはシベリア鉄道を満州までのばしはじめる。領土拡張の足がかりだ。当時、日本は朝鮮の単独支配をねらっていたので、中国北東部まで手をのばしてきたロシアとは利害対立でバッキバキ。しかもロシアといえば、三国干渉をしかけてきた憎い敵だ。愛国心と競争心があおられる。あいつらよりもたくさん侵略したい。

だが、ひとさまの土地でなにをやっているのだと、中国の民衆はプンプンだ。一九〇〇年、義和団の乱。たて、志士仁人《ししじんじん》たちよ。あの夷人どもをこの母なる大地から駆逐してやれ。二〇万もの大群で北京におしよせ、外国領事館を焼き討ちにしていく。もう手に負えないと、列強は連合軍をくんで鎮圧にあたった。日本軍はその先兵となり、中国の民衆たちを殺戮《さつりく》していく。極東の番犬きどって、一等国。

さらにみんなが義和団に注目しているスキに、ロシアが満州を占領。そのまま軍隊をおいて、みずからの支配下においてしまった。ズルいよ。日本が血をながしているあいだに、ロシアが利権をかすめとっていく。ロシアは悪だ。狡猾な略奪者だ。マスコミがこぞってロシアの脅威をあおりたてる。これが日露戦争のひきがねになっていくのだが、このとき秋水はなにをいっていたのか。

清国匪徒《ひと》の勢ひ益々《ますます》猖獗《しょうけつ》にして、連合軍頻《しき》りに敗北し、列国兵死傷者嘘八百《うそはっぴゃく》人の多きに及び、匪徒《ひと》は例の拳法を以《もっ》て、雲を呼び雨を起し愈《いよい》よ迫り来る赴《おもむ》きなれば、由々《ゆゆ》しき大事なりと言はざる可《べか》らず……。(2)

なんだ、この文章は、ふざけてんのかとおもわれるかもしれない。そうなのだ。タイトルは「再び珍国問題を論ず」。清国《しんこく》が「珍国《ちんこく》」といわれ、しかも死傷者数は「嘘八百人」だ。ダジャレかよ。この記事が掲載されたのは『団団珍聞《まるまるちんぶん》』（通称：マルチン）。秋水が故郷の中村で、おさないころからよんできたあの新聞だ。とにかくざっくばらんに政治を風刺し、ふざけきった表現で政府のやることなすことをおちょくりたおしていく。秋水は『中央新聞』時代から、匿名でこの新聞にかきはじめ、『万朝報』の花形記者になったいまでもかくのをやめない。好き放題やらせてくれるマルチンが大好きだ。

ちなみに、この記事がかかれたのは一九〇〇年六月。ちょうど義和団が北京に攻めいったころである。それを紹介して、こういうのだ。この人たち、めっちゃつよいですと。まるで『水滸伝』の好漢たちのように、義和団の拳法は雲をよび、嵐をまきおこす。拳三発で官賊をうつ。コテンパンだ。

むろん、日本や列強にとってはゆゆしき事態。だがどうだろう。みなさん、こわくないですか。だったら侵略などやめて、はやく撤退しましょうよといっているのだ。ふざけている。だけど、中国の民衆の力をたたえ、そこから非戦をといていくのが秋水節だ。心からおもう。がんばれ、義和団！

だが残念ながら、その後、義和団は鎮圧されてしまう。最新鋭の武器をもった日本兵に殺戮されてしまうのだ。くそ。秋水は怒りのままにこう問いかける。

和睦も保全、戦争も保全、英国同盟も保全の為《た》めに、露国排斥も保全の為《た》めだ、厦門《あもい》も保全、朝鮮も保全、政党も保全、内閣も保全、功名も保全、野心も保全、策士も保全、壮士も保全、種々なカラクタを一切合切、大風呂敷《おおぶろしき》へ包み込んで、保全といふ封印をして引摺《ひきず》り歩く様子は、支那の保全だか、支那焼の布袋《ぬのぶくろ》だか分らぬ位《くらい》で、義和団が見たなら、定めし本尊にして難有《ありがた》がるであろう(3)

どこもかしこも自国の保全のため、あなたの国の保全のためだといって出兵し、他国を侵略していく。中国侵略も保全のため。朝鮮侵略も保全のため。ロシアが満州を占領したのも保全のため。それをうつために日英同盟をむすぶのも保全のためだ。ほらまた戦争かい。保全の名のもとに殺戮がくりかえされていく。保全の「妖術」だ。

みんなの安全、安心をまもるため。そんなの、義和団の連中がきいたら大笑いだ。はっきりさせておこう。保全とは、領土拡張にとりつかれた軍国主義者の野心にほかならない。それでカネもうけしたい商人たちの私欲にほかならない。命だいじというならば、戦争をしなければいいだけだ。いまこそいおう。絶対非戦!

非戦の心がとまらない――『二十世紀の怪物　帝国主義』を読む

(一) アナーキーの自発

日露戦争がちかづいている。ちまたでは、おそろしい声がとびかっている。殺せ、殺せ、殺せ。あのズルがしこい侵略者、ロシア人どもをぶち殺せ。こわいよ。そろそろ『二十世紀の怪物　帝国主義』の出番がきたようだ。

けだし孩児《がいじ》の井に堕ちんとするを見ば、何人《なんぴと》も走ってこれを救うに躊躇《ちゅうちょ》せざるべきは、子輿《しよ》氏我を欺かず。もし愛国の心をして真にこの孩児を救う底のシンパシー、惻隠《そくいん》の念、慈善の心と一般ならしめば、美なるかな愛国心や、醇乎《じゅんこ》として一点の私なきなり。(4)

秋水は『孟子』の「仁」からはなしをはじめている。人間がもっともだいじにしなければいけない心のことだ。孟子いわく。目のまえをよちよち歩きの幼子があるいている。すぐちかくに古井戸がみえる。よちよち、よちよち。いまにもおっこちそうだ。あぶない。ああ、ああ。あなたならどうする。

こたえ。われしらずダッシュだ。躊躇はない。体をなげうって、その幼子を救おうとしてしまう。それで自分が身をくずし、いっしょに古井戸におっこちてしまってもだ。この子を救えば、親から謝金をもらえるかもしれないとか、まわりにほめられるかもしれないとか、損得勘定をしているヒマはない。カネのためではない。名誉のためではない。見返りはいらない。わが身かえりみず、無意識的に身体がうごいてしまう。みしらぬあなたのために、無私の心でとびこんでゆく。

なぜ、そんなことをするのか。理由などない。わたしのためではない。だって死んでもやっちゃうのだから。わたしが消える。われをわすれてやってしまう。あなたのために。自己をつきぬけ、あなたと溶けあう。だが、じつのところあなたのためですらない。あなたが命じたのではないし、たとえあなたにのぞまれていなくても手をさしのべてしまう。おせっかい上等だ。

だれのためでもなんのためでもない。なぜという問いなしに理由がないからだれがなにをいってもとめられない。制御不能だ。死ぬ？　ダメだとわかっちゃいるけど、やめられない。自《お》ずから然《しか》りだ。おのずから発するかのようにうごいてしまうのだ。

利己的でもないし利他的ですらない。「利」をとびこえたひとの心。孟子はこれを「惻隠《そくいん》の心」、あるいは「憐《あわれ》みの心」とよんでいる。仁のはじまりだ。さきにふれた荘子であれば、「自然」とよぶだろうか。あえてこうよびたい。アナーキーの自発。

ほんらい、これがひとをおもうということだ。友をおもい、家族をおもい、くにをおもう。ギブ・アンド・

テイクではない。ただ手をさしのべる。ギブ、ギブ、ギブ。ただあげる。無償の贈与だ。たとえどんな危機におちいってもこの力さえあれば、人間というのはなんとでもなる。孟子いわく。仁があれば、だいじょうぶ。むしろ、惻隠《そくいん》の心なきはひとにあらずだ。プレゼントがほしい。

しかしいまこの仁がかろんじられている。むしろ家族や友だち、くにをおもう心が国益とイコールだとみなされている。そのために戦争にいけといわれている。みんなの利益のために？　そんなの損得勘定の極みじゃないか。しかもそのために命を散らすことがあたかも仁であるかのようにいわれている。なにが仁かよ。

（二）軍国主義はひな祭り

なぜ、こんなことになってしまったのか。帝国主義だ。それがあたりまえの世になっているからだ。帝国主義とは、自国の利益をあげるために他国を侵略し、領土拡大をしてもはばからないことだ。秋水はこう定義している。

帝国主義はいわゆる愛国心を経となし、いわゆる軍国主義《ミリタリズム》を緯となして、もって織り成せるの政策にあらずや。少なくとも愛国心と軍国主義は、列国現時の帝国主義が通有の条件たるにあらずや。(5)

帝国主義の二本柱だ。愛国心と軍国主義。まず、愛国心とはなにか。

自家を愛すべし、他人憎むべし、同郷愛すべし、他郷憎むべし、神国や中華や愛すべし、洋人や夷狄《いてき》や憎むべし、愛すべき者のために憎むべき者を討つ、これを名づけて愛国心という。(6)

友か敵か。利害関係をはっきりさせる。われわれの利益をふやせ。そのためにすみやかに敵をセンメツ。やっていることはただの外道だ。しかしそれが正義だといわんばかりに、にくき敵を誹謗中傷。日清戦争まえは中国人にヘイトスピーチ。やつらはズルがしこい。うかうかしていたら仕事も土地もうばいとられるとあおりたて、日露戦争がちかづいてくれば、こんどはロシアだ。やつらは鬼畜だ。みんなの利益をまもるため、いざ鬼退治といさましい。ほらまた戦争かい。

それをこばめば国賊のそしりをうけてしまう。だから愛国心というと無償の心でうごいているようにおもわれるかもしれないが、とんでもない。利益でガリガリ。自由競争だ。よりおおきな敵をやっつけて、よりおおきな利益を手にいれる。かつて政治学者のカール・シュミットは、政治とは「友／敵」をつくりだすことだといっていたが、愛国心とはまさに政治そのものであり、おおがかりな損得勘定にほかならない。(7)

じゃあ、もうひとつの軍国主義とはなにか。軍国主義とは軍備拡張と戦争によって、国家を発展させようとすることだ。これがやっかいなのは、ムダにセキュリティをあおられること。いまや、わが国は他国の侵略におびやかされている。国家存亡の危機。このままではみんな殺されてしまうぞ。みんなの安全安心をまもるため。恐怖心をあおりたて、税をとりたて軍備をととのえていく。

だけど、軍備拡張の真の理由はそこにはない。じっさいに必要かどうかなど、どうでもいいのだ。なにせ軍人に意見をもとめたら、軍事費が一〇倍になろうと一〇〇倍になろうと、いつだって国家存亡の危機なのだから。

然《しか》り軍備拡張を促進するの因由《いんゆう》は、実に別にあるなり。他なし一種の狂熱のみ、虚誇《きょこ》の心のみ、好戦的愛国心のみ。但《た》だ武人の好事にして多く韜略《とうりゃく》を弄《ろう》するがためにするもまたこれあり、武器糧食その他の軍備を供するの資本家が一攫《いっかく》万金の巨利を博せんがためにするもまたこれあり、英独諸国の軍備拡張にあってはこれら殊《こと》に与《あずか》って力ありき。しかれども武人や資本家や、能《よ》くその野心を逞《たくま》しくするを得るゆえんの者は、実に多数人民の虚誇的好戦的愛国心の発越《はつえつ》の機に投じたればなり。(8)

なぜ軍備増強がもとめられるのか。好戦的愛国心だ。たとえば軍人の虚栄心。他国よりも、われわれのほうがつよいとしめしたい。あるいは資本家の投機心。戦争に勝てば、軍需でボロもうけ。さらに他国の領土をうばいとれば、あたらしい市場販路をゲットできる。ビジネスチャンス。他国にまけるな、国力増進。もっともっと。それがしだいに国家ぐるみの好戦的愛国心となって燃えあがっていく。

かくの如《ごと》くにして各国民は、童男童女《どうなんどうにょ》が五月人形、三月雛《ひな》の美なるを誇り多きを競うが如く、その武装の精鋭とその兵艦の多きを競いつつあり。それただ相競うのみ、必しも敵国の来襲急なるを信ずるにあら

ざるなり、必しも外征を急要とするにあらざるに似たり。(9)

どこの家のひな人形がいちばん美しいのか。いちど競いはじめると、とまらない。娘がのぞんでいるかどうかなど関係ない。家計のことなどおかまいなし。借金しようが破産をしようが、財をなげうち、よりよい人形を飾ろうとしてしまう。軍国主義もおなじことだ。じっさいに敵に攻められているのではない。攻める必要もない。だが、ひとたび軍備を競いはじめると、もうとまらない。必要などなくても軍人や資本家たちが、そして愛国者たちが他国に負けるな、オレたちのほうがすごいと、軍事の増進をもとめてやまないのだ。軍国主義はひな祭り。

(三) 敵なき敵対性をつくりだせ

どうしたらいいか。この帝国主義の潮流をとめるためにはなにをすればいいのか。秋水の処方箋はこうだ。

しからば即《すなわ》ち何の計かをもって今日の急に応ずべき。他《ほか》なし、更《さら》に社会国家に向って大清潔法《だいせいけつほう》を施行せよ、換言《かんげん》すれば世界的大革命の運動を開始せよ。少数の国家を変じて多数の国家たらしめよ、陸海軍人の国家を変じて農工商人の国家たらしめよ、貴族専制の社会を変じて平民自治の社会たらしめよ、資本家横暴の社会を変じて労働者共有の社会たらしめよ。而《しか》して後《の》ち正義博愛の心は即《すなわ》ち偏僻《へんぺき》なる愛国心を圧《あっ》せんなり、科学的社会主義は即《すなわ》ち野蛮的軍国主義を亡《ほろぼ》さんなり、ブラザー・フードの世界主義は即《すなわ》ち掠奪《りゃくだつ》的帝国主義を掃蕩芟除《そうとうがいじょ》することを得べけんなり。(10)

こたえはシンプルだ。社会主義しかない。まずは専制政治を終わらせること。軍国主義がはびこるのは、ひとにぎりのカネもちと軍部エリートが政治をうごかしているからだ。少数の特権者がみずからの欲をみたすために、尊い命を犠牲にする。おかしい。それを変えるためには、万人による万人のための社会国家をつくるしかない。

すこしまえの秋水だったら、そのために普通選挙権が必要だといっただろう。だがこんかいはちがう。「平民自治」だ。かつて中江兆民がいっていた革命的コミューンのイメージだろうか。いくら選挙権を拡大しても、一〇〇〇人程度の政治家でみんなのことをきめてしまったら、そんなの少数者の専制でしかない。みんなのことはみんなできめる。自分たちのことは自分たちできめる。デモクラシーは直接民主制以外ではありえない。軍国主義を終わらせるということは、専制政治を終わらせるのとおなじことだ。専制政治を終わらせるということは、民主主義を実現するのとおなじことだ。民主主義を実現するということは、平民自治をうちたてるのとおなじことだ。ビバ、デモクラシー。

経済もおなじだ。いまの経済は資本主義。ひとにぎりの資本家の意思だけでうごいている。軍需でひともうけ。その投機心で戦争をあおることもあるし、これはのちにレーニンが『帝国主義論』(一九一七年)でドシドシ展開することになるのだが、資本家というものは労働者を安くつかい、たくさんモノをつくってもうけたいものだ。だけどそんなことをいっていたら、労働者ははたらけどはたらけどカネはなし。モノを買えない。売れなければ、資本家はもうからない。不況になる。ならばと他国を侵略して市場販路をひろげ、そこで売ってもうけようとする。軍国主義だ。

しかし、ほんとうにそんなことをしなければいけないのか。カネもちだけで経済をまわす。それがおかしいのではないか。労働者がカネをもっていれば、モノが売れる。不況になんてならないのではないか。カネ、カネ、カネ。カネもちによるカネもちのための世。それを変えることができれば、戦争なんて必要ないのではないか。そのためには、カネもちだけではない。万人による万人のための経済をつくりだす。労働者共有の社会をつくれ。そうだ、自治をやろう。

ここまで、すごくロジカルに社会主義への道をかたってきた秋水。しかし秋水節がはじまるのはさいごのくだりだ。秋水いわく。だいじなのは国家の制度変革ではない。「ブラザーフッド」だ。革命にとりくんでいくそのなかで「正義博愛の心」をつかむことだ、と。これを孟子の仁といいかえてもいいだろうか。

いまこの世は、ひとにぎりの資本家と軍人がぎゅうじっている。かれらの利己心でバッキバキになっている。そんなわれよしの世をシャカリキにぶちこわす。いや、利他でもダメなのだ。万人のために？　日本のみんなの利益になろうがなるまいが、とにかく損得ぬきで戦争をとめるのだ。

たとえ敵国の人間であっても、目のまえで倒れていたらたすけてしまう。そいつにのぞまれていなくても、たとえのちにそいつに殺されることになったとしても手をさしのべるのだ。無償の心が燃えあがる。その心が愛国主義を焼きつくしていく。友か敵か。仁愛を利害関係にすげかえる政治の原理そのものを解体するのだ。

たたかえ、敵なき敵対性をつくりだせ。社会主義は仁だよ。非戦の心がとまらない。

「著」ではなくて「述」なのだ

ちなみに、この『帝国主義』。幸徳秋水「著」ではなくて、「述」となっている。なぜか。種本があるからだ。ジョン・マッキノン・ロバートソン『愛国主義と帝国』(一八九九年)である。いや、種本というレベルではない。本の構成がほぼいっしょ。レッツ・パクり。これは長年、幸徳秋水研究にたずさわってきた山泉進氏がいっていることなのだが、どうも秋水さん、このロバートソンを読んでハマってしまい、こりゃあおもしろいとおもったので、私見もまじえ、語り口調で紹介しようとしたらしい。「著」ではなくて、「述」になっているのはそういうことだ。(11)

ロバートソンとはなにものか。(12) いまではあまりしられていないが、当時、イギリスで「ニューリベラリズム」をかかげていた思想家のひとりだ。このころレインボー・サークルとよばれる討論サークルがあって、そこに政治学者や経済学者、ジャーナリスト、思想家があつまって、あつい議論をかわしていた。有名どころとしては、一九〇二年に『帝国主義』をかいたジョン・アトキンソン・ホブソンや、社会思想家としてしられるレオナルド・ホブハウス、そしてのちに労働党をひきいるラムゼー・マクドナルドなどがいた。ロバートソンは、そんなサークルの中心人物だったひとだ。

ニューリベラリズムとは、ひとことでいえば急進的自由主義。真の経済的自由を確立しようという思想だ。むきだしの自由競争ではいけない、弱肉強食ではいけない。それではひとにぎりのカネもちが過度に自由にふるまい、大多数の自由をうばってしまう。しかも大多数が貧しければモノを買えなくて不況になる。国の経済がボロボロになる。

だからちゃんと社会政策をやって、みんなが経済的に自由にふるまえるようにしようと。きっといまニューリベラリズムというと、市場原理主義ことネオリベラリズム（新自由主義）をおもいうかべてしまうかもしれないが、むしろ逆。市場に国家が規制をかける。ケインズ主義のさきがけである。

『愛国主義と帝国』は、そんな思想の潮流のなかでかかれたものだ。いまやイギリス帝国は帝国主義政策をとろうとしている。だが、それは帝国全体の経済的自由をそこねてしまいかねない。長い目でみれば、侵略ではなく貿易で利益をえたほうがよいのに、軍人の勝手な判断で戦争をやられてしまうのだ。キケン。あるいは国全体の利益とは関係なく、資本家の投機心だけで戦争をやられかねない。キケン。だからよりよい帝国のために、帝国主義は制限しなくてはならないと。

しかし、この論理でいくと帝国のメリットになるならば、帝国主義はいいことになってしまう。ロバートソンはインドの植民地支配について、いずれは独立させてあげたいけどといいながら、いまはイギリスにとって必要だからといって肯定しているのだ。帝国の利益になればそれでいい。

社会主義へのスタンスもおなじことだ。社会改良は必要だといいながら、過度に平等をもとめると経済的自由をそこねるからダメだという。国家の介入ばかりではない。民衆が暴動をおこしたり、労働者がゼネストを決行して、それが国益をそこねると判断されたならば、ロバートソンは鎮圧せよというだろう。なにが帝国かよ。

ここが秋水と決定的にちがう。秋水も一見するとロバートソンとおなじように、それが労働者人民、この国のみんなの利益になるからといっているのだが、さいごのさいごで損得など関係なくなっている。だれの利益にもならなくても戦争をとめるのだ。ただ非戦に燃えろ。だって仁だもの。

ちなみに孟子自身は、仁とは国家のため、家のためにつかうから意味があるといっているのだが、よく考えれば、無償の行為に国家もクソもない。なにかのためじゃない。ただ手をさしのべるのだ。だから秋水自身、まだ本人の意識としてもことばとしても、真の愛国をもとめているのだが、潜在的にはそれをぶっちぎる視点をもっていたのだとおもう。アナーキーでゆけ。

直訴じゃあ！

一九〇一年一二月一二日夜ふけのことだ。麻布宮村町の幸徳家に、ある老人がたずねてきた。田中正造だ。(13)家にあがるなり、正造はモーレツないきおいで秋水に足尾鉱毒事件のあらましをかたり、被害にあっている村々の惨状をうったえた。そしてこれまで自分は国会議員として、いろいろと手をつくしてきたが、なにも変わらない。もはやほかにうつ手なし。これから自分は死を賭して、明治天皇に直訴するつもりだ。ついては当代の名文家であるあなたに、直訴状の代筆をたのみたいのだと。

みずからのおもいを熱烈にかたる正造。秋水はいかにも気のなさそうな態度できいている。片手をふところにいれ、もう一方の手を火鉢にあてながら、うんうんとうなずいているだけなのだ。なんだよ。正造は不満だ。だが、いがいにも秋水の返事はこうだった。おひきうけいたします。ひと月ほどかけて、秋水は正造のために直訴状をしたためた。しずかに闘志を燃やしていたのだ。やってやるぜ。

なにがおこっていたのか。足尾銅山については第一章ですこしふれた。足尾銅山を手にした古河市兵衛。銅をほってぼろもうけ。もうかりさえすれば、なにをやってもいい。もっともうけろ、もっともっと。そうすることがよいことだ。唯一の価値は利潤である。純然たる資本主義が社会をおおう。それで鉱夫が体をこわそうが、鉱毒被害がでようがおかまいなし。むしろ労働条件や公害対策を気にして、もうからないほうがわるいのだ。もっとほって、もっともうけろ。

すでに一八八〇年代半ばには、銅山からふきだした鉱毒ガスで近隣の山々がハゲあがり、排水にふくまれた鉱毒が渡良瀬川《わたらせがわ》にたれながされた。アユやマス、川魚がぞくぞくと死んでいく。プカプカと浮かんで死んでいる。だれがどうみても銅山のせいだ。しかもこの渡良瀬川流域は、栃木、埼玉、群馬、千葉、茨木の県境だ。県をとびこえて、たくさんの村々に被害がではじめた。

じつはわたしの父方の実家が埼玉の加須、母方の実家が群馬の板倉で、どちらもこの被害地域にあたるのだが、海のないこれらの村で川の汚染がどれだけけしんどかったことか。川魚は貴重なたんぱく源。じっさい、うちの祖父母はほとんど肉を食わなくて、泥くさい小魚とイナゴを砂糖醤油でくったくたに煮込んで、「ごちそうだ。うんめえ、うんめえ」といって食っていたのをよくおぼえている。鉱毒はそういう農民たちのわずかばかりのごちそうをうばいとったのだ。ゆるせない。

さらに一八九〇年には渡良瀬川の大洪水。鉱毒が田畑にまきちらされる。稲がかれていく。家畜も死んだ。目のみえない子どもがうまれる。栃木の佐野にうまれた正造は、国会議員となって事件を追及。一八九一年、農商務大臣だった陸奥宗光《むつむねみつ》に対策をとるようにもとめた。だが陸奥はしらんぷり。足尾銅山と公害被害の因果関係はみとめられませんと。なにせ、この陸奥さん。次男が古河市兵衛のムコになり、古河財閥の幹部になっていたのだから。これが政治だ。ヘドがでる。

大臣が変わっても、政府の方針はおなじこと。カネもちが好きなだけカネもうけできる世のなかをつくることだ。殖産興業。なにより政府が重要産業である銅の生産をとめるわけがない。しょうじき、田舎の愚民どもがどうなろうがしったことではないのだ。もっとほれ。もっともうけろ。さらに足尾銅山の生産量がふえていく。どんどん、どんどん鉱毒がたれながされていく。

一八九六年、渡良瀬川でさらなる大洪水。田畑に鉱毒がまきちらされた。作物がとれない。それでも政府はなにもしない。正造は翌年、農商務大臣になっていた榎本武明《たけあき》に「おまえ、あの川の水を飲んでみろ」とつめよったが、榎本はせせらわらってとりあわない。そもそも川の水なんて汚くて飲まねえよといわんばかりだ。がまんがならねえ。村人たちは強訴にうってでる。「押し出し」だ。大挙して東京におしかける。殺気、殺気、殺気。暴走寸前だ。だがそのたびに正造は村人たちのまえにたちはだかり、それでは大弾圧をうけてしまうからやめてくれ。オレが国会でなんとかするからといってなだめていた。わかったよ、先生。農民たちは歯をくいしばり、つかえる土地をさがして畑をたがやした。だがまてども、まてども政府はうごかない。そしたら一八九八年の秋、また大洪水だ。ぜんぶおしまい。

もうたくさんだ。一九〇〇年二月一二日の夜。村人たちが群馬県館林の雲竜寺《うんりゅうじ》に結集した。殺気にみちた若者八〇〇名があつまっている。死を決して東京にまいる。四度目の「押し出し」だ。ウフォオオオ。深夜〇時、雄叫びにあわせて寺の鐘がなる。それにあわせて、村中の寺の鐘がなりひびいた。いくべよ、いくべよ。あるきだす決死隊に続々と農民たちがくわわってくる。一〇〇〇人、二〇〇〇人。どんどんどんふくれあがっていく。いくべよ、いくべよ。東京さ、攻めるべよ。

あるくさきには川俣石橋。そこに警官隊が大挙してまちかまえていた。農民たちが気勢をあげる。おしてまいる。突破をはかった農民たち。だがここぞとばかりに警官隊が襲撃してくる。あとはもう大乱闘。といえばいいが、一方的な警察の暴力だ。チリジリになって逃げようとする農民たちをひっこぬき、ひたすらふくろだたき。もはやリンチだ。やめてくれ、ゲバルト。これで数十名が逮捕。その後、逃亡したものもふくめ、六八名が兇徒聚集罪《きょうとしゅうしゅう》で起訴された。世にいう川俣事件である。(14) ひどい。

この事件をきいて、ショックをうけた正造。もはや国会ではらちがあかない。国会議員という代物はだれもかれも国益、利益、カネのことしかあたまにないのだ。すでに農民たちはみずからの力でみずからの惨状を明治天皇に訴えようとしていた。これしかない。オレもやるぞ。天皇さんよ、おまえはなにもわかっちゃいないと、直接いいきかせるのだ。正造は議員をやめた。いざ、直訴へ。たぶん不敬罪でやられるだろう。支援した人間もまきこまれるかもしれない。だけど正造の熱いおもいにふれて、秋水がうごかないわけがない。直訴状、ひきうけた。
とめてくれ、鉱毒を。とめてくれ、いますぐ。母親から子どもを裂き、子どもから母親を裂く、乳房をかかえる赤子の瞳をどうやって、ぼくはみつめればいいの。秋水は気合いをいれて文章をしたためた。それをうけとった正造。大満足だ。すげえ。だけどちょっとオレにはわかりにくいな。正造は秋水の文章に赤字で筆をいれる。その数、三五か所。けっこうなおしだ。秋水はせっかくの名文がだいなしだとおもったらしいが、まあ、あげたからにはもう正造の文章だ。好きにしてくれ。一九〇一年一二月一〇日、正造はそれをふところにいれて走りだした。

お願いがございます！　お願いがございます！

明治天皇一行が馬車にのって、貴族院正門からでてきたところ、正造が大声をあげながら駆けよってくる。おどろいた護衛の騎兵がサーベルを抜いて斬りかかるが、それをスルリとかわす。目のまえには馬車。あともうすこし。ああっ、足がもつれてスッテンコロリ。そのまま巡査二名にひきずられてとりおさえられた。日ごろの走りこみがたりなかったか。そんなドタバタをしりめに、明治天皇の馬車がとおりすぎていく。あんな汚いジジイ、ちかづけんなよといわんばかりに走りさっていく。直訴失敗だ。
その後、麹町警察署にぶちこまれた正造。死を覚悟していたのだが、翌日すぐに釈放された。「この老人は狂人だから」と。この問題がおおきくさわがれると、政府は体裁がわるい。だから正造を狂人あつかいしてすませようとしたのだ。そうはさせるか。秋水がうごく。うつしにとっておいた直訴状を新聞各社におくりつけた。一二日、各社いっせいに直訴状を掲載。だが、それでもおおくは陛下に無礼だと非難ごうごうだ。ならばと同日、秋水は『万朝報』で筆をとった。

田中の直訴、臣民の義に於《おい》て果して何の点にか背戻《はいれい》の跡ある、既に道を尽くし理を尽くし義を尽くして一も達することはず、悲能痛の余《あまり》、竟《つい》に聖駕《せいが》に縋《すが》りて泣いて斯《こ》の民の願ひを聞せんとす、是《こ》れ臣民の至情にあらずや、吾人は寧《むし》ろ田中をして茲《ここ》に至らしめたる政府及び議会の放漫を責《せめ》んとす、嗚呼《ああ》竟《つい》に至仁至慈の陛下を煩《わずら》はし奉《たてま》つるは誰の責ぞ。(15)

正造じいさんは、何年もかけて国会で鉱毒問題をうったえてきた。道をつくしてきた。理をつくしてきた。義をつくしてきた。だが、政府はまったくとりあわなかった。古河財閥と一体となって民を虐げ、声をあげるものたちをだまらせてきた。こんかいの直訴はその結果だ。もうそれしかなかったのだ。もし天皇をわずらわせたのがわるいというならば、わるいのは政府じゃないか。議会の怠慢じゃないか。おまえらちゃんちゃらおかしいぞと。ありがとう、秋水。

むろん、直訴というのは天皇をたよるということだ。そこに批判の声もあるだろう。天皇は神のように慈悲ぶかく、つねに臣民のことをいたわっている。そんな天皇観こそが民衆を支配してきたのだから。まだこの時点で秋水の天皇にたいする信頼はゆらいでいない。だけどこれだけはいっておきたいとおもう。議会じゃなにも変えられない。ひとは本気をだしたら、支配者の目のまえに直接うってでるのだ。その手にもつのはいったいなにか。直訴じゃあ！

ここで、蛇足をひとつ。このあと、よほど秋水のことを気にいったのか、正造じいさんはちょくちょく秋水宅をたずねてくるようになった。[16]三日にあげずやってくる。ヒマかよ。しかも、はなしがながいのだ。はなしはじめると何時間もとまらない。さいしょは秋水もほかの予定をぶっちして相手をしていたのだが、だんだんうざくなってくる。リスペクトはしているんだよ。だがときおり、こうおもってしまうのだ。じいさん、はやくかえれよ。原稿をかいているときなどは、がんばって忙しそうな雰囲気をだすのだが、正造にはつうじない。かえらないのだ。

しだいに秋水は、正造のはなしがおわらなくても、「ちょっと用事があるので」といって外出するようになった。おいていかれた正造。秋水の妻、千代子にむかってしゃべりまくる。千代子もつらくなって、正造をおいて家のことをやりはじめる。でも、なんかブツブツ声がきこえてくるので、みてみると正造は空気にむかってしゃべりかけていたという。やるな、正造。

あまりに長居するので、千代子はよく正造に食事をだした。正造はいつも人力車でやってきたので、車夫にも食事をだしてあげたという。やさしい。正造もわるいとおもったのか、「こんどはわしももってくるよ」といって、ふところにサツマイモをいれてくるようになった。なんか貧乏くさいじいさんだなくらいにおもっていた千代子。しかし、いちど正造につれられて、栃木の谷中村にいったときのことだ。農民たちがまるで神仏でも拝むかのように、手をあわせて、ああ、正造さま、ありがたや、ありがたやとよってくる。それをみて、このひとほんとうはすごいひとだったんだとおもったらしい。貧しき者たちの神さまだ。田中正造は貧乏神。アーメン。

グッバイ、兆民

さて、そのかんのことだ。一九〇一年八月二日、秋水は新橋駅から夜行列車にのった。翌日、梅田停車場に到着。一三年ぶりか、ひさびさの大阪だ。そこから堺市で病気療養中の兆民宅をたずねた。お見舞いだ。この年の三月から、兆民はノドの痛みをかんじていたが、だいじょうぶだろうとほうっておいたら出血し、さらにほうっておいたら呼吸困難におちいってしまった。痛い、苦しい、死にそうだ。

しかたがない。医者にいこう。いってみたら、喉頭ガンと診断された。もうたすからない。兆民が「あとどのくらい生きられるの？」ときいたら、医者はもうしわけなさそうに「もって一年半です」とこたえた。すると兆民先生。「アハッハ、そんなにあるのかい」といってわらったという。

とはいえ、このままではなにも食べられない。痛みを緩和するためにノドを切開し、穴をあけて一時しのぎ。秋水がたずねてきたのは、それからまもなくのことだ。手術のあとが痛々しい。泣きそうになる秋水。そんな愛弟子をみて、兆民は元気いっぱいにはなしかける。どうだい、ひさびさの大阪は、けっこうひらけてきただろう。あとで娘に案内させるから、観光でもしてきなさいよ。はい、先生。

それでは本題ですといわんばかりに、兆民はニヤニヤしながら原稿用紙をとりだす。そして、ほらよといって秋水に手わたした。

先生は莞爾《かんじ》として数点の半紙の草稿を取出し、是《こ》れが学者の本分として、社会と友人への告別、又は置土産だ、死んだら公けにしろと言つて示された。(17)

ようするに、わしが死んだらこれを遺作として世にだしてくれといったのだ。むろん秋水は承知だ。だけど先生、せっかく本をだすなら死んだあとじゃなくてもいいんじゃないですか。みんな先生の本をはやく読みたくてまっていますよ。もう出版ししちゃいませんか。そういうと、兆民もまんざらではない。うーん、そういうものか。どうしようかな。そんなやりとりをして、秋水は帰途についた。

すると、八月一〇日付けで兆民から手紙がとどく。こうかいてあった。出版の件、きみのいうようにできるだけ急いでもらいたい、たのんだよと。合点承知の助だ。なにせ、先生の遺作。どうせならでかい出版社からだして、たくさん部数を刷ってもらいたい。秋水は大手出版社、博文館との交渉にはいった。なかなか、いい返事をもらえない。なんだよ。じれる秋水。そんなようすをみて朝報社の社長、黒岩涙香が声をかけてきて、ほかにことわられても、うちでだすから大丈夫だよといってくれた。いいひとだ。そのはなしをきいて、兆民も感激だ。

まもなくして、博文館からゴーサイン。だが、ここからたいへんだったのは秋水だ。本の編集も校正もすべて自分でこなした。序文も秋水がかいた。そうして九月五日、ついに出版されたのが『一年有半』だ。医者からあと一年半しか生きられないといわれたので、このタイトルにした。兆民がヒャッハッハとわらいながら、このタイトルにしたのが目にうかぶ。兆民、最高。

そして、この本がとぶように売れた。初刷り一万部が三日もたたないうちに売り切れ、その後、重版出来、重版出来、またたくまに二二版までいったという。大ベストセラーだ。これに気をよくした兆民。ちょっと元気になって、九月一〇日、東京にやってきた。オレ、売れっ子。せっかくだし、続編をかいちゃおうか。すさまじいスピードで筆をふるい、九月二三日に脱稿。やっぱり秋水が編集、校正をひきうけて、一〇月に『続一年有半』と題して出版した。こちらも大盛況だ。すぐに重版をかさね、一七版までいったという。すごいよ、兆民先生。

ありがとう。わが弟子よ。兆民は感謝をこめて、秋水にこんな色紙をおくっている。

文章経国大業不朽盛事　兆民老人　為幸徳秋水兄(18)

文章は経国の大業だ、不朽の盛事である。文章は国をおさめる大事業そのものであり、永久になされるべき大いなる任務だといっているのだ。秋水が国をおさめたかどうかはべつとして、兆民はこういいたかったのだろう。筆の力で世界を変えろ、秋水。ある意味、これが兆民の遺言だ。

もうやりのこしたことはない。一二月一三日、兆民、昇天。享年五四だ。ちょうど秋水が田中正造のために奔走していたときである。翌日、本人の遺志にもとづき、遺体を大学病院におくって解剖にかけた。喉頭ガンではあったが、直接の死因は食道ガンだったという。解剖後、もどってきた遺体を棺桶にいれる。秋水はその両足をもった。ふだんなにがあっても涼しい顔をしている秋水。だが兆民の顔をみていたら、ふと涙がこぼれおちた。ポロポロ、ポロポロ、とまらない。うう、うううう、先生！　ひと目もはばからず、大声をあげて泣きじゃくった。慟哭《どうこく》だ。

ついでながら、もうひとつ。兆民の遺志でいわゆる葬式行事はしなかった。兆民は根っからの唯物論者。霊魂もなければ、神も仏もありはしない。宗教的な儀式がイヤだった。なにせこういっていたくらいなのだから。「釈迦、耶蘇《やそ》の精魂は滅してすでに久しいが、路上の馬糞《ばふん》は世界とともに悠久である」(19)。おシャカさまやイエスさんよりも、ぼくは路上の馬糞でありたい。

そこで一七日、友人たちが骨をおる。兆民のために、青山斎場で告別式をひらいたのだ。板垣退助ら、そうそうたるメンバーが顔をそろえる。これが日本初の告別式となった。それから落合火葬場までいって荼毘《だび》にふした。すべてをおえた秋水は呆然自失。家まであるく気力もない。とりあえず人力車にのった。風がつめたい。道すがら、やたら枯れ木ばかりが目についてしまう。冬。さみしい。グッバイ、兆民。

レッツ・パーティ！

それでは、社会主義者としての秋水はなにをやっていたのか。すでに一九〇〇年一月には、社会主義研究会を社会主義協会へと改名。うちわの勉強会ばかりでなく、講演会やトークイベントをうって社会主義の宣伝をするようになった。あとは政治的実践だ。社会主義者の党をつくり、われらここにありと名のりをあげたい。そうして全国の仲間をつのり、国政にもうってでるのだ。ときはきた。


新聞社へ幸徳が尋ねて来た。僕の顔を見るといきなり、

『おい、社会党をやらう』

『ウム、やらう』

かういつて、立つたまゝ、瞬きもせずに見合つて居たが、やがてニツコと笑つて、直ぐに彼は帰つて行つた。

日を経た後『創立委員会を開くから、呉服橋外の鉄工組合事務所へ来て呉れ』と、幸徳から知らせて来た。

どんな顔が寄るかと思ひながら行つて見た。安部君が来て居る。片山君が来てゐる。西川光二郎君といふ「労働世界」の年少記者を、片山が連れて来て居る。「万朝報」の河上清君といふが来て居る。それに幸徳と僕、都合六人だ。

当時の事だから、お手本は自然ドイツだ。名称は「社会民主党」少し明細な「宣言書」をだす事。宣言書は、幸徳の文章でやるべき所だが、幸徳は辞退して先輩に譲つた。(20)

これは当時、毎日新聞社につとめていた木下尚江《なおえ》の文章だ。会社に秋水がやってきて、社会党をやろうという。やろう、やろう。すると後日、鉄工組合の事務所によびだされた。なぜここなのか。じつは、なかまの片山潜が労働組合の結成をうながすために、労働組合期成会という団体をつくっていて、そのメンバーを中心にこの鉄工組合が結成されていた。それで片山はせっかくだし両団体の共同機関誌にということで『労働世界』を発行。その事務所で会合をひらかせてもらったのだ。

いってみると、秋水や片山のほかに社会主義研究会以来の古株、安部磯雄、『労働世界』のわかい記者だった西川光二郎、そして『万朝報』の記者だった河上清がいた。秋水以外は全員、キリスト教徒だ。このメンツで党を旗あげしよう。ドイツをお手本とし、名称は社会民主党とする。やるからには宣言書をだして、大々的に宣伝する。だれがかくか。みんな名文家である秋水がいいといったが、秋水は気をつかって、先輩の安部をすすめた。異議なしだ。レッツ・パーティ！

一九〇一年五月一八日、社会民主党を結成。発起人はさっきの六人だ。宣言書にはこんな理念がかかげられた。

一、人種の差別・政治の異同にかかわらず、人類は皆同胞たりとの主義を拡張すること。
二、万国の平和を来すためにはまず軍備を全廃すること。
三、階級制度を全廃すること。

四、生産機関として必要なる土地および資本をことごとく公有とすること。
五、鉄道、船舶、運河、橋梁のごとき交通機関はことごとくこれを公有とすること。
六、財富の分配を公平にすること。
七、人民をして平等に政権を得せしむること。
八、人民をして平等に教育を受けしむるために、国家はまったく教育の費用を負担すべきこと。(21)

人類同胞、軍備全廃、階級制度の撤廃、土地と資本の公有化、交通の無償化、財の平等な分配、普通選挙の実現、教育の無償化。ふつうにいいことをいう。翌日には結党届を提出。しかしその翌日、五月二〇日のことだ。伊藤内閣の内相、末松謙澄《けんちょう》は即刻、禁止命令をだしてきた。ちくしょう。

この日、秋水たちは宣言書を『万朝報』『労働世界』『毎日新聞』『新房総』『東洋新聞』に掲載。結党禁止にともなって、これらの掲載紙も発禁処分、罰金刑だ。だがそれで裁判になってやられたとおもっていたら、宣言書をふくむ判決文が全国紙に掲載された。おもわぬかたちで、社会民主党の存在が全国にひろめられたのだ。やったぜ。

しかし、これではおさまりがつかなかったのが『万朝報』の同僚、堺利彦だ。じつは堺、すぐに秋水たちに合流して入党しようとおもっていたのだが、そのまえに潰されてしまった。ふざけやがって。怒りにまかせて、末松内相のところにはなしをききにいった。末松はしたり顔でこういったという。ギャッハッハ、社会主義者の党なんぞ、なんどでもたたき潰してくれるわいと。やれるものならやってみやがれ。そういわんばかりに六月三日、秋水は自宅を事務所として社会平民党の結党届をだした。それも即日禁止。禁止、禁止、禁止。なんでも禁止だ。

だが、ひとのつながりはどんどんふくらんでいく。その熱気もだ。七月、朝報社の社長、黒岩涙香のよびかけで理想団が結成される。胸のうちに熱い理想をいだき、社会変革をめざすものたちのざっくりとしたネットワークをつくろうというのだ。七月二〇日、神田のキリスト教青年会館でひらかれた発会式には、五〇〇人もの聴衆が参加。その発起人には、秋水や堺、内村鑑三、円城寺清《えんじょうじきよし》、斯波貞吉《しばていきち》、山県五十雄《いそお》など朝報社の社員が名をつらね、社外からは安部磯雄、佐治実然《さじじつぜん》、片山潜、木下尚江、久津見蕨村《くつみけっそん》、小泉三申《さんしん》などが入会していた。ある意味、最強メンバーだ。

毎週月曜日には朝報社の談話会、ときに講演会をうったりして自由闊達《かったつ》な議論がかわされていく。たとえば、内村は足尾鉱毒事件にふれて、古河財閥ゆるせんと声をあらげる。また、その内村のキリスト教精神に志士仁人的ななにかをかんじたのか、秋水は「武士道論」をぶつ。[22] 真の武士道はわがみかえりみず、身を捨てて決起することだ。無償の心がその神髄。なのに、いまの軍国主義は軍人の虚栄心とブルジョアの利己心のためにたたかうことを武士道とよんでいる。われわれはこの腐りきった武士道を真の武士道でぶちこわしてやるのでありますと。ぼくの武士道。

もちろんマジメに議論ばかりしていたわけではない。これは理想団というよりも朝報社のはなしではあるが、みんなで休日に遊びにいったりしていた。記者たちのあいだで流行っていたのは自転車だ。レッツ・サイクリング。秋水も堺も内村も、なけなしのカネをはたいて自転車を買いもとめ、なんどもスッテンコロリと転びながら出社していた。秋水の妻、千代子の回想がおもしろいので引用しておこう。

それは確か明治三五年頃のことであったと記憶して居《い》るが、一時自転車が非常に流行したことがある。自転車と云《い》へば、今日では誰でもが乗る実用的なものとなつて居《い》るが、当時はまだ所謂《いわゆる》紳士が——稀《ま》れには淑女《しゅくじょ》が、娯楽的に得意になつて乗り廻《まわ》して居《い》たのである。若かつた秋水も堺氏もその驥尾《きび》に附《つ》く為《ため》に、財布の底を叩いて各自一台の自転車を買い求めた。そして自転車教習所に二三日通つたが、その後は日曜ともなれば、黒岩涙香の主催の下に遠乗りに出掛《でか》けて、泥田《どろた》に飛び込んだり畑に乗り入れたりして、百姓から大目玉を頂戴する仲間に入つてゐた。尤《もっと》もたとへ暫時《ざんじ》にせよ、この自転車が通勤に利用されたことは事実であるが、小男の秋水が自転車に乗るのは廿日鼠《はつかねずみ》が車を廻《まわ》すやうだと、口の悪い誰れかに書かれて苦笑してゐた。

或《あ》る日、秋水は朝報社からの帰途、何処《どこ》かの子供を危く挽《ひ》き仆《たお》し掛《か》けて、電柱に衝突し額に瘤《こぶ》を出して帰つて来た。そして終日苦蟲《にがむし》を嚙《か》み潰して考へ込んで居《い》たが、遂《つい》に自転車を売り払ふべく決心した。(23)

よく考えてみると、いまみたいな道路じゃないから自転車をこぐのもさぞかしたいへんだったろう。わざわざ自転車教習所にかよってこぎかたをまなび、日曜には黒岩社長といっしょにいざサイクリング。田んぼにつっこんで、お百姓さんに大目玉だ。すみません。しかも必死になってチャリをこいでいれば、小男の秋水が廿日《はつか》ネズミにみえるとからかわれる。じっさい、秋水は身長がひくくて一五〇センチにみたないくらい。とはいえ、失礼だよ。あげくのはてに電柱につっこんでコブをつくって嫌になった。とつぜんとびだす子どもがわるい。堺の回想によれば、朝報社を辞めるときもいっしょにチャリをこいでいるから、まだしばらく売りはらってはいなかったのかもしれないが、秋水はこうおもっていたにちがいない。自転車はキケンぜよ。

わたしは闇の土蜘蛛だ――堺利彦伝

ここでひとり、秋水をかたるのに欠かせない人物をご紹介しよう。さきほど登場した同僚の堺利彦だ。ペンネームは枯川《こせん》。これから秋水とタッグを組んでいくひとなので、かんたんにどんなひとなのかをみておきたい。(24) 堺は、旧暦で一八七〇年一一月二五日うまれ。新暦になおすと一月一五日なので、秋水とはおない年なのだが、当人同士では堺がひとつ上ということになっていたので、そうしておこう。

出生地は福岡県の仲津郡《なかつぐん》松坂。誕生後、まもなく一家で京都郡豊津《とよつ》、現在のみやこ町にうつりすんだ。堺はこの豊津にものすごく愛着をいだいていた。ふるさとだ。では、どんな家にうまれたのか。お父さんは小倉藩《こくら》につかえた武士で、一五石《こく》四人扶持《ぶち》。明治維新のとき、おとなり長州藩に攻めこまれ、殿さまは小倉城下を焼きはらって、命からがら豊津まで逃げのびた。お父さんもいっしょに逃げてくる。

その後、戊辰戦争で政府軍につき、藩は存続したものの、肝心の小倉市内を燃やしてしまったため、民の反感がつよくてもどれない。お父さんたちはそのまま豊津に住むことになった。そういう家の三男としてうまれたのが利彦だ。

しかしなぜ堺はそんな故郷に愛着をもっていたのか。どうも豊津は古代、「土蜘蛛《つちぐも》」を名のる熊襲《くまそ》の拠点だったらしい。天皇と一戦をまじえ、最後はやられてしまうのだが、秋水亡きあと、大逆の地であったこの郷里にほこりをおぼえるようになったようだ。大逆上等、秋水よし。わたしは闇《やみ》の土蜘蛛《つちぐも》だ。

はなしをもどすと、堺は武士の子だ。かよっていた中学校もみんな士族の子たちで、明治の学校ながら授業で漢学をおしえこまれた。堺自身、英語や文学も好きではあったが、『論語』『孟子』が大好きで、とにかくおもしろくて読みふけった。郷里の秀才だ。一五歳のときには、カネもちの中村家へ養子にはいり、上京。第一高等中学校に入学した。すえは博士か大臣か。スーパーエリートコースだ。

だが、ここからが転落人生。せっかくの花の都大東京。遊ばないわけがない。悪友たちと酒、酒、酒。そして吉原がよいだ。学校の成績はズタボロ。あげくのはてに学費を遊蕩でつかいこみ、学費未納で除籍になった。あきれた中村家からも縁をきられる。ガーン。一八八九年のことだ。

なにがスーパーエリートだよ。オレはもともと文学が好きだったんだ。立身出世のために、人生を犠牲にするなんてまっぴらごめんだ。ぼくは三男だから我慢ができない。そうおもいながら福岡の実家にかえると、家をつぐはずだった長男がいきなり死んだ。急性腹膜炎だ。次男も養子にでていたため、堺があとをつぐことになった。父母のめんどうをみなければいけない。あれ……?

とりあえず堺は大阪にでて、天王寺高等小学校の英語の先生になった。しかし悶々としてしまう。オレはエリートにもなれたのに、いったいここでなにをやっているのだ。せめて文学で身をたてたい。でも一家の大黒柱としてカネを稼がなければいけない。くやしくて悲しくて連日連夜、くだをまいて酒びたりだ。ろくなもんじゃねえ。

その後、大阪で新聞記者をしながら文学サークルにはいり、同人誌に小説や翻訳をのせていく。もう貧乏でもいいじゃないか。小銭を稼いで、酒を飲んで、遊蕩にふけり、好きな文章をかいてたのしく暮らす。ああ、愉快。そうおもっていたやさきのことだ。一八九五年二月、お母さんが死んでしまった。うう、なにもしてやれなかった。ひたすら心配させただけ。おお、マザー。

しかもこのころ橋浦秀子さんという女性と恋をしていて、将来をちかいあい、人生をかけてこのひとをしあわせにするとおもっていたのだが、その秀子さんも肺病で死んでしまった。堺はうたう。「蛍一つ、闇に呑まれて消えにける」。深く目をとじていま天女のように、おまえはひとり空へかえる。

ああ、ぜんぶおしまい。もう大阪にはいたくない。堺は七〇歳をこえたお父さんをつれて、東京にでた。次男の乙槌《おとづち》が『都新聞』ではたらいていたので、仕事を紹介してもらう。心機一転、ひさびさの東京ライフだ。お父さんを下宿先において仕事にいった。お父さんからはひとりでさびしいとか、寝酒をくれとかいわれたが、聞く耳もたずだ。めんどうをみてやっているんだからわがままいうなよ、我慢しろ。そしたら一八九六年二月、こんどはお父さんが脳卒中で死んでしまった。ああ、親不孝！

いろいろあって、身をかためようとおもったのだろう。その年の四月、堺は文学仲間だった堀紫山《しざん》の妹、美知子と結婚している。福岡にいってハッピー・メリー・新婚生活。一八九七年からは東京にもどり、『防長回天史《ぼうちょうかいてんし》』の仕事をもらって、その後二年ほどは収入安定。ちなみにこの仕事、旧長州藩主、毛利家の史料をつかって、幕末維新の長州藩史をえがくというもので、なんの因果か、このときの上司がのちに内務大臣となり、社会主義者を弾圧する末松謙澄《けんちょう》だった。しかしこの一八九七年、ようやく自分の生活がおちついたとおもったら、仲のいい兄の乙槌《おとづち》が死亡。肺結核だ。それと入れかわりに息子が誕生。これが生死というものか、兄ちゃん。

さて一八九九年七月、堺は朝報社にはいる。どうもこのひと月ほどまえから、秋水とはしりあいだったらしい。このころ堺はまよっていた。小説家になりたい。だけど、ただ小説をかくのではつまらない。社会批判もやっていきたい。ちょうど大阪時代の友人、久津見蕨村《くつみけっそん》が『万朝報』にいたので相談にのってもらう。するとと久津見がひとり同僚をつれてきた。じつは久津見、堺といれかわりに朝報社を辞めているから、きっと代わりにおもしろいやつを紹介するよということだったのだろう。それが秋水だ。いいじゃん、いいじゃん、きみきちゃいなよ。これが入社のきっかけだ。久津見、グッジョブ。

しかし当初、堺は社会主義にはぜんぜん興味がなかった。秋水とのつきあいも、あくまで友人として。仕事や人生のグチがおおかった。たとえば、一八九九年九月二四日、堺は秋水の自宅をたずね、しゃべったときのことをこうかいている。

昨夜、秋水と語る、秋水もまた功名に急なる者なり、彼《かれ》外交を著《あらわ》さんと欲して出版書肆《しょし》なきを憤る、いわく、これ予が無名なるゆえなりと、名を得んがために書を著さんと欲すれども名なきがために出版するをえず、この不平一理あり、しかれども、これ彼《かれ》の資本なきがゆえに商業を営むをえずと嘆《たん》ずる商人に同

じ、秋水また誤れるところあるを免れず、実力を養うて漸次《ぜんじ》知己友人を得るに努むるの外《ほか》なきなり。(25)

なにせ、当時の秋水はまだ政治家になる野心バリバリ。外交史の本でもだして、華々しく文筆家デビューしたかったのだが、まだ無名の書き手のため、それもできずに悶々としていたころだ。功名心でギラギラしていた。

堺はそんなのカネがなくて事業をおこせないとなげいている商人とおなじじゃないかと皮肉っぽいことをいっているが、若干、自分にいいきかせているような気もする。おなじく文筆家として名をあげたかった堺は秋水のきもちがよくわかったのだろう。主義主張よりも、こういうつきあいのほうが仲良くなる。友よ。ちなみに第三章で、秋水が政治家の夢破れ、イラついて母親をどなりちらし、泥酔したのをおぼえているだろうか。それが一八九九年一二月二三日。じつは堺の息子が亡くなった翌日だ。もともと病弱でなんども危篤をくりかえしていたのだが、とうとう逝ってしまった。わずか二歳。わが子よ。

妻の美知子はショックでたおれ、その後、肺病にかかってしまう。うちひしがれる堺。そんななか、秋水は浴びるように酒を飲み、親友の子どもの葬儀にも参列していない。二日酔いでいけない、すまないと、わび状を送っている。さすが秋水だ。そして、その手紙をみてあきれるどころか、だいじょうぶかと心の底から心配してしまう堺。なんとなく、これがふたりの関係をものがたっているのだとおもう。

一九〇〇年七月、堺は『万朝報』特派員として中国にわたっていった。義和団の乱の制圧にむかった日本軍の従軍記者になったのだ。短刀とピストルをもち、やる気満々で出発していく。だが、いったさきでみたのは地獄絵図だ。日本兵の死ではない。罪のない中国の民衆たちの惨劇だ。道端には兵士たちになぶり殺され、血まみれになった子どもたち、老人たちの死骸がコロコロしている。そこに数千、数万のハエが群がっている。あわれみを乞う老婆。うるせえ、ババアと怒鳴りちらす兵士。それにおどろき、あばれ狂う軍馬の叫び。ウフォオオオオオ。阿鼻叫喚《あびきょうかん》だ。

なにが正義のための戦争だ。なにが平和のための戦争だ。なにが国家保全ための戦争だ。偽善者面して、天下国家を論じるのはもうやめよう。戦争の犠牲になるのはいつだって民の日常生活だ。平和などない。民か、国家か。絶対非戦。そうおもいながら帰国すると、妻が肺病で死にかけている。マジかよ。仕事よりも天下よりも、美知子のほうがだんぜんだいじなのに。命がけでまもるべきは家庭、ただそれだけだ。

ここから堺は理想の家庭とはなにかを論じはじめる。一九〇一年からその翌年にかけて、六冊シリーズの『家庭の新風味』(内外出版協会)を刊行。一九〇三年には、みずから由分社をたちあげ、『家庭雑誌』を発刊している。どんなことをいっていたのか。『家庭雑誌』創刊号で、こういっている。

社会主義は人類平等の主義である、人類同胞の主義である、相愛《そうあい》し相助《あいたす》くる共同生活の主義である。そこでこの社会主義より見る時は、夫婦は平等にして、相愛《そうあい》し相助《あいたす》け、真の共同生活を為《な》すのが家の理想である。家庭はすなわちその理想を現はすべき場所である。(26)

そして、こう結論づけるのだ。

そうして、この家庭の中より漸々《だんだん》社会主義を発達せしめて行かねばならぬ。これがこの雑誌を作るについての我輩の根本思想である。(27)

堺はいう。この社会から不平等をなくし、争いごとをなくすためにはどうしたらいいか。社会の最小単位、家庭からはじめよう。まずは男女平等からだ。いまの世のなかでは、男が女を支配するのがあたりまえだといわれている。従わなければ力づくでも屈服させる。ときに正義や道徳をふりかざして女をしたがわせる。そんな不平等な社会をつきやぶり、いまここから真に相愛《そうあい》し、相助《あいたす》ける共同生活をつくりだそう。それを家庭からはじめ、社会全体へとひろげていけば、この世から支配も征服も不平等も戦争もなくなるだろう。それが堺の「社会」主義だ。理想の家庭をおいもとめ、堺が社会主義者になってゆく。

あとはもう秋水のくだりでかいたとおりだ。一九〇一年五月、社会民主党が禁止処分にされると、元上司の末松内相に食ってかかり、七月には理想団に参加。そのかんに、社会主義を勉強しようとおもい、夕飯がてら秋水によい本はないかときくと、リチャード・イリー『近世仏独社会主義』(*French and German Socialism in Modern Times*)がよいというので英語で読んだ。(28) このあたりから秋水とはたんなるグチ仲間ではなく、思想と行動をともにする心の友になっている。

しかしその後のふたりをみていると、やはり社会主義をとびこえてもっと深いところでつながっているんじゃないかとおもえてくる。(29) それはどこか。死だ。死生観だ。堺は怒涛のように恋人や肉親を亡くし、そのたびに人生を翻弄されてきた。死のたびに、なんどもおもわされる。オレはなんてダメなんだ。中国にいっても、みてきたのは圧倒的な死。かえってきても、みせつけられたのはいまにも死にそうな妻のすがた。堺は、一九〇一年五月二二日の日記にこうかいている。

秀子も肺病で死んだ、欠伸居士《けっしんこじ》も肺病で死んだ、ミチも肺病で死ぬるかしらん、死ぬるなら死んでしまえ、おれはこの世の中にひとりになるのだ。

両親の死んだのは仕方がないが、兄が二人死ぬる、スイートハートが死ぬる、子が死ぬる、親友も少からず死ぬる、そうしてついに女房も死にさうになっている、この次には自分が死ぬるまでのことだ。(30)

ちなみに、欠伸居士《けっしんこじ》は小説家でもあった兄ちゃん乙槌《おとづち》のペンネームだ。死んで、死んで、また死んで。あまりに死をつきつけられて、めちゃくちゃニヒリスティックになっている。虚無に身をつつまれたのだ。あいつも死んだ、こいつも死んだ、みんな死んだ、おれも死ぬ。どんなにこの世で功名をたてたとしても、どうせ死んでおしまいだ。なにをやってもムダなのだ。どうせ、どうせ。いや、どうせ死ぬというならば、死んだつもりでなんでもやれだ。こんな世のなかで損も得もない。殺されてもかまわない。それでもいっちょかましてやりたい。このあたりが秋水の「仁」と共鳴しあっていたのだろう。宣言したい。わたしは闇の土蜘蛛だ。そろそろ秋水のはなしにもどるとしよう。

革命は天なり、人力にあらざるなり――『社会主義神髄』を読む

(一) なにが生産力かよ

一九〇三年七月五日、秋水は朝報社から『社会主義神髄』を刊行した。これがまた話題になって一一月までに六版をかさね、二年後にはべつの出版社から七版もでている。秋水のヒット作だ。どんな内容か。もじどおり、社会主義の神髄をかたったものだ。マルクス、エンゲルス『共産党宣言』、『資本論』、エンゲルス『空想より科学へ』、イリー『社会主義と社会改良』などの社会主義の重要文献をまとめて、それを秋水なりに紹介していく。それでなにをかたるのか。革命ぜよ。

秋水は問う。なぜ民衆は苦んでいるのか。産業革命がおこって機械化がすすみ、生産力は五倍、十倍、千倍にもなっている。すこしの労力でたくさんのモノがつくれるようになっている。なのに、なぜ労働者は貧しいままなのか。なぜ毎日一四時間もの労働をしいられて、これっぽっちの賃金しかもらえないのか。

こたえはかんたん。ひとにぎりのカネもちが生産手段を独占しているからだ。工場の機械設備と運転資金。それをにぎっているのがブルジョアだ。かたや、それをもたないプロレタリア。田畑をうしない、仕事をもとめて都市にやってきた貧乏人たちだ。はたらいてもカネがなければ生きてゆけない。自分、労働者になります。ありがたくも工場でやとってもらって、ブルジョアさまにカネをもらえるから生きてゆける。はたらけ。死

にたくなければいうことをきけ。生殺与奪の権をにぎられる。ブルジョアの権力が絶対になる。労働者が奴隷になる。低賃金、長時間労働、ひどい暴力をふるわれてもしたがうしかない。ああ、ご主人さま。なんでもいうことをおききいたします。これが貧困の根本原因だ。

この条件さえととのっていれば、ブルジョアはもうなんでもあり。もっともうけるために労働者を搾取しまくる。労働時間をのばして、死ぬほどコキつかっても給料はやすいまま。最新の機械をいれて、おなじ労働時間でよりたくさんのモノをつくっても、給料はおなじ。さからえばクビだ。賃金以上にたくさんはたらかせ、たくさんの価値をうみださせて、それでガッポリ、カネもうけ。秋水はこれを「剰余価格」と訳す。いまだったら剰余価値というだろうか。はたらけどはたらけどカネはなし。

ブルジョアはいつもぼくらを略奪している。だったら略奪者を略奪するしかない。革命じゃあ。でも、そんなことほんとうにできるのか。ほんとうに、世のなかをひっくりかえすことなんてできるのだろうか。あたぼうよ。なぜなら、それが歴史の必然だから。変わらないものなんてない。

生物が進化の歴史をたどってきたように、人間の社会も進化する。その土台は生産力だ。どうやったらたくさん穀物がとれるのか、たくさんモノをつくれるのか。古代から人類は生産力をあげるために、そのやりかたを進化させてきた。古い社会のしきたりがそれをさまたげようものならば、いつでも社会そのものを転覆していく。そうして、あたらしい社会へと変化をとげるのだ。

原始共産から奴隷制社会へ、奴隷制から封建制社会へ、封建制から資本制社会へ。いまや大工場をバンバンたてて、そこに機械をいれてたくさんひとをあつめれば、いくらでもモノをつくれるようになっている。もっとたくさん、もっとはやく。なのに、この資本制社会ではブルジョアが生産力の発展をさまたげている。自分たちの利潤をあげることしかあたまにないからだ。いくらモノをつくっても、労働者を搾取してあまりカネをあたえない。だから、みんなモノを買えないのだ。

売れない。倒産、失業、恐慌だ。つくれない。だけど生産力はもっともっとつくらせろと、進化をもとめてとまらない。ブルジョアの世を終わらせろ。みんなでみんなの経済を考えろ。平民自治、労働者自治の社会をつくるしかない。もう革命しかないもんね。資本制から共産制社会へ。それが進化のことわりだ。

ここまでが前半部分。いわゆる唯物史観の紹介である。「唯物」の「物」とはモノをつくりだす力、「生産力」のことだ。その発展を土台として、世のなかのよしあしを考えていく、と。だがどうだろう。きっといまこの記述をよむと、首をかしげるひとのほうがおおいのではないだろうか。いくらプロレタリアのためだといいはっても、生産力を中心にものを考えていったらどうなるか。

たとえば、公害。生産力向上のためならなんでもあり。その発想こそが足尾銅山よろしく鉱毒事件をひきおこしてきたのではないか。いまだったら、気候変動があたまにうかぶだろうか。企業の経済活動のためならば、いくらでもエネルギーをつかってよし。それでやってきたら、二酸化炭素をジャンジャン排出して、温暖化。わかりやすく人類の破滅がつきつけられている。あつくてもう死にそうだ。なにが生産力じゃあ。

（二）革命は勢いだ——水到《いた》って渠《きょ》なる

さて、もうひとつ違和感があるのが進化論だ。ダーウィンの『種の起源』にうらうちされた進化の歴史。なぜ、わざわざ進化で革命をかたるのか。このころ生物学、とりわけ進化論は最先端の科学だとおもわれていたからだ。進化の歴史をかたるということは、科学にうらづけされた歴史をかたるということだ。

このへんがいまのわたしたちとはちょっとちがう。科学信仰がハンパないのだ。科学的思考にもとづいて、あたらしいテクノロジーを発明して、科学的に生きてゆけば、ハッピーな未来がまっている。その法則さえみいだせば、人類をただしい方向に導いてゆける。そう信じてうたがわない。

しょうじき、その科学が大量破壊兵器をうみだして、二度の世界大戦で大量殺戮。そのあげく原発をつくりだし、ドカンと未来をふっとばす。科学のさきには人類死滅。だが、まだ二〇世紀初頭。科学への信頼はゆるぎない。みんないいたがるのだ。われこそは科学的社会主義者なり。

だが、それでいいのか。問題ありありではないのか。もし共産制という理想の未来にむかって一直線に、単線的な進化があって、そこに科学的な法則があるといってしまったら、それをただしく理解したインテリが党をつくり、指導者になってみんなをしたがわせればいいということになるのではないか。

そうしないと恐慌がおこる、仕事がなくなる、みんな死んじゃうと、死の恐怖をつきつけられて、革命という目的のために下々のものたちが動員される。そんなの、上にたつものがブルジョアから党のお偉いさんに交代したただけであって、支配自体はなくならないのではないか。たぶん秋水はこれに気づいたのだとおもう。じつは本書の後半、秋水はいままでの議論をあえてだいなしにするようなことをいいはじめる。なにをやらかしたのか。進化が進化じゃない。唯物史観の進化とは、まったく別次元の進化をかたりはじめるのだ。

現時の生産交換の方法、即《すなわ》ち所謂《いわゆる》資本家制度は今や其《その》進化発育の極点に達せり。夫《そ》れ勢ひ極まれば変ず、花弁は一日散乱せざることを得ず、卵殻《らんかく》は一日破壊せざることを得ず、唯《た》だ散乱す、故に新果あり、唯《た》だ破壊す、故に雛児《ひよこ》あり。社会産業の組織豈《あ》に独《ひと》り此《この》理法を免るるを得んや。(31)

進化は「勢い」だ。勢いきわまれば、かならず変わる。変わらざるをえないのだ。花弁が散るのはなぜか。理由などない。勢いきわまって花は散ってしまうのだ。卵殻が破壊されるのはなぜか。理由などない。勢いきわまって殻をつきやぶってしまうのだ。ただ散るのだ。ただ破壊されるのだ。だから果実がうまれてくる。だからヒヨコがうまれてくる。勢いあまって、あたらしいなにかがとびだしてくるのだ。よばれてとびでてジャジャジャジャーン。勢い、だいじ。

なにをいっているのか。『荘子』「秋水篇」をおもいだしてほしい。人間はなんでも思考をめぐらせて、自分の行動に大義をみいだしてしまいがちだ。だけどよりよい大義をみいだせばみいだすほど、その目標にしばられてがんじがらめになってしまう。人間が目標のための手段になる。カネのため、理想のため。気づけば、その大義をただしく実行するやつらの奴隷にさせられている。

だが、ひとがほんとうになにごとかをなしとげるとき、そんな目標はすっとばしてしまう。たすけたい。やっつけたい。そうおもったらそれまで積みかさねてきたことなどパッとなげすてて、身体がうごいてしまうのだ。理由などない。損しかしない。それでも勢いきわまって、そうしてしまうのだ。

「秋水《しゅうすい》時に至り、百川《ひゃくせん》河に灌《そそ》ぐ」。季節は秋。大雨がふって百川が氾濫をおこし、すさまじい勢いで合流して大河になる。それでも勢いはとまらずに、しまいには海となって大波、津波をドブンとあげる。勢いがませばますほど、人知ではとらえきれない大きさに変わる。制御できない力に変わる。おのずとそうなってしまうのだ。進んで化ける。進化は「自然」だよ。

> マルクスの所謂《いわゆる》『新時代の誕生』を宣言することを得るは、猶《な》ほ水到《いた》つて渠《きょ》成るが如《ごと》けん也。(32)

水到《いた》って渠《きょ》なる。水がながれてくぼみをつくるように、革命はおのずとおこるものだ。水は勢いである。マルクスのいう新時代は勢いきわまりとびだしてくるものだ。もはや唯物史観もヘッタクレもない。秋水のいう「唯物」とは「自然」のことなのだ。むしろ科学にうらづけられた生産力という人為のせいで、民衆が鉱害被害にくるしんでいるならば、ただがむしゃらになって銅の生産をとめにはしる。モノなんてつくらなくていいんだよ。機械をこわせ。ゼロになれ。雨がふった。水がながれた。濁流になった。洪水がおきた。あたらしいなにかに進んで化けてゆく。秋水の唯物論だ。生産力をとめたら国がほろびる？　ぜひもなし。革命は勢いなのだ。

夫《そ》れ然《しか》り、革命は天也《なり》、人力に非《あら》ざる也《なり》。利導《りどう》す可《べ》き也《なり》、製造す可《べ》きに非《あら》ざる也《なり》。其《その》来るや人之《これ》を如何《いかん》ともするなく、其《その》去るや人之《これ》を如何《いかん》ともするなし。(33)

かっこいい。革命は天なり、人力にあらざるなり、だ。その力を人間にはどうすることもできない。コントロール不能。混沌の力。アナーキー。荘子の自然に孟子の仁があわさってきたかんじだろうか。天からあたえられたその心。惻隠《そくいん》の心だ。目のまえで、民衆が苦しみあえいでいる。ああっ。われしらず決起してしまう。損得勘定はない。無私の心でたちあがる。たとえ血祭りにあげられるとわかっていてもやってしまう。そのすがたにひとは震わされる。われもわれもとたちあがる。その力がまたあらたな震えをよびおこす。革命の大勢をうみだしていく。もしそこに科学的法則だの、党の規律だのをおしつけたら、またたくまに勢いをうしない、震えもなにもなくなってしまうだろう。混沌は繊細なのだ。みずからの震えでどれだけ他者の震えをみちびくことができるのか。ブルン、ブルン。それが革命の賭け金だ。

起て、世界人類の平和を愛し、幸福を重んじ、進歩を希《ねが》ふの志士《しし》、仁人《じんじん》は起て。起つて社会主義の弘通《ぐつう》と実行とに力《つと》めよ。予不敏《ふびん》と雖《いえど》も、乞《こ》ふ後へに従はん。(34)

たて、志士仁人《ししじんじん》はたて。仁の心をもった志士たちよ、たちあがれ。ぼくもあとにつづくから。あらためて問いたい。なぜひとはたちあがるのか。わけもなく決起してしまうのか。人力ではない、勢いだ。製造じゃない、利導だ。おのずと導かれてしまうのだ。心を震わせろ。その震動をさらにさらにひろげてゆけ。志士仁人のコミュニズム。人為じゃねえよ、自然だよ。だって革命は天だもの。

ここまでいいきって、テンションがあがったのか。さいごに秋水はうたう。それでは、みなさまに得意の漢詩をご披露しましょう。

（原文）

人生不得行胸懐　雖寿百歳猶夭也
晴天白日処節義　白暗室陋屋中培来
施乾転坤的経綸　自臨深履薄処操出(35)

（読み下し文）

人生胸懐《きょうかい》を行なうことを得ざれば、寿百歳といえどもなお夭《わかじに》なり

晴天白日の節義は暗室陋屋《ろうおく》の中より培《やしな》われ来たり
施乾転坤《せんけんてんこん》の経綸《けいりん》は臨深履薄《りんしんりはく》の処《ところ》より操出《とりだ》されん(36)

(現代語訳)

この熱いおもいを実現できないならば、たとえ一〇〇歳まで生きても若死にしたのとおなじことだ。
明白でなにひとつ包みかくすことのない義の心は、せまく汚らしい家の暗室のなかで培われるものだ。
乱世をおさめるすぐれたおしえは、深い淵で薄氷《はくひょう》をふむその一歩からうまれるものだ。

こうたっているのだ。やるならいましかない。尽きせぬ自由はがんじがらめの不自由さのなかにある。わかっちゃいるけど、やめられない。それが社会主義の神髄だ。

天皇制はデモクラシー

これで秋水サイコーといいたいところだが、ちょっといけ好かないところもある。『社会主義神髄』には付録としていくつかの論文がくっついているのだが、そのなかに「社会主義と国体」というのがあるのだ。これがひどい。秋水はこんな問いをたてている。社会主義は国体を害するというイメージがあるが、ほんとうにそうか。こたえは否。社会主義は国体と矛盾するどころか、かんぜんに一致しますと。

秋水はいう。国体とは国のありかたのことだ。日本は君主政。しかし二五〇〇年ものあいだ、一系の皇統が連綿と統治しつづけている世界に類のない国だ。それが日本の固有性を担保している。日本人を日本人たらしめているのは天皇だ。天皇のことをおもえば、だれもが心臓バクバク。その御心をしれば、だれもが死地にだってすすんでとびこんでしまう。そこに強制はない。支配じゃない、翼賛だ。みずからの意思でそうしているのだ。天皇の意思は臣民の意思にほかならない。

だから国体は社会主義とは矛盾しない。社会主義は人民すべてのためにある。けっして君主一人のためにあるのではない。むしろ全員による全員の統治。デモクラシーにちかい。だがたとえ君主政をとっていたとしても、その君主が全人民をいつくしみ、人民すべてのための政治をやってくれたならば、それはデモクラシーではないか、社会主義ではないかといっているのだ。

> 而《しか》して我日本の祖宗列聖《そそうれっせい》の如《ごと》き、殊《こと》に民の富は朕の富なりと宣《い》ひし仁徳天皇の大御心《おおみこころ》の如《ごと》きは、全く社会主義と一致契合《けいごう》するもので、決して矛盾する所《ところ》ではないのである、否な日本の皇統一系連綿たるのは、実に祖宗列聖《そそうれっせい》が常に社会人民全体の平和と進歩と幸福とを目的とせられたるが為《ため》に、斯《かか》る繁栄を来たした

のである……。(37)

朕の富は民の富なり。仁徳天皇の大御心《おおみこころ》は社会主義とまったくおなじだ。太古のむかしから、天皇はいつも社会人民全体のしあわせだけを考えてきた。民もそれがわかっているからついてきた。だから、こんなになが く天皇制はつづいてきたのだ。社会主義は国体そのもの。これが秋水の天皇観だ。クソである。なぜこんなことをいってしまうのか。もちろん弾圧を避けるため、社会主義イコール国賊とみなされないように政治的配慮をしたのかもしれない。だが、これはちょっとそのレベルではない。素で皇国神話をみとめ、天皇を賛美して、社会主義と国体は一致するとまでいっている。

このころ、なかまの木下尚江《なおえ》はキリスト教の立場から国体論批判をやっていた。なにが万世一系の皇統だ、現人神《あらひとがみ》だ、いま何時代だよ、神話をもちだして世迷言《よまいごと》みたいなことをいってんじゃないよと。そういって論陣をはっていたら、ふと木下のもとに秋水がやってきて、いきなりディスってきたという。きみのせいで、社会主義が世間から誤解されてしまう。これじゃ、まるでぼくらが国体を批判しているみたいじゃないか。はなはだ迷惑だと。秋水の本音である。

なにが秋水をして、そこまで天皇制をヨイショさせたのか。よくいわれがちなのは孟子の影響だ。きほん孟子は王道政治。聖人君主が民をただしく統治すればいい。それを天皇がやってくれるならいいと考えたのではないかと。秋水は旧態依然とした儒教なんぞにとらわれていたから、近代的、科学的な思考をもつことができず、天皇制に飲みこまれたのだといわれるのだ。だがどうだろう。ちがうんじゃないのか。秋水が孟子の仁をはなすとき、かんぜんにふりきれている。秋水自身が混沌になる。アナーキーになる。朕の富も民の富もどうでもいい。国家がでてくる余地はそこにない。

むしろ秋水の天皇観は兆民ゆずりだとおもう。ルソーをひいて、デモクラシーは直接民主制しかありえないといいながら、君主が人民全体のことを考えていれば、それもデモクラシーだという。天皇の国民だ、国民の天皇だ。自由民権運動のさなか、兆民は天皇の威光をかりて藩閥政府をたたき、デモクラシーを実現しようとしていた。秋水もその緒をひいている。伊藤、山県をやっつけろ。専制政府をぶっつぶせ。政治家、官僚の悪政をただし、すこしずつこの国を民主的にしよう。

だが、このデモクラシーが天皇の権威と権力を肥大化させていってしまう。なにがおきたのか。すこしだけ天皇制について考えてみよう。久野収、鶴見俊輔『現代日本の思想』をひもとくとわかりやすいとおもう。

注目すべきは、天皇の権威と権力が、「顕教」と「密教」、通俗的と高等的の二様に解釈され、この二様の解釈の微妙な運営的調和の上に、伊藤の作った明治日本の国家がなりたっていたことである。顕教とは、天皇を無限の権威と権力を持つ絶対君主とみる解釈のシステム、密教は、天皇の権威と権力を憲法その他によって限界づけられた制限君主とみる解釈のシステムである。はっきりいえば、国民全体には、天皇を絶対君主として信奉させ、この国民のエネルギーを国政に動員した上で、国政を運営する秘訣としては、立憲君主説、すなわち天皇国家最高機関説を採用するという仕方である。(38)

明治憲法をつくるにあたって、伊藤博文は天皇に二面性をもたせた。「顕教」と「密教」、タテマエとホンネだ。顕教とは国民全体にひろくしらしめられている絶対者としての天皇。おさないころから小学校で教育勅語をおしえこまれ、皇国神話と家族国家観をすりこまれる。さからえば、ビシバシ体罰。それ常識。

万世一系の天皇は現人神《あらひとがみ》として日本に降臨し、わが子のように民衆をいつくしんできた。まるで国家という家のあるじであるかのように。お父さん。天皇は神であり、この国の家父長だ。その命令にしたがうのが善であり、忠孝であり、道徳である。天皇との距離がちかいかどうか。それが人間の序列をきめる。先生はえらい、上官はえらい、お上はえらい。国民の倫理的支柱である。天皇制のタテマエだ。

これにたいして、密教とは、国政をつかさどる特権階級にとっての天皇制だ。たとえば、伊藤にとって天皇はあくまで国民の象徴であり、ほんとうに権勢をふるっているわけではなかった。権力を行使しているのはおれたちだ。こむずかしい憲法や法律をつくって、それにもとづいて行政をうごかす。天皇の権威と権力を合理的な行政機能におとしこみ、あとはそのカラクリをしっている元老と、高等教育をうけたエリートだけで政治をまわす。これが天皇制のホンネである。

はなしをもどすと、秋水と兆民がやっていたのは密教批判だったということだ。ひとにぎりの特権階級がだれの目にもふれないところで、こっそりと政治をうごかしている。不義、不正がまかりとおる。専制政治だ。その権力を白日のもとにさらさなければならない。みんなの政治。しかしそれをいうのに顕教にたよってしまう。ありがたくも天皇陛下は、われら臣民を赤子のようにいつくしんでくださっているのに、官賊どもがはびこり、それができない。天皇の御心のもとに官賊をうて。

もともとデモクラシーには、みんなのことを考えさせる、全体を意識させる力がある。お国のために、社会のために。はじめからみんなのためにに行動する。それが自分の意思であるかのようにおもわされる。ある意味、直接民主制はその究極だ。万人による万人の統治。純然たる統治だ。みんなのために、みんなのために。二五〇〇年ものあいだ、それだけを祈りつづけてきたのが天皇だ。みんなの意思は天皇の意思。天皇の意思はみんなの意思。天皇制はデモクラシー。

これがあやういのはわかるだろうか。だいぶさきのことになるが、一九三〇年代にもなると密教のなかにありながら、顕教を信奉していた軍部が文部省をまきこみ、エリートたちの密教を排撃していく。なにが天皇機関説だ、おまえらは国体を害するつもりか、非国民じゃないのか、国賊どもをやっつけろ、いまこそ国体とはなにかをはっきりさせよう、国体明徴《めいちょう》声明じゃあと。

天皇信仰がスパークしていく。信仰自体が法になり、国をつきうごかしていく。タテマエが暴走し、ホンネをまるごと飲みこんでいく。帝大出のどんな知識人もあらがえない。いくらホンネがわかっていても、タテマエにはひれ伏すしかないのだ。なにせ、おもてむきは軍部がいっていることのほうが正しいのだから。そして秋水の「社会主義と国体」の論理でいくと、この顕教による密教の制圧をあとおししてしまうのだ。

天皇制はデモクラシー。天皇と万人はただひとつ。天皇のやることはみんなにとって絶対に正しい。うなずけ、信じろ、疑うな。その信仰心こそがなんでもありの状況をつくりだしてしまう。逆らうものはみんなにあらず。悪を成敗、鬼退治。まもなく、秋水はこの権力の論理と直球でやりあうことになる。どうしたらいいか。きまっている。デモクラシーだろうとなんだろうと統治の原理そのものをたたくしかない。天子、カネもち、大地主、ひとの血を吸うダニがおる。愚かな童はダニを食らう。

ちょっといまから会社やめてくる

「ちはやぶる神代《かみよ》もきかず竜田川《たつたがわ》、からくれないに水くくるとは」(39)。ところで、一九〇三年一〇月八日のことだ。この日の夕刊。『万朝報』がとつぜん日露開戦論をうちだした。これまで名だたる論客をそろえ、非戦論の牙城《がじょう》となってきた朝報社。しかしこの年の六月あたりから、すこしずつ雲ゆきがあやしくなってきた。六月一〇日、戸水寛人《とみずひろんど》ら帝大教授たちが「七博士意見書」を政府に提出。なかなか日露開戦にふみこまない政府を糾弾したのだ。このままロシアに満州を占領されつづけていたら、こんどは朝鮮をねらわれる。そしたらこんどは日本の防衛があやうくなるぞ。あの野蛮人どもはなにをしでかすかわからんのだと。ロシアの脅威をあおりたて、挙国一致でうてという。この意見書が新聞に掲載されると、高名な先生たちがそういっているのだからと、しだいに戦争をあおる記事がおおくなっていく。さらに一〇月、ロシアのユダヤ人虐殺問題が報じられ、さらに外交での交渉の結果、ロシアが満州から撤兵しないことがわかると、ついに新聞メディアは主戦論一色にそめられていく。

戦争に反対すれば、非国民のレッテルをはられるだけではない。当時、新聞といえば戦争というほど、新聞は戦争のときに部数をのばしていた。このままではうちだけもうけそこねてしまう。もはや理想もクソもありはしない。社長の黒岩涙香がふみきった。黒岩は秋水にも堺利彦にも内村鑑三にもバレないように、こっそりとしめきりギリギリになって二面の記事をさしかえ、社として戦争賛成の立場をあきらかにした。

無署名記事「戦は避く可《べ》からざるか」だ。おそらく黒岩本人がかいたものだろう。いわく、この戦争は避けることができるのか、できないのか。ほんとうに避けることができないならば、もう勝つためにお国をたすけるしかないじゃないか。「局に当る者を助けて、戦に関する一切の手段を尽し、我れの光栄と利益とを全くして速《すみやか》に平和を克復《こくふく》するに於《おい》て違算《いさん》なからしむることを要す」。ありとあらゆる手段をつくして戦争に協力し、はやく平和な世をもたらさなければならないといっているのだ。ようするに、『万朝報』が主戦論でいくと表明したのである。

ざわざわ、ざわざわ。この記事をみて、秋水はもう怒りで震えがとまらない。くーろーいーわー。あん畜生め、うらぎったな。ここまでみんなで非戦を誓いあってきたのに、なんの相談もなしに社の方針が一変してしまった。なにが理想団だよ。じつはこの日の夕方、秋水は神田のキリスト教青年会館で講演することになっていた。社会主義協会が主催した非戦論大演説会だ。ぶちかましてやるぜ。殺気をはなちながら、いそいそと会場にむかっていく。弁士は、伊東呑舟《どんしゅう》、西川光次郎、斯波貞吉《しばていきち》、堺利彦、木下尚江、安部磯雄、片山潜、そして幸徳秋水だ。

当時、一六歳だった荒畑寒村は横須賀から上京して、この講演会に参加している。曜日は木曜、しかもあいにくの雨だったが、会場にはいるともうあふれんばかりのひと、ひと、ひと。来場者はおよそ三〇〇人。楼上《ろうじょう》から階下《かいか》まで聴衆にみたされていた。壇上には制帽をかぶった警部が巡査たちをしたがえて着席し、聴衆のあいだにもぎっしりと巡査が配置。すさまじい熱気と緊張感が同居している。そんななか最初の登壇者がすがたをあらわすと、もうわれんばかりの拍手喝采がまきおこった。

ならば、ここで秋水はなにをしゃべったのか。なにもだ。じつはこのとき、安部と木下の講演が中止とされたために、時間がくりあがって予定よりもはやく講演会終了。秋水は登壇時間にまにあわなかったのだ。不覚。けっきょく、秋水は来ただけでなにもせずに帰途についた。堺とふたりならんでチャリンコをこぐ。

その帰り道、秋水は根津西須賀町《にしすがちょう》にあった自宅に堺をさそう。夜を徹して今後のことをはなしあった。くやしいけど、もはや社長の黒岩が主戦論をとなえ、それを社の方針としてしまった以上、ぼくらにはどうしようもない。ならば、こんなクソみたいな会社、すぐにでもやめるまでだ。なにがなんでも非戦でゆく。秋水は妻の千代子にあたまをさげた。これから生活が苦しくなります。やっちゃえ、秋水。やったね、枯川《こせん》。

翌日、ふたりはチャリをこいで、まず内村の家をたずねた。退社の意向をつたえると、おれもやめるという。そんならさっそくと三人で出社。黒岩に別れをつげる。これをきいて、黒岩は狼狽。やっぱり非戦論でいくからまってくれと泣きついてくる。なんだよ。すると、こんどは主戦論の記者、円城寺清《えんじょうじきよし》が怒ってしまって、だったらおれがやめるといいはじめた。めんどうくさい。けっきょく秋水が、ぼくらがいいだしっぺなんだから、ぼくらがやめるのが筋でしょうといってはなしをまとめた。

一〇月一二日、秋水と堺は連名で「退社の辞」を発表。これが『万朝報』でのさいごの文章となった。

予等《よら》二人は不幸にも対露問題に関して朝報紙と意見を異にするに至れり。

予等《よら》が平生《へいぜい》社会主義の見地よりして、国際の戦争を目するに貴族、軍人等の私闘を以《もっ》てし、国民の多数は其為《そのため》に犠牲に供せらるる者と為《な》すこと、読者諸君の既《すで》に久しく本誌上に於《おい》て見らるる所《ところ》なるべし、然《しか》るに斯《か》くの如く予等《よら》の意見を寛容したる朝報紙も、近日外交の事局切迫を覚ゆるに及び、戦争の終《つい》に避くべからざるかを思ひ、若《も》し避くべからずとせば挙国一致当局を助けて盲進せざる可《べか》らずと為《な》せること、是亦《これまた》読者諸君の既に見らるる所《ところ》なるべし。

此《ここ》に於《おい》て予等《よら》は朝報社に在《あ》つて沈黙を守らざるを得ざるの地位に立てり、然《しか》れども永く沈黙して其《その》所信を語らざるは、志士の社会に対する本分責任に於《おい》て欠くる所《ところ》あるを覚ゆ、故《ゆえ》に予等《よら》は止《や》むを得《え》ずして退社を乞《こ》ふに至れり。(40)

こんな「退社の辞」をのせてくれたのは、これからいばらの道をあゆもうとしているふたりへの、黒岩なりの花むけだったのだろう。黒岩としては、いま主戦論を表明しなければ、国賊あつかいされてつぶされてしまう。だからもうすこしまってくれ。この国民狂乱の戦争熱がさめてきたらまた記事をかかせるから、いまは我慢だということだったのだろう。だが、それじゃダメなのだ。いまここで戦争をとめる。その一声をあげる。血祭りにあげられてもいい。仕事をもらえなくなってもいい。食えなくなってもいい。損得勘定はもうたくさん。革命は天なり、人力にあらざるなり。たて、世界人類の平和を愛する志士仁人はたて。ひとりではない。心の友、堺がいる。ちょっといまから会社やめてくる。これからふたりでどこいこう。もう非戦しかないもんね。いくぜ、平民社。

第五章　もう非戦しかないもんね

平民社水滸伝、はじまるよ

さて、『万朝報』をやめた秋水。三一歳だ。どうせなら非戦をかかげて新聞でもだして、堺とふたりでやらかしたい。だけどカネがない。結社して事務所をもとうにも、部屋を借りて設備をととのえるにはカネがかかる。

さらに当時、新聞紙条例のさだめで、新聞をだすには警視庁に一〇〇〇円の保証金をおさめなければならなかった。現在の金額にすると四〇〇万円。もちろん発行禁止になったらもどってくるのだが、それにしてもハードルがたかすぎる。なぜこんなことをするのか。権力者の意図ははっきりしている。貧乏人はだまっとれ。

一九〇三年一〇月二〇日、社会主義協会のよびかけで、第二回社会主義者非戦論大演説会がひらかれた。会場は本郷の中央会堂。来場者は六〇〇人。秋水と堺も登壇したが、この日の主役は安部磯雄だ。平和こそが人道である。人道のためならば、国なんて滅びてもかまわないと発言し、会場をもりあげた。かっこいい。

さらにこの日の収益金、三三円がふたりにカンパされる。ちょっとすくない。だけどきもちがうれしい。みんながぼくらを支えてくれる。新聞をだしたら寄稿をするよ、事務作業も手伝うよと。非戦をつらぬき、会社をやめて決起したふたりのすがたが、仲間たちの共感をよんだのだ。心を燃やせ。

じつはこのころ、社会主義協会はうちわでゴタゴタしていた。もともと協会は、片山潜と西川光二郎が幹事をつとめてきたのだが、このふたりが金銭問題でケンカしてしまう。さらに片山が妻を亡くし、雑誌の経営もうまくいかなくて荒れてしまう。片山は幹事を解任され、休養をかねてアメリカに旅立っていった。で、のこった西川が協会をあげて、秋水と堺の支援にまわってくれたのだ。

まもなくカネもあつまった。小島龍太郎というひとが保証金一〇〇〇円をだしてくれたのだ。この小島さん、高知の富豪の家にうまれ、フランス語をまなび、中江兆民と親しかったひとで社会主義にも関心をもっていた。そんなひとが兆民の愛弟子、秋水に資金援助をたのまれてことわるわけがない。がんばれ、秋水。

さらにもうひとり、有力な協力者があらわれる。医者にして社会主義者の加藤時次郎だ。加藤は七五〇円をカンパ。これで事務所を借りいれ、新聞発行のための経費もねん出できる。カネは天下のまわりものだ。

さっそく事務所さがし。一〇月二三日、有楽町三丁目一番地にあった二階建ての借家をかりる。現在、有楽町マリオンがあるところだ。二階を事務所とし、一階に幸徳家がすまう。一〇月二七日には警視庁に届け出をだした。平民社の誕生だ。

ここから週刊『平民新聞』をだして、非戦の論陣をはる。編集兼発行人は堺とし、秋水が印刷人をひきうける。なぜそうしたのか。新聞紙条例違反となったとき、編集兼発行人のほうが起訴されやすいからだ。なるべく体のよわい秋水が監獄にはいらないように、堺がおもい負担をかってでた。ありがとう、兄弟！

それから毎日、一〇人、一五人と友人たちが手伝いにやってくる。編集のこと事務のこと、ワイワイワイワイ。もうはたらいているのか、遊んでいるのかよくわからないかんじだ。たのしい。気づけば、おもてには「平民社」の看板。電話もひかれ、広告もとれ、つぎつぎと注文もはいってくる。当初は、山根吾一《やまねごいち》というひとが入社して、おもに営業を担当してくれた。山根はほかにもいろんな雑誌の発行にかかわっていたという

から、そのノウハウがかわれたのだろう。(1)
二階の事務所には、テーブルとイスがおかれ、秋水がもってきたマルクス、エンゲルス、ベーベル、モリスの肖像、そして堺がもってきたトルストイとゾラの肖像がかざられた。さらに千代子の姉、師岡須賀子がくれた二個のランプ。堺の妻、美知子がさしいれてくれた茶道具一式だ。当時のようすについては、荒畑寒村の回想がいきいきとしているので、ちょっと引用してみよう。

平民社の前には三十間ばかりの道路を隔《へだ》てて、綱島佳吉《つなしまかきち》牧師の数寄屋橋教会、浴場、氷水屋などが軒を並べ、この浴場へはその後よく「籠城《ろうじょう》」組が堺先生を先頭に、手拭《てぬぐい》をぶら下げて朝湯に出かけた。夏には誰かが編集室の窓から顔を出し、「オーイ、氷屋さーん」と怒鳴《どな》って居合《いあ》わせた人数に応じて指をふって見せると、間もなく氷のコップを入れた岡持ちが運ばれて来た。
平民社はやせた松の木が塀から枝をのぞかせた二階家で、編集室にあてられた階上は十畳と七畳半の二室。階下が事務室、食堂と寝室を兼ねた九畳、四畳半、三畳、二畳の四室。そして玄関前には出入りのための木の小橋がかかり、裏には猫の額ほどの庭があってヒョロ長い桐《きり》の木が植《うわ》っていた。(2)

こうして、平民社が事務所っぽくなってくると、続々とひとがあつまってくる。なにせ、大々的に『万朝報』で「退社の辞」をだし、これからお国にケンカをふっかけますと啖呵をきってきたのだ。そのふたりがここにいるよといって拠点をもうけたのだから、ちょっとでも非戦や社会主義に関心をもっているひとなら、ひと目会ってみたいとおもうだろう。ぼくもいきたい。

平民社に有象無象があつまってくる。友だちが友だちをよび、さらなる友だちをよんでいく。何人か名前をあげてみると、当初の執筆協力者には、伊藤銀月、西川光二郎、細野猪太郎《いたろう》、片山潜、金子喜一、田岡嶺雲《れいうん》、村井知至《ともよし》、小泉三申《さんしん》、木下尚江《なおえ》、安部磯雄、斉藤緑雨《りょくう》、斯波貞吉《しばていきち》、野上啓之助、平福百穂《ひらふくひゃくすい》。このうち、平福は日本画家として有名なひとだ。新聞の挿絵をかいてくれた。しばらくすると小川芋銭《うせん》もやってきて、やっぱり挿絵。ここに竹久夢二もやってきて、週刊『平民新聞』の後継誌、『直言』に挿絵をかいてくれる。むちゃくちゃ豪華である。

くわえて腕におぼえありと、一〇代の書き手もやってくる。当時、早稲田の学生だった小説家の白柳《しらやなぎ》秀湖《しゅうこ》、行動力バツグンの山口孤剣《こけん》、のちに『大菩薩峠《だいぼさつとうげ》』を執筆する中里介山《なかざとかいざん》だ。まだ書き手とはいかないが、やんちゃざかりで元気バリバリの若者たちもやってくる。横浜からはさきほどの荒畑寒村。外国商館のボーイをやったり、海軍の船大工見習いをやったりしながら『万朝報』を読みふけり、じょじょに非戦へ。しまいには堺と秋水の「退社の辞」で大感激。いざ、平民社へ。

すこしあとのはなしになるが、一九〇四年三月六日からは毎週日曜日に平民社で社会主義研究会がひらかれている。みんなあつまれ。その二回目にあたる三月一三日には、ヘンな男の子がやってくる。お父さんは職業軍人。おさないころから軍人になるためにきたえこまれ、名古屋陸軍幼年学校にかよっていたが、ケンカにあけくれ退校処分。いまは東京外国語学校にかよっているという学生さんだ。軍人あらため、非戦をかかげる社会主義者へ。なぜ……、無口であまりしゃべらない。マジメかよ。大杉栄だ。

むろん書き手ばかりでなく、編集作業から営業、事務的なことまでふくめて、平民社をまわせる人材も必要だ。そうおもっていると、だいたいひとはやってくる。一九〇三年一一月末には、『万朝報』をやめて石川三四郎が入社。一二月末になると、『二六新報』をやめて西川光二郎が入社してきた。ふたりは二〇代後半。新聞社の経験も、社会主義の知識も、筆の力もバッチシだ。これで無敵。有楽町に梁山泊《りょうざんぱく》ありだ。こいよ、不逞の好漢たち。ビバ、替天行動《たいてんこうどう》。平民社水滸伝、はじまるよ。

非戦に理屈はいらない

一九〇三年一一月一五日、秋水たちは週刊『平民新聞』を発行した。せっかくなので、創刊号の巻頭にかかげられた「宣言」を引用してみよう。

一、自由、平等、博愛は人生世に在《あ》る所以《ゆえん》の三大要義也《ようぎなり》。
一、吾人《ごじん》は人類の自由を完《まった》からしめんがために平民主義を奉持《ほうじ》す、故《ゆえ》に門閥《もんばつ》の高下《こうげ》、財産の多寡《たか》、男女の差別より生ずる階級を打破し、一切の圧制束縛《あっせいそくばく》を除去せんことを欲す。
一、吾人《ごじん》は人類をして平等の福利を享《う》けしめんが為《ため》に社会主義を主張す、故《ゆえ》に社会をして生産、分配、交通の機関を共有せしめ、其《そ》の経営処理一に社会全体の為《ため》にせんことを要す。

一、吾人《ごじん》は人類をして博愛の道を尽さしめんが為《ため》に平和主義を唱導《しょうどう》す、故《ゆえ》に人種の区別、政体の異同を問はず、世界を挙げて軍備を撤去し、戦争を禁絶せんことを期《き》す。

一、吾人既《ごじんすで》に多数人類の完全なる自由、平等、博愛を以《もっ》て理想とす、故《ゆえ》に之《これ》を実現するの手段も、亦《ま》た国法の許す範囲に於《お》いて多数人類の輿論《よろん》を喚起し、多数人類の一致協同を得るに在《あ》らざる可《べ》からず、夫《そ》の暴力に訴へて快《かい》を一時に取るが如《ごと》きは、吾人《ごじん》絶対に之《これ》を否認す。

平民社同人(3)

平民社の三本柱である。「平民主義」「社会主義」「平和主義」。自由、だいじ。平等、だいじ。博愛、だいじ。この三つの原理を生きてゆきたい。人間に上下も貴賤もない。あらゆる圧制を撤廃し、だれもが自由にみる、きく、はなす。みんな平民だよ。そして経済的な平等をはかり、博愛精神をもって戦争を禁絶していく。どうせなら社会主義を平等主義とでもよんで、平民、平等、平和の三平《さんぺい》主義にすればよかったのにとおもってしまうが、ちょっとダサいだろうか。サンペイ、だいじ。

ちなみにこの宣言。内容としては、ほとんど社会民主党宣言とおなじだ。よかったらみくらべてみてほしい(本書一四五〜一四六頁)。そのままだ。ちがうのは、社会民主党のときにかかげられていた「人民をして平等に政権を得せしむること」が削除されていること。なぜか。人民主権が天皇制とバッティングしてしまうからだ。社会民主党のときは、これが治安警察法にひっかかり、「安寧秩序《あんねいちつじょ》」をみだすとして結社禁止をくらってしまった。だからよっぽど気をつかったのだ。

こんどは「人民」ということばすらつかっていない。「平民」だ。こういう言葉づかいひとつとっても、社をつぶさせないという秋水のおもいがみてとれる。(4) それでいて、この平民主義はけっしてネガティブなものではない。むしろ上も下もない、ひらたい民に徹することで、秋水は主権という発想からも逸脱していくのだから。トップダウンはもういらない。水平性の原理を生きてゆきたい。

どのくらい読まれたのか。創刊号は五〇〇〇部。たちまち売りきれて三〇〇〇部を増刷。合計八〇〇〇部だ。ちなみに秋水たちが辞めたとき、『万朝報』が八〇〇〇〇部ほど。ほんの一〇分の一だ。時代に逆行し、非戦をかかげた新聞にしては、がんばったのではないだろうか。自分で自分をホメてやりたい。

とはいえ経営としては赤字なのだが、どうしようかとおもっていたらまた大口の資金援助者があらわれた。すこしまえまで、京都の須知《しゅち》町で町長をやっていた岩崎革也《かくや》だ。資産家にして、やはり中江兆民を慕っていたひとだ。先生!

平民社がうごきだす。しかし日本はどんどん戦争にむかってつきすすんでいく。年は明け、一九〇四年一月。いよいよ、開戦まぢかだ。秋水が気炎をあげる。

吾人《ごじん》は飽《あく》まで戦争を非認す、之《これ》を道徳に見て恐る可《べ》きの罪悪也《なり》、之《これ》を政治に見て恐る可《べ》きの害毒也《なり》、之《これ》を経済に見て恐る可《べ》きの損失也《なり》、社会の正義は之《これ》が為《ため》に破壊され、万民の利福は之《これ》が為《ため》に蹂躙《じゅうりん》せらる、吾人《ごじん》は飽《あく》まで戦争を非認し、之《これ》が防止を絶叫せざる可《べか》らず。(5)

どストレートな文章だ。わたしはあくまで戦争を非認します、と。戦争は道徳的に罪悪であり、政治的に害毒であり、経済的に損失であり、正義の破壊であり、万人の福利の蹂躙《じゅうりん》である。だれがどうみても戦争はいらない。というか、これだけダメなのだからダメなものはダメなのだ。非戦に理屈はいらない。戦争やめろ。非戦！　非戦！　非戦！

ソリダリティdeわるだくみ

しかし二月八日、ついに戦争がはじまってしまう。日本が宣戦布告もせずに、いきなり仁川《いんちょん》港に停泊していたロシア軍艦を攻撃したのだ。ずるい、きたない、みさかいない。ジャパン。これをうけて、秋水はすぐに記事をかいた。二月一四日、「戦争来」（週刊『平民新聞』一四号）だ。

戦争は遂《つい》に来《きた》れり、平和の攪乱《かくらん》は来《きた》れり、罪悪の横行は来《きた》れり、日本の政府は曰《いわ》く、其《その》責露国政府に在《あ》りと、露国の政府は曰《いわ》く、其《その》責日本政府に在《あ》りと。(6)

海のむこうじゃ戦争がおっぱじまった。ひととひとが殺しあっている。あるのは死、死、死。だけどどちらの国にしても殺し、殺されるのは戦争をはじめた権力者ではない。皇帝ではない、天皇ではない。軍部ではない。貴族でもない。カネもちでもない。徴兵されて戦地にむかわされる平民だ。とめなければいけない。

しかし国家という枠にとらわれているかぎり戦争はとめられない。どちらの国も自国の保全をかかげているからだ。政治家はいう。わたしたちは戦争なんてのぞんでいません。平和をのぞんでいます。わたしたちは敵国が侵略してくるから、しかたなく防衛しているのです。この戦争は人道のための戦争です。正義のための戦争ですと。あらゆる戦争は保全という名の侵略である。

故《ゆえ》に吾人《ごじん》は戦争既《すで》に来《きた》るの今日以後と雖《いえ》も、吾人《ごじん》の口有《あ》り、吾人《ごじん》の筆有《あ》り紙有《あ》る限りは、戦争反対を絶叫すべし、而《しか》して露国に於《お》ける吾人《ごじん》の同胞平民も必ずや亦《また》同一の態度方法に出るを信ず、否《い》な英米独仏の平民、殊《こと》に吾人《ごじん》の同志は益々《ますます》競ふて吾人《ごじん》の事業を援助すべきを信ずる也《なり》。(7)

戦時中のきまり文句。いまは同胞が血をながしてたたかっているのだから、おまえら四の五のいわずに応援しろよ。おなじ日本人だろう、ニッポン国民だろうと。だが秋水はいう。なにが国民だよ。愛国、愛国ってうるさいんだよ。国はなくても民はそだつ。われわれは神聖なる平民だ。

だいたい、同胞というのなら平民の同胞はロシアにもいる、万国にいる。なぜその同胞同士で殺しあわなければならないのか。平民が平民を殺さなければならないのか。ぼくはこの口があるかぎり、筆があるかぎり、紙があるかぎり絶叫しつづける。戦争に人道などありゃしねえ。戦争に正義もクソもありゃしねえ。ロシアの平民たちもおなじことを考えていると、ぼくは信じている。

さらにこのおもいをかたちにしようと三月一三日、秋水は「與露国社会党書」（週刊『平民新聞』一八号）をかいた。タイトル、漢文かよ。読みくだし文にすれば、「ロシア社会党にあたうるの書」だ。

嗚呼《ああ》諸君と我等とは、同志也《なり》、兄弟也《なり》、姉妹也《なり》、断じて闘ふべきの理《ことわり》有《あ》るなし、諸君と我等の共通の敵なる悪魔は、今や熾《さかん》に其兇焔《そのきょうえん》を吐き毒手を伸べて、百万生民を凌虐《りょうぎゃく》す、是《こ》れ実に我等と諸君と世界万国の社会主義者との、倶《とも》に奮《ふる》つて一致同盟団結すべきの秋也《ときなり》、マルクスの「万国の労働者よ同盟せよ」の一語は、真に今日に於《おい》て実現せしめざる可《べか》らず、希《ねがわ》くば我等諸君と極力此事《このこと》に従はん。(8)

こんにちは、ロシアのきょうだいたち。ぼくといっしょに反戦しようよ、ハラショー。そうよびかけているのだ。秋水はこれをロシア社会民主労働党にむけて発信した。『平民新聞』はこのメッセージを英文でも掲載。するど、またたくまに欧米の社会党機関紙でとりあげられ、スイスに亡命していたロシアのメンバーにもつたわった。

きっとうれしかったのだろう。かれらも機関紙『イスクラ』で、平民社にむけて返信をしている。秋水はその訳文を『平民新聞』（一九〇四年七月二四日、三七号）に掲載。内容としてはこうだ。あなたがたの宣言は歴史的な重大文書です。すばらしいと。ただ、秋水がメッセージのなかで、ロシア皇帝を暗殺したニヒリストの伝統にもふれていたので、きみたちは誤解しているかもしれないけど、ぼくらはテロリストじゃないんですよと、しゃらくさいことわりをいれたうえで最後にこういっている。

今我等《いまわれら》の最も重大に感ずるは、日本の同志が我等《われら》に送りたる書中に於《お》て現《あらわ》したる一致連合《いっちれんごう》の精神に在《あ》り、我等《われら》は満腹の同情を彼等《かれら》に呈《てい》す、軍国主義撲滅《ぼくめつ》！　万国社会党万歳！(9)

日本のきょうだいたちよ、きみたちがしめしてくれた連帯の精神、最高だよ。いっしょに軍国主義を撲滅しようぜ。そういっているのだ。さらに八月一四日、アムステルダムで第二インターナショナルの世界大会がひらかれる。世界中の社会主義者たちが一堂にかいする場だ。日本からは片山潜が出席。ロシアからはプレハーノフがきて、ふたりでがっつり握手。おお、戦争をやっている両国の代表が手をにぎりあっているぞと、拍手喝采だ。ブラボー、ブラボー。

その後もしばらく、秋水はロシア社会民主労働党と連絡をとりあっていたようだ。一〇月末には、日本にとらえられているロシア兵捕虜にさしいれてほしいと、平民社宛てに非戦関連の本や雑誌が数百部おくられてきた。兵士の厭戦《えんせん》気分をあおるのだ。いずれこういうのが効いてくるからと。

とりあえず、秋水が郵送してみるとふつうに受領された。二度目は拒否され、陸軍省捕虜情報局から出頭命令がくる。秋水が文章でかいているのはここまでだが、きっとこの贈り物、さしいれることができたんじゃないだろうか。日本の軍部からすれば、敵国の兵士が非戦に転じるぶんには万々歳なのだから。それも考慮にいれたうえで、書籍と雑誌を送ってきたのだとしたら、ロシアの社会主義者おそるべしだ。ソリダリティdeわるだくみ。こわいよ、きょうだい。

新聞は死の商人なのだ

すこし時計の針をまきもどそう。開戦直後から、秋水の筆がとまらない。好戦的愛国心に酔いしれているこの国をガシガシとたたきまくった。まずはメディア批判だ。一九〇四年三月六日、「戦争と新聞紙」（週刊『平民新聞』一八号）をかく。

見よ、今の各新聞紙を見よ、彼等《かれら》果して所謂《いわゆる》「社会の木鐸《ぼくたく》」たり、所謂《いわゆる》「公益の為《た》め」にする言説ある乎《か》、戦争開始以来、彼等《かれら》は単に戦争を謳歌し、露国を嘲罵《ちょうば》し、軍人に阿諛《あゆ》し、献金を煽動するの外《ほか》、何事を為《な》せりや、彼等《かれら》は戦争に関する事実を記すてふ一事の外《ほか》は、殆《ほとん》ど其《その》本領を喪失せるに非《あら》ずや、彼等《かれら》は最早《もはや》一個の新聞紙に非《あら》ずして、一部の「日露戦争記」「征露戦報」と化せるに非《あら》ずや、軍歌となれるに非《あら》ずや、喇叭《らっぱ》となれるに非《あら》ずや、陣鐘《じんがね》、陣太鼓《じんだいこ》となれるに非《あら》ずや、彼等《かれら》も亦《また》実に酔ふて狂《きょう》せる也《なり》。(10)

秋水は新聞各紙にむけて、ジャーナリズムってなんですかと問いかけている。ふだん、わたしたちはあくせく社会生活をおくっていると、なにも疑わずに上からいわれたことに従ってしまう。お国にいわれたから、先生にいわれたから、上司にいわれたから、友だちがそうしているから、まわりがそうしているから、そうするのがあたりまえだと。じっさい、そのほうが楽だろう。

だけどそれだと、どんな不正も支配もまかりとおってしまう。戦争、重税、体罰、搾取、セクハラ、パワハラ、奴隷労働。みんなそうしているからしかたがないと。だが秋水は吠える。ジャーナリズムの意義はそこに警鐘を鳴らすことにあるのではないか。口うるさいとウザがられても、紙の散弾銃をぶっぱなし、みんなのあたりまえをふっとばす。思考の空隙をつくりだす。読めばよむほど、あたまがからっぽになっていく。それがジャーナリズムの神髄だ。

しかしいまの新聞は国家のやることなすこと賛美して、戦争を謳歌しているだけのことだ。軍人にこびへつらって、その英雄的な活躍を誇張してえがく。ラッパの兵隊だ。武勇伝、武勇伝。軍人さん、かっこいい。負けられない戦いがある。つよいぞ、ニッポン。がんばれ、ニッポン。新聞が「日露戦記」になっていく。愛国美談のものがたりになっていく。もはや新聞はジャーナリズムではない。戦争士気を高揚させるための進軍ラッパだ。新聞は軍の宣伝機関にほかならない。

なぜこんなことになってしまったのか。秋水はあたりまえすぎてかいていないが、もちろんカネだ。戦争をあおればあおるほど、新聞購読者がふえるからだ。恐ろしいもので、ひとは苦しいおもいをして犠牲をはらえばはらうほど、それがよいおこないだと他人にいってもらいたくなってしまうものだ。身内が死んだ、友だちが死んだ、恋人が死んだ。くやしい、かなしい。こんなにしんどいおもいをしてきたのに、それが無意味だとはおもいたくない。とにかく美化してほしいのだ。

だから新聞が日本はつよいぞ、兵隊はえらいぞといってくれればくれるほど、みんな新聞を買いたくなってしまう。というか、そういうひとのおもいをたくみにあおって、カネもうけをするのが新聞だ。

どのくらいもうかるのか。さきほどもすこしふれたが、秋水が辞めるまえ『万朝報』の発行部数は八〇〇〇〇部。それが日露戦争をへて、一九〇七年になると二五〇〇〇〇部だ。ほかもあげてみると、『大阪朝日新聞』は一一〇〇〇〇部から三〇〇〇〇〇部。『東京朝日新聞』は七三〇〇〇部から二〇〇〇〇〇部。驚異的だ。戦争は最大にして最悪のビジネスチャンス。新聞は死の商人なのだ。

戦争のために税金をとるというならば、納税はしない
――ゼロタックス宣言

ここからさらに、秋水の筆があらくれてゆく。戦争がはじまると、政府はすぐに戦時予算をくんで、地租を三・三パーセントから四・三パーセントへ。その他の税率もひきあげて、合計六〇〇〇万円の増税だ。いまでいうと、二三〇〇億円くらい。とんでもない額である。だけど戦争のためならと、議会も諸手をあげて賛成だ。挙国一致でこの国難をのりこえましょう。

これに秋水がぶちきれる。なにが戦争税だよ。一九〇四年三月二七日、「嗚呼《ああ》増税!」(週刊『平民新聞』二〇号)をかく。いわく、いま日本では「戦争のために」といえば、なんでもありになっている。ひとの思考を麻酔にかけるマジックワードだ。戦争に負けたら日本が滅びる、みんなが死ぬよ。危機だ、非

常事態だ。そういわれるとショックで判断停止。あとはもう国家のいうがままだ。

みんなで生きのびるために、兵隊にとられてひとを殺すのも殺されるのもしかたがない。重税でひとがたおれようが、死のうがしかたがない。死にたくなければ、死んでもしたがえ。ほんとうはアベコベなのだが、戦争のためにといわれたら反射的に服従してしまう。自分の生死を自分の力できめられない。人間にとって、いちばんだいじな力が国家によってにぎられてしまう。人間の奴隷化だ。

だけど、と秋水はいう。いまいちど国家の根本原理にたちもどってみましょう。わたしたちはみんなで社会契約をかわして、政府をうちたてたことになっています。なぜ社会契約をむすんだのか。平和になりたいからです。しあわせになりたいからです。税金をはらっているのはそのためでしょう。

なのに、いまの政府は民の平和なんて考えていません。しあわせなんて考えていません。政府の平和は戦争の口実。政府のしあわせは、ひとにぎりの軍人の名誉。あるいはカネもちのさらなるカネもうけにほかなりません。民は食っていくだけでもギリギリなのに、税をむしりとられ、その軍事費で殺しあいをさせられる。はっきりといっておきましょう。ぼくはそんな社会契約をむすんだおぼえがありません。それなのに税をとるというならば、そんなの泥棒じゃないか。もしそれを強制するなら略奪じゃないか。

ここに一個の国家政府と名《なづ》くる者あり、吾人《ごじん》の為《た》めに決して何等《なんら》の平和、幸福、進歩を供《きょう》するなくして、却《かえ》つて吾人《ごじん》を圧制し束縛し掠奪するに過《す》ぎずとせば、吾人《ごじん》は何の処《ところ》にか其《その》存在の必要を認むるを得る乎《か》、ここに苛重《かじゅう》の租税あり、吾人《ごじん》の為《た》めに決して平和と進歩と幸福とを買ひ得ずして、却《かえ》つて殺戮、困乏《こんぼう》、腐敗を以《もっ》て酬《むく》いらるるに過《す》ぎずとせば、吾人《ごじん》は何の処《ところ》にか其《その》支出の必要を認めんとする乎《か》、若《も》し如此《かくのごと》くんば、吾人生民《ごじんせいみん》は初めより国家政府なきに如《し》かざる也《なり》、初めより租税なきに如《し》かざる也《なり》、単に増税の具《ぐ》たるに過《す》ぎざる議会政党なきに如《し》かざる也《なり》、亦是《またこ》れ極めて簡単明白の道理にあらずや。(11)

秋水節、炸裂だ。もはや社会契約など存在しない。そんなもの、とうのむかしに破棄されている。あの愚劣な略奪者たちが一方的に契約をやぶったのだ。ならば、平民のうえに政府はない。国家もない。議会もない。政党もない。税金なんてはらわなくていいぞ。これほど単純な道理はあるだろうか。戦争のために税金をとるというならば、納税はしない。ゼロタックス宣言。戦争税に反対しよう。納税拒否運動のはじまりだ。もちろんまだ秋水は、国家はいらないといういいかたはしていない。ちゃんとした社会契約にもどしましょうといっているのだ。戦争のためはでなく、平和のための政治をやろう。圧制と束縛、略奪の政治をあらためて、しあわせの政治を実現しよう。ひとにぎりの軍人、カネもちのための政治ではなく、万人にひらかれた政治をつくりだそう。平民自治を創出せよ。それが社会主義の政治であると。じゃあ、それは具体的にどんな政治なのか。秋水はひとことこういっている。

井を穿《うが》ちて飲み田を耕《たがや》して食《く》ふ、日出《ひい》でて作《さく》し日入《ひい》て息《いこ》ふ、帝力何《なん》ぞ、我《われ》に在《あ》らん哉(12)

われわれ平民は自分たちで井戸をほって、自分たちで水を飲み、自分たちで田畑を耕して、自分たちでメシを食う。日がのぼればはたらくし、日がしずめば休むだけだ。みかどの力などしったこっちゃない。おれたちにはなんの関係もないぞと、そういっているのだ。これは中国の史書、『十八史略』の一節である。古代皇帝の堯《ぎょう》が理想とした国家のありかたらしい。真の国家に国家はいらない、と。

がんらい、平民は自分たちのことは自分たちでやる、やってきた。それで平和でしあわせだ。だが、そこにみかどを名のる人物がやってきて、税をかけて富を収奪。したがわなければ殺すとおどす。しかも重税のせいで食えなくなってきたら、他の村から奪いとればいいと戦争をさせられる。貧困と殺戮のスパイラルだ。だったら国家はなにもしなければしないほうがよい。いらないのだ。さながら老子の思想である。秋水が上からの統治を全否定。一人ひとりが政治的であればそれでいい。それが平民自治だ。アナキズムがやってくる。自己組織化の力を生きてゆきたい。社会主義の政治とはなにか。コミューンだよ。

しかしこの「嗚呼増税!」が新聞紙条例の三二条にひっかかってしまう。「社会秩序の壊乱」にあたるとみなされたのだ。それはそうで、国家のかなめである税金をはらうなといっているのだから。しかもこの納税拒否のよびかけ。当時としてはかなりリアリティがあった。日露戦争の大増税で、民衆の生活がマジでひっぱく。もう税金なんてはらえないと未納者が六〇万人にもおよんでいたのだ。

政府はあせる。とりたてるにも税金Gメンの数がたりない。こののち、税金未納者に延滞金を課すことでとりたてを強化していくのだが、まだそのまえだ。どうしたらいいか。そうおもっていたやさきに天下のジャーナリスト、幸徳秋水が税金をはらわなくてもいいと煽りはじめたのだ。弾圧するしかない。

一九〇四年四月五日、東京地裁判決。編集兼発行人の堺利彦にたいして禁固三ヶ月の判決。さらに『平民新聞』の発行禁止命令がくだされた。ふざけんなよ。堺はただちに控訴。東京控訴院でたたかい、四月一六日に判決だ。堺は禁固二ヶ月。『平民新聞』の発行禁止はまぬがれた。あぶない。

それから四月二一日に、堺は東京監獄へ入獄していく。小生《しょうせい》はこのさわがしい世間をのがれ、ちょっくら理想郷にいってまいりますと、シャレたことばをのこして去っていった。このころ、堺は『平民新聞』でウイリアム・モリスの『ユートピアだより』を翻訳していたので、それになぞらえたのだろう。レッツ、監獄ユートピア。われは楽天囚人なり。とはいえ、自分の記事で友だちがやられた秋水は、なんともいえないきもちだったろう。あばよ、兄弟。

いま会いにゆきます

さて、堺が監獄にはいってから、たいへんだったのは秋水だ。それまで堺がこなしていた平民社の実務をいっきょにひきうける。しんどい。ただでさえ、戦争がはじまって愛国心狂乱のさなかだ。『平民新聞』が売れなくて、部数も減って赤字がつづいてまいっていたのに、弾圧されて堺が投獄。ひとり抜けただけで、社をまわせるかどうかまでおいつめられてしまった。このさき筆をとればとるほど弾圧ははげしくなるだろう。おれたち、まちがっていたのかな。まよう秋水。

しかし苦境になればなるほど強気になるのが秋水だ。なぜ政府は弾圧をしかけてきたのか。ビビっているからだ。戦争がながびいて、ひとたび厭戦《えんせん》気分がただよえば、それこそ納税拒否、兵役拒否をするものが続出しかねない。政府はやばいとかんじているのだ。だからなんとしてでも、その芽を摘もうとしている。それならもっとしかけるまでだ。一九〇四年六月、秋水はその意気込みをこうかたっている。

今や戦争の結果は漸《ようや》く世間に了解せられて来た、国民は窃《ひそ》かに社会主義の真理なることを感じて来た、気運は確かに我党《わがとう》の側にあるのだ、之《これ》と同時に例の頑冥者流《がんめいしゃりゅう》が我党《わがとう》に加へんとする中傷、攻撃、迫害も次第に甚《はなは》だしくなる模様である、是《こ》れ日本社会主義発達の為《ため》に、実に一代好機であつて又《また》実に一代危機ではないか、故《ゆえ》に此際《このさい》我等は當《まさ》に一段の飛躍を試むべき秋《とき》であると思ふ、然《しか》り籠城《ろうじょう》の時は過《す》ぎた、籠城《ろうじょう》は仕果《しは》せた、是《これ》より城門を開いて大いに打《う》て出ねばならぬ、枯川《こせん》の出獄を機として大運動を試みねばならぬ。(13)

これをもってやる気満々という。はやくでてこい、堺さん。秋水は堺がでてくる直前に、三つの方針を発表した。

一、平民社の組織再編　――――　同志公有の誓い
二、発行部数の増大　――――　めざせ、日刊紙
三、地方のネットワーク化　――――　いま会いにゆきます

ひとつ目は組織運営について。もともと平民社は、たちあげた秋水と堺のふたりの私有物というかんじだった。だけど社はすでにその性格をとびこえて、非戦論者や社会主義者のたまり場になっている。ふたりのものではない。みんなのものだ。同志公有の機関なのだ。そんなスペースが堺ひとりつかまったからつぶれるというのではいけない。せめて社の運営については、仲間たちとの合議できめてゆきたい。

さしあたり、経営面まで責任をもってもいいという仲間に「相談会」をたちあげてもらい、そこではなしあって社のゆくすえを決めていく。運動を私物化するのではなく、共有化していくという理念もあっただろうが、秋水からすれば、自分も堺もふたりとも監獄にぶちこまれてしまっても、それでもやっていける体制をつくりたかったのだとおもう。身を捨ててこそ、ふるえる筆がある。もっとあらくれたい。

二つ目は新聞の経営だ。発行部数が減っている。当初は八〇〇〇部ほどだったのに、いまでは三七〇〇部ほどになっている。これでは赤字、赤字、赤字。そしてさらなる赤字。どうしたものか。ふつうだったら、とりあえず足場をかためるだろう。収益の範囲で社をまわしてゆこうと。

だが、秋水はちがう。いまおれたちはピンチにみえるかもしれない。だが逆なのだ。おれにはみえているぞ。いまこそ攻めどきだ。ここでやめたらもったいない。もうちょっと賭ければ、もうちょっと投資すれば、かならずいけるから。発行部数がすくなくて赤字なら、もっといっぱい刷っちゃえばいい。めざせ、一〇〇〇〇部。それがムリなら、週刊だった新聞を五日おき、三日おき、さいごは日刊にして、結果的にたくさん刷っちゃえばいいだけだ。かく、かく、かく。怒涛のごとくかけばいいのである。ギャンブラー、秋水。

まよったら、のぞみだろ。

三つ目は地方のネットワーク化だ。『平民新聞』の部数をのばし、そこかしこに非戦の火を放っていくためにはどうしたらいいか。こたえ。そこかしこに読者を増やす。それでいて、その読者たちがみずからの力で群れをつくり、非戦の発信をしていけるように手助けをすればいい。そのきっかけだけでもつくりだしたい。

すでに『平民新聞』にはたくさんの地方読者がいた。一九〇四年七月の直接購読者をみてみると一二〇〇人。そのうちもっともおおいのは、東京で四五三人なのだが、北海道にも九七人いて、群馬には五五人、長野は四四人、そして高知や新潟、千葉、静岡、兵庫は三十数人で、つづいて茨城、福岡、神奈川、秋田、京都、長崎、福島、岐阜、岡山、和歌山には二十数人もいた。これらの地方同志が直接交流し、まだみぬ仲間たちとであう機会をつくりだしたい。ちょうどこれから夏休みだし、ぼくら平民社のメンバーで演説会でもどうでしょう。遊説だ。いま会いにゆきます。

大学生、詩をまく――遊説、行商、コミューン、ビラまき

じっさい一九〇四年七月、秋水は木下尚江や石川三四郎、西川光二郎、山口孤剣《こけん》、斎藤兼次郎《かねじろう》らとともに、茨城、神奈川、群馬、長野、埼玉をまわる。八月にはおなじメンバーで、岐阜、愛知、静岡、神奈川へ。一二月には西川と松崎源吉《げんきち》が足尾銅山にゆく。翌年一月には、もういちど松崎が足尾銅山へ。

この遊説が盛況だったのだろう。一九〇五年も八月になると木下が福島、山形、栃木にゆき、一〇月には山口と西川が千葉へ。そして翌年の二月には、ふたたび西川が足尾銅山をたずねている。これだけ足尾銅山に足をはこんでいるのはなにごとかだ。じっさい、六月になると南助松《すけまつ》が妻とともに足尾銅山にはいっている。南はベテラン鉱夫にして、『平民新聞』の読者。秋水や西川ともしたしくしていたひとだ。一二月、南は大日本労働至誠会《しせいかい》足尾支部を結成。まもなくあの大暴動だ。

さらにこの火を絶やすなと座間止水《ざましすい》という兄ちゃんがたちあがる。もともと小学校教師をやっていた座間《ざま》さん。社会主義者であることがバレて学校にいられなくなった。こうなったらもうやってやる。一九〇六年九月から一一月にかけて、ひとり全国を遊説してまわる。カネはいらない。無銭旅行じゃあ。

座間はひとりで神奈川から静岡へ、そして愛知、岐阜、滋賀、京都、岡山、広島へとわたってゆき、お寺でも民家でもスペースを貸してくれたら、とにかく演説をうつ。ようするに、だれにももとめられていないのに、せっかくたずねてきたのだからしゃべらせてくれよとたのみこんで、講演会をひらかせてしまうのだ。宣伝ビラを何千枚もまいて、ひとをあつめてしゃべりたおす。めちゃくちゃ強引なのだが、そのエネルギーがわけのわからぬ出会いをつくりだす。

たとえば、岡山の講演会を手伝ってくれた若者に山川均がいる。(14) のちに社会主義者として有名になるひとだが、すごくクールで、地元の社会主義団体「岡山いろは倶楽部《くらぶ》」とはつきあいがなかった。だけど座間がどうしてもしゃべりたいというので、人手のたりない倶楽部から応援をもとめられた。しかたがない。

山川はお寺をかりて、めっちゃビラまきをがんばった。しかし当日、あつまったのは一四、五人。しかもいざはなしをきいてみたら、座間がなにをいいたいのかさっぱりわからない。はなし、ヘタかよ。とはいえ少数精鋭だ。来場者には女子学生もいて、そのひとりが九津見房子《くつみふさこ》。やはりのちに社会主義者として名をはせるひとだ。

だからたとえ講演内容がひどかったとしても、ひとがババッとあつまって熱気をかんじること自体に意味があったのだとおもう。気づけばなにごとかがはじまっている。そういう出会いの場をそこかしこにつくりだしたい。座間は合計一三回の演説会をうち、のべ四〇〇〇人もの聴衆をあつめた。たったひとりでも本気をだせば、このくらいのことはやれてしまうのだ。やればできる。

いや、座間《ざま》だけではない。この平民社時代、著名人の遊説ばかりでなく、とにかくガムシャラな兄ちゃんたちがうごきまくっていた。一九〇四年一〇月からは、小田頼造《らいぞう》、山口孤剣《こけん》の社会主義伝道行商《でんどうぎょうしょう》(15)。かれらは赤い箱車に社会主義の文献をバカスカつめこんで、コロコロと車をひいて東海道、山陽地方をあるいてまわる。『平民新聞』読者の家をたずね、おしゃべりをして、できるなら講演会をうっていく。そしておしうり、上等。ガンガン本を売りさばく。その期間、一一四日。合計一〇九七冊もの本を売りさばいた。まだまだいけると、小田はふたたび九州に伝道にでる。きあいだ。

この行動にビリビリしびれてしまった若者たち。われもわれもとやりはじめる。一九〇五年三月には、石川三四郎の発案で社会主義伝道隊を結成。赤旗をブルンブルンとふりまわしながら、東京市内をまわってビラをまきちらす。四月一〇日には、三〇人ほどで銀座から上野まで太鼓をたたき、「社会主義万歳！」とさけびあるいた。さいごは警官隊に拘束されて署内にひっぱられてボコボコにされる。いたいよ。

それからすぐに荒畑寒村が東北にむけて伝道行商。元気バリバリだ。おなじころ原子基《はらこもとい》、渡辺政太郎《まさたろう》、深尾韶《しょう》が静岡三人組を結成。(16) ぼくたちも伝道行商をやろうと誓いあう。渡辺は静岡で留守番。原子《はらこ》と深尾はいちど東京にでて、そこから東北をまわろうとしたのだが、荒畑とかぶってしまうので甲信越にむかうことにした。だけどたった三日で官憲の弾圧にあい、やむなく断念。ならばやりたいことがあるといって、ふたりは北海道の留寿都《るすつ》にわたって、平民社農場の建設にとりくんだ。農村への社会主義伝道。そして平民社で自給自足の農村コミューンをつくろうとしたのだ。

ふたりのイメージとしては、渡辺が静岡でやっていた平民床《へいみんどこ》があったのだろう。貧乏人からはあまりカネをとらない床屋さん。お店には社会主義の本がたくさんあって、いくらでも読んでいっていい。渡辺がかもしだす仙人的な雰囲気もあって、気づけばお客さんだけでなく、資本主義に中指をつきつける若者たちのたまり場になっていた。きっと深尾と原子はそういうスペースを農村にもつくりたかったのだろう。

しかし、ふたりとも農業未経験者であまり作物がとれない。畑をたがやす以前に、荒れ地をならすだけでいっぱいいっぱいだ。毎日毎日、カッカッとおいしげる草木を刈るだけだ。おれたちはいったいなにをしに……。しかも大問題がおこった。北海道、さむすぎる問題だ。防寒具がなければ死んでしまう。カネがない。おれにまかせろと、深尾がひとり東京にでる。平民社でカンパあつめだ。しかしそれきり深尾は音信不通。ぜんぜんもどってこない。どうも東京で平民社を手伝っているらしい。堺さん、いいひとだよと。ふかおー、このうらぎりものめ。原子ひとりでがんばるが、二年あまりで断念だ。

その後、原子も上京。現在の台東区、下谷山伏町《したややまぶしちょう》の「いろは長屋」にうつりすんだ。下谷万年町《したやまんねんちょう》、いまでいう山谷《さんや》のとなり町だ。当時はそのあたり一帯が貧民窟になっていた。そして、ここで原子は真の親友にめぐまれる。おとなりさんに国民的演歌師、添田唖蝉坊《そえだあぜんぼう》がひっこしてきたのだ。ふたりはすぐに意気投合。いっしょになってムダに賭博へ身をそめてみたり、歌っておどって、ときに貧乏人の相談にのったりして、いろいろわいわいとやっていたそうだ。

なにより、わざわざ北海道までいってやりたかったコミューン生活を、ある意味、都会の長屋ではふつうにやっている。鍋、ヤカン、調味料、お米、お皿まで、貧乏だからこそご近所さんとわけあい、たすけあって生きている。さながら共同財だ。それに、生きるための共同の知恵がそこかしこにいくらでもある。だけどそんな場がカネもちによって蹂躪されている。原子と唖蝉坊《あぜんぼう》は一九一三年から闘争を開始。えげつなく家賃をとりたててくる長屋の大家とドンパチをはじめたのだ。ふたりで借家人組合をつくってたたかおう。一九二〇年代に一世をふうびする借家人闘争の原型だ。

ちなみに、ひとり静岡にのこった渡辺政太郎はどうなったのか(17)。仲間うちのなかでも穏健派としてしられていた渡辺。その後、直接行動をあおる秋水とは距離をとっていた。議会政策でいいではないかと。だが大逆事件で仲間たちが吊るされてすべてがかわる。みんなが冬の時代でシュンとしているなか、なぜかひとり武闘派に転じるのだ。一九一三年、辛亥革命の第二革命に参加。短刀をかかえて中国にわたる。でもその革命軍がやぶれ、命からがら日本領事館に逃げこんでゆく。不覚じゃあ。

日本にかえってきた渡辺。東京にきて、ある古本屋の二階にすまわせてもらう。いまも白山にある南天堂書房だ。そのせまい三角二階とよばれた部屋で、勉強会をはじめる。めんどうみがよくて、あたたかい渡辺の人柄にひかれて、続々と若者たちがあつまってくる。本もいっぱいあるしね。夜おそくまで議論をかわし、かえれなくなったら泊まっていけばいい。冬になって、布団がうすくてさむがっている若者がいれば、ぼくの布団にはいりなよ。あったかいんだから。ちょっとイヤ。お世話になった若者の名前をあげると和田久太郎、近藤憲二、村木源次郎、久板卯之助。のちに大杉栄と行動をともにするアナキストたちだ。大杉栄伝につづく。

さて、こうして交流をかさねながら、週刊『平民新聞』の読者たちは、自分たちの地域で自分たちの会合をつくりだしていった。たとえば、札幌平民倶楽部《くらぶ》、下野《しもの》同胞会、両毛《りょうもう》同志会、北総《ほくそう》平民倶楽部《くらぶ》、横浜曙会《あけぼのかい》、名古屋平民新聞購読会、神戸平民倶楽部《くらぶ》、岡山いろは倶楽部《くらぶ》。もちろん、はじめから地元の友人とつるんでいたのだが、それでは出会えるひとの幅に限度がある。だからあえて『平民新聞』読者だと名のりをあげ、ここでこんなことをやっているから遊びにおいでよと、その活動を新聞にのせて、さらなる交流の機会をつくっていった。いくよ、くるよ。

さっきもすこしふれたが、なかでも岡山はあつかった。県庁につとめていた森近運平《もりちかうんぺい》が、岡山いろは倶楽部《くらぶ》をたちあげて、まじめな研究会からちょっとした茶話会まで、みんなでワイワイ。にぎやかなつどいをつくりだしていた。勢いがある。だが元気がありすぎて、この森近さん。県庁に社会主義者であることがバレていられなくなり、堺のすすめで大阪へ。さらに東京にでて平民舎ミルクホールを開店したり、氷水屋をやったりしながら遊説をくりかえした。平民社の有力なメンバーだ。たのもしい。

それからもうひとつ。名古屋では、郵便局員の矢木鍵次郎《やぎかぎじろう》が平民新聞講読会をたちあげて、ちょくちょく読書会をひらいていた。そこに一九〇四年七月、ひょっこり若者がたずねてくる。大杉栄だ。かれにとっては、かつて陸軍幼年学校を退校させられた因縁の地である。大杉は秋水のよびかけにおうじて、夏休みにレッツゴー地方。あえて名古屋にやってきた。せっかくだし、矢木の研究会を手伝いがてら、ひとでにぎわう大須《おおす》観音堂のまわりでビラをまく。反戦ビラまき。大杉の活動家デビューだ。『平民新聞』(一九〇四年七月一七日、三六号)宛てに、こんな文章をおくっている。

当地《とうち》に来てからは毎晩涼《すず》みがてら散歩しますから其都度《そのつど》チラシを持つて行つて撒《ま》きちらしました、その時面白《おもしろ》く感じましたのは「オオこりや僕の愛読している新聞だ、失礼ですが貴君《きくん》は此《この》新聞とドウ云《い》ふ御《ご》関係の方ですか……アアさうですか、それはドウも御苦労様《ごくろうさま》です、では半分わけて呉《く》れたまへ、向《むこ》ふ側は僕が受け持ちませう」などと言つて、喜んで応援して呉《く》れた熱心なる愛読者のあつた事《こと》です。(18)

これが社会主義者としての大杉、最初の文章だ。のちの大杉からは想像できないくらい初々しい。しかしこのとき職業軍人だったお父さんが戦地にむかったばかりである。なんともいえないきもちになっていたにちがいない。ああ、青春の日々よ。大杉はここでビラをまきながら、軍人になろうとしていた自分自身をうち砕いていたのだろう。ゼロになれ。精神を爆発させろ。ビラとは、自己破壊と革命の詩にほかならない。大学生、詩をまく。

トルストイはこういった

一九〇四年六月二〇日、堺利彦が巣鴨監獄から出獄した。おつとめごくろうさまです。監獄からでてきたところをでむかえようと友人、二〇名ほどが駆けつけた。だけどあれ……、秋水がいない。じつは秋水、そのひと月ほどまえから腸カタルで寝こんでいた。いまでいう急性腸炎だ。お腹がいたい。きっとムリがたたったのだろう。やっぱり堺がいないとダメなのだ。六月二四日、監獄生活で丸々としてかえってきた堺が秋水を見舞う。秋水がガリガリで死にそうだ。しっかりしろ。

とはいえ、平民社のみんなが堺を祝う。六月二六日、当時、名所としてしられていた角筈十二社《つのはずじゅうにそう》で園遊会をひらいた。いまでは再開発がすすんでしまって名残もなにもないのだが、JR新宿駅西口のロータリーあたりがそうだという。そこにあった梅林亭の庭に一五〇人ほどがあつまり、仲間うちで「ビアホール」、「団子屋」、「おでん屋」などの出店をだして、どんちゃん騒ぎだ。記念撮影だけはいっしょにやって、あとはおのおの好きなところで好きなように飲めばいい。飲む、食う、はなす。それが園遊会の目的だ。あとは三々五々、自由に解散すればいい。たのしそう。

しかし、たのしくなかったのは主役の堺と秋水だ。秋水はムリしてでてきたものの、体調がわるすぎてすわってもいられない。早々に帰宅した。また、堺もその前日からお腹をくだしていて、ちょっともう無理スといってかえっていった。その後、堺は下痢につぐ下痢。お腹がピイピイいってとまらない。けっきょく、秋水の家は風とおしがよいというので、ごやっかいになった。秋水と堺、ふたりして病床をならべてねてすごす。教訓だ。お腹には気をつけろ。

だが、さすがに寝てばかりもいられない。六月二七日には、ロシアの文豪、レフ・トルストイが『ロンドン・タイムズ』に「悔い改めよ」を発表。いわゆるトルストイの非戦論だ。これがめちゃくちゃ話題になって、世界中が大感動。なにせ、いままさにドンパチやっている国の超有名人が戦争反対の声をあげたのだから。

トルストイいわく。汝の隣人を愛せよ。となりのあなたがこまっていたら、見返りなどなくてもたすけてしまう。無償の心だ。その心で全人類に接していれば、けっして戦争などおこらない。

だけどいま、だれもが軍人の領土的野心におどらされている。自分のため、隣人のため、みんなの利益のために、敵を殺すように命じられる。いちど仲間が殺されたら、命を償わせるのは命。犠牲の対価をもとめてもっと殺していく。有償性のスパークだ。利益をもとめる心が償いをもとめ、復讐につぐ復讐をまきおこす。戦争がとまらない。

トルストイはいう。いまの世のなかには無償の心もなにもない。利益、利益、利益。これじゃいけない。隣人を愛するということは、敵を愛するのとおなじことだ。たとえそのひとに殺されることになったとしても、たおれた敵兵をすくってしまうのが真の隣人愛だ。あらゆる武装を解除せよ。まずは良心的兵役拒否からはじめよう。トルストイはこういった。悔改めよ。

秋水と堺はこれをふたりで翻訳し、「トルストイの日露戦争論」というタイトルにして、『平民新聞』(一九〇四年八月七日、三九号)にのせた。さらに秋水はつぎの号で「トルストイ翁《おう》の非戦論を評す」(『平民新聞』一九〇四年八月一四日、四〇号）をかき、自分とトルストイのちがいについてこういっている。

之《これ》を要《よう》するにトルストイ翁《おう》は、戦争の原因を以《もっ》て個人の堕落に帰《き》す、故《ゆえ》に悔改《くいあらた》めよと教へて之《これ》を救はんと欲《ほっ》す、吾人《ごじん》社会主義者は、戦争の原因を以《もっ》て経済的競争に帰《き》す、故《ゆえ》に経済的競争を排して之《これ》を防遏《ぼうあつ》せんと欲《ほっ》す、是《こ》れ吾人《ごじん》が全然翁《おう》に服するを得《え》ざる所以也《ゆえんなり》。(19)

もちろん秋水も孟子の「志士仁人」を説いていたわけで、トルストイとおなじように無償の心をおもんじている。だけど、はっきりさせなくてはならない。戦争をあおっているのはだれか。ひとにぎりの軍人とカネもちじゃないかと。

やつらの野心をみたすために、貧乏人は重い税をむしりとられ、戦地にいって殺しあいをさせられている。それをとめるには、個人が悔い改めるだけではダメだ。やつらに目にものをみせてやらなければならない。カネのうごきをとめるのだ。戦争税をとめろ。死の商人をうて。戦争国家をストライキ。それが秋水の非戦論だ。

このころから、政府がピリピリしはじめている。これまでいくら秋水たちがさわいでも、政府はコバエがとんでいるくらいにしかおもっていなかった。しかしこの一九〇四年八月から、地獄の旅順攻囲戦《りょじゅんこういせん》がはじまっている。

ロシアの旅順要塞をおとそうと、乃木希典ひきいる日本陸軍が総攻撃。機関銃と大砲でまちかまえている敵要塞にむかって、真正面から肉弾戦をしかけるのだ。屍、屍、屍、そしてさらなる屍だ。それでもまた肉弾戦。

また屍の山がきずかれてゆく。その屍をこえてゆけ、突撃じゃあ。

三度にわたる総攻撃。翌年の一月までかかって要塞をおとすのだが、このたたかいで日本の死者は一五四〇〇人。負傷者は四四〇〇〇人。ありえない。さすがに政府のお偉いさんたちもこれはまずいとおもっていたのだろう。だが日本が勝利するためには多少の犠牲はしかたがない。そう自分にいいきかせていたら、秋水たちが非戦、非戦とさわぎたてる。だまれ、このうるさいハエどもが。

こうして、ふたたび『平民新聞』が弾圧される。一九〇四年一一月六日（五二号）に掲載された石川三四郎の「小学校教師に告《つ》ぐ」、無署名「所謂《いわゆる》愛国者の狼狽《ろうばい》」、無価珍子《むかちんこ》「戦争に対する教育者の態度」の三つの記事が、新聞紙条例違反にあたるとされたのだ。「無価珍子《むかちんこ》」という名前がわるかったのか。それとも、よほどこの教育批判が権力の勘にさわったのか。どっちもだ。

悔改《くいあらた》めれば、朝憲紊乱《ちょうけんびんらん》

一九〇四年一一月一二日、平民社の面々は東京地方裁判所に出廷。しかしいってみたらびっくりだ。まえとおなじ新聞紙条例三三条の「秩序壊乱」でやられるとおもっていたら、よりおもい三二条「朝憲紊乱《ちょうけんびんらん》」も適用されたのだ。おまえらは皇室の尊厳をいちじるしくそこねている。国体を混乱におとしいれていると。

これで起訴されると、堺にかわって編集兼発行人となっていた西川光二郎ばかりでなく、印刷人の秋水も監獄にいれられる。『平民新聞』は発行禁止。さらに新聞を刷った印刷機まで没収される。おそろしい。こんなことをされたら、どこの印刷所も社会主義者の出版物をひきうけてくれなくなってしまうだろう。

しかしなにが朝憲紊乱《ちょうけんびんらん》にあたるのか。地方検事のいいぶんをみてみると、記事の内容よりも平民社の理念にかみついている。ひとつは博愛だ。世界人類を愛する。それが犯罪なのだと。博愛は国体、天皇制に反するのだ。

教育勅語よろしく、天皇制の基礎は忠孝道徳。子どもは親から一方的に恩をうけている。親がうんでくれたから生きていられるのだ。だから親が子どもの将来をきめるのはあたりまえ。子どもは親の所有物だ。したがえ。夫と妻もおなじことだ。男が女を食わせてやっている。だから夫に妻はしたがうのだ。社会もそうだ。村人は地主さまのおかげで食っていられる。したがえ。労働者は会社に食わせてもらっている。したがえ。天皇制もおなじことだ。建国以来、現人神《あらひとがみ》である天皇がまもってくれたから、われわれ臣民は生きてこられた。天皇はみんなの父。臣民はその赤子《せきし》である。とうちゃん。

検事いわく。道徳とはこうした上下関係をまもることだ。順序をまもることだ。家でやっていることを村で、会社で、社会で、国家でやる。だいじなのは服従する身体。家から村へ、会社へ、国へ。これがほんらいの物の秩序だと。

だから博愛はいけない。順番をとびこえて、いきなり人類愛。愛のためなら父親にさからい、家をとびだすことだってある。ということは世界人類のために、国民の父にさからうこともあるだろう。天皇がないがしろにされる。国体を混乱におとしいれる。とりしまらなくてはならない。

なにをいっているのか。記事の内容ではなく、思想のロジックをひろいあげ、つきつめれば天皇制批判につながるから犯罪だといっているのだ。なんでもありである。法の精神とはなにか。弾圧だ。検事の声をトルストイにきかせやりたい。人類愛は不道徳である。悔改《くいあらた》めれば、朝憲紊乱。アーメン。

ちょっとながくなってしまうが、もうひとつ朝憲紊乱の理由とされたのは社会主義だ。検事はいう。社会主義は私有財産を否定している。共産制をよしとする。それは憲法違反であり、犯罪であると。

これに秋水は反論。いまの日本にも私有財産ではなく、みんなの共有物とみなされているものはいくらでもある。憲法でも公益だいじといっているではありませんかと。よい点をついているので、もうすこし展開してみよう。

たとえば入会地はどうか。山はどうか。海はどうか。先人たちの知恵はどうか。あるいは図書館はどうだろうか。カネをだしてだれかひとりが独占するよりも、無償化してだれにでもひらかれていたほうがあきらかによいものがある。

国家もそれがわかっているから、図書館などは行政が管理し、万人に無料で開放されているのである。ならば、もしぼくらが朝憲紊乱というならば、国家も朝憲紊乱ということになりませんか。それでよろしいのでしょうか。共産制はいたるところにある。秋水がいわんとするのはそういうことだ。圧勝である。

だが、裁判ではコテンパンだ。一九〇四年一一月一九日、東京地裁判決。裁判官は検事のいうことをまるのみだ。秋水と西川にたいして、新聞紙条例三二条「朝憲紊乱」の罪をみとめる。どちらも禁固五か月、罰金五〇円。そして新聞の発行禁止と、印刷機の没収が命じられた。

さらに西川は、新聞紙条例三三条の「秩序壊乱」にもあたるとして、さらに二か月の禁固刑がくわえられる。合計七か月のブタ箱いりだ。秋水と西川はこれに不服として控訴。東京控訴院、大審院でたたかうのだが、もう勝てるとはおもっていなかったとおもう。あくまで時間かせぎだ。裁判をやっているあいだに、とにかく新聞をだしまくる。かいて、かいて、かきまくるのだ。いくぜ。

おまえの内輪《うちわ》に党はあるか——『共産党宣言』とはなにか

ちょうどさきほどの裁判で大忙しだったころだ。秋水と堺はふたりでマルクス、エンゲルス『共産党宣言』を翻訳し、これを週刊『平民新聞』(一九〇四年一一月一三日、五三号)に掲載した。平民社の資金援助をしてくれていた小島龍太郎が、この本はぜったいに翻訳したほうがよいとすすめてくれたのだ。ありがとう。ふたりともドイツ語ができなかったので、サミュエル・ムーア訳の英訳本をつかう。おもしろいのは最初の一文目だ。ふたりはこう訳している。

一個の怪物欧州《おうしゅう》を徘徊《はいかい》す、何《なん》ぞや、共産主義の怪物是《こ》れ也《なり》(20)

この「怪物」のところ、英語だと「ゴースト」(ghost)だ。ふつうだったら「亡霊」と訳すところだろう。

共産主義の亡霊がヨーロッパを徘徊していると。なぜ怪物と訳したのか。推測するしかないのだが、怪物というとあきらかにナマっぽいというのだろうか、物質感がある。宙をただよう観念的ななにかではなくて、ゴツゴツした得体のしれない生き物。ゴブリンだ。ゴブリンが徘徊している。モンスター。

きっと秋水のなかではイメージがあったのだろう。共産主義はとおい未来の理想ではない。いまここですでに実践しているものだ。ことばとしては志士仁人や博愛だろうか。この資本主義では、だれもがカネの奴隷。カネをかせがなければ生きていけない。だからそのために、あとさきを考えてうごくようにといわれている。利己的であれ、損得勘定をしろ。そしてそのカネのためなら戦争でひとを殺すのもよいことだといっているありさまだ。帝国主義。

だが、そんな理屈はとおい昔のたわごとだ。そういわんばかりに、身をかえりみずたちあがっている人たちがいる。平民社のゴブリンたち。無私の心で伝道だ。仕事をクビになってもかまわない。約束された将来をうしなってもかまわない。のたれ死に上等だ。若者たちがあてもなく何か月もふらふらと全国をねりあるき、われわれはカネの奴隷じゃないとさけんであるく。

世間的にはぶっこわれた人たちだ。だけど、そのおかしなやつらが死にもの狂いでひとをあつめ、死にもの狂いでおかしなことを絶叫してゆく。熱気、熱気、熱気。わけのわからぬやつがきているとおもしろがっていってみれば、わけのわからぬ熱気にのみこまれる。わけのわからぬ熱狂におどる。わけのわからぬ出会いに酔っぱらう。

ひとりまたひとりと自分のあたりまえがふっとばされる。こわれたやつらがあらわれる。自由だ、カネになんかとらわれない。自由だ、道徳にも世間体にもとらわれない。自由だ、生死にすらとらわれない。わたしもできる、あなたもできる、あれもできる、これもできる、もっとできる、もっともっとできる。ビラをまく。ぼくの精神が爆発する。ゼロになる。もうなんにもとらわれない。あとさきなんて考えない。いうことききかないやつがいる。ゴブリンの伝染だ。手におえない。

これが秋水の怪物観だ。きっと「共産党」の「党」についてもおなじようなイメージをもっていたのではないか。まえにもいったが、いま共産主義で党というと中央集権。上からの命令には絶対服従。だけど、そのイメージがまだ一般的ではなかったころのことだ。徒党をくんでレッツ・パーティ。

語義でいうと「パーティ（party）」は「パート（part）」からきている。「部分」だ。秩序のなかにとらわれて、ひとつにまとめられた人間たち。その人間たちが仲間をつどい、エネルギーをギュッと凝縮させて、一気に爆発。秩序の壁をつきやぶり、外へ外へとバラバラに砕け散りながらとびだしてゆく。もはやひとつではない。断片化されてゆく。部分になっていく。集団は分裂だ。あたりまえの外にでる。おなじ人間がおなじじゃなくなる。われわれはわれわれではない。みんな怪物だよ。共産党はゴブリンなのだ。

ついでにいうと、「帝国主義（imperialism）」の「帝国（imperial）」は、「なかに（im）」と「整える（perial）」に由来している。異質なものをゆるさない。もとの秩序のなかにバラバラなものくみこんで整理していく。序列化するということだ。ここから「指令」という意味も派生している。

だからこの時期、秋水があえて『共産党宣言』を翻訳したのは、帝国という秩序のなかから、がむしゃらに外へとびだしていくという意味あいがあったのだとおもう。むしろ現在の党のようにかっちりとした秩序があって、そこに上意下達の指令があるのでは党じゃない。帝国なのだ。党は爆発である。結集せよ、されど群れるな、バラけてゆけ。合言葉はただひとつ。一丸となってバラバラに生きろ。共産党宣言とはなにか。おまえの内輪に党はあるか。外にでろ。

第二、第三、第四、第五の平民新聞をつくれ

さて、この「共産党宣言」。週刊『平民新聞』に掲載して、すぐに新聞紙条例違反でひっかけられた。例の三三条、社会秩序の壊乱にあたるということだ。一九〇四年一二月二〇日、東京地方裁判所で西川光二郎、幸徳秋水、堺利彦の三人にたいして、おのおの罰金八〇円を命じられた。控訴はしていくが、結果はおなじだ。判決文にはこうかかれていた。研究目的のためであれば、こうした本を訳してもかまわないが、その実行を目的として雑誌に掲載してはいけないと。

ふつうならこういうふざけたことをいわれたら、くやしいといって地団太をふむものだろう。でもこういうときに、しめたとおもうのが堺さんだ。判決文を逆手にとる。一九〇六年五月、堺は『社会主義研究』創刊号で、これは「学術研究の資料」なんですといいはって、「共産党宣言」の全文を掲載している。権力は自分たちがいいといったものだから、グウの音もでない。おとといきやがれ。

しかしそのかんにも弾圧ははげしさをましていく。一九〇四年一一月一三日には、『平民新聞』発刊一周年

を記念して園遊会をひらこうとしたのだが、それも禁止処分。みんなであつまって酒を飲んでドンチャン騒ぎすることすらゆるされないのだ。むちゃくちゃである。この日、秋水たち百数十名はふざけんなといって、日比谷公園にくりだしていく。酒はダメでも記念撮影くらいはしようということになったのだ。

だがそこにも警官隊がのりこんできて、写真機をとりおさえる。なんだこのやろうと、もうおしあいへしあい、とっくみあいの大騒擾だ。しぜんと「社会主義万歳！　平民新聞万歳！」のコールがあがる。三〇分くらいでおひらきになったが、ひとがあつまって写真をとることさえゆるされない状況になってきたのだ。

つづいて一一月一六日、社会主義協会が解散命令をうける。その活動が治安警察法の八条二項、安寧秩序の妨害にあたるとされたのだ。精力的に演説会をうって、しかもまいど数百人の来場者をあつめていたことに権力が脅威をおぼえたのだろう。あやうきはつぶせと。すぐさま平民社の店頭にかかげられていた「社会主義協会」の看板が撤去される。なにもできない、おれ。

そろそろおしまいのときがきたようだ。さきほどふれた『平民新聞』の五二号が「朝憲紊乱《ちょうけんびんらん》」にあたるのかどうか、秋水たちは大審院、いまでいう最高裁までたたかったが、ついに有罪判決がでてしまう。新聞は発行禁止。印刷機は没収。罰金にくわえて、秋水は五か月、西川は七か月の禁固刑だ。ひどい。

この判決をうけて、一九〇五年一月二九日、『平民新聞』は六四号で終刊となった。全面赤刷り。かつてマルクスが『新ライン新聞』終刊号でそうしたのをまねたらしい。真っ赤になって、怒りだよ。

このとき、秋水はどんなことを考えていたのか。このすこしまえ、一月一三日に秋水は神田青年会館でひらかれた社会主義大演説会に登壇。「社会主義に対する迫害と其《その》効果」と題して、こういっている。

夫《そ》れ然《しか》り、社会主義にして既《すで》に気運大勢《きうんたいせい》の致す所《ところ》なりとせば、吾人《ごじん》は唯《た》だ其《その》進む所《ところ》に任じて可也《かなり》。吾人《ごじん》は迫害に対して何の抵抗をも要せざる也《なり》、大勢の向ふ處《ところ》は水の低きに就《つ》くが如《ごと》し、右を防《ふさ》がば左に流れん、上より圧すれば下を潜らん、塞《ふさ》がば漏《も》らん、堰《せ》けば溢《あふ》れん、而《しか》して早晩大河《そうばん》に合《ごう》せずんば已《や》ます。(21)

さながら荘子の「秋水篇」だ。すでに社会主義はどでかい大勢になっている。おれがどうすすめるかではない。権力者がどうとめるかではない。もはやそんな主体的な意思はとびこえて、だれにも制御できない力となって流れだしている。水だ、川の流れのようにだ。低いほうに流れだした水の勢いをだれがとめられるだろう。右をとめれば左へ流れ、上をとめれば下にもぐる、いくらふさいでもたまりにたまってあふれだす。自《おの》ずから然《しか》り。やめられない、とまらない。やっちゃえ。

諸君、予《よ》は行かん、諸君にして真に社会人類の為《ため》に憂《うれ》へば、願くば予の不在中奮《ふる》つて此《この》社会主義てふ大気運大潮流《だいきうんだいちょうりゅう》を利導《りどう》するに力《つと》めよ、而《しか》して数ヶ月の後、予が諸君と相会《あいあ》ふの時に於《おい》て、予等《よら》の同志は更《さら》に数倍数十倍となり、第二、第三、第四、第五の平民新聞の発行部数は三万となり五万となり十万となり居《い》れることを見せしめよ、予は如此《かくのごと》く楽しき希望を抱いて行かんとす。(22)

秋水、ハイになる。ひとりたおれればふたりたつ。ふたりたおれれば四人たつ。いま権力がせきとめている水の勢いをみのがすな。そこから大激流をまきおこしてあふれだしてゆけ。第二、第三、第四、第五の平民新聞をつくれ。大河にもなれる、大海にもなれる。Ｂｅ　Ｗａｔｅｒ！　あばよ、きょうだい。また会いましょう。そういっているのだ。わたしはこういう負け犬の遠吠えこそが、真の意味でひとの心をふるいたたせるのだとおもう。敗北のうたをうたえ。負ける気がしない。ルーザー。

革命のおばあちゃん、万歳

秋水の入獄がちかづいている。『平民新聞』がなくなってしまった。だけど平民社は健在だし、なにより仲間たちが発言できる場はちゃんと確保しておきたい。あたらしい雑誌を発刊できたらいいのだけど、むろん許可はおりない。どうしたものか。こまったときは救いの手。医師の加藤時次郎がたすけてくれた。『平民新聞』にめっちゃ資金提供をしてくれたひとだ。

もともと加藤は、個人の精神修養と社会改良をともにめざす直行団という団体をつくっていて、機関紙『直言』を発行していた。秋水も堺もその一員だ。そんな加藤が、だったらうちのをつかっちゃいなよといって、その『直言』を『平民新聞』の後継誌としてつかわせてくれることになったのだ。神対応。ありがとうございます。

一九〇五年二月五日、ぶじに『直言』(二巻一号)を創刊。おりしもロシアでは革命がおこりはじめていた。一月九日、血の日曜日だ。もう戦争はイヤだといって、サンクトペテルブルクで民衆が請願デモ。皇帝ニコライ二世におねがいしようと二〇万人ちかくのひとがあつまった。そんな民衆たちにむけて、ニコライは軍隊を派遣。ガンガン発砲してウギャア。血の雨だ。数千人が死んだといわれている。

だが、これでロシアの民衆は気づいてしまう。皇帝は神ではない。慈悲などない。民衆をまもってくれる存在などではなく、労働でも戦争でもコキつかえるだけつかい、しぼりとれるだけしぼりとり、ムリだといえば弾丸の雨。ただの極悪非道な権力者だ。やっつけるしかない。それから続々と反乱があいついでゆく。

これをうけて、秋水はなにをかんじていたのか。ふたつの文章をかいている。二月一二日には「露国《ろこく》革命の祖母」(『直言』二巻二号)、二月一九日には「露国《ろこく》革命が与《あた》ふる教訓」(『直言』二巻三号)だ。なにがかいてあるのか。ナロードニキの紹介だ。一九世紀後半、ヴ・ナロード、つまり「人民のなかへ」をスローガンに、わかいインテリたちが農民のなかにわけいって、皇帝は神じゃない、したがわなくていいんだとあおっていく。そして、その手段として爆弾とピストルを手にとった。

じっさいに皇帝を爆破して、この世に神などいない、あらがえない存在などいない、どんなに強大な権力でもこの手でふっとばせるのだと、いまここにしめしてみせるのだ。いつのまにかこの身体にすりこまれている権力への信仰をうちくだく。なかでも一八八一年、アレクサンドル二世をうちとり、処刑されたソフィア・ペロフスカヤは有名だ。秋水はわかいころからかの女が好きで記事をかいたこともあるのだが、ここではもうひとりの女性闘士、エカテリーナ・ブレシコフスカヤを紹介している。

ブレシコフスカヤはもともとアナキスト。バクーニン派のサークルにはいっていて、ヴ・ナロード。ウクライナのキーウにはいってコミューン建設。ひどいあつかいをうけている農民たちを救おうとめちゃくちゃ平和的な活動をしていたのだが、一八七四年に逮捕されてシベリア流刑。二〇年ちかく監獄にぶちこまれる。しかし出獄後、おとなしくなるかとおもいきや、こんどは仲間とともに一九〇一年に社会革命党をたちあげる。もうピースピースとはいってられぬと「暴をもって暴を制す」といって民衆の決起をあおった。そうしてまた逮捕される。やばすぎだ。こういうしかない。革命のおばあちゃん、万歳。

秋水はこうした女性たちに志士仁人的なものをかんじていたのだろう。民衆の権力信仰を爆破するために、わが身を賭して決起する。ともにたちあがった友がひとり、またひとりたおれてもたちあがる。そしてかの女がたおれても、またあらたな志士仁人たちが決起していく。

いまのロシア革命もおなじことだ。いや、日本にいるうちらだっておなじことだ。どれだけ銃弾にたおれても、どれだけ弾圧にうちのめされても、身をかえりみずにたちあがったその姿はひとの心をふるわせずにはいられない。いくら権力者が死の恐怖をあおり、人民を支配しようとしても、もうそんなものにはしたがわない。死をとびこして、生きる力がまえにまえにドシドシとすすんでいってしまう。いけ、いけ、往け、往け。われもわれもと決起する。無私の心が伝染してゆく。革命はパンデミックだ。

それより胃の調子がきょうもよくないんだ

そうこうしているうちに、一九〇五年二月二八日、ついに裁判所から秋水と西川のふたりに出頭命令。よしきた。平民社のみんなが赤飯をたいてくれた。うまい。そのあと日比谷公園にいって裁判所を背にして記念撮影。ほのぼのだ。その後、裁判所から巣鴨監獄に馬車でおくられていく。それをみおくる堺たち。さようなら、さようなら。いってまいります。たかだか五か月だろうとおもわれるかもしれないが、ほんとうに虚弱体質の秋水である。みんな心配なのだ。たのむから死んでくれるなよ。

しかしみんなの嫌な予感が的中してしまう。さいしょは元気だった秋水。四月一〇日前後から体調をくずしてしまう。監獄ライフが寒すぎたのだ。胃腸カタルである。急性腸炎を再発したのだ。食欲がない。下痢がとまらない。なによりお腹がピリピリピリピリピリいたいのだ。とにかくお粥、くず湯、卵、梅干しを食べて生きのびる。

しかもこれがなかなかよくならなくて、ちょっと快復したとおもったらまた病状が悪化。衰弱して死にそうになる。六月、あまりに心配で妻の千代子がたのみこみ、食事中の部屋まで面会にいかせてもらった。すると秋水、おかずがでても食べられないらしく、お粥ばかりを食べていてガリッガリにやせていた。いちおう、お腹をあたためるためのガーゼのようなものはもらっているようだけど、やっぱり心配だ。

こういうとき、ほんとうに外にいるほうが心配になってしまう。とくにわが子をでき愛していたお母さんの多治。ある日、ひょっこりと堺のところに遊びにきたという。とくに用件はない。やさしい堺は仲間がおくってくれたカキ餅を焼きながら、お母さんのはなしをジッときつづける。お母さんはボソッとこういったという。

　由井の正雪[23]にも、佐倉惣五郎[24]にも、母親はあったのでしょう、わたしはモウ愚痴は言いません[25]。

そういってさびしそうに笑った。かっこいい。かえりぎわ、堺が床の間にシャクヤクの花があったことをおもいだして、多治にプレゼント。すると「おお、いい花」といって、うれしそうに片手にさげてかえっていった。これが人生だ。

とはいえ秋水。せっかくの監獄だし、読書をしないわけがない。堺宛の手紙をみると、このとき秋水は、クロポトキン『田園、工場、製造所』、エンゲルス『フォイエルバッハ論』、ルナン『耶蘇伝《やそでん》』、ドレーパー『宗教科学衝突史』、ヘッケル『宇宙の謎』などを読みこんでいる。

だいじなのはクロポトキン体験だ。いわずとしれたアナキズムの理論家である。このすこしあとから、秋水はアナキストを自称するようになっていく。しかしあえていっておくと秋水にとってクロポトキンの影響はおおきいが、だからといってその本を読んだからアナキストになったのではない。

むしろこの一、二年、秋水はすでにアナキスト的になっていた。戦争に反対して、納税拒否をよびかけ、社会契約のはなしをしながらも、真の国家は国家がないことだという。神や君主を名のって収奪してくるやつらさえいなければ、水を飲むのも、メシを食うのも、民衆は自分たちのことは自分たちでできるのだ。

なにより革命のイメージが、水になれだ。党をかたりながらもそこに組織の指令はなく、むしろ出会ったものたちがたがいにたがいを触発しあい、エネルギーを爆発させる。バラバラにとび散って、手におえなくなっていく。激流をまきおこし、氾濫につぐ氾濫。そして大河へ、大海へくりだすのだ。そんなことを考えていたときに、クロポトキンの本を読んだらピンポイントでハマってしまうだろう。おれ、アナキスト。

ちなみに、ルナンの『耶蘇伝《やそでん》』はイエスの評伝だ。聖書にえがかれたその人生から、非科学的な要素をとりのぞく。科学の力で神の権威をうちくだけ。逆にドレーパーの本は、科学がふりかざす客観性そのものに疑いの目をなげかけている。科学の権威もうちくだけ。神がああいっているからこうしろ？　科学的にああだからこうしろ？　いずれにしてもあたまのなかに観念的な根拠をつくりあげ、それでひとの行動を決定してしまう思考のありかたをこわそうとしていたのだ。

秋水は堺宛の手紙で、これからアメリカ、ヨーロッパをまわってたくさん本を読んで、自分なりの「新唯物論」でもかいてみたいといっているから、それはそういうことだったのだとおもう。根拠なき生をいきてゆきたい。

それからもうひとつ、秋水は獄中で第二外国語をまなんでいた。フランス語だ。がんばって文法をまなんでいく。それをしって、すでにフランス語をものにしていた大杉栄がよさそうなフランス語の文章を選んで差し入れてくれた。メルシー。しかし……、それより胃の調子がきょうもよくないんだ。

さて七月二八日、予定どおり秋水、出獄。巣鴨監獄からでてきたところを七〇人、八〇人くらいででむかえる。堺と石川三四郎は、もうまちきれなくて前日の夜からまっていたくらいだ。おつとめ、ごくろうさまです。みれば、やつれた秋水の顔。もともとやせていて四五キロしかなかったのに、三八・六キロまでやせてでてきたという。死んでしまうよ。だけど堺はおもう。いくらやせたっていい。いくら病気になったっていい。きみがでてきてくれさえすれば、ぼくはそれで千人力だ。おかえり、秋水。

アメリカにいきたい

それからの秋水。しばらく小田原にあった加藤時次郎の別荘で療養していたのだが、ちょっと東京のようすをきいて嫌になってきた。めんどうくさいのだ。この間、堺が仲間うちでイジメにあっていた。正確にいえば、西川光二郎と堺のふたりが非難にさらされていた。きっかけは平民社にふたりの女性社員がはいることになったことだ。

松岡文子と延岡為子。文子は、夫の松岡寒村が平民社のメンバーでこそなかったが、社会主義協会にはいっていて、精力的に演説や文筆活動をやっていた。だけどその夫がはやくに亡くなってしまい、これからどうやって食べていこうかとおもっていたら、そのやさきに平民社から声がかかる。ちょうどまかないをやってくれていた老夫婦が帰郷することになり、文子さんどうでしょうということになったのだ。

もうひとりの為子は、堺が文子ひとりではきびしそうだからと女性社員を募集したところ、わざわざ金沢からでてきてくれたひとだ。どうも弟が『万朝報』のころからの堺ファンだったらしい。せっかく家にあるのだしと、為子も『平民新聞』を愛読していたら社員募集。いくしかない。

こうして平民社に女性ふたりがくわわったのだが、まず西川が文子と恋におちる。入獄まえには事実婚状態になっていた。これがとくにキリスト教徒たちからバッシングされる。貞女二夫にまじえずだ。はしたない、道徳的におかしいと。堺と秋水はそんなことをいうおまえらがおかしいといって、西川と文子を祝福。

そして秋水出獄後の一九〇五年八月、こんどは堺が為子と結婚する。すでに堺、一年ほどまえに先妻の美知子を亡くしていた。だから、ぜんぜんいいじゃないかとおもうのだが、じつは為子もバツイチ。それでまたキリスト教徒たちがさわぐのだ。平民社は不貞である、みだらであると。なんなんだ、こいつら。

しかしこの批判があまりに猛烈で、堺は自分が責任をとって『直言』をやめますといいはじめた。病床から、まてまて堺はなにもわるくないとかばう秋水。だけどキリスト教徒たちとの溝がうまらない。もう嫌だ。アメリカにいきたい。もともと獄中にいたころから、アメリカ行きを計画していた秋水。ちょっといきづまってきたし、海外にいってあたらしい運動の戦術をまなんできたい、そのヒントだけでもさぐりあてたい。というか、こんな内輪でおもくるしくなっている日本から、すこしでもいいのではなれたい。外にでろ。

なぜアメリカだったのか。このころ秋水はサンフランシスコ在住のアナキスト、アルバート・ジョンソンと文通していた。ジョンソンについてはよくわかっていないのだが、当時、六〇代で無神論者でもあったという。しりあうきっかけをつくってくれたのは、『万朝報』時代に同僚だった岡繁樹《おかしげき》だ。ときは記者時代。この岡さん、かなり短気で、ある一件で同僚をぶん殴ってしまい、もう朝報社にはいられない。すると同郷で仲もよかった秋水と堺がなぐさめてくれる。おまえはわるくないよと。岡がこれからアメリカにでもいってみようかというと、ふたりは賛成。たいして稼ぎもないのにカンパまでくれた。よし、渡米だ。

ふたりに熱い友情をかんじている岡。そんな岡に、たまたまジョンソンが声をかけてきて、日本の社会主義者と交流したいのだけど、だれかよいひとはしっているかいときいてきた。いますとも。それで堺と秋水宛てにジョンソンから手紙がおくられてきたのだ。ちょうどアナキズムに関心をもちはじめた秋水。よい機会だし、アメリカにいってみたい。一九〇五年八月一〇日付けで、秋水はジョンソンにこんな手紙をおくっている。せっかくなので、英文を訳してみよう。

じつはわたくし、マルクス主義者として監獄にはいったのですが、急進的なアナキストとしてシャバにもどってまいりました。ですが、日本でアナキズムを主張することは死を意味します。すくなくとも数年は監獄にぶちこまれるでしょう。この運動は秘密裏にすすめなくてはなりません。その進歩と成功のためには、長い時間と忍耐が必要なのです。

わたしはいまつよくおもっています。数年でいいから欧米に住みたい。その理由はつぎのとおりです。

一、外国語会話と作文をまなびたい。これは国際的なコミュニズム運動やアナキズム運動をすすめるのに、とてもだいじなことです。わたしは英語を読むことができますが、しゃべることができません。英語を書くことはできますが、まだまだ苦手なのです。

二、海外の革命運動のリーダーをできるだけおおく訪問したい。その運動から、なにかしらをまなびとりたい。

三、天皇の毒手がとどかない外国の地から、天皇の地位や政治・経済制度についておもうぞんぶん自由に批判したい。(26)

ここで、秋水ははじめて自分はアナキストだと公言している。じつはこの三か月前、秋水は獄中から堺宛に、ぼくはまだ「唯物論者、科学的社会主義者」だよと手紙でかいていた。よく研究者のあいだで、これはどうなんだと疑問におもわれるところだが、しょうじき秋水にとって唯物論者であることとアナキストであることは、とくに矛盾していなかったのだとおもう。

師匠の兆民もそうだったが、秋水にとっての「物」、物質的な力とは生産力ではない。荘子の「自然」だ、その力だ。水の勢いだ。いかなる権威にもとらわれない。観念的な根拠をつきやぶり、むちゃくちゃな行動をやらかしてしまう。やめられない、とまらない。唯物論はアナーキー。

もうひとつ、おおっとおもうのは天皇の毒手から逃れたい、おもいきり天皇制を批判したいといっていることだ。かつて天皇制のもとで社会主義を実現できるといっていた秋水。その秋水はもうここにはいない。むしろこの一、二年で、かつての自分にゾッとしていたのではないだろうか。

天皇はみんなの意思そのものだ。そういう制度だからこそなんでもあり。絶対的な権力をふるっても、それが権力だとはいわれない。だってみんながそうしてほしいとのぞんでいるのだから。天皇制は純然たる支配そのものだ。とくに戦争は天皇の名のもとに実行されるそのさいたるものだ。批判をすれば、なにをいっても国賊になる。みんなの敵にされてしまう。どうしたらいいか。日本にいては口にだして議論することもできない。いちど外にでて、おもうぞんぶん自由にしゃべろう。アメリカだ。

多数をなめるな

そのためにも、やっぱり平民社は堺にまかせるしかない。たのんだよ、相棒。とおもっていたら、一九〇五年九月五日、ついに日露戦争が終結。ポーツマス講和条約が締結された。しかし同日、日比谷公園では講和条約反対の国民大会がよびかけられた。なぜ反対なのか。いわく。なんだよ、新聞では日本の勝利といっていたじゃないか、なのに八八〇〇〇人もの死者数をだして賠償金もなし、領土の割譲も樺太の南半分だけときた。ふざけるな。これっぽちしかとれないのなら、もっとロシアを懲らしめるべし。まだまだやるぞ。侵略せよ、やつらの領土をうばいとれ。戦争継続だ。

政府はこの集会を禁止するように命じたが、二〇〇〇〇人、三〇〇〇〇人とすさまじい数がなだれこんできて、集会を強行。そのまま外にくりだして、政府の犬だといって国民新聞社を襲撃。さらに内相官邸を焼き討ちにした。とりしまりにきた警官隊をめったうちにし、出動してきた軍隊ともバトル。さすがにこれにはかなわない。

しかしそれではおさまりのつかない群衆たち。翌日にかけて、街のいたるところで荒れ狂い、警察署や交番を焼き討ちにし、路面電車一一台に火をつけた。さらに燃えさかるその車両を「わっしょい、わっしょい」とかけ声をかけて、内相官邸までもっていく。それでもものたりないと、浅草周辺では教会まで焼き討ちにされた。排外主義的な発想だろうか。ひとにぎりの非戦論者をのぞいて、おおくのキリスト教徒たちは猛烈に戦争協力をうったえてきたのに、災難である。これが世にいう日比谷焼討事件だ。

もちろんこの事件、大枠としてはナショナリズムの暴走だ。秋水のことばでいえば、好戦的愛国心だろうか。そもそもきっかけとなったのは「講和問題同志連合会」がよびかけた国民大会。この連合会の中心を担っていたのは対露同志会だ。バリバリの対外硬派。ずっと戦争をやれやれといってきた右翼の政治団体である。

かれらは日露戦争の終盤にきて、日本中が厭戦気分におちいっていることをあやぶんでいた。戦争がながい、死にすぎだ、もう嫌だ、やめようよと。そんなたるんだ国民感情をたたきなおすためにも、政府批判の目をさらなる愛国心に転化しなくてはならない。戦争をやること自体が問題なのではない。むしろ戦争をやめたいなどという軟弱外交こそが問題なのだと。

ちなみに、この日比谷焼討事件について、歴史学者の藤野裕子はこういっている。(27) 厭戦気分にしても、好戦的愛国心にしても、それは「国民意識」の高揚にほかならないと。どちらにしても、国民の利益にならないから怒っているのだ。われわれは国家のために、こんなに尊い犠牲をはらってきた。それなのに、なんなのだ、いまの政府のていたらくは。国民の命が軽んじられている。もっと国民さまを尊重しろ。

もはや、われわれはお上から命じられるばかりの臣民ではない。神聖なる国民さまだ。われわれが誇りをもてない国ならば、そんな国の命令にはしたがわない。誇りをもてるまで、厭戦気分にもひたれば、焼き討ちもする。よりよい国家をつくるために、下から国民運動をたちあげるのだと。

一九〇五年以降、国家はこの国民感情をどうやって包摂すればよいのかを考えてきた。だって逆にいえば、国民が誇りをもてるようにすれば、国家はどんなに非道なことをやってもゆるされるということなのだから。たとえば、一九二三年の関東大震災のとき、この神聖なる国民さまたちが朝鮮人大虐殺。この非常事態に警察も軍隊もあてにはならない。おれたちがこの国をまもるのだといって、まるで戦争でもやっているかのように朝鮮人を「敵」とみなしてなぶり殺していく。日本人の尊厳をかけて。

日本政府は、そんなやつらをやさしくつつみこむ。証拠隠滅もふくめて、実質的にほとんど罰しなかったのだ。だって、かれらの国をおもうきもちはホンモノだから。かれらは神聖なる国民さまなのだからと。

国民の誇りのためだといえば、レイシズムも性暴力も虐殺もなにをやってもゆるされる。一九三〇年代にもなると、それを国家がそのままやりはじめる。侵略戦争をしかけても、日本とアジアを西欧列強の魔の手からまもるためだ。誇らしい。ひどい戦争犯罪も国をおもえばこそだ。つよいジャパンにディス・イズ・プライド。国民一丸となって戦争国家をつくりだす。ファシズムのほうへ。

とまあ、そんなかんじなのだが、目のまえで日比谷焼打事件をみていた社会主義者たちは、ちょっとちがう視点で、この暴動をとらえていたようだ。国民の厭戦気分。そこには非戦のめばえがみられるのではないか。国益も、国民としての利益もとびこえて、戦争をやりたくないと宣言する。そもそも、なにかのために自分や仲間たちの命を犠牲にさせられるのが嫌なのだ。

たとえば、木下尚江は『直言』（一九〇五年九月一〇日、三二号）で、「政府の猛省を促す」をかいている。ここで木下は暴動を擁護。こんかいの暴徒たちは、おもてむきは戦争を継続しろといっているが、ほんとうに戦争をやりたいやつなんていない。むしろ、これまで「戦争のために」といわれて、ひたすらがまんを強いられてきたことに、ふざけんなと怒りを爆発させたのだと。

わかき熱血漢、荒畑寒村はこのとき横浜で演説会をひらいている。会場には、はいりきれないほどの群衆。それを解散させようとする警官とのあいだにバトルがはじまり、投石、投石。そして演説がはじまると、寒村ははっきりといった。わたしは非戦の立場から講和条約に賛成する。しかしこれまで長きにわたって戦争をやって、人民の命と労力を犠牲にしてきた政府はクソだと。会場からは、いいぞ、いいぞと拍手喝采。だれひとりとして敵意をむけるものはいなかった。寒村はいう。

　果然《かぜん》、民衆の怨嗟憤激《えんさふんげき》は『直言』記者が論じたように、必ずしも屈辱的な講和条約のためではない。国民に犠牲を強いながら暴状いたらざるなかった為政者に対して、戦争中しいて抑え来《きた》った国民の宿怨積憤《しゅくえんせきふん》がいまその吐《は》け口を見出したに過ぎないのだ。私はそういう民衆の心理や感情が、よく横浜における演説会の状況に示されていたと思う。(28)

ならば、われらが秋水はなにをいっていたのか。おなじ号で「多数の力」と題して、こういっている。

如何《いか》に「多数」の勢力の大なるよ、身に寸鉄《すんてつ》を帯びざるも可也《かなり》、一日の食、一片の金なきも可也《かなり》、〇〇〇〇〇〇〇〇〇〇〇見よ、多数の激する所《ところ》、帝都は一日にして全く無警察、無政府となれるに非《あら》ずや、多数を蔑視《べっし》する政事家《せいじか》は禍《わざわい》なる哉《や》。(29)

問題とすべきは暴動の評価ではない。その政治的信条や成果ではなくて、暴動そのものがだいじなのだ。多数の力が爆発する。自由の火の粉となってとび散ってゆく。やれ、やれ、やっちまえ。焼け、焼け、焼け、焼け。ほうら、焼けたぞう。もっと燃やせ、もっと燃やせ。われもわれもとたちあがってゆく。その圧倒的な力をまえにすれば、警察など無にひとしい。政府など無にひとしい。いまここに、だれにもなんにもコントロールできない状況がうまれている。多数をなめるな。

なにをいっているのか。非戦である。暴動が好戦的愛国心をこえてゆくのだ。友か敵か。友のために、みんなの利益のために、おのれを犠牲にしてでも敵をセンメツせよ。したがわないやつは敵である、非国民であるというのが政治であり、その最たる手段が戦争だった。しかしもうそんな論理にはしたがわない。だいたい友に手をさしのべるとき、損得なんて関係ない。目のまえでだれかが警察にぶちのめされていたら、考える余地なくたすけにむかう。友、友、友。いっしょに行動しているうちに、みしらぬだれかが友になる。友か敵かじゃない。上も下もない。右も左もない。ただひたすらまえへとつきすすむ。統治不能だ。無償の生が発動する。政治の論理が解除される。そんな力を拡充していくのが非戦なのだとおもう。

しかしこの事態をうけて、政府は九月六日に緊急勅令をだした。この勅令は新聞紙条例どころではなく、裁判所をとおさなくても、内務大臣の判断でいくらでも新聞を発売禁止にできるというものだ。しかもその後も無期限で発行停止においこむことができる。これで『直言』もやられてしまった。

むろんこのとき、講和条約に反対したほかの新聞社もやられていたのだが、さすがにすぐに発売禁止は解除される。だけど『直言』だけはちがう。いつまでたっても発売禁止がとかれない。おそらく無期限停止だろう。もはや新聞がない。発言する場をもたない。そんな平民社あっても意味があるのだろうか。

九月二六日、西川光二郎が出獄すると、おつかれ会がてら秋水、堺、西川、石川、木下の五人ではなしあう。もうムリだよね。平民社解散。一〇月九日、有楽町の平民社で解散会をひらく。七〇人くらいがあつまった。なげいたり、絶望するひとはだれひとりとしていなかったという。よくやったよ。パチパチパチ。

まえにもいったように、ちょうど平民社内部でいさかいがおこりはじめていたころだった。グッドタイミングだろうか。というか、非戦をかかげて平民社をたちあげて、いま戦争が終わったのだからがんばったのだ。おつかれさま。あとは三々五々にわかれてゆく。その後、一一月から木下や石川、安部磯雄らはキリスト教社会主義をかかげ、月刊誌『新紀元』を発刊。おなじ一一月に、西川や山口孤剣らは月刊誌『光』をだす。そして一一月一四日、こんどは秋水だ。たたかいを終えて、もういいだろうと、いざアメリカへ旅立っていく。いまはこれまで。ジョンソンに会いたい。

第六章　わけのわからぬ出会いに身をまかせたい

おまえが舵をとれ

一九〇五年一一月一四日、秋水はアメリカにむけて出発した。画家志望だったおいの幸衛《ゆきえ》、そして医師、加藤時次郎のむすこ、時也《ときや》をつれての船旅だ。ありがたいことに、渡米のために加藤がまたカンパをしてくれた。なんと七〇〇円。いまでいうと二六〇万円くらいだ。おいっ子をつれていくということで、実家をついでくれた幸徳駒太郎も五〇円ほどカンパをくれた。ほかにもカンパを募って、およそ一〇〇〇円。そのカネで幸衛の渡航費をはらい、妻、千代子の生活費をのこして、ふところには三〇〇円くらいだ。まあ、これだけあればなんとかなるか。カネは天下のまわりものだ。

横浜港にいって伊予丸にのる。仲間たち数十名が見送りにきてくれた。汽笛が鳴り、船がうごく。すると声がきこえてくる。「幸徳くん万歳！　社会党万歳！」。ちょっとはずかしい。紫の羽織《はおり》をきた千代子がみえる。そのうしろで堺の妻、為子がハンカチをふっている。「おじさん！　おじさん！」とさけぶ木下尚江の娘。なんだい。そして赤旗をブンブンふっている仲間たち。おお、友よ。ぼくはこの光景をけっしてわすれはしない。またすぐにあおう。シーユー。

嗚呼《ああ》余《よ》何《なに》が故《ゆえ》に日本を去りしや、他なし、止まる能《あた》はざれば也《なり》、政府の迫害が平民社を倒潰《とうかい》せしめて後、余《よ》の病と貧とは余《よ》をして何事をも為《な》す能《あた》はざらしめたり、去《さる》八日の夜、同志の送別会に、木下君は予《よ》を送りて手負《ておい》の勇士を送るの感ありといへり、予《よ》は勇士にはあらざるも、確かに敗軍の落人《おちうど》が世を忍《しの》ふ隠れ家を求めんとて行くなり、再挙《さいきょ》何の時ぞ前路茫々《ぜんろぼうぼう》たり。(1)

秋水は旅立つおもいをこう記している。政府の迫害がきびしすぎてなにもできない、ぼくは敗軍の落人だと。だがこういうとき、逆にやる気満々になってしまうのが秋水だ。なにせ「前路茫々《ぜんろぼうぼう》たり」である。とおすぎてなにもみえない。はるかなる水平線のむこう。寒風ふきすさぶ大海のなか、まえへまえへとつきすすんでゆく。

これまでの自分の常識なんてつうじない。羅針盤なんてとうに捨てた。まえへ、まえへ。すすめばすすむほど自分がゼロになってゆく。いつだって迷子、いつだって手探りだ。そんな旅路たのしくて、たのしくてしかたがないだろう。アメリカにむかってヨーソロー。わけのわからぬ出会いに身をまかせたい。

それではどんな船旅だったのか。おいの幸衛によれば、秋水は食事の時間がたのしみで、料理がでてくると、あれはうまい、これはちょっとと食通ぶったようすでおしゃべりをしていたという。おじはグルメです。とはいえ、体のよわい秋水だ。ちょくちょく船酔いをして、めまいがして気持ちわるくなり、ゲロゲロと吐いてしまう。食べたいけど、食べられない。なんとかパンをかじってもちこたえ、やっと復活したとおもったら、こんどは幸衛が眼をわずらって心配をしてと、そんなかんじだったようだ。ほかはひたすら読書。クロポトキンの自伝『ある革命家の思い出』をよんでいた。よい本だ。

さて一一月二九日、ついにアメリカに上陸。いったんシアトルに停泊する。降りてみると、すさまじい大歓迎。日本の超有名人がきたぞと、ひっきりなしに来客にみまわれた。一二月一日には、日本人会会堂で講演会をひらく。いってみると会堂の壁には大きらいな伊藤博文の肖像画がかざってある。

さらによくみると、明治天皇や東郷平八郎や乃木希典の肖像まで。てやんでい、いっちょうかましてやるか。秋水は来場者五〇〇人をまえにして、おもいきり非戦についてしゃべりまくった。戦争に正義もクソもありはしない。なにが日露戦争の英雄だよ、コノヤロー。すっきりした。

このシアトルで、幸衛とはおわかれだ。在米ジャーナリスト、村上白洋がめんどうをみてくれるというのであずけることにした。おなじ高知県出身で漢学者でもあったので、なんとなく信頼できるとおもったのだろう。実家からもらった五〇円を村上にたくして、だいじなおいっ子をおいてくる。がんばれよ。

その後、秋水は陸路でオークランドへ。そこから汽船にのってサンフランシスコにむかう。一二月五日、いよいよ上陸。船から降りると、「ヤー!」という大声がきこえてくる。駆けてくるのは、なつかしの岡繁樹だ。おお、友よ。抱きあうふたり。そこに文通をしていたアルバート・ジョンソンもやってくる。ハーイ。

十数名が秋水をむかえる。とりあえず、うちらのアジトにおいでよとさそう岡。じつは岡。秋水や堺に共鳴して、平民社サンフランシスコ支部をたちあげていたのだ。そこに宿泊もできるからと。もつべきものは友。しかも東京で壊滅したとおもっていた平民社が、いまここに。なんてすばらしいんだ。秋水、感激。

ここを拠点にとおもって仲間たちと交流していたら、一二月七日の夜、ジョンソンが自宅で歓迎パーティをひらいてくれた。うれしい。たのしんでいると、ジョンソンがむかいに住んでいる女性ふたりを紹介してくれた。フリッチ夫人とその娘、アンナ・フリッチだ。フリッチ夫人は四〇代。アンナは一七歳で、夫人はロシアからの亡命者。もともと社会革命党に属していて、いまはアナキストだ。ナロードニキからアナキズムへということでは、秋水にとってドンピシャのひとだったろうか。

夫人は産婆のようなことをしていて、岡の回想によるとおなじくロシアからやってきたアナキスト、エマ・ゴールドマンの親戚だったというが、真偽のほどはわからない。だが、エマが雑誌『マザー・アース（母なる大地）』をたちあげたとき、夫人がサンフランシスコの代理窓口になっているので、おなじグループでうごいていてエマの同志であったことはまちがいない。生粋のアナキストだ。

フリッチ夫人とはなしこむ秋水。とうぜん意気投合だ。夫人からしても、日本のアナキストがやってきたなんてうれしくてしかたがなかったのだろう。どうせならうちにきちゃいなよとさそってくれる。英会話もうちのアンナがおしえるからと。ことわる理由がない。さっそく一二日から、加藤の息子とふたり夫人の家へ。おじゃまします。案内された部屋には、バクーニンとクロポトキンの肖像がかざってある。本棚にはゴーリキーやゾラ、クロポトキンなどの著作がぎっしりだ。いいじゃないか。しかもクロポトキンが好きだというと、わたし、しりあいだから紹介するよという。マジですか。せっかくだし、英作文の勉強がてら手紙でもおくってみよう。夫人の仲介で、ロンドンに亡命中のクロポトキンと文通することになった。

さらにこの本がおすすめだよといって、ジャン・グラーヴの『*Moribund society and anarchy*（おしまいの社会とアナーキー）』をかしてくれた。グラーヴはフランスのアナキストで、クロポトキンやエリゼ・ルクリュといっしょに『反逆者』『反逆』『新時代』などの雑誌をだしていたひとだ。岡によれば、秋水はこの本にえがかれていた警察も裁判所もない無政府社会にえらく感激し、仲間たちにむかって「人間の最高理想郷はこれでなくてはいけない」とかたっていたという。

だが、秋水。まだ煮えきらない態度をとっていた。こっちにきてからサンフランシスコの社会党員とばかり交流していたのだ。秋水としてはいろいろおもいがあったのだろう。個人的にはアナキズムにひかれているけれども、これまで日本の仲間たちとは社会党でいこうといってがんばってきた。だからアメリカの社会党ではどんな議論をかわされているのか、日本のみんなにしらせなければならない。だって、ぼくは日本の社会主義運動の指導者なのだからと。

一二月一六日、岡たち、平民社サンフランシスコ支部がアメリカの社会党員たちと合同で演説会をひらく。舞台はゴールデン・ゲート・ホール。聴衆は四〇〇人だ。まず日本側から岩佐作太郎《いわささくたろう》が開会のあいさつ。この岩佐ものちにアナキストとして活躍するひとだ。そのあとアメリカ側からC・H・キングさんというひとが社会主義について説明し、まってました主役登場。秋水だ。

一時間半ほど、いまの日本には普通選挙と社会主義の実現が急務だというはなしをしている。パチパチパチ。みんなで歌をうたって、なかよくめでたし。アメリカ社会党員たちが、ブラボーといって秋水と握手しにくる。気分をよくする秋水。やっぱりオレ、演説うまいんだな。しかし翌日、ちょっとした事件がおこる。日記にこうかいているのだ。

フリッツ夫人大《おおい》に普通選挙の無用を論す。(2)

さっするに、夕食のときにでも秋水が演説会のはなしをしたのだろう。いやあ、普通選挙の実現と社会主義。きのうはこのはなしで大盛りあがりでしたよ、ハッハッハと。これがフリッチ夫人の逆鱗《げきりん》にふれる。なにが普通選挙だよ。あなたはアナキストじゃなかったのですか、国家はいらないとおもっていたんじゃなかったのですか、あなたにとってアナキズムを生きるとはそんなことだったのですかと。

もしかしたら秋水も反論したかもしれない。いやいや、ぼくはアナキストですよ。だけど、よりましな国家のほうがいいじゃないですか。ひとにぎりの特権者だけが投票できて、その代表者が議員になるよりも、貧乏人や女性も投票できて、みんなの代表者がえらばれたほうがいいでしょうと。

きっとフリッチ夫人はそれもちがうといったはずだ。さしあたり、アナキズムの基本原理のはなしでもしたのではないだろうか。よりよい国家などない。選挙など百害あって一利なし。いらないのだ。もとよりアナキズムの「アナーキー」とは「支配がない状態」という意味だ。それを「イズム（主義）」にするとはどういうことか。あなたの政治的な力をほかのだれにもうばわせてはいけない。自分のことは自分でやる、自分たちでやる。直接やる、やれるのだ。直接行動のいまを生きよ。

たとえば、職場でひどい目にあったらどうするか。政治家も行政もなにもしてくれない。同僚や友人と相談して、拳をつきあげなければなにも変わらない。だが、はじめから国家ありきでものを考えていると、そのあたりまえがみえなくなってしまう。君主、貴族、議員。すぐれた指導者がみんなをまもってくれなければ生きてゆけないと。だから納税でも徴兵でも収奪でも、どんなにつらくてもしたがってしまう。

普通選挙が実現されてもおなじことだ。むしろ投票をして政治参加した実感があるだけやっかいである。わたしたちの代表者がただしく国をおさめてくれるから生きてゆけるのだと。選挙活動に力をいれる。いちどそこにまきこまれると意識が上へ上へ、政治の世界にむいてしまってなにもできない。こんな職場はゆるせない、機械も道具もぶちこわしてやるとおもっても自主規制。そんなことをしたら、おまえらの政党は犯罪者集団だといわれてしまう、選挙でまける、やめろと。それが政治だ。

だからフリッチ夫人はいう。なにが政治だ、なにが選挙だ、なにが代表だ、ぜんぶいらないんだよ。すぐれた指導者に支配してもらう。そんなクソみたいなことを考えるのはやめろ。まずはおまえ自身が政治的であれ。

ガーン。まくしたてられて、グウの音もでない秋水。ぼくは日本の社会主義運動の指導者だとか、そんなおろかなことを考えていた自分が恥ずかしい。支配者にでもなるつもりだったのか。政治はいらない。だとしたら自分はなにをなすべきか。一二月二三日、またフリッチ夫人がやってくる。

フリッチ夫人来つて大《おお》いに治者《ちしゃ》暗殺のことを論ず。(3)

われわれが考えるべきことは、なにをなすべきかではない。そんなの他人に命令をくだしたい連中が考えることだ。考えるべきことはただひとつ。どうしたらいいか。かつてロシアのナロードニキはひたすらそれを考えていた。

言論の自由をうばわれ、どんなに平和的な手段をつかっても弾圧されて何年も投獄される。ならば、やむにやまれぬと爆弾を手にとり、皇帝をふっとばした。権力者の命令にしたがうのはあたりまえじゃない。さからえるぞ。それを自分たちのこの手でしめすのだ。まだ言論がゆるされるなら、紙の爆弾を投げつければいい。ストライキができるならやっちまえ。民衆のアナーキーに火をつけろ。どうしたらいいか。フリッチ夫人はこういった。おまえが舵をとれ。アナキストをなめるな。

移民問題は非戦だよ

それからの秋水。一二月二六日、片山潜がたずねてきた。おお、ひさしぶりだね。どうも片山、日本に帰国するまえにサンフランシスコによったので、なつかしの秋水に会いにきたというのだ。うれしい。再会をよろこぶふたり。一二月二九日にはいっしょにレストランにいって送別会をひらく。ビールで乾杯だ。プシュー。翌日、帰国する片山を見送りに港までいった。また日本で会おうね。バイバイ、片山さん。

そのかん、秋水は意外といそがしかった。どうも岡繁樹が妻の敏子とケンカしていたらしい。発端は岡だ。サンフランシスコ平民社で若者たちと社会主義の議論をしていたところ、いっしょにすわっていた敏子が、ひとりだけわれかんせずに聖書をよんでいたらしい。その態度をみて、岡はプッツン。そんなくだらない本をよむんじゃないといって叱責したらしい。ひどい。とうぜん敏子は大激怒だ。離婚じゃあ。

そのはなしをきいた秋水。岡にむかって、聖書は歴史的に研究されてしかるべき本だ。だいたい、その解釈について議論するならともかく、ひとに本をよむなとはなんだ、おまえがおかしいといって、岡をしかったという。岡も自分の非をみとめ、敏子にひらあやまりにあやまってなんとかゆるしてもらった。

岡とも親交のあったカール・ヨネダによれば、アメリカの同志たちのあいだでは、秋水は女性に紳士的なことでしられていて、とにかく男たちが女性に無礼なふるまいをすることをゆるさなかったという。(4)あたりまえだ。サンフランシスコ平民社で婦人講演会をひらいたほうがよいとすすめたのも秋水だった。おそらくフリッチ夫人のようなエネルギッシュなアナキストと交流して、率直に女性たちのもっている力に魅了されていたのではないかとおもう。

さて、ぶじに正月をむかえた秋水。一九〇六年一月四日に、邦字新聞の『日米』から声がかかった。いまカルフォルニア州、とくにサンフランシスコでは日本人移民への排斥運動がスパークしている。この問題についてなにか記事をかいてくれないかと。ガッテン承知。じっさい一九〇五年には、サンフランシスコの建設労働組合書記長、オフラ・トヴァイトモウが会長になって、アジア人排斥同盟を結成していた。

とりわけ標的になったのは日本人移民だ。サンフランシスコの二大新聞も排日運動を支持しはじめる。一九〇六年一〇月には、日本人学童が公立学校から排除された。ときの大統領、セオドア・ルーズベルトはこれをやめさせているが、そのかわりにといって一九〇七年二月、新移民法を成立させ、ハワイ経由での日本人移民の入国を禁止している。むちゃくちゃだ。

そんなさなか、秋水はなにをいったのか。『日米』（一九〇六年一月二一日）に発表したのが「日米関係の将来」だ。

日米両国民の衝突は、日本人の同化せざるが為《た》めにも非《あら》ず、移民の無智貧窮《むちひんきゅう》なるが為《た》めに非《あら》ずして実に商工経済の競争開始せらるるが為也《ためなり》、商工経済の競争の持続し、増大し、激甚《げきじん》なるに至れば、憎悪、嫉妬、猜忌《さいき》、恐怖等の悪感《あっかん》、交々之《こもごもこれ》に次ぎ、国際関係の葛藤は頻々《ひんぴん》発生するに至らん。(5)

秋水、ひさしぶりの帝国主義論だ。なぜ移民問題がおこるのか。日本人移民がアメリカに同化できないからではない。無知だからでもない。問題は国家だ。日本もアメリカもどちらもアジアの市場販路をねらっている。ああ、中国がほしい、フィリピンがほしい。利害関係でバッチバチ。アメリカではその競争心がにくしみの感情となり、身近にいる日本人移民にむけられる。

なぜか。帝国主義だ。日本もアメリカも海外に市場販路をもとめている。国内が生産過剰だからだ。なにせ大多数が貧乏人。いくら工場で安い商品をたくさんつくっても、みんなものを買うことができない。ブルジョアが労働者を低賃金でつかっているからだ。貧乏人を搾取しまくっているからだ。商品が売れなければ、会社がどんどんつぶれてゆく。失業者が街にあふれだす。

もともと日本政府は、この問題にたいしてこういってきた。おまえたちに仕事がないのは国土がせまいからだ。人口過剰なのだ。みんなアメリカにいけ。そうすればたくさん仕事があるぞ、たらふく食えるぞと。ウソッパチ。それでじっさいにいってみたら、よりどぎつい資本主義がまっていた。

アメリカの労働者が低賃金でコキつかわれて、ふみにじられて泣いている。そこに日本人移民がはいってきて、さらに安い給料で仕事をひきうけるのだ。アメリカのブルジョアたちはいうだろう。日本人は「劣等人種」なのだから低賃金であたりまえだと。これをうけてアメリカの労働者たちもいうだろう。あのイエローどものせいで、われわれの仕事がうばわれてしまった。アメリカ全体の賃金がひきさげられてしまった。日本人を排斥せよ。レイシズムがスパークしてゆく。

さらにひどいのは、日本政府もこの差別を利用していたことだ。ゆるさんぞ、アメリカ人。やつらに国力でまさるにはアジアの侵略競争で勝利しなければならない。そのためには軍備拡張だと。そんなに戦争がしたいのか。

予《よ》は両国人士《じんし》に警告す、諸君宜《よろ》しく提携して以《もっ》て社会主義の弘通《こうつう》に力《つと》めよ、将来の戦争を防止する者唯《た》だ社会主義なるのみ、社会主義は実に平和の天使也《なり》と。(6)

このままでは将来、かならず日米戦争がおこる。それをくいとめるためには、どうしたらいいか。社会主義だ。カネもうけのためならなんでもありの資本主義をぶっつぶすことだ。日本人排斥問題を考えるとはどういうことか。革命じゃあ。わたしもあなたも平和の天使。移民問題は非戦だよ。

お腹にやさしいアナキズム

ちょうどこの記事をかいたころ、秋水はふたたびアメリカ社会党のよびかけにおうじていた。一九〇六年一月二一日、サンフランシスコの岸むかい、オークランドでロシアの血の日曜日記念集会がひらかれたのだ。四〇〇人あまりがあつまり、日本からも四〇人ほどが参加。秋水は、ロシアの革命は世界的な革命の先鋒である。ぼくらもこれをたすけ、そしてつづいてゆくのだと発言した。パチパチ。ロシアから亡命していた革命家たちが、秋水のところに「サンキュー」とさけびながら駆けよってくる。ハラショー、兄弟。だが、秋水の関心はべつの登壇者にあっただろうか。

この日、集会にはＩＷＷ（世界産業労働者組合）のアンソニーが登壇。労資協調などクソくらえ。われわれはあくまで戦闘的にゆく。たとえ血をみようともストライキでブルジョアどもを駆逐するのだ。それが血の日曜日の精神でしょうと。あつい。さらにＩＷＷと関係のふかい社会労働党のオリーブ・ジョンソン夫人がしゃべる。火をはくような雄弁だ。シビれる。この二人の演説がやたらと印象にのこった。もっとはなしてみたい。とはいえ、活動家との交流ばかりではつかれてしまう。たまには観光でもしたいな。そうおもっていたら一月二六日、岡が散歩にさそってくれた。サンフランシスコの海辺でもいっしょにあるいてみませんかと。いきます。

岡の妻、敏子や、行きの船でいっしょだった山内八重子、加藤時也もつれだって、みんなでなかよくお散歩だ。この散歩には日本人居留民の顔役だった川崎巳太郎《みのたろう》も同行している。じつはこの川崎、官憲のスパイで、秋水の言動を日本領事館に報告していた。きたない。そんなことはつゆしらず、みんなで散歩をたのしんだ。

天気のいい日で、汗ばみながら浜辺をあるく。すると太平洋をのぞむ崖のうえにクリフハウスがみえてきた。ゴーゴー。アイスクリームをペロペロなめてのどをうるおす。ひゃあ、うまい。秋水は太平洋をながめながら郷愁にひたる。日本よ、おまえはおれを憎み、おれを呪い、おれを棄てた。おおお、ジャパーン。

二月一五日、秋水は体調をくずす。風邪だ。四日ほどおきあがれなかった。このとき、フリッチ夫人が介抱してくれた。どうもフリッチ夫人はベジタリアンだったらしく、とりわけ体調のわるいときには、肉や魚は絶対にダメというひとだった。秋水を心配して、岡たちが精のつくものをもってくるが、フリッチ夫人が「ノー！」といってうけつけない。秋水によれば、フリッチ夫人はいちおう穀物はとるものの、きほん果物ばかりを食べているひとで、フルーティアンにちかかったという。

病床の秋水にも、とにかく果物の煮込み料理を食べさせてくれた。これがおいしい。秋水いわく、おかげで腸の調子がよくなったよ。というか、これまで栄養によいとかいわれて、肉ばっかり食べていたからオレは腸がよわかったんじゃないのか。肉は腸にわるいんだよ。ベジタリアンになれば、お腹をこわさず。フルーティアンになれば、病気しらずだ。そんな記事をかいて、堺の『家庭雑誌』に寄稿している。お腹にやさしいアナキズム。どうだい、堺くん。

二月一九日、元気になった秋水は社会労働党の本部を訪問している。さきほどもふれたが、社会党とはちがって、ＩＷＷとの関係がふかかった政党だ。秋水はここでＩＷＷのはなしをくわしくきいている。一九〇五年にできたばかりのこの団体。現在では革命的サンディカリズムの旗手としてしられているところだ。「サンディカリズム」はフランス語の「サンディカ（組合）」に由来していて「労働組合主義」。基本理念は、労働者の解放は労働者自身の手によるものでなくてはならない、だ。

ブルジョアに酷使され、ひどい目にあっている労働者たちが、自分たちの境遇をかえるためにはどうしたらいいか。労資協調ではダメだ。いくらブルジョアにおねがいしても、やつらはなにもしてはくれない。かりにちょっと給料をあげてくれたとしても、やつらは主人、オレたちは奴隷のままだ。その境遇そのものをかえなくてはならない。議会政策でもダメだ。いくら政治家におねがいしてもなにも変わらない。むしろ政治家を指導者とあおぐようになり、その命令にしたがわされてしまう。あたらしい主人ができるだけ。政治はいらない。組合があればそれでいい。

だいじなのはただひとつ。ストライキだ。自分たちのこの手でブルジョアをやっつける。その力があるということをこの世にしめす。その力を自分たち自身でかんじとる。われわれはもはや奴隷ではないぞ。いくぜ、直接行動。この理念に共鳴して、おおくのアナキストがＩＷＷに参加していた。アナルコ・サンディカリストだ。こののちアナキストたちは、やっぱり政治権力も必要でしょうといっていた社会労働党とはガッツリ対決することになるのだが、それはまださきのことだ。

とりわけ秋水はＩＷＷの移民政策にひかれていた。ＩＷＷは、国内でよりひどい目にあっている移民たちといっしょに闘わなくてはならないといっていたのだ。しょうじき、排日運動をまのあたりにしていた秋水は、アメリカの労働組合はどこも移民を敵視しているのではないかとおもっていたので目からうろこだった。ＩＷ

Wはすごいぞ。いまはまだあまりしられていないけれど、日本人移民はみんなこの団体にはいればいいのに。日本の仲間たちにそうかきおくっている。

さらに一九〇六年三月、あのエマ・ゴールドマンが『マザー・アース(母なる大地)』をたちあげている。秋水は創刊号を手にとり、もうテンションぶちあがりだ。日本のなかまに、記事のひとつをご紹介。エマ・ゴールドマン参上。革命の赤い幽霊がホワイトハウスにあらわれた。大統領はギャアとわめいて、おまえらロシアにかえれよとさけんでいる。だけど幽霊はわらう。われわれの家はロシアにあらず。この世界そのものだ。ヒャッハー。革命の炎が世界中に燃えひろがってゆく。ぼくもやるよ。そうおもっていたやさきのことだ。どでかい震災が秋水をおそう。

ギブ、ギブ、ギブ、ギブ、ギブ、ギブ、ギブ、ギブ、ギブ、ギブ、ギブ、ギブ、ギブ、ギブ、ギブ、ギブ

一九〇六年四月一八日、午前五時。ガラガラ、バラバラ、ドシン。マグニチュード七・八の大地震がサンフランシスコをおそった。市内のおよそ八割の建物が倒壊。さらに地獄の大火がまきおこる。燃えて、燃えて、また燃えて。三日三晩、街を焼きつくした。この地震と火事で、サンフランシスコでは三〇〇〇人が死亡。二〇万人以上が家をうしなった。アメリカ史上最大規模の大災害である。

このとき、サンフランシスコ平民社もあぶなかったそうだ。事務所のすぐちかくまで火事がひろがってくる。やばい。みんなで空き地に避難した。フリッチ夫人の家はぶじだったが、夫人は念のために娘をつれて、空き地に避難。秋水と加藤時也はもうすこしようすをみようと、そのまま夫人の家ですごすことにした。さわがしくて、なかなか寝つけない。緊張感バリバリだ。

いちおういっておくとわが友、アルバート・ジョンソンもぶじだった。安否をたしかめにいくと、ジョンソンは「いやあ、命びろいしたよ。きみのお母さんからもらった恵比須様のご利益だね、チャハハ」とわらっていた。たぶん秋水のお母さんは商人だから、商売繁盛の神様をもっていかせたのだろうが、こまかいことはよしとしよう。

一九日、秋水はフリッチ夫人といっしょに街のようすをみにいっている。火なおやまず。マーケットの焼跡をみた。家をうしない、路頭に迷ったひとたちの群れ。ああ、これがあのサンフランシスコか。二〇日になっても火はやまない。フリッチ夫人はサクラメントにひっこしていった。

しかし秋水。ただ街の惨状にうちひしがれていたわけではない。みたのだ、無政府の事実を。国も企業もなにもしてくれない。カネがあっても、権力があってもなんにもならない。そんなものなくても、民衆が自分たちのことは自分たちでやる、やってしまう。自律的にたすけあって生きぬいてしまう。いまなら「災害ユートピア」とでもよびそうな光景をまのあたりにしたのだ。四月二四日、秋水は「無政府共産制の実現」と題して、日本の友人たちにこんな記事をかきおくっている。

予《よ》は桑港《さんふらんしすこ》今回の大震災に就て有益なる実験を得た、夫《そ》れは外《ほか》でもない、去《さ》る十八日以来、桑港《さんふらんしすこ》全市は全く無政府的共産制（Anarchist Communism）の状態に在《あ》る。商業は総《すべ》て閉止、郵便、鉄道、汽船（付近への）すべて無賃、食料は毎日救助委員より分与する、食料の運搬や、病人負傷者の収容介抱や、焼跡の片付や、避難所の造営や、全て壮丁《そうてい》が義務的に働く、買ふと云《い》つても商品が無いので金銭は全く無用の物となつた、財産私有は全く消滅した、面白いではないか、併《しか》し此《この》理想の天地も向ふ数週間しか続かないで、又元《またもと》の資本私有制度に返るのだ、惜しいものだ。[7]

郵便、鉄道、汽船、みんなにとって必要なものがすべて無償になった。食料の分配もケガ人の手当てもおなじことだ。こんなときにカネをよこせというやつなんていない。見返りなしでたすけあうのだ。

きっと秋水は避難所のたすけあいもみたことだろう。だれかが家に余っていた食料品をもってくる。みんなでわけよう。われもわれもとそこにあつまってくる。ここにくれば食べられるよう。うけとるばかりじゃない。われもわれもと、もってこられるものをもってくる。あげる、あげる、あげる。

もはや食料品ばかりではない。医療品も衣服も毛布も必要なものが続々とあつまっている。気づけば、そこかしこにブースがたっていて、委員をたてて平等に物資を分配。医者や看護師がいれば、無料の診療所もたちあがるし、ねる場所もトイレも調理場もできている。うごけるものがうごけるだけうごき、その場にいあわせた人たちでパッとはなしあって必要なものをつくりだしてしまうのだ。

なにがおこっていたのか。ふだん、わたしたちは資本主義の常識が常識だとおもわされている。これだけはたらいたから、これだけカネをもらえる。これだけカネをはらったから、これだけサービスをうけられる。日常生活のすべてが「交換の論理」でうごいているかのようだ。ギブ・アンド・テイク。なにをするにも見返りをもとめよ。カネがなければなにもできない、なにもしてもらえない。それが社会のルール。カネもないのに他人になにかしてもらうのは甘えであり、クズがやることだ。カネをだせ。

しかし、わたしたちの日常はそんな交換の論理だけでうごいているのではない。目のまえでひとが倒れていたら無意識的に手をさしのべてしまう。たとえそれで損をしたとしても、身をほろぼしたとしてもだ。わが身かえりみずにうごくのだ。いちどだれかがうごきだすと、まわりのだれかもつられてうごく。あたりまえのように、わたしもわたしもと「無償の論理」で手をさしのべる。

アナキストはこれを「相互扶助」とよんでいる。生の無償性。無償とは無料という意味だけではない、償いがないということだ。いざというとき、ひとは見返りなしでパッと手をさしのべてしまう。よいもわるいもない。そんな意識はとうにふっとんだ。未曽有の災害をまえにして、民衆が相互扶助の力をスパークさせる。一時的ではあるけれど実現させてしまう。無政府共産！

まえにもいったが、共産制とは「各人がその能力におうじてはたらき、各人がその必要におうじてうけとる」ことだ。企業にこれだけはらったからやってもらうのではない。政府にこれだけ税金をおさめたからやってもらうのではない。損得ぬきで、うごけるひとがうごけるだけうごき、必要なものを必要なだけもらっていけばいい。その原理は相互扶助。ギブ・アンド・テイクはもうやめた。ギブ、ギ

ブ、ギブ、ギブ、ギブ、ギブ。

さよなら、ジョンソン

一九〇六年五月二日、秋水はなかまの竹内鉄五郎にさそわれて、オークランドにうつった。さすがにサンフランシスコではなにかと不自由だろうということで、竹内の家に同居させてもらうことになったのだ。ありがたい。竹内は岩手出身の熱いお兄さんで、アメリカにきてから社会主義者になったらしい。直情径行《ちょくじょうけいこう》の好漢で、なかまうちでは「竹内の無鉄砲」とよばれていた。長老教会にはいっていて、そこで岩佐作太郎や小成田恒郎とであう。やはりおなじおもいをもった好漢たちだ。

ほんとうは秋水がアメリカについたとき、岩佐がむかえにいってオークランドにまねきたかったのだが、スッと岡繁樹につれさられてしまった。ちくしょう、岡のやろう。みんなでくやしがっていたという。どうも岩佐たち、岡とは性格があわなくて距離をとっていたようだ。ざんねんながら秋水とは、たまに顔をあわせるくらい。だが震災を機に、オークランドにきてもらえることになった。やったね、竹ちゃん。

竹内たちは教会の三階にある屋根裏部屋をやすく借りていて、そこを拠点になかまうちで会合をもっていた。その会合に秋水がやってきた。うれしくてたまらない。なにかやりたい。秋水もこの熱気あふれる若者たちとしゃべって気分上々だ。日本の同志にむけて、こういっている。われわれに一棟の建物と一台の印刷機をあたえたまえ。さすれば、革命の風雲をもたらすことまちがいなしと。

しかしこのころ、すでに秋水は帰国をきめていた。ひとつはカネだ。ふところ事情があやしくなってきた。交流すべきひととは交流したとおもうし、そろそろいいかと。そしてもうひとつは日本のことだ。もはや日本ではなにもできない。そうおもってアメリカにやってきたのだが、一九〇六年にはいって第一次西園寺公望内閣が誕生。かつて兆民先生と仲がよかったけど、とちゅうで天皇の権威に屈してしまったあのひとだ。だが、されど西園寺。社会主義への弾圧がゆるまった。

一九〇六年一月二八日、堺利彦と深尾韶《しょう》が日本社会党の結党届をだしてみると、なんと許可。えっ、いいんですか。やった。続々とひとがあつまってくる。党員はおよそ二〇〇人。二月二四日には、京橋にあった平民病院で日本社会党第一回党大会をひらいた。日本の社会主義者たちに、ふたたび熱気がうまれはじめている。そのいきおいで、東京市電値上げ反対運動だ。

当時、東京では市電の値上げが大問題になっていた。東京にでてくれば食えるよといわれて、はるばる地方からやってきて、いざはたらいてみたら給料がやすくて、生活費もかかって四苦八苦。そしたらこんどは市電の運賃をひきあげるという。通勤ができない、買い物ができない。ふざけんな。

三月一五日、その怒りに火をつけるべく、日本社会党は日比谷公園で集会を決行。はなしをきこうと群れが群れをよび、すさまじい数にふくれあがっていく。この日は社会党の面々もしかけるつもりだったのだろう。まずは西川光二郎。いきなりアジりはじめて、集会だけやっていてもラチがあかない、デモだ、デモをやろうとよびかける。これにあわせて、なかまの岡千代彦がまた煽る。値上げを決議したのはだれだ、東京市会じゃないか。「諸君、市会！　市会！」と大声でさけぶ。

それを合図にやんちゃざかりの大杉栄と山口孤剣《こけん》、深尾韶《しょう》がウオオオと雄叫びをあげながらダッシュしはじめる。太鼓をたたき、もっとこい、もっとこいとひとをあつめる。めざすは東京市会、いまでいう都庁だ。あとはもう暴動である。道ゆくさきの路線を占拠し、電車を停止させ、電車会社にひたすら投石。市会につくと、なかにはだれもいない。山口が先陣をきってなかにのりこむ。

このやろうと窓ガラスをたたきわっていると、ツルハシをもっている兄ちゃんたちもかけつける。ヤレ、ヤレ、ヤッツケロ。外からもひたすら市庁舎に投石。やりつくしたら三々五々、解散だ。その後、西川、大杉、岡、山口など社会党員一〇人が兇徒聚衆罪《きょうとしゅうしゅうざい》で逮捕。裁判でねばりにねばって、判決までに二年ほどかかったが、西川は重禁固二年。大杉や岡、山口は重禁固一年半をくらうことになった。やらかしたのだ。

そのすこしまえ、秋水はアメリカから大杉に本をおくっていた。英訳のバクーニン全集だ。こいつは性格的にアナキストだというのをかんじとっていたのだろう。ちなみに、サンフランシスコ大地震のとき、監獄にはいっていた大杉は秋水が死んだとおもいこんで、バクーニン全集をかかえて号泣したという。ううっ、秋水のアニキがアメリカにいかなくてはならなかったのは、あの憎きブルジョアどものせいだ。あん畜生め、おれが仇をとってやる、死んでもやるぞ、アニキ！　とんだかんちがいだ。でもそんな日本のようすをきいていたから、秋水はもういてもたってもいられなくなったのだとおもう。いまこそ直接行動、アナキズムだ。はやくかえりたい。

一九〇六年五月三一日、オークランドにジョンソンがやってきた。秋水はわかれをつげる。いままでのお礼に、長編の漢詩をかいて贈呈した。われながらいいデキだ。さよなら、ジョンソン。翌日、秋水はアメリカのおきみやげにと竹内、岩佐、小成田らとともに社会革命党をたちあげている。ここには五〇人ほどの在米日本人が参加したという。秋水筆といわれる宣言文もいかしている。

吾人《ごじん》はここに満天下《まんてんか》に向つて社会革命党の結党を宣言す。

夫《そ》れ一人をして飽暖逸居《ほうだんいっきょ》せしめんが為《ため》に百万民衆常に貧困飢餓に泣くの時に於《お》て労働なるものの果して何ぞ神聖ぞや、一人をして其《その》私利、私福を恣《ほしいまま》にせんが為《ため》に百万民衆全く自由権利を剥奪せらるるの時に於《お》て人生なるもの果して何の価値ありや、一人をして其《その》野心、虚栄の心を満たしめんが為《ため》に百万民衆常に戦争侵略の犠牲たるの時に於《お》て国家なるもの果して何の尊厳ぞや。(8)

ここで「一人」としているのは天皇を意識してのことだろう。だけどそれだけではない。近代国家を基礎づけている社会契約論それ自体をたたいているのだ。みんなの利益を代表する「一者」に絶対的な権力をゆだねる。リヴァイアサン。さからえば死だ。たとえその「一者」が君主でも貴族でも議員でもおなじことだ。政治は人間による人間の支配である。いらない。アナーキーでゆけ。

さて、アメリカでやるべきことはやりおえた。六月五日、秋水はサンフランシスコ港から香港丸にのって出航。竹内やジョンソン、おいの幸衛《ゆきえ》らが見送りにきてくれた。わかれぎわの写真がのこっているのだが、それをみるとちゃっかり領事館スパイの川崎巳太郎《みのたろう》と巽哲男《たつみてつお》もうつっている。いやなかんじ。とはいえ秋水はしらず。みんなありがとう。これから日本でやらかしてきます。ごきげんよう。

世界はそれをゼネストとよぶんだぜ

一九〇六年六月二三日、秋水は横浜港に到着した。堺利彦、加藤時次郎の顔がみえる。横浜の仲間たちもでむかえにきてくれた。ただいま。午後四時、新橋駅につくと、こんどは東京の仲間たちが赤旗をもって歓迎してくれた。おかえり、秋水。おお、ひさしぶり。それから堺とご飯をたべながらおしゃべりをする。会いたかったよ、友よ。そのあと親友、小泉三申の家にいって泊めてもらった。

そしてきたる六月二八日、秋水は神田の錦輝館《きんきかん》でひらかれた日本社会党主催の演説会にのぞむ。講演タイ

サンフランシスコにて。左から川崎巳之太郎、巽鉄男、長谷川市松、不明、山形莫越、山内八重子、小川金治、岡繁樹、アルバート・ジョンソン、鷺谷南強、幸徳秋水、中山久一、竹内鉄五郎、幸徳幸衛

トルは、「世界革命運動の潮流」だ。アメリカの社会党員たちと交流してきて、いま秋水はどんなことを考えているのか。ドキドキしてまつ日本の社会党員たち。そのまえで、秋水はぶちかましたのだ。

ゆっくりとはなしはじめる秋水。これまで、ぼくらはドイツ社会民主党を手本にしてきました。普通選挙を実現し、議会で勢力をのばし、社会政策を実行していく。しかし三五〇万票も獲得し、九〇席もの議席をほこるドイツ社会民主党はいったいなにをしたでしょうか。なにもです。議員はみな私利私欲におぼれています。いちど地位や名声、なんらかの利益をえたら、議員はその権力に執着してしまいます。かれらは議席をまもるためであれば、どんな譲歩もいといませんと。

秋水はとくに例をあげていないが、たとえば、ある議員が非戦の理念をかかげていたとしても、もし戦争がちかづいてきて世論が好戦的愛国心にかたむいてきたらどうなるか。きっとそいつはつぎの選挙でかつた

米国から帰国した幸徳秋水を囲んで。前列左より岡千代彦、山口孤剣、吉川守圀、幸徳秋水、深尾韶、樋口伝、堺利彦。後列左から斉藤兼次郎、西川光二郎、大杉栄、竹内余所次郎、半田一郎

めに主戦論に転じるだろう。だから秋水はいう。議会は無用、いらないのです。それが欧米の同志たちの常識なのですと。ならば、この世界を変えるためにどうしたらいいのか。

於是乎《これにおいてか》、欧米の同志は、所謂《いわゆる》議会政策以外に於《おい》て、社会的革命の手段方策を求めざる可《べか》らず、而《しか》して此《この》方策や、能《よ》く王侯紳士罰の金力、兵力、警察力に抵抗し得る者ならざる可《べか》らず、少くも其《その》鎮圧を免かれ得る者ならざる可《べか》らず、而《しか》して彼等は能《よ》く之《これ》を発見せり、何ぞや、爆弾か、匕首《あいくち》か、竹槍か、蓆旗《むしろばた》か。否《い》な是等《これら》は皆な十九世紀前半の遺物のみ、将来革命の手段として欧米同志の執《と》らんとする所《ところ》は、然《しか》く乱暴の物に非《あら》ざる也《なり》、唯《た》だ労働者全体が手を供して何事をも為《な》さざること、数日若《もし》くば数週、若《もし》くば数月なれば即《すなわ》ち足れり、而《しか》して社会一切の生産交通機関の運転を停止せば足《た》れり、換言《かんげん》すれば所謂総同盟罷工《いわゆるゼネラルストライキ》を行ふに在《あ》るのみ。(9)

こういういいかたをされると、竹槍なめんなといいたくもなるが、とにかくフリッチ夫人やIWWのはなしをきいてかんじとってきたことをみんなにつたえたかったのだろう。世界にはあたらしい波がきているぞ。労働者諸君にはゼネラル・ストライキという武器がある。ブルジョアどもをやっつけたければ、その手であらゆる生産機関をとめてしまえばいい。やつらをふるえあがらせろ。もうテメエらのためにははたらかないぞと、その強烈な意思と力をいまここでしめすのだ。それができるということを自分自身の身体でかんじとれ。この一瞬ですべてが変わる。もう議員の先生がたにたよらなくていい。直接行動だ。世界はそれをゼネストとよぶんだぜ。

名もいらず、金もいらず、命もいらぬは、始末にゆかぬ

秋水の演説にブルブルと身体をふるわせる若者たち。だが同時に、普通選挙の実現に力をいれていた者たちが怒りでわなわなとふるえてしまう。なんだよ、おまえアメリカにいって変わってしまったのかと。このあと、秋水はいろいろとつっこみをうけたようだ。いちばんは「党」についてである。

おまえは帰国直前、アメリカで社会革命党を結成してきたじゃないか。選挙や議会はいらないというなら、なぜ政党をつくってきたのだと。秋水、こたえていわく。ぼくが反対しているのは議会で多数を占めることを目的とした党派のことだ。革命をやろうといって、ひとがあつまることじたいに反対しているわけではない。アナキストだって、「無政府党」につどうのだと。

アナキストが「党」を名のるかどうかはべつとして、ここで秋水がいっているのは、まえにもいった「徒党をくんでレッツ・パーティ」だ。支配的な秩序のなかに囲いこまれ、虐げられていたものたちが、いちどエネルギーを凝縮させて大爆発。バラバラになって、外へ外へと砕け散っていく。そんなイメージをもっていたのだろう。

あるいは、こんなこともいわれたかもしれない。アナキズムだのゼネラル・ストライキだの、わけのわから

ぬ横文字ばかりならべやがって、志士仁人《ししじんじん》の心はどうしたのだと。だが、秋水はいう。

日本の英雄西郷南洲《さいごうなんしゅう》云《い》へるあり「名もいらず、金もいらず、命もいらぬ人は、始末にゆかぬものなり、此《この》始末に行かぬ人ならでは、共に大事を議《はか》るに足らず」と、今の無政府党は、公等《こうら》の日夕相親《にっせきあいした》しめる紳士淑女と異《こと》にして、金も欲しからず、名も欲しからず、其《その》生命すらも犠牲として、寸毫《すんごう》も哀惜《あいせき》するを知らざるの人々也《なり》、斯《かか》る人々に対しては、公等《こうら》の威力、権力、金力と雖《いえ》ども、遂《つい》に之《これ》を奈何《いかん》せんや。(10)

アナキズムの精神とはなにか。名もいらず、金もいらず、命もいらぬは、始末にゆかぬ。これである。いかなる権威にも、いかなる権力にも、いかなる金力にも屈したりはしない。これは日本の英雄、西郷隆盛がいっていたこととまったくおなじではないか。あえていおう。西郷どんはアナキスト。志士仁人だ。

さて秋水。さきの演説会後に体調をくずす。加藤時次郎の病院でみてもらった。しばらく実家にもどって静養してきたらどうか。そうします。一九〇六年七月四日、秋水は妻の千代子といっしょに、新橋駅から電車にのった。ひさびさの帰省だ。五日には神戸へ。そこから汽船で宿毛港にでて、人力車にのって故郷、中村へ。ただいま、母さん。大歓迎といきたいところだが、おいの幸衛をひとりアメリカにおいてきたことで、おまえは無責任だ、ばかものめとめちゃくちゃ怒られた。すみません。

とはいえ、しばらくゆっくりしよう。そうおもっていたのだが、親戚やご近所さんがゆるさない。なにせアメリカ帰りの有名な知識人がもどってきたのだ。もう歓迎につぐ歓迎。ほうら飲め、飲め。お腹がいたい。

でもどうしてもみんな先生のおはなしがききたいという。ならばと八月三日、秋水は中村町で講演会をひらいた。七日には、ちかくの入野村《いりのむら》でも講演をする。ムリがたたってか、一五日には腸カタルでたおれる。すこしよくなってきたとおもったら、こんどは二六日、後川村《うしろがわむら》で講演会だ。もうぜんぜん休まらない。そろそろ東京にでもかえろうか。

八月三一日、秋水は宿毛港を出発。いちどおもいでの宇和島にでて、和霊神社《われいじんじゃ》に参拝。九月三日には大阪だ。こちらもなつかしい。五日には、京都の料亭で宮崎民蔵《たみぞう》と酒を飲みかわしている。ちなみに、宮崎八郎をおぼえているだろうか。兆民先生のはなしに感激して、熊本でコミューン建設。西南戦争で決起して命を散らしたひとだ。民蔵はその弟。当時は土地復権同志会をたちあげて、駆けまわっていたころだ。

どうもふたりはこんな会話をしたらしい。民蔵いわく。元来、大地はわれわれみんなのものである。なのに、いまは強欲な地主どもが独占している。おかしい。万人に土地を平等にわけあたえよと。秋水はいう。いいね。それならもう共産制でいいじゃないかと。民蔵はこたえる。共産制などクソくらえ。おれはみんなが土地を均等に所有できるようにしたいだけだ。私的所有、だいじ。

秋水からしたら、土地にはよしあしがあるわけで、上からパッと均等に分配などできない。それを村ではなしあってきめるにしても、どこかで入会地のような共有地をあつかう発想が必要になるだろう。原理はこれだ。「各人がその能力におうじてはたらき、各人がその必要におうじてうけとる」だ。共産制、だいじ。

そういいながらも、秋水は民蔵に好感をいだいたようだ。みんな好漢だよ。九月六日、秋水は京都を出発。八日の午前八時に新橋駅に到着した。ただいま。しばらく堺の家にとめてもらっていたが、さすがにずっとはいられない。九月二〇日、大久保百人町八四番地の借家にひっこした。ここにわらわらと仲間たちがあつまってくる。きょうからおれ東京のひとになる。大久保で再始動だ。

仲良しクラブのつきあいはまっぴらだ

それからの秋水は大忙しだ。なんと『平民新聞』復活のはなしがもちあがっていたのである。それも日刊新聞だ。なぜそんなことができるのか。突如として、大口の出資者があらわれたのである。青森の富豪、竹内兼七《かねしち》だ。

どうも竹内。電車事件で西川光二郎が逮捕され、保釈されたとき、わざわざ見舞金をもって青森から訪ねてきたらしい。そのとき西川にこうもちかけてきたのだ。あなた『光』という雑誌をやっていますよね。すばらしい。わたしがいくらでも出資しますから、どうせなら日刊紙にしちゃいませんかと。さすが富豪だ。

それをきいた西川。日刊紙をだすのは、われらの悲願だ。仲間たちと相談したいから、ちょっとまってくれ。そういって、堺や秋水に相談。やっちまおう。だけど、ぼくらだけではいけない。週刊『平民新聞』以来、分裂していたキリスト教グループにも声をかけ、いっしょにやろう。めざせ、日刊『平民新聞』。

さっそく雑誌『新紀元』につどっていたキリスト者たちに声をかけると、いっしょにやるという。だが、そのメインだった木下尚江はやってこない。木下は、このかんいろいろ考えてきたけれど、やっぱりキリスト教と社会主義はあいいれないといってはなれていった。かわりに石川三四郎がやる気満々だ。一〇月、秋水たちは平民社を再建。日刊『平民新聞』は日本社会党の機関紙ではなくて、あくまで平民社でだす。われわれはどの党派にも属さない独立系メディアだと、そんな理念もあっただろう。しかし、社会党のものにしなかったのにはもうひとつ理由がある。カネの問題だ。

こんかい、新聞発行にむけて竹内が一〇〇〇〇円だす。現在でいうと、三〇〇〇〇万円くらい。だがそれはカンパではなくて、出資金。事務所につかう家も印刷機も、竹内の私物みたいなものだ。ほんとうは、平民社は同志公有の機関だといいたいところだが、なかなかそうはいかない。ましてや社会党の機関紙というわけにはいかないだろう。平民社の運営についても、創立人として名をつらねた秋水、堺、竹内、西川、石川の五人、そして社員と大口出資者のみであずかることとした。

それでも日刊紙をやれるならしかたがないとおもっていたが、この竹内。ちょっとめんどうくさい。一〇〇〇〇円だすといっていたのに、ふたをあければ七〇〇〇円。あとはおまえらが用意しろという。それに会計はまかせろといっていたのに、どんぶり勘定でつぎからつぎへと資金不足。堺が血眼になって資金あつめに奔走だ。新宮在住の医師、大石誠之助をたずね、たのみこんでカネをだしてもらった。竹内のやろう、ふざけやがって。けっきょく、秋水が会計係をうばいとっている。(11)

ちょっと内輪でギスギスしていたものの、一九〇七年一月一五日には、ぶじに日刊『平民新聞』を創刊。編集人および発行人は石川。印刷人は深尾韶《しょう》がひきうけてくれた。この創刊号で、秋水はロシアの作家、マクシム・ゴーリキーの「同志よ《カムレード》」を翻訳している。あつい文章だ。資本主義のもとで、奴隷のようにあつかわれてきた民衆たちよ。怒りの声をあげろ。ともに拳をつきあげる同志をみつけろ。いちどたちあがったおまえたちは、もう奴隷じゃないぞ。革命の炎を燃やせ。その秘訣はただこれだけだ。カムレード、カムレード。ともにたたかえ。

なぜ創刊号にこの翻訳だったのか。この「同志よ《カムレード》」。エマ・ゴールドマンたちの雑誌『マザー・アース』創刊号に、英訳が掲載されていた。秋水はここからとったのだろう。マネっ子だ。わるい意味ではない。ぼくらは日本のカムレードですよと連帯の意思をこめて、この翻訳にした。われわれの友へ。

二月五日には、「余が思想の変化」を発表。ぼく、アナキストになりました。去年、「世界革命運動の潮流」と題して講演したことを思想の変化としてかたっている。内容はほとんどおなじだ。もはや議会政策は無用である。労働者の革命は労働者自身の力によらなければならない。直接行動しかない。あえて講演会とのちがいをいえば、ちょくちょくクロポトキンがひかれていることだろうか。

　労働者階級の欲する所は、政権の略取でなくて、「麺麭《ぱん》の略取」である、法律でなくて衣食である、故《ゆえ》に議会に対して殆《ほとん》ど用はないのである……。(12)

クロポトキンとの交流についてはあとでふれるが、ここでは秋水が、パンがなければうばいとれといっていることに注目したい。みんなが飢えていたら、ブルジョアどもから略奪してでもわけあってゆく。暴動上等だ。これを第一章でふれた足尾暴動のさなかにいったのである。やるな、秋水。

そして二月一七日、例の日本社会党第二回大会だ。アメリカで直接行動の思想をまなんできたとおもったら、目とはなのさきの足尾銅山で、むこうの活動家から見聞きしてきた以上の出来事がおこっている。秋水、興奮だ。たのまれてもいないのに大会で演説をかまし、議会は無用。時代は直接行動だとアジりまくる。あの田中正造がいくらがんばっても、議会ではなにも変えられなかったのに、足尾の労働者たちはたった三日で銅山をおとしたぞ。すごいよ、鉱夫さん。

その結果、日本社会党は分裂。議会政策派と直接行動派でもう大モメだ。この大会のあと、深尾はボソッと、秋水のせいでいままでのおれたちの努力がすべて水の泡だとつぶやいたという。深尾からしたら、やっとのおもいでキリスト教徒たちと合流し、これから大同団結して社会主義運動をもりあげていこうとしていたのに、ぜんぶ台無しだというところだろう。あたまのなかには、薩長同盟的ななにかがあったのだろうか。だけど、秋水の考えはぜんぜんちがう。みんなのために、全体のために、自分の意思をおしころすなんてまっぴらごめんだ。さけびたければさけべ。わかれたければわかれてしまえ。仲良しクラブのつきあいはまっぴらだ。

東京へゆくな、ふるさとを創れ

しかしここからはもう弾圧の雨あられ。まず日刊『平民新聞』(一九〇七年二月一九日号)が新聞紙条例の三三条でひっかけられる。記事にした「幸徳秋水氏の演説」と「日本社会党大会」が社会秩序をみだしたというのである。これで編集人および発行人をひきうけていた石川が軽禁固、四か月。ちなみに、軽禁固とは重禁固とちがって、労役のかされない禁固刑のことだ。ふつうに四か月はぶちこまれる。おもいよ。

つづいて二月二二日、こんどは堺と石川のふたりが本郷署によびだされる。いってみると、日本社会党に結社禁止処分だ。もともと堺は官憲から結党許可をえるために、党則の第一条を「本党は国法の範囲内に於《おい》て社会主義を主張す」としていた。それを第二回大会で削除。「本党は社会主義の実現を目的とす」と変更した。ここをつかれて、治安警察法八条二項でひっかけられる。国家の安寧秩序をまもるため、そういえば内務大臣判断でいくらでも結社禁止にできるのだ。やられた。

だが、秋水はあがく。まだだ、まだおわっちゃいない。そもそも東京が中央本部のようになってしまって、そこがつぶされたらハイおしまいではダメなのだ。それでは中央と末端とのあいだに支配関係がうまれてしまうし、なにより指導者の首をとれば、一発で運動をしずめることができるなんて、官憲にとってこんなに楽なことはないだろう。むしろこわいのはどこが中央なのか、だれが指導者なのかわからないことだ。全国の有象無象が続々とたちあがってくる。首をはねても、はねても、またニョキニョキとわきあがってくる。アナキストは多頭のヒドラなのだ。

三月二日、秋水はこんな記事をかいている。「人民の中に」だ。

故《ゆえ》に吾人《ごじん》は我《わが》社会主義者が、成《なる》べく多く各地方に撒《ま》かるるのを希望する、従来我《じゅうらいわが》同志諸君は競ふて都会に集まり来るの風がある、併《しか》し今日諸君を要するのは、都会よりも地方が一層急なのである……。(13)

東京へゆくな。ふるさとを創れ。どんな職業に就いたっていい。教員でも医者でも、県庁職員でも村役場の役人でも、郵便局員でも農家でも酪農家でもいい。地域に根ざせ。みずからの技術力をいかして、さあ伝道だ。地主や行政の指導がなければ生きていけない、そんなのウソだ。どっちが生かしてやっているのか。自分たちのことは自分たちでやれる。それをわからせればいいだけだ。

伝道は錦輝館《きんきかん》の演説や、新聞雑誌の論説が必しも有力なるに非《あら》ず、吾人《ごじん》にして若《も》し演説文章以外に、自家の健康と技能との許すべき方法を発見せば、吾人《ごじん》も亦《また》「人民の中に」行かんとするものである。(14)

ヴ・ナロードの戦術とはなにか。出たとこ勝負だ。じっさいにいってみるしかない。逆に、中央の人間がただしい方法を指示するようではダメなのだ。はじめからあたまにおもいえがいていた理想を他人におしつけるのではない。無知な民衆におしえさとすのではない。上から目線はやめろ。その啓蒙的な身ぶりこそ権威主義の温床である。目のまえにある現実から出発してゆけ。

人民の中へ。それはあなた自身がみずからの奴隷状態から脱するということだ、だれにもなんにも縛られない人民になろうとするということだ、それができるということを事実行為としてしめすことだ。われもゆかん。われもわれも。といいつつ、ぼくは体がよわくていけないのですが。

この思想をあとおししようと、一九〇七年三月八日から三一日にかけて、大杉栄がクロポトキン「青年に訴ふ」を訳す。元気いっぱいの若者たちよ、あらゆる圧政をはねのけて、身をかえりみずにたちあがれ。ヴ・ナロード。そこかしこから革命状態をまきおこすのだ、と。しかし四月一日、これが新聞紙条例でひっかけられる。こんどは三三条の「朝憲紊乱」だ。これで大杉は軽禁固、二か月。編集人および発行人であった石川もふたたび軽禁固、三か月をくらっている。

しかもそのすこしまえ、三月二七日には山口孤剣「父母を蹴れ」がやられている。山口は軽禁固、三か月。石川は六か月だ。オーマイ、三四郎。しかもこの件で、日刊『平民新聞』に発行禁止命令がくだされる。もう控訴してもムダだろう。四月一四日で廃刊とした。平民社も解散。くやしいです。

しかしまだ終われない。四月二五日、秋水は隆文社から単行本『平民主義』を刊行。週刊『平民新聞』から日刊『平民新聞』まで、コツコツとかきためてきた評論をまとめたものだ。非戦主義からアナキズム、サンディカリズム、そしてヴ・ナロードへ。それをあますところなくつたえたい。とおもっていたら、即日発売禁止。出版法の第一九条。国家の安寧秩序をみだすとみなされたのだ。秋水の本は国禁の書。表現に自由はない。

ゼネストはノー・フューチャー

体調がわるい。いつものことだ。だがなかなかよくならないので、一九〇七年四月二八日、病気療養をかねて神奈川県湯河原の旅館天野屋にいった。温泉にはいって、うまいものでも食って精をつけよう。とはいっても、筆をうごかしてしまうのが秋水だ。ここで秋水はアーノルド・ローレル『社会的総同盟罷工《そうどうめいひこう》論』を翻訳している。

ローレルは本名、ジークフリード・ナハト。一八七八年うまれ。オーストリア出身の電気工で、パリに滞在していたとき、アナキストになった。とくにサンディカリズムにひかれて、アナルコ・サンディカリストを名のったひとだ。

その後、訪問先のバルセロナでゼネラル・ストライキをみて、勢いそのままにヨーロッパのサンディカリズム運動を紹介し、その理論をまとめた。それが本書だ。一九〇五年に英訳されているから、秋水はそれを読んだのだろう。いくら秋水がゼネストをあおっても、まだ日本ではピンとこないひとがおおい。だからこの本を訳して、直接行動派の宣伝にあてたいとおもったのだとおもう。

じゃあ、どんな内容か。だいじなのはマルクス主義と比較しているところだ。

「マルクス派」の戦闘及び彼等《かれら》の政治運動の方法も全く演繹的弁証法と一致する者である、即《すなわ》ち生産機関の如《ごと》きも、人民直接に之《これ》を合併し、人民の手に経営させてはならぬ、否な彼等《かれら》先《ま》づ国家の権力を取り、生産機関を彼等《かれら》の手に集中し、其後《そのの》ちに初めてマナを降したやうに、人民の上に利澤《りざわ》を降さねばならぬと言ふのである、古来総《すべ》ての政治的革命の理想は常に爾《しか》く演繹的であった、単に個々の人物が政権を取る……其後《そのあと》で上から万人に自由を授与するといふのであつた。[15]

マルクス主義は演繹的だ。はじめにこたえがある。だれもが平等な社会。将来、その理想を実現するためになにをなすべきか。ただしい道をしっている指導者が政治権力をにぎって、そののちに上から平等な分配を実現していく。だがその結果、どうなるか。上からの命令には絶対服従。あたらしい支配がうまれるだけだ。むかしから政治革命とはそういうものだった。これじゃいけない。

労働組合の組織及び「総同盟罷工《そうどうめいひこう》」の準備は、直ちに夫れ自身の中に、政権争奪以外に未来、社会改造を為《な》すべき根本要素を包有《ほうゆう》するものである。
従《したが》って「総同盟罷工《そうどうめいひこう》」は直ちに夫《そ》れ自身の中に、労働組合が直接に生産機関を奪取すべしてふ要求を包有《ほうゆう》するものである、人民に依《よっ》て作られ人民の中より生れ出たる共通の教義である……。(16)

サンディカリズムは帰納法だ。将来のためにいまを犠牲にしてはいけない。いまを耐えればいつか将来。そうおもっているうちに、他人に支配されることに飼いならされてしまう。だいじなのはいまだ。いまここで、理想とする世界が予示されるようでなくてはいけない。現在のアナキストなら「予示的政治」というだろうか。ゼネストを準備する。ほかのだれでもない、自分たちのことは自分たちでやる。仲間たちとともに知恵をひねらせて、あの手この手をくりだしてブルジョアをうちのめす。
そこに上下関係はない。フラットなのだ。口のたつやつ、腕っぷしのたつやつ、事務作業にたけたやつ、おもしろいやつ、元気のいいやつ、やたらビラづくりがうまいやつ。ひとりではおもいもしなかったようなことができるようになっていく。力が力をよび、さらなる力をうみだしてゆく。ただ支配のない友人関係だけが、支配そのものにあらがう力をはぐくむのだ。いまここに、無支配の世界をうちたてよう。運動とは、日々実践されていくそのプロセスにほかならない。いいかたをかえておこうか。われわれに将来などない。ゼネストはノー・フューチャー。

秋水は五月八日にこの翻訳を完成させている。はやい。タイトルは原題ではなく『経済組織の未来』と、ちょっとおさえめのタイトルにして出版しようとしたのだが、それでもひきうけてくれる出版社がみつからない。もはや秋水といえば、国禁の書。どこもだしてくれないのだ。ならばと秋水はこれを地下出版。仲間うちでまわしてゆく。国禁、上等。

ごめんね、相棒

さて、東京の家にもどった秋水。六月になってからまた忙しくなった。日刊『平民新聞』がつぶれてから、直接行動派のためのメディアがない。どうしたものか。そうおもっていたら森近運平が大阪にわたり、大阪平民社を設立。六月一日には、『大阪平民新聞』を発行している。一一月には『日本平民新聞』と改題。東京がダメなら地方からゆくと、行動力バツグンの森近が大阪で仲間をつのり、直接行動派の拠点となるメディアをつくりだしたのだ。ここに秋水や大杉も寄稿していく。

しかし東京では議会政策派のうごきが活発化していた。六月二日、片山潜が西川光二郎とともに『社会新聞』を発刊。社会平民党という政党をたちあげようと準備していた。二二日には、秋水と片山、西川、堺の四人でご飯を食べながら、今後の運動についてはなしあう。おそらく片山と西川は、秋水と堺を説得してまたいっしょにやろうよとさそったのだろう。おことわりだ。

六月二五日には、わざわざ片山が秋水宅をたずねてくる。それでも秋水は話にのらない。もし結社に意味があるとすれば、仲間たちのエネルギーを凝縮させておもいきり爆発するためだ。たがいに気をつかってがまんして、エネルギーを削いでなんの意味がある。そんな大同団結などまっぴらごめんだ。

このころ、堺とも微妙に距離ができはじめていた。むろん仲はよいし、信頼関係もある。いっしょにもうごくのだ。だけど思想がちがう。堺は仲間うちで「ぼくはマルクス主義者だ」と公言していた。ひとつだけエピソードを紹介しておこう。これはさかのぼること四月のはなし。秋水のところに、ある若者がたずねてきた。坂本清馬《せいま》だ。坂本は一八八五年、高知県うまれ。年齢でいうと大杉と同い年だ。当時は小石川砲兵工廠のガードマン。ガタイのよい元気いっぱいの兄ちゃんだ。

坂本ははたらきながら、秋水の『社会主義神髄』を読んで大感動。社会主義にひかれるようになった。そして一九〇七年二月、足尾銅山の大暴動だ。もう興奮がとまらない。おもいのたけを手紙にしたためて秋水に送ってみると返事がきた。やった。なんどか文通をしていると、四月末ころ秋水からうちにおいでよと誘いがかかる。

緊張しながらいってみると、秋水は「やあ」と挨拶をして、これから仲間うちの会合があるからいっしょにいこうという。ふたりでテコテコあるいていく。たどりついたさきは淀橋町柏木。現在の新宿あたりの大杉宅だ。なかには神川マツ子もいて、これからアナキストの秘密会合をひらくという。そこに秋水は初対面の坂本をさそったのだ。きっと足尾暴動にテンションぶちあがりの坂本は、もうアナキストだとおもったのだろう。じっさい坂本はすぐにうちとけて、大杉とめっちゃ仲良くなっている。

しかしこのとき、会合にはさそわれていなかった堺と赤羽一、そして管野須賀子がたまたま遊びにきてしまう。すると神川がはっきりとこういった。

> 今日の会議には、主義者でない人がいる。これでは、主義の話もできないから流会にしましょう。(17)

なんか感じがわるい。堺からしたらハブられたみたいでいやなおもいをしたのだろうが、そのくらい距離はできていたのだ。ごめんね、相棒。

その後、坂本はよく幸徳家にあそびにきて、いろいろ質問したり、秋水と客の対談をきいて勉強していた。だけどいつもつかれていて、客のまえでグウグウとねてしまう。仲間たちが失礼だといって起こそうとするが、秋水は「坂本くんは昼夜勤だから眠たかろう。放っておけ」といって、そのままねかせてくれたという。そして起きると晩飯でも食っていきたまえといって、ごはんもごちそうしてくれるのだ。やさしい。

このあと、坂本はガードマンの仕事をクビになり、どうしたものかとおもって、秋水に相談。そしたら秋水は同郷のよしみだし、うちにこいという。書生にしてくれた。先生！　きょうからおれ、幸徳秋水の玄関番。

ここから大杉とともに、暴れん坊のアナキストとして活躍していく。

中国の革命家にかたる――道徳としての暗殺精神!?

はなしをもどそう。片山は社会主義者の大同団結をあきらめない。おそらく秋水の直接行動論にシビれていた元気バリバリの若者たちをこちらにひきよせたいというおもいもあったのだろう。片山はいう。八月一日から一〇日まで、九段下のユニバリスト教会で社会主義夏期講習会をひらくから、これはいっしょにやろうじゃないかと。異議なし。講師陣には秋水と堺、そして片山、西川、山川均と田添鉄二だ。直接行動派と議会政策派の合同イベントである。おもしろそう。

どうもここで秋水はクロポトキンをひきながら、アナキズムの「道徳論」をしゃべったらしい。片山たちの『社会新聞』にその一部が掲載されている。

ポーレル氏の蟻《あり》の研究によるに、蟻《あり》が胃腑《いのふ》に蜜を貯《たくわ》へ居《い》る時、餓へたる蟻《あり》に出遭《であ》ひ頼まるれば、胃腑《いのふ》より蜜を出して與《あた》ふるを常とすと、是《こ》れ蜜の社会に於《お》ける徳義にして若《も》し此《こ》の道徳律に背きし場合には他の蟻《あり》より非難さるると云《い》ふ。(18)

クロポトキン『相互扶助論』の有名なくだりだ。アリの世界。目のまえに蜜をみつけられなくて、餓えて死にそうなアリがいたらどうするか。まよわず自分の蜜をわけあたえる、だ。自分の胃袋にはいった蜜をゲロゲロとはいて、さあお食べ。それで自分が腹ペコになって、飢えたとしてもあげてしまうのだ。それゆけ、アリさん。

わが身かえりみず、見返りなんてもとめない。損か得か、あたまで考えるよりまえにうごいてしまう。無意識的にたすけてしまうのだ。生の無償性。アリにはそんな本能がやどっている。いわんや人間をやということだ。きっと秋水は孟子の「仁」や「惻隠《そくいん》の心」をおもいうかべながらこのはなしをしていたにちがいない。

しかし秋水はこうもつけくわえる。おそらくみんなそんなことはあたりまえだとおもっているだろう。だけどなにもわかっていない。みんなそこに範囲をもうけたがるのだ。たとえば、日本人にたいして非人間的なあつかいをしたら悪だけど、朝鮮人にたいしてならかまわないと。ふざけんな。けっきょく、自分たちの損得しか考えていない。自分か他人か、日本人か朝鮮人か、そんな境界はぶちぬいて身をなげ捨てて相手をすくう。それが相互扶助だ。生きとし生けるものの本性なのだと。

聴講にきていた若者たちが興奮しながら秋水のはなしをきいている。いっけん、どこにひかれたのだとおもわれるかもしれない。だって、直接行動のはなしをきけるとおもっていたらアリのはなしだ。しかし若者たちは秋水の意図をはっきりと理解していた。このとき夏期講習会には中国の革命家もたくさん参加していて、そのひとりが当時、アナキズムにひかれていた留学生、景梅九《けいばいきゅう》[19]だ。かれの回想によれば、秋水は道徳についてさらにこんなことをいっていたという。

他人が自分にしてほしくないことを、自分も他人にしないようにするのは消極的で、他人が自分にしてほしいことを自分も他人にしてやろうとするのは積極的である。必ずこの両面があって、はじめて完全となる。[20]

内容的にクロポトキン「アナキズムの道徳」を紹介していたのだろう。[21]相互扶助は積極的道徳である。相手にもとめられていなくてもいい。みしらぬだれかが悪逆非道な権力者に虐げられている。ひどい、ひどい、ひどい。そしたらもう、おせっかい上等だ。やむにやまれず決起。心臓をささげろ。無私の心でたちあがる。たとえそれで吊るされたとしてもつっぱしれ。景梅九《けいばいきゅう》はこれを「暗殺精神」とうけとめた。たぶん秋水としては、暗殺だけではなくて一揆や暴動、ストライキまでふくめて、蜂起《インサレクション》の精神は相互扶助だといいたかったのだとおもうが、まさに革命動乱期にあった中国では政府高官の暗殺にリアリティがあったのだ。道徳としての暗殺精神。もっとくわしくはなしをききたい。

中国からきていた革命家。章炳麟《しょうへいりん》と劉師培《りゅうしばい》、何震《かしん》、張継《ちょうけい》がうごく。在日中国人むけに社会主義講習会をひらいたのだ。秋水はその講師にまねかれている。八月三一日、牛込の清風亭に一〇〇人あまりの聴衆。秋水は全力でアジった。中国革命はちかい。これから清朝政府は民衆の力で打倒されるだろう。だが、そのさきにあらたな政府をたてる必要はない。そのまま民衆とともに無政府でゆけと。

さきほどの景梅九《けいばいきゅう》によれば、このとき秋水はすさまじい気をはっしていて、目をギラギラと光らせ、監視にきていた警官をカッとにらみつけると、こわくなった警官が顔をそむけたという。かっこいい。

ちなみに、中国の革命家とのつきあいはすこしまえからだ。一九〇七年四月、ちょくちょく仲間うちの会合に顔をだしていた北一輝が張継《ちょうけい》を紹介してくれた。元気シャカリキのアナキストだ。そのあと章炳麟《しょうへいりん》や劉師培《りゅうしばい》、何震《かしん》とも交流。なかでもリーダー的存在だったのは章炳麟《しょうへいりん》。急進的なナショナリストで、のちに孫文、黄興《こうこう》とともに辛亥革命の「革命三尊」と称されるひとだ。

それからすぐに章は亜洲和親会《あしゅうわしんかい》をたちあげる。せっかくだし、日本にきているアジアの活動家でうっすらとしたネットワークをつくろうと。ナイスプランだ。章が規約文をかく。「帝国主義に反対し自らわが民族を守る」[22]。ここに中国、日本、インド、ベトナムの活動家が参加。ざんねんながら朝鮮の活動家は不参加だった。侵略者である日本人とは同席できないと。そりゃそうだ。日本からは秋水でなく、若手のエース、大杉栄と山川均。そして守田有秋《ゆうしゅう》と竹内善朔《ぜんさく》が参加した。とくに大杉は張継《ちょうけい》と気があって友情をふかめたようだ。いっしょに革命しようぜ。ハオ、兄弟。

もうひとり、秋水と仲良くなったのが劉師培《りゅうしばい》。アナキストだ。中国ではナロードニキの影響をうけ、清朝高官の暗殺を計画。やったれと。そんなひとが一九〇七年、章炳麟《しょうへいりん》にさそわれて日本にきていた。一九〇七年六月には、妻の何震《かしん》とともに雑誌『天義』を発刊し、家父長制クソくらえと家庭廃絶論でうってでる。

秋水はその激烈な文章をよんで大感動だ。きみたち、シビれたよ。そうだ、男女同権のない革命は革命ではない。ふたりに手紙をだし、それが『天義』に掲載されている。よっぽどテンションがあがったのか、七月一五日の『大阪平民新聞』にも何震《かしん》サイコーという文章をよせている。「支那婦人の前途《ぜんと》決して侮《あなど》る可《べか》らざる也《なり》」(23)と。しかも劉にいたっては中国思想の伝統にもとづいて、アナキズムを紹介しているのだ。秋水にちかい。中国アナキズム、きてるね。だが、このあと劉と何震《かしん》は中国へ帰国。まもなくして、清朝政府にねがえってしまう。どうした、友よ。

インディビジュアル・コモンアクション
——アムステルダム会議より

いそがしい。一九〇七年九月六日、秋水は堺とともに金曜講演会をたちあげた。毎週金曜に直接行動派の会合をひらいてゆこうと。まだみぬ友よ、きたれ、あつまれ。でもやっぱりお腹が微妙にいたい。しばらく病気療養のために故郷の中村にかえろうか。静養をかねて、ゆっくりクロポトキンでも訳してこよう。

一〇月一八日、神田三崎町の吉田屋で金曜講演会がひらかれた。秋水の送別会もかねて、ワイワイやろう。参加者は九〇人。秋水は、八月にアムステルダムでひらかれたアナキスト国際会議のはなしをした。いわゆるアムステルダム会議である。秋水もおさそいをうけていたのだが、体調がわるくていけなかった。

会議がおわったあと、エマ・ゴールドマンやバークマンから、きみがこられなくてざんねんだよという手紙をもらっている。いっしょに会議の議事録も送られてきた。おそらく、これがアナキズム入門にもなるとおもったのだろう。のちに秋水はその全文を翻訳している。おおきな議題は三つだ。

一、アナーキーと団結

二、アナキズムVSサンディカリズム

三、非軍国主義の武器

ひとつ目は、アナーキーと団結は矛盾しないのかどうかということだ。個人と組織の問題といってもいいだろう。たとえアナキズムの大義をかかげていても、組織をたちあげれば個人の自由が制約される。かといってバラバラにたちあがっても各個撃破されるだけだ。どうしたらいいか。

個人的行動《インヂヴィヂュアルアクション》は固《もと》より重要なるべしと雖《いえど》も、共同的行動《コモンアクション》あるに非《あら》ざれば未《いま》だ以《もっ》て完全となすことを得《え》ざるは、猶《な》ほ共同的行動が個人的行動に非《あら》ざれば以《もっ》て完全となすを得《え》ざるが如《ごと》しと思考す。

戦闘的勢力の団結は、伝道上に新たなる活気《イムペクス》を與《あた》ふ可《べ》し、而《しか》して之《これ》に依《よっ》て労働階級間に於《お》ける革命的連合主義《フェデラリズム》の弘通《こうつう》を急速ならしむるを得《え》んと思考す。(24)

連合主義だ。他人に命令をくだし、強制するような組織はいらない。一人ひとりの自発性をそこねてしまうからだ。だがそれは個人主義ではない。これがわたしだというわたしはわたしではないからだ。なにが個人だよ。

たとえば、わたしはダンス好きだ。みんな労働運動をやるぞとさわいでいるが、職場なんて小銭をかせげればそれでいい。自分の趣味をいきる。他人は他人、自分は自分だ。と、おもっていたら、会社でストライキ。同僚たちがおもいおもいに身体をふるわせ、大暴れしている。天空にむかって、ビラをまきちらす。雄叫びをあげて、ピョンピョン跳ねる。機械をこわす。上司や警備員ととっくみあいのケンカをしている。ああっ。これはもうダンスじゃないか。あんな踊りもある。こんな踊りもある。ダンス、ダンス、ダンス。革命じゃあ。ぼくも暴れたい。おまえはおまえの踊りを踊っているか。

もういままでのわたしではない。わたしの力がどんどん拡充してゆく。一人では「個人」の殻に閉じこもっていただろう。だけど、わたしの身体はたえず集団的に変化してゆく。自分では想像もしていなかったことをやらかしはじめる。個人か集団かではない。個人的かつ集団的にうごくのだ。アナーキーとはなにか。無秩序の秩序だ。組織なき団結だ。インディビジュアル・コモンアクション。

さて、ふたつ目はアナキズムとサンディカリズムの対立だ。イタリアのアナキスト、エンリコ・マラテスタが会議の場で、サンディカリズムを批判したのだ。「無政府主義者は、労働組合運動及《およ》び総同盟罷工《そうどうめいひこう》を以《もっ》て、有力なる革命手段なりとするも、然《しか》れども革命其物《そのもの》に代用すべきものにはあらずと思考す」と。(25) たしかにゼネラル・ストライキはブルジョアをやっつけるための有力な手段だ。政治家のたすけもいらない。労働者の解放は労働者自身の手でなしとげる。それもバッチシだ。だけどサンディカリズムは革命そのものではないと。どういうことか。

秋水ももうすこしくわしくしりたいとおもったのだろう。後日、マラテスタ『無政府主義《アナキズム》と新労働組合《シンヂカリズム》』を翻訳している。一九〇七年一一月、雑誌『フリーダム』に掲載されたものだ。マラテスタはいう。労働組合はその性格上、革命的にはなりえない。労働者の経済的利益のためにうごくからだ。たとえば、自分の会社が足尾銅山よろしく鉱毒被害をだしていたとする。アナキストなら被害民に協力してストライキだ。たとえそれで全員仕事をうしなうことになったとしても、である。

だが労働組合の論理はちがう。利益にならなければやらないのだ。むしろ血気にはやるものをとめようとするだろう。現実をみろ、生活のことを考えろ、仕事をうしなうぞと。ときに労働者はブルジョアよりもブルジョア的になってしまう。真に問いたい。労働者の解放とはなにか。それは労働者の労働者自身からの解放だ。みずからの経済的利益からも自由であるということだ。目のまえの悪逆非道に、ただふざけんじゃねえでうごきだす。それがアナキズムだ。

それから三つ目は非軍国主義の原則。いざ、戦争がはじまってしまったらどうするか。たんじゅんだ。自国の統治者をうて。あらゆる統治機関を破壊せよ。蜂起だ。アナキストは「万国国民が、其《その》国の開戦の宣言に答ふるに、一揆叛乱《インサレクション》を以《もっ》てせんことを希望する者なることを表明す」と。(26)いいことをいう。しかし会議自体は大モメだ。具体的にどんな行動をとるのか、ああしろ、こうしろと。だがこういう会議の場で、それをきめてしまったら各地域の自発性をうばいかねない。会議はつらいよ。

わたしはわたしの生を無条件でいきる

よし、あとはまかせた堺くん。一九〇七年一〇月二七日、秋水は母の多治、妻の千代子といっしょに東京をでた。一〇月二九日、大阪に到着。そこから富山にわたって、千代子の姉、松本須賀子をたずねている。その夫、松本安蔵が富山地裁の判事で、秋水が官憲にマークされていることを心配していたので、とりあえず顔をみせにいったのだ。安心してください、生きていますから。

そうして大阪にもどってくると、一一月三日、森近運平が大阪平民社で茶話会をひらいてくれた。参加したのは、森近の右腕こと武田九平《くへい》、そして岡本頴一郎《えいいちろう》、三浦安太郎、百瀬晋《ももせすすむ》。ちょうど『大阪日報』の記者だった荒畑寒村もやってきた。さらに神戸からは小松丑治《うしじ》、熊本からは松尾卯一太《ういった》だ。

ちなみに、小松は神戸海民病院の事務員だったひとだ。おなじ病院につとめていた岡林寅松《とらまつ》と小学校時代からの友人で、ともに高知出身。同郷ということもあって、五つ年上の秋水を敬愛していた。とくに非戦論に共鳴し、ぼくらも平民社をやろうといって、神戸平民倶楽部をたちあげていた。(27)

松尾は一八七九年、熊本うまれ。上京して早稲田にかようが中退。どうもそのころ社会主義にめざめたらしい。一九〇三年ころ帰郷し、養鶏場をひらいて大成功。ちょっとした資産家になっている。おなじ卯の年うまれの新美卯一郎《にいみういちろう》と意気投合し、いざ社会主義へ。一九〇七年六月に『熊本評論』をたちあげていた。(28)

はなしをもどそう。この茶話会で、秋水はバクーニンのはなしをしている。われわれにたりないのは、圧制に対する反抗心だと。アナキストが「反抗」というとき、権力奪取を目的とする「革命」とのちがいを強調していることがおおいから、秋水もそんなところだろうか。権力をとらずに世界を変えろ。いくぜ、レボルト！

さて翌日、秋水一行は大阪を出発。汽船にのって瀬戸内海をわたり、大分県の別府温泉へ。浜脇町（現在の別府市浜脇）の温泉宿、登佐屋《とさや》に泊まった。かんぜんに湯治である。妻の千代子もリウマチで苦しんでいたので、せっかくだしゆっくりしよう。よほど気にいったのか、なんと一九日間も滞在している。うらやましい。

ここで秋水は筆をとる。おもしろいのは、森近の『日本平民新聞』（一九〇七年一二月五日掲載）に寄稿した「別府より」だ。

> 別府浜脇の人々は、今や現に廣潤《ひろびろ》、清潔なる浴場を公有にして、二六時中《にろくじちゅう》自由に出入到居《ではいりいたしお》り候《そうろう》、浴場既《すで》に然《しか》りとせば、彼等は更《さら》に此《この》規模制度を拡張して、何故《なぜ》に電車、馬車、汽車、汽船等にも無代にて乗ること為《な》さざるや、其《その》便益浴場の無代なるに勝ること幾何《いくばく》ぞや、而《しか》して更《さら》に延《ひい》て衣食住の公有無代に及ぼすこと、其《その》実行は長日月《ちょうじつげつ》を要すとするも、其理《そのことわり》は同一なるに非《あら》ずや、此《この》経済機関の公有こそ即《すなわ》ち吾人《ごじん》社会主義者の主張なれ云々《うんぬん》とは、小生が当地の新聞社員某氏に向つて語れる所《ところ》に候《そうろう》。[29]

秋水いわく。温泉はコミュニズムなのだ。男女貴賤の区別なく、だれでも無償で公衆浴場にはいることができる。きもちいい。カネはいらない。見返りはいらない。各人の必要におうじてうけとれだ。お湯や施設を管理する必要はあるだろうが、そんなのご近所さんでちょっとはなしあえばなんとでもなる。

コミュニズムはとおい将来の理想ではない。災害時にのみあらわれるものでもない。日常的にふつうにやっていることだ。あとはそれをどうやってひろげてゆけるのか。電車にも、馬車にも、汽船にも、汽車にも、衣食住にも。カネがなければ生きていけない？　ひとが生きるのにいじわるな条件を課すのはもうやめよう。わたしはわたしの生を無条件でいきる。温泉へゆこう。

イギリスのクロちゃん

さて、のんびり温泉につかったあと、秋水一行は故郷にむかった。一九〇七年一一月二四日、宿毛港に到着。そこから人力車にのって中村にたどりついた。ひさしぶりのわが家だ。ここで秋水はクロポトキンの翻訳にとりくむ。主著『麺麭《ぱん》の略取』だ。まえにもふれたが、クロポトキンとの交流は、一九〇五年一一月にはじまる。フリッチ夫人のすすめで亡命先のロンドンに手紙をだした。イギリスのクロちゃんだ。

そしたら帰国後、返事をもらって文通開始。確認されているだけでも一四通の手紙のやりとりをしている。そして、この文通。クロポトキンからもらった手紙は大逆事件のときに訴訟資料として押収されたこともあって、その存在が確認されていた。だが秋水がクロポトキンにおくった手紙についてはみつかっていなかった。それが二〇二一年、ついに発見。アナキズム研究者の田中ひかる氏が、アムステルダム国際社会史研究所に保管されていたのを一通みつけてきたのだ。すごい。

その後、クロポトキン研究者のショーン・ピット氏がロシア連邦国立文書館に保管されていたものを八通、発見。これで秋水がクロポトキンになにをかいていたのかがあきらかになった。[30] たとえば、田中氏が発見した手紙は一九〇七年二月一五日にかかれたものだ。時期的には、足尾暴動と日本社会党第二回大会のあいだにあたる。せっかくなので、一部だけでも引用してみよう。

日本の労働者階級がついに目覚め、彼らの直接行動が支配階級を震えあがらせ始めたことをお知らせできることを、大変うれしく思います。……すべての人々、資本家さえも、鉱夫たちを鎮圧するために軍隊の力を用いたことに憤りをおぼえています。いずれにしても、足尾暴動は社会主義者たちに大きな影響を及ぼし、「直接行動」の真の効果を現実のものにしました。

社会党は、東京において二月一七日に全国大会を開催する予定です。そこでは、党の運動方針について大論争が起こることが予想されます。私もこの大会に出席して、普通選挙運動と議会主義に反対する演説をおこないます。[31]

まさに有言実行。この手紙をかいた二日後に、そのままのことをやっている。なにより、どれだけ秋水が足尾暴動にブチアガっていたのかがよくわかる。いい手紙だ。このあと一九〇七年四月には『麺麭《ぱん》の略取』の出版許可をもらうための手紙。そこには「金銭的なお返しはできません」ともかいてある。さすが秋水。ちゃっかりしている。七月には返事をもらって許可がおりた。秋水はそのお礼がてらまた手紙をだして、これから社会主義夏期講習会で、あなたの「アナキズムの道徳」を紹介しますとかいている。そんなやりとりがあっての現在だ。きばっていこう。

革命は人民の呼吸なのだ――クロポトキン『麺麭《ぱん》の略取』をよむ

じゃあ、『麺麭《ぱん》の略取』にはどんなことがかかれているのか。かいつまんでご紹介しよう。ポイントは三つだ。

一、労働はいらない（資本制は封建制）
二、共産制は事実だ（条件なき生をいきてゆきたい）
三、収用、だいじ（収奪者を収奪せよ）

ひとつ目は労働廃絶論だ。資本主義のベースとなっている賃労働。それはかたちをかえた封建制にほかならない、いらないのだと。クロポトキンはいう。ほんらい、「万物は万人の為《ため》に在《あ》る！」(32)。共同財だ。わたしたちが住まうこの大地も、そこで知恵に知恵をかさねてきた想像力も、だれかひとりの所有物ではない。

たとえば、自分の土地を耕す農民。だがそれもひとりでやっているのではない。先祖伝来の知恵を借り、繁忙期にはまわりにたすけてもらう。近所のひとからこの野菜はかんたんにつくれるときけばつくってみるし、こっちもうまいものがあればもっていく。あれもできる、これもできる。気づけば、いろんな作物ができている。ひとが群れるのに、それ以外の意味などないだろう。

そこに封建領主がやってくる。この土地はおれさまのものだといいはじめる。おれさまのものをつかっているのだから租税をおさめろ。収奪だ。さからえば死。富の象徴だからと、米ばかりをつくらせる。病害で稲がくちれば飢餓状態。領主さまの倉庫からわけてもらわなければ生きてゆけない。ああ、領主さま。

ほかの仕事もおなじことだ。職人たちが伝統技術をうけついで、そこに試行錯誤をかさねていく。だれかがムダにきれいなもの、ムダに頑丈なもの、ムダに軽いものをつくりだす。おもしろい。わたしもぼくもためしてガッテン。

あたらしい技が錬成される。資材も自分たちで管理する。いらなくなれば、もらってかえる。身ひとつで体をこわすとこまるから、みんなでカネをだしあって、いざというときの手当てにしよう。扶助システムだ。

だけど、そこにブルジョアがやってくる。どでかい要塞みたいな工場をたてて、ここはおれさまのものだといいはじめる。土地も建物も機械も技術も資材もアイデアも、なにもかもだ。なぜか会社のものを勝手にとったらドロボーとよばれる。

機械だって先人の知恵の賜物なのにそんなことはおかまいなしだ。「是《こ》れ予《よ》の物である、汝之《なんじこれ》を使用せんと欲せば、汝《なんじ》の各生産物に就て或《あ》る租税を予《よ》に納めよ」(33)。みんなの知恵をつかって、みんなで協力してつくったのに、生産物はブルジョアひとりが独占してしまう。すべて租税のようにおさめなくてはならない。

あとは食っていけるだけの、なけなしのゼニをもらうだけ。さからえばクビ。一文なしで死ぬかもしれない。そしたら、こうおもうのだ。ああ、ブルジョアさまがいなければ生きていけない。

しかもこわいのは、しだいにこの論理にかいならされてしまうことだ。ブルジョアはとにかく利潤をあげろと命令してくる。もっとはやく、もっとたくさん。倒産したら食いっぱぐれるといわれたら、労働者もシャニムニはたらいてしまう。それで会社がもうければ、その見返りとしてたまに賃金があがる。ああ、ブルジョアさまはわたしどものことをよくみてくださっているぞ。

いつのまにか、はたらきにみあった賃金をもらっているとおもえてくる。賃労働だ。労働者も利潤を尺度にしてはたらきはじめる。評価されたい。もっとはたらけ、もっとかせげ。ほんとうはよりたくさん収奪されて、よりたくさん租税をおさめさせられるだけなのに、ブルジョアのためにはたらくのが誇らしくなってしまうのだ。ブルジョアは会社の領主である。資本制は封建制だよ。

> 彼《か》の「労働すべき権利」とか「各人に其《その》労働の結果の全部を与《あた》へよ」といふが如《ごと》き漠然たる方式は、最早《もはや》用はない、吾人《ごじん》の宣言する所《ところ》は実に安楽《ウエルビーイング》なるべき権利、即《すなわ》ち天下万人の安楽。[34]

まっとうな労働などない。労働そのものがいらないのだ。労働の対価をよこせ？　一見、まともな要求におもえるけれども、じつはちがう。これに慣れてしまうと、たとえ意に沿わないことでも、カネをもらえるならやるようになってしまう。逆にカネをはらわなければ、だれにもなんにもしてもらえないかのようにおもえてくる。そしたらもう会社のいいなりだ。会社からカネをもらわなければ生きてゆけない。ああ、ブルジョアさま。賃金が人間を奴隷化してゆく。

どうしたらいいか。無政府共産制を生きること。天下万人の安楽をのぞむこと。まえにもいったとおもうが、共産制とは、各人がその能力におうじてはたらき、各人がその必要におうじてうけとることだ。はたらいたぶんだけもらうのではない。はたらく、もらうは交換ではない。ただあげる、ただもらうものだ。無償である。クロポトキンの場合、あげるを強調するときは「相互扶助」といい、もらうを強調するときは「共産制」という。このあたりがいまの労働倫理にひっかかるところだろうか。はたらかないで、たらふく食べたい。ただもらう。

しかし、資本主義がここまですすんでしまったいま、そんなことができるのだろうか。この世界に無償のロジックがはいりこむ余地などあるのだろうか。

田舎の町村などは猶《な》ほ此《この》共産制の最後の名残を保存せんが為《ため》に努力する、而《しか》して其《それ》は成功して居《い》る――国家が其《その》重き剣を秤上に投げざる限りは。

一方には是《これ》と同一の主義――各人の必要に従《したが》つて分配すてふ――を基礎とせる新組織は、無数の相異なれる形式の下に勃興する、何となれば或《あ》る共産主義の酵母あるに非《あら》ざるよりは、現時の社会は存立し得《え》ぬのである、故《ゆえ》に今の商業制度が人心をして偏狭なる利己的風気に染ましめたること深きに拘《かか》わらず、猶《な》ほ共産主義的趨向《すうこう》は断《た》えず現出して、種々の方法に依《よっ》て吾人《ごじん》の活動に影響して居《い》る。(35)

ふつうにあるよということだ。とくに田舎。ふだん身のまわりのことは税をおさめ、カネをだして行政や企業にやってもらうものだとされているが、実態はそうではない。たとえば、台風で通行路がグッチャングチャン。大木がたおれ、道をふさいでいる。あぶなくて、子どもが学校にかよえない。そういうとき行政の指導をまっていても、たいていはなにもしてくれない。むしろなんのうちあわせもしてないのに、わらわらと村人があつまって声をかけあい、ササッと大木をどかして、道をならしてしまう。

それで子どものいる家庭に金銭を要求したり、カネをださなければ道をつかわせないというやつはいない。「汝の必要に任せて取れ」[36]。ギブ・アンド・テイクではない。ただのテイクだ。テイク、テイク、テイク、テイク、テイク、テイク。これがふたつ目のポイントだ。共産制は事実だよ。

それに、田舎だけではない。たとえ資本主義がバリバリに浸透した都会でも、共産制は必ずあらわれる。権力ですらそれを担保しようとする。たとえば、鉄道、郵便、図書館。かんぜんにタダとはいかなくても、鉄道や郵便についてはだれもが安い値段で利用できる。公共の図書館ならたいていは無料だ。

なぜか。利潤、利潤のこの社会。でもいまもうかるものだけを考えていたら五年後、一〇年後、もうかるものがなくなってしまう。アイデアが枯渇してしまうのだ。むしろいまはムダとおもわれていても、ひとが自由に交流し、自由に本をよんでおもしろいことをやりはじめたほうが、あとあともうけにつながるのだ。

だから資本主義を維持するためにも共産制をかんぜんにつぶすことはできない。共産制はあらゆる人間生活の土台なのだ。うん？ それだったら共産制をなくせば資本主義もなくなるのではないか。たぶんそうだろう。だがそれではひとのよろこびも想像力も、なにもなくなってしまう。どうしたらいいか。

コミュニズムを拡充せよ。生の根っこにあるのが共産制であるならば、すべて無償の論理で生きてしまえばいい。もっともうけろだとか、もっとかせげだとか、われわれの生に課されているその条件さえ解除すれば、生きる可能性はどんどんふくらんでゆく。条件なき生をいきてゆきたい。

ああでもない、こうでもない。いろいろ知恵をひねってみれば、カネがなくても家に住める。たのしく飲める。たのしくうたえる。たのしく踊れる。たのしくしゃべれる。たのしくまなべる。だれかのマネをしていたら、ぜんぜんちがう知恵がうまれている。あれもできる、これもできる。なんでもできる、なんとでもなる。わけのわからぬ知恵が、わけのわからぬ知恵を誘発してゆく。資本主義よりたのしく生きる。

だからクロポトキンはいう。アナーキーでゆけ。上からああすべきだ、こうすべきだと命じてしまったら、わけのわからぬ知恵も出会いもなくなってしまう。そこに一ミリでも支配がめばえたら、コミュニズムの力はしぼんでしまうのだ。繊細だよ。コミュニズムに支配はいらない。無政府じゃあ！

そして、いざ人民困窮というときはこの無償の生が爆発して、ブルジョアの私有財産を侵食してゆく。みんなが餓えてこまっているのに、地主は法外な小作料をふんだくり、自分の倉庫にありったけの食料をたくわえている。だったら、略奪やっちまえだ。収奪者を収奪せよ。それを見返りなしでくばるのだ。わけあえ。ギブ、ギブ、ギブ、ギブ、ギブ、ギブ、ギブ。クロポトキンはこういった行動のことを収用《エクスプロプリエーション》とよぶ。これが三つ目のポイントだ。パンの略取だよ。

しかしそんなことをしたら弾圧されて、それまで自分がきずいてきた生活をうしなってしまうのではないか。そうおもって、だれもたちあがったりはしないのではないか。心配ご無用だ。

吾人《ごじん》は、平民の精力が、十分に其《その》事業を成遂《なしと》ぐるに足《た》る者あること、且《か》つ革命破裂の時に於《おい》て、無政府的共産主義の思想は其《その》根底を得《え》て居《いる》べきことの信念を、万事につけて固くするのである、其《それ》は作為的思想ではない、実に平民彼等自身の呼吸が爾《しか》く吾人《ごじん》の耳朶《みみたぶ》を打つのである、而《しか》して其他何等《そのたなんら》の解決も到底不可能なることが益々明白なるに従《したが》つて、共産主義者の数は断えず増加して居《い》るのである。(37)

さながら秋水の思想そのものだ。翻訳をしているうちに秋水がいっているのか、クロポトキンがいっているのかわからなくなってゆく。革命破裂のコミュニズム。それは作為的思想ではない。人為的な計画や計算ではない。革命は天なり、人力にあらざるなり。これをやったら将来、どうなるのかとか、そんな利潤ベースで生きるのはもうやめにしよう。やれ、やれ、やっつけろ。ハウ、ハウ、ハウ、ハウ、ハウ、ハウ。その呼吸がわたしの耳たぶをうつ。革命は人民の呼吸なのだ。収用、だいじ。

ああ、わからない

あけましておめでとうございます。一九〇八年一月一日、秋水は『高知新聞』に「病間放語」を発表。世界革命の勢いはもはやとめられない。まずは中国が第二のロシアになる。革命の日はちかいぞとアジりまくっている。よくのせたな、『高知新聞』。とにかくクロポトキンを訳せば訳すほど、秋水のテンションはあがりまくる。しかし一月一七日、東京で事件がおこった。

場所は、本郷弓町の平民書房。いつものように、直接行動派のメンバーが金曜講演会をひらいていたときのことだ。聴衆は六〇人。しかしこの日は警察の規制がやたらきびしい。弁士がひとことしゃべっただけで、「弁士中止」「解散、解散」とどなりちらす。ちっ、うるさいな。しかたがないから茶話会にきりかえようか。いちど聴衆は外にでて、街をあるきながら歌を熱唱。「富の鎖」である。これは一九〇四年、日露戦争のまっさいちゅうに、平民社が流行歌「日本海軍」の替え歌としてつくったものだ。メロディがおなじで、歌詞が真逆。「砲よ剣よ何日までも、国と国とは攻めげども、我等は常に同胞の、四海友なる天の民」。いいね。のちに、演歌師の添田唖蝉坊《そえだあぜんぼう》がこのさらなる替え歌をつくって流行歌にしている。「わからない節」だ。戦後、フォークシンガーの高田渡が、この歌をさらにつくりかえて「新わからない節」というのをうたっているから、それでしっているひともきっとおおいのではないだろうか。ああ、わからない。

さて、きもちよくうたいおえてもどってくると、平民書房の入り口を警官隊がとおせんぼ。茶話会もダメだ、おまえらかえれと。ふざけんなと、まっていました、大杉栄。坂本清馬といっしょにおもいきり警官隊につっこんでいく。うりゃあ。警官隊をふっとばし、そこからみんなでなだれこんでいった。闘争勝利。

じゃあ、茶話会をはじめましょうか。堺利彦がしゃべりはじめると、また警官が弁士中止を命じてくる。これでめずらしく堺がブチきれてしまう。だったらもうやってやろうじゃないか。平民書房の二階の窓をあけて、とつぜん演説をうちはじめる。ちょうど時間的に、夜業をおえた労働者たちが、帰途についてごったがえしていたときだ。堺がアジる。「諸君にはストライキという武器がある」。つづいて、大杉と山川均もおもいおもいのことばを絶叫した。

外には三〇〇人の群衆。シャー！　シャー！　大興奮だ。もうゆるさんぞと警官隊がのりこんでくる。このとき会場には中国のアナキスト、張継もその場にいた。マズイぞ。かれは清国政府から懸賞金をかけられたおたずねものだったのだ。警官隊にかこまれる張継。たすけろ。そこに金曜講演会の若い衆がとびこんで、ひたすら警官をぶんなぐる。大乱闘だ。スキをついて張継が逃げる。その後、もう日本にはいられないとパリに亡命していった。ありがとう、兄弟。

しかしこの騒動で金曜講演会の六人が逮捕。堺、大杉、山川は軽禁固一か月一五日。坂本は軽禁固一か月だ。しかし、ほぼなにもしていないのにこれである。判決のとき、坂本は裁判官にむかって、「ばかめ、おぼえとれ！」とさけんだ。それをきいて、大杉がギャハハと爆笑し、ペロッと舌をだした。おちゃめ。

出獄後、東京のメンバーはふたたび金曜講演会をひらくが、すぐに弁士中止、解散を命じられてなにもできない。事実上、東京では直接行動派の講演会がひらけないのだ。どうしたらいいか。すると二月九日、群馬県邑楽《おうら》郡高島村にすんでいた同志、築比地仲助《ついひじなかすけ》が上毛同志会をたちあげてくれた。

築比地《ついひじ》はわかいころ『社会主義神髄』をよんで反感をもち、秋水にディスりの手紙をおくりつけた。すると秋水が返事をくれて、気がついたら仲よくなって社会主義者になっていたというひとだ。このころ、「嗚呼《ああ》革命は近づけり」という革命歌をつくったことでもしられている。地元で仲間をつのり、社会主義を宣伝。そんなやさきの東京の弾圧だ。だったらおれがやってやる。四月三日、栃木県佐野の大雲寺に大杉と山川をよんで講演会。田中正造も顔をだしてくれたという。ヴ・ナロードだ。

しかし弾圧の手は地方にものびてくる。五月一九日、大阪平民社の『日本平民新聞』が新聞紙条例違反。編集人兼発行人だった森近運平が、罰金六〇円。カネがない。発行停止処分こそおりなかったものの、事実上の活動停止においこまれてしまった。とほほ、つかれたよ。新聞は休止、大阪平民社は解散だ。もうダメだ。いったん秋水に相談しよう。五月二六日、森近は汽船にのって瀬戸内海をわたり、宿毛港にやってきた。よほどうれしかったのだろう。わざわざ秋水がむかえにくる。ひさしぶり。よくがんばったね。しばらく、ゆっくりしていきなよ。ううっ、幸徳くん。

この森近の来訪に中村の青年たちがざわつきはじめる。やばい、地元の秋水先生だけではなく、大阪から高名な社会主義者もやってきた。はなしがききたい。五月二九日、青年有志で講演会がひらかれる。場所は、幡多郡《はたぐん》公会堂。中村で入場料をとるのははじめてだったが、それでも四〇〇人の聴衆があつまった。午後七時開演。まず森近が「万人安楽《ばんにんあんらく》の法」と題して、一時間半ほどしゃべる。クロポトキンの無政府共産だ。どうやって実現すればいいのか。つづきは幸徳くんの演説にて。そういって森近が演壇をおりていると、いきなり警官がどなりちらした。弁士中止、解散!

なんだよ、入場料をはらったのに、秋水のはなしがきけないのか。しかもしゃべるまえから弁士中止ってどういうことだ。聴衆がさわぎたてる。なぜ解散するのか理由をいえ。主催者の青年が茶話会にきりかえようとするが、警官はダメだという。そして、キサマはお上にたてつくつもりかと、その青年をつきとばした。

それをみて聴衆の怒り爆発。くたばれ、ポリ公。ハッシ、ハッシ。一球闘魂、怒涛の石つぶてだ。警官隊は提灯をもっているからねらいやすい。ええい、ほらヤッツケロ。圧勝だ。それから秋水は森近をつれて実家にかえる。すると、なぜか青年たちもついてくる。その数、一五〇人。ああ、こうなったらもうやるしかない。秋水は実家、幸徳酒店の店先を会場として無届上等。ヤマネコ集会を決行した。

秋水が気炎をあげる。革命は必然だ。いちど火がついたら、その勢いはだれにもとめられない。志士仁人は死をかえりみずに決起するのだ。それを月給とりのポリ公なんぞにとめられるものか。革命ぜよ。ウオオオオ。一同、大感動だ。秋水は熱をいれてはなしこみ、集会がおわったのは夜の一二時。つかれた。

さて、このはなしをきいた町人たち。ほかの田舎なら社会主義者どもをおいだせとなるだろうが、中村はちがう。あのうすら官憲どもがうちの先生になんてことをしてくれとるんじゃと、大反発。しきりなおしだと、六月一日にもういちど幡多郡《はたぐん》公会堂で講演会がひらかれた。聴衆はふたたび四〇〇人。こんどは制止されない。さすが自由民権の土壌となった高知である。いや数日前、深夜まで若者たちにつきあって、炎のような演説をした秋水が人民に火をつけたのた。ああ、革命は近づけり。

なすではなく、なるであり、なすなのだ

しかし警察の弾圧はさらにはげしさをましていく。演説会にかかわった青年たちを警察署によびだし、威圧的な態度で説教をたれ、社会主義についてあることないことふきこんだ。森近が四万十川に釣りにいくだけで

も、警官隊を大動員。もう街中おおさわぎだ。さらに幸徳酒店のまえには警官二名が張り番をし、酒を買いにくる客を一人ひとりとりしらべていく。営業妨害だ。そんなことがありながらも、森近は二週間ほど滞在。一九〇八年六月八日、四万十川の下田港から汽船にのってかえっていった。そこにも尾行のひとりがくっついていったという。きもちわるい。

それからの秋水。六月一〇日付けで、『熊本評論』の新美卯一郎《にいみういちろう》宛に手紙をだしている。どうも新美から、あなたにとって革命とはなんですかと質問をうけたらしい。よい質問だ。秋水は真摯にこたえる。革命とはひとにぎりの人間が策をめぐらせて、権力奪取することではない。たとえそれで社会の平等をはかったとしても、それを上から強制するのではあたらしい支配がうまれるだけだ。むしろ大多数の民衆がいかなる支配からも解き放たれて、自分たちのことを自分たちでやりはじめる。そうしようとシャニムニ駆りたてられる。それが革命だ。秋水はこういっている。

　人類全体といふ訳にも行きますまいが、大多数が此《この》方針に向つて居《い》なければならぬと思ひます、故《ゆえ》に一面から言へば「為す」に非《あら》ずして「なる」のだとも言ひ得られますが、併《しか》し「なる」のには「なる」ように力を尽さねばならず、即《すなわ》ち孟子の所謂《いわゆる》苗を助け長《ちょう》することは出来《でき》ないが、耕耘灌漑《こううんかんがい》の労はドウしても必要です、木は自《おのずか》ら長《ちょう》し花は自《おのずか》ら開き果《か》は自《おのずか》ら生するのだが、それにも矢張《やはり》園芸家の技術と労力は必要です、革命は成るのだけれど、夫《そ》れには革命家が一般人心《いっぱんじんしん》を開拓し思想界を耕耘《こううん》し種子を蒔《まい》て萠《めば》へるのを待つので、一面から言へば革命を起す為すとも言ひ得られましやう、革命と進化とは別ではなく、革命とは進化

の大段落を劃《かく》する者で、卵が雛《ひな》になるのは進化で、其雛《ひな》になつて卵殻《らんかく》を破つて出るのが革命たらうと思ひます。(38)

革命は「為す」ものか、「なる」ものか。もともと秋水は「革命は天なり、人力にあらざるなり」といってきた。革命は進化だ、進化は自然の勢いによって生まれるものだ、天の力でおのずから生みだされるものだ、自《おの》ずから然《しか》り。それを人間の作為でどうにかできるものではないと。「人力／天」、「作為／自然」。これをあらためて「為す／なる」の対比で論じているのだ。

だが、いっけん矛盾しているようなことを秋水はいう。ものごとをたんじゅんな二項対立でとらえてはいけない。もちろん、ただ為すのではダメだ。さっきもいったように、人為的に革命プログラムなるものをうちたてて、みんなにしたがえといって強制したら、それはあきらかな支配である。

だけど、革命はいずれなるからといって、なにもしなければ、民衆はそのままずっと権力者に虐げられたままだ。もしかしたら、もっと経済が進化しなければ革命などありえない、しばらく資本主義が進展するのをまちましょうといって、他人が決起しようとするのをさまたげるものもあらわれるかもしれない。あるいは、これが天命だといって、なんでもあり。自分が気にくわない人間をリンチし、殺害する輩もあらわれるかもしれない。これが天だという天は天ではないのである。

じゃあ、どうするのか。しかけるのだ。デモ、ストライキ、集会、演説、歌、踊り、ビラ。ありとあらゆる表現で煽動だ。ゴリゴリの計画をたてて、その目標や成果を他人におしつけるのでは、民衆の自発性を殺してしまう。だが、その煽動が予期せぬ出会いをうみだして、予期せぬ出来事をよびおこす。ただの演説会のつもりが、しゃべるまえから弁士中止。目的も成果もだいなしだ。だけど、それで民衆が激怒して警官隊にひたすら石つぶて。さながら暴動状態だ。

さらに、おさまりのつかない若者たちが秋水の家までくっついてきて、秋水、やむにやまれず無届集会。それをやったら、実家の酒店にめいわくがかかる。聴衆もおおくない。成果はすくない。損しかしない。でもそれでもだ。わかっちゃいるけど、やめられない。無私の心で熱弁だ。情熱、情熱、情熱。するとその真っ赤にもえたぎる情熱がさらなる情熱をまきおこし、気づけば、おおくの町民を革命的情熱につつみこんでいる。

わけのわからぬ出会いに身をまかせたい。しょうじき、「人為／自然」の二項対立でものごとをとらえて、そこに優劣をつけてしまったら、それ自体がすごく人為的だ。これが自然だという自然にすらとらわれない。自《おの》ずから然《しか》りでうってでる。それが真の意味で自然なのだとおもう。為すというなるだ。

ちなみに、秋水はこの煽動を「教育」ともいいかえている。そしてその教育には、暴動、一揆、暗殺、ゼネストもふくまれるのだと。はじめから目標も成果も考えない、そのさきの自分も考えない、死をかえりみずに決起。おのずから行動にうってでる。それも民衆をふるいたたせる立派な教育だと。なるという為すだ。

ストライキの煽動も暗殺暴動の如《ごと》きも矢張《やはり》一種の教育法として認められて居《い》ます、バクーニン等《など》は之《これ》を行為の伝道（プロパガンダ・オブ・デッド dead）といつて、言語の伝道に対して其《その》必要を叫んで居《い》ます。(39)

「行動によるプロパガンダ」なので、プロパガンダ・オブ・ディード（deed）のまちがいなのかともおもうが、これをあえてプロパガンダ・オブ・デッド（dead）とよんでいるのが秋水節なのかもしれない。死をもって伝道する。暗殺も視野にいれているが、それよりたとえ血祭りにあげられてもやっちゃえといいたかったのだとおもう。

はなしをもどそう。秋水いわく。進化とは卵が雛《ひな》になることであり、革命とは雛《ひな》が卵殻《らんかく》をつきやぶることである。進化と革命。どちらもおなじ出来事の一面だ。もういちど問おう。秋水さん、あなたにとって革命とはなんですか。なすではなく、なるであり、なすなのだ。ぜんぶ同時にやれ。

よし、われながらよい手紙をかいた。ホッとひといきついて、あとはゆっくりクロポトキンの翻訳をしよう。とおもったやさきのことだ。一九〇八年六月二二日、東京の同志、守田有秋《もりたゆうしゅう》から一通の電報がはいる。「サカイヤラレタスグカエレ」。さてはて、なにがおこったのか。つづきは次章にて。

第七章　がまんできない

アナ、アナ、アナ、アナーキー

それでは東京からまいりましょう。一九〇八年六月二二日、赤旗事件だ。きっかけは三日まえ。一年二か月の刑期をおえて、仙台刑務所を出獄した山口孤剣《こけん》が、列車にのって上野駅にやってくる。おつとめごくろうさまです。みんなで山口をおでむかえ。これには議会政策派も直接行動派も関係ない。三〇人ほどが駅前にかけつけて、「革命」「社会主義」とかかれた赤旗をだして、山口をまった。駅からでてきた山口はさながら凱旋将軍だ。うわあああ。山口くん、バンザイ。

しかし、いちど気勢をあげた仲間たちはもう手におえない。赤旗をブンブンふって革命歌をうたいながら行進だ。デモである。すぐに巡査がかけつけて、「旗をまけ」とどなっているが、きこえないな。あとは警官隊との乱闘だ。旗をまもろうとした荒畑寒村がボコボコにされて、グッタリしながら交番にひきずられていく。つづいて百瀬晋《ももせすすむ》ももっていかれた。それに気づいた暴れん坊将軍こと、大杉栄。ムオオオオオオオオオーーー!!!　村木源次郎とともに交番にむかってダッシュしていく。それにつづけと、みんなで交番になだれこむ。警官をぶったおし、荒畑と百瀬の奪還だ。

そんなことがあってからの二二日。神田の錦輝館《きんきかん》で山口の出獄歓迎会がひらかれた。午後一時にはじまり、とちゅうから延々と余興の剣舞が披露されていたが、元気いっぱいの直接行動派の若者たちがあきてしまう。ええいと、とつぜん大杉、荒畑、百瀬の三人がたちあがり、「無政府」「無政府共産」「革命」とかかれた赤旗を三本かかげる。そして「無政、無政、無政府党万歳、アナ、アナ、アナ、アナーキー」と謎のコールでみんなをあおった。これで歓迎会は終了。そのまま勢いにのって、大杉が外にとびだしていく。すると先日の復讐に燃えていた警官隊。まってましたと大杉にとびかかった。

ウラッと警官隊をふっとばしていく大杉。ぜったいに赤旗はわたさんぞと、仲間たちが大杉をとりまき人垣をつくる。つづいて旗をもってでてきた荒畑と百瀬。それぞれ人垣をつくって、警官隊と大乱闘だ。みんながんばったけれど多勢に無勢。さきに荒畑と百瀬がもみくちゃにされ、なぐるけるの暴行をうけて連行されていく。さいごは大杉も力尽きてボコボコにされてひきずられていった。だが自分の旗だけはわたさない。すんでのところで、村木にパス。死守したのだ。やったぜ。

その後、乱闘にくわわらなかった堺利彦と山川均が仲間の救援にかけまわる。内縁の夫、荒畑をもっていかれた管野須賀子も、心配だからと神川松子とともに警察署にむかう。そのかん堀保子と大須賀さと子、小暮れい子の三人が旗をあずかっていたのだが、警官にみつかって旗をとりあげられてしまった。ざんねん。

いっぽう、警察署で夫にあわせてもらえなかった管野。神川とひきかえそうとしていたら、旗をもった警官たちが帰ってきた。あっ、それは。かえせ、かえせと神川がさけぶ。すると、キサマらも一味か、みおぼえがあるぞといって、神川がパッと警官にとりおさえられた。ちょっとまってというまえに、管野も警官におもいきり突きとばされる。コロコロ、コロコロ、廊下にころがっていく。そのうえに警官がドンとのっかってきて、管野の腕をねじあげた。いたい！　いたい！

さらに、どうにもならなくて帰宅しようとしていた堺と山川。女性たちと合流していると、そこに警官隊がやってくる。主義者どもを全員ひっぱってこいとの指示でもでていたのだろう。ムリやり堺と山川もつれていかれた。それをかばおうとしたからか、堀保子をのぞくふたりの女性もつかまってしまった。ちなみに、堀は大杉のパートナー。これから救援活動がたいへんだ。

これが世にいう赤旗事件である。赤旗をふっただけで直接行動派のメンバー、一四人がつかまったのだ。権力の暴走。しかしなぜここまで弾圧がエスカレートしたのか。さすがに三日まえの復讐にしてはおもすぎる。ジャーナリストの神崎清は、そのひきがねとなったのが一九〇七年一一月三日、サンフランシスコだとみている(1)。この日は天長節、明治天皇の誕生日だ。ここで、秋水とともに社会革命党を結成した竹内鉄五郎、岩佐作太郎が行動をおこす。日本領事館の玄関にビラをはりつけたのだ。「我徒は暗殺主義の実行を主張す――日本皇帝睦仁《むつひと》君に与う」である。

ビラにはこうかいてある。天皇は神の子孫だといっているけれども、われら人間はみんなサルから進化しただけだ。サルの子孫だぞ。あえていえば、やつらの先祖は日本の侵略者。各地の部族を征服し、その土地をうばいとり、富を略奪し、人民に税を課して奴隷のようにはたらかせてきた。そしてその奴隷たちに道徳をうえつけ、侵略者に服従することが善であるとおしえこんできた。サルの浅知恵だ。

いまやこの奴隷道徳は愛国教育として、なんのうたがいもなくうけいれられている。重税は愛国。戦地にいって死んでくるのも愛国だ。善なり。さからえば悪の犯罪者。国家に批判的な記事をかいただけで投獄される。ならば、われわれにのこされた手段はこれだけだ。暗殺主義。天皇は神じゃない、ただの木偶《でく》だと全人民にしらしめるのだ。ビラはこうしめくくられている。

睦仁《むつひと》君足下《そっか》、憐れなる睦仁《むつひと》君足下《そっか》、足下《そっか》の命や旦夕《たんせき》に迫れり。爆裂弾は足下《そっか》の周囲にありて将《まさ》に破裂せんとしつつあり、さらば足下《そっか》よ

一九〇七年一一月三日、足下《そっか》の誕生日（2）

シャレた文章だ。ストレートに天皇制を批判して、さいごは爆弾でふっとばしちゃうぞだ。アメリカならではの表現である。かつて獣だった神たちへ。日本領事館のおえらいさんたちがアタフタしているすがたが目にうかぶ。ざまあみろ。

だが、これがおもわぬ余波をもたらしてしまう。とんでもないことがおきてしまったとパニックをおこした領事館職員たち。躍起になってスパイたちから情報をかきあつめ、誇張した情報を外務省におくってくる。どうもアナキスト、幸徳秋水を首領として、アメリカにテロリスト集団が組織されているようだ。やつらは連絡をとりあって、天皇暗殺をもくろんでいると。

これがまた元老、山県有朋の耳にはいる。大激怒だ。おのれ、あん畜生め。調子にのりおって。それもこれも西園寺が社会主義者にあまい顔をしているからだ。だいたい内務省も警察もなにをやっているのだ。おまえら手ぬるいぞ。それで官憲がピリピリしていたときのことだ。

一九〇七年六月二二日、赤旗事件。そりゃもう一網打尽だ。七月四日には、社会主義者をのさばらせたのはわたしのせいですといわんばかりに、西園寺が首相を辞任。かわりに首相の座についたのは桂太郎だ。山県の

息がかかった長州閥である。ここから社会主義者への徹底的な弾圧政策がとられてゆく。

しかもそのかんに獄中で事件がおこる。赤旗事件でつかまっていた佐藤悟が、留置場の壁に落書きをしたというのだ。

一刀両断天王首《いっとうりょうだんてんのうのくび》
落日光寒巴黎城《らくじつひかりさむしパリーじょう》（3）

もともとこれはルイ一六世をうたった漢詩である。フランス革命でギロチンにかけられ、首を斬りおとされた君主さま。それを替え歌にして「君主首《くんしゅのくび》」ではなく「天王首《てんのうのくび》」としたのだ。よい詩である。しかし落書きをみつけた看守はびっくり仰天。すぐに上に報告をして裁判にかけられた。まだ未成年だった佐藤くん。不敬罪で起訴され、判決は重禁固三年九か月。罰金一五〇円だ。おもすぎる。だが、これで官憲はおもったのだろう。やっぱり、こいつらは天皇の首をねらっている。殺さなければならないと。

さらにこの一件で、赤旗事件の被告たちがギスギスしてしまう。どうやら佐藤くん。ぬれぎぬだったというのだ。かわいそう。おなじ監房にいた森岡永治と宇都宮卓爾《たくじ》があやしい。のちに風呂場で、大杉と堺がふたりを問いただす。なぜか宇都宮がしどろもどろ。おまえはひきょうだとなじる大杉。まあまあといなす堺。真相は闇のなかだ。ちなみに出獄後、森岡は大連の母をたよって身をよせたが、井戸に身をなげ自殺。宇都宮は実家にかえったきり、もどってこなかった。佐藤くん。

そろそろ秋水にはなしをもどそう。故郷の中村で東京から連絡をもらった秋水。はやくみんなのところにいかなければならない。だけどまだクロポトキン『麺麭《ぱん》の略取』の翻訳がおわっていない。いそげ、いそげ。妻の千代子によれば、もともと無口だった秋水がさらに無口になったという。自分にプレッシャーをかけて、ひたすら翻訳にのめりこむ。七月中頃、ようやく完成。わが人生の最高傑作だ。

しかしそんな秋水にもリラックス・タイム。ある日、おいっ子の富治が友だちとコックリさんをやっていたときのことだ。秋水がやってきて、こうたずねたという。ひとつ、コックリさんにきいてみようか。日本が社会主義になるのはいつですか。子どもたちが板のうえにお盆をおいて、それをまわしはじめる。何回まわるのか。あとはコックリさんにきいてみよう。くるくる、くるくる。パタン。三五回。子どもたちはいう。あと三五年ですね。チャハハ。そうか、そうかとよろこぶ秋水。しかし三五年後といえば、一九四三年。ドンピシャ、戦時中である。うそつきだ。神も仏もコックリさんもあてにはならぬ。天の裁きもまってはおれぬ。東京へゆこう。

一九〇八年七月二一日、秋水は故郷をはなれた。親戚みんなでお見送り。いってらっしゃい。でもまえみたいにあぶないことをかいちゃダメだよ。心配するおばさんに、秋水はニタリとわらう。大丈夫っス。だけど千代子や母親にはこんなこともいっていたようだ。しょせんは畳のうえでは死ねない身の上だから。鳥は古巣へ還れども、生きては還らぬ死出の旅。秋水、三六歳。いってきます。

エビが食べたい

それでは東京へまっしぐら。とおもいきや、そこは秋水だ。まだ赤旗事件の裁判まで時間があるし、せっかくなので地方の同志をたずねてあるこう。交流だ。レッツ・パーティー。まず四万十川の河口にある下田港へ。そこから高知へいって大阪天保山桟橋へ。一九〇八年七月二四日には、和歌山県の勝浦港に到着している。でむかえてくれたのはドクトルこと、大石誠之助だ。やあ、よくきたね。

この大石さん、これから秋水と縁がふかくなるので、かんたんに紹介しておこう。[4] 大石は一八六七年、和歌山県新宮うまれ。兄、余平の影響で、一八歳のときにキリスト教の洗礼をうけている。ちなみにこのお兄さん、地方きっての大富豪、西村家の娘さんと結婚。その西村家には後継者がいなかったので、息子の伊作《いさく》が財産をつぐことになった。のちに文化学院をつくるあの西村伊作だ。

大石は二一歳のとき、同志社大学にはいったのだが、おもしろくなかったのかすぐに退学。東京神田共立学校にはいって英語をまなんだ。二四歳のとき、お兄さんから五〇円をもらって単身渡米。オレゴン州立大学の医学部にはいり、在学中から医学特許証をもらって開業している。カネがないので、はたらきながら大学にかよったのだ。ぶじに卒業。ドクトルの学位をゲットしている。おめでとう。

しかしそのかんにショッキングな出来事がおこっていた。じつはお兄さん、西村家の人たちにいじめられ、夫婦で愛知県熱田におひっこし。心機一転、教会をたてて布教活動につとめていたのだが、そこに一八九一年一〇月二八日、濃尾《のうび》地震だ。建物が倒壊し、兄夫婦は即死。おさない伊作は重傷だ。神よ。これでジャマ者がいなくなったと、西村家は生きのびた伊作をひきとっていく。これをきいて大石、大激怒だ。そもそもお兄ちゃんが死んだのは、西村のやつらのせいじゃないか。ゆるさない。

一八九五年一一月、帰国した大石はすぐに伊作をひきとり、いっしょに住んでわが子同然にそだてることにした。そして地元の新宮に「ドクトル大石」の表札をかけて、大石医院を開設。アメリカ帰りで腕がよく、カネもちからもお声がかかるのだが、そこは大石だ。法外なカネをふんだくり、逆に貧乏人からはあまりカネをとらなかったという。明治の赤ひげ先生だ。

その後、一八九八年に伝染病研究のため、インドのボンベイ大学に留学。このとき、イギリス人がインドの民衆を虐げている姿をみて、帝国主義ふざけんなと社会主義にひかれはじめた。一説によると、汎神論にもめざめたという。神の名のもとに上からひとを支配するのはもうやめよう。神は一人ひとりのなかにそなわっている。みんな平等なのだ、というところだろうか。

一九〇一年に帰国。『万朝報』を愛読し、非戦をとなえて退社した秋水と堺に感銘。週刊『平民新聞』の読者となり、ちょくちょく寄稿するようになった。一九〇四年九月には、伊作といっしょに太平洋食堂を開設。太平洋《パシフィック》と平和主義者《パシフィスト》をかけたのだ。いかしてるね。この食堂で大石は客にただしい洋食の食べかたを指南していたらしいが、あまりに口うるさくて繁盛しなかった。説教くさいんだよ。このへんのことは戯曲や小説にもなっているので、興味のあるかたはどうぞ。(5)

医者で多少カネもあったので、日刊『平民新聞』のときには資金援助もしてくれた。感謝。秋水の直接行動論にもいいよ、いいよと共鳴をしめす。そんなひとに秋水が会いにこないわけがない。一九〇八年七月二五日、秋水は新宮にはいり、大石医院にむかえられる。そこに大石の友人たちが遊びにやってくる。高木顕明《けんみょう》、峰尾節堂《せつどう》、成石平四郎《なるいしへいしろう》、崎久保誠一《さきくぼせいいち》だ。みんな気のいい好漢たち。たのしい。

せっかくだからぜひと、高木がお寺で談話会をひらいてくれた。高木は浄土真宗大谷派、浄泉寺《じょうせんじ》の住職だ。三〇人ほどがあつまり、秋水がしゃべる。どうもクロポトキンのはなしをしたようだ。無政府共産。参加者だった峰尾によれば、秋水はクロポトキン自身も道徳的なひとだといっていたというから、「アナキズムの道徳」のはなしでもしたのではないだろうか。仏教とアナキズム。おもしろそうだ。(6)

ちなみに、高木もおもしろいひとだ。高木は一八六四年、愛知県春日井うまれ。浄土のおしえをまなぶのだが、はじめは愛国心バリバリ。日清戦争のときは戦争を賛美していた。死ねば極楽、ヤッツケロ。おそろしい。しかもめちゃくちゃ差別的だ。高木は浄土真宗サイコーというために、日蓮宗をこきおろした文章をかいているのだが、これがひどい。日蓮は「エタ」の息子だからダメだといっている。最低だ。

だが新宮にやってきて、浄泉寺の住職になってひとが変わる。浄泉寺のまわりには、被差別部落の人たちがおおいのだが、いざ接してみるとみんなめちゃくちゃやさしい。なぜ差別されるのか意味がわからない。だいたい、仏さまがそんな差別をするはずがない。阿弥陀はだれひとりもらさずに救うのだ。そうおもいはじめ、部落の子どもたちをあつめて読み書きをおしえはじめる。

もちろん、みずからの差別意識を根絶するのはむずかしい。たとえば、部落の貧しい檀家さんの家をたずねたときのことだ。せっかく住職がきてくれたのだからと、家のひとがご飯とみそ汁をだしてくれた。しかし、高木はかれらがつくってくれたものをキタナイとおもってしまうのだ。茶色のみそ汁をみて、ううっ。ひたすら念仏をとなえて、むりやり食べた。あきらかな差別意識だ。あたまではわかっているのだけど、そうおもってしまう。おれはなんてダメなんだ。そんな自分を否定して、無差別な自分にうまれかわりたい。

それを実践するかのように、高木は貧しい檀家さんたちをまもろうとする。真宗大谷派の本山、東本願寺から寄付金をもとめられても断固拒否。おまえら、うちの檀家さんたちがどれだけ苦しい生活をしているのかわかっているのかと。いくら命令されてもきかないものだから、上からお坊さんが派遣される。寄付金Gメンだ。こいつがわるいやつで、勝手に檀家さんの家をたずねあるき、法外なカネをふんだくってしまう。ほれみろ、カネがないなんていっているけれども、やつらほんとはカネをもっているんだよ。したり顔のGメンをみて、高木は激怒。泣きながらこうさけんだ。おぼえておけ、このドロボーどもめ。おれが本山の円柱をぶった切って、炭にしてやるからな。最高だ。

そして日露戦争のときは、絶対非戦。仏さまがうまれた国や皮膚や目の色で、殺していいやつとわるいやつがいるなんていうわけがない。高木いわく。生けとし生けるものに高下貴賤などない。ラジカルな平等主義を実践しよう。いまここに極楽を。それが社会主義だと。(7) もしそこに秋水がやってきて、相互扶助などのアナキズムの道徳を説いたのであれば、高木がどんなコメントをしたのかきいてみたい。国士じゃねえよ、浄土だよ。なむあみだぶつ。

それから大石が舟遊びにさそってくれた。熊野川の下流にいけば、有名な観光名所、瀞八丁《どろはっちょう》のミニチュア版をみることができる。いってみないかと。いく。牧師の沖野岩三郎や成石、それに大石の子どもや女中さんもさそって、ぜんぶで八人。いざ出発だ。船頭がいうには、お昼ごろから熊野川に舟をうかべてたのしんでいたそうだ。エビがとれるというので、秋水が網をかりてジャブジャブとすくう。そしたら急に雨が降ってきたので、すぐにきりあげることになってしまった。おれのエビ。

だが、これがのちに大逆事件の謀議とみなされる。検事のひとり小松松吉によれば、秋水が大石にふたりで秘密のはなしをしたいといったらしい。そしたら、大石が瀞八丁《どろはっちょう》がよいといって舟をだし、月見をしながら密談をかわした。秋水いわく。革命には爆弾が必要だ。大石くん、きみは医者で薬品にくわしいだろう。どうか爆弾づくりを研究してくれたまえ。すると大石。「承知」とこたえたという。時代劇かよ。だいたい舟をうかべた場所すらちがうのだ。かんぜんなつくり話。しかしこれでふたりとも処刑されているのだからたまらない。権力は陰謀だ。エビが食べたい。

恐ろしい坊主だ

一九〇八年八月八日、秋水は新宮をあとにした。じつはもっとまえに出発したかったのだが、あいにく天気が大荒れで船がだせなかったのだ。しかし東京からははやくきてくれとの矢の催促。しょうがないな。八日の夜、嵐のまっただなかに秋水は船にのって、北へ北へとむかっていった。

翌日、三重に到着。一〇日には、伊勢神宮を参拝している。すると、なぜか境内に戦争でぶんどってきた大砲がかざってある。なんだよ、これ。秋水は短歌をうたった。

神路山《かみじやま》ふるき宮居《みやい》に、新らしき、幾門の砲、敵はいつくぞ(8)

これが大和の正体だ、侵略者め。そんな詩だ。それから秋水はまた船にのって、愛知の熱田港へ。名古屋に住んでいた千代子の姉夫婦をたずねている。ここで秋水は、判事だった義理の兄、松本安蔵に大逆罪についての質問をしている。なぜそんなことをきいたのか。肌でかんじていたのだ。あきらかに弾圧がエスカレートしている。かつて「博愛」ということばをつかっただけで、「国体」を害するとして弾圧された秋水だ。どのレベルで死刑までいくのか。純粋にきいてみたかったのだろう。

八月一一日の夜、秋水は汽車にのって出発。一二日の朝には、神奈川県小田原の国府津《こうづ》駅におりたった。箱根の山をのぼり、大平台《おおひらだい》の林泉寺《りんせんじ》をめざす。曹洞宗の僧侶、内山愚童《ぐどう》がいる寺だ。なつかしい山道。秋水はこうかいている。

想《おも》ひ出《で》多き山よ、谷よ我れ年一七、保安条例で退去を命せられ、此山路《このやまじ》の雪に行悩《いきなや》んだのも早《は》や二十年の夢となつた(9)

少年時代、家出して東京にでたものの、保安条例で東京追放。くやしさに涙しながら雪道をあるいてかえって、はや二〇年。こんどは夏の山道を汗ダラッダラになりながら東京めざしてあるいている。山よ、谷よ。かえらぬ昔がなつかしい。泣いてみたってなんになる。いまじゃこっちがふるさとよ。

さて、林泉寺に到着。いらっしゃい。愚童《ぐどう》がむかえてくれる。なにか精のつくものでも食べていってくれ。愚童が庭をキョロキョロとみまわすと、かわいいアヒルたちがチョロチョロとあるいている。いいね。愚童はそれを一羽つかまえて、キュッと絞めて殺してしまった。へへッ、これうめえんだよ。今夜はごちそうだ。秋水いわく。「恐ろしい坊主である」[10]。最高だ。

この内山愚童とはなにものか[11]。愚童は一八七四年、新潟県小千谷《おぢや》うまれ。小千谷高等小学校を卒業後、プラプラしていて、一説では中国にわたって旅をしていたともいわれている。旅好きだ。二〇歳のとき、親戚の縁ということで哲学者、井上円了の家に半年ほど住みこんでいる。そこで思想をバッチシまなぶ。その後、仏教がおもしろいとおもって、二四歳で出家。禅のおしえ、曹洞宗だ。

修行にはげんだのは、神奈川県小田原の海蔵寺《かいぞうじ》。このときのお師匠さんが立派なひとで、めっちゃ平等主義。一禅僧として弟子たちとおなじく粗末な食事をとり、おなじくボロボロの衣服を身にまとい、おなじく寺の掃除をしていた。社会主義者を名のるようになってから、愚童はよく友人たちに、中国の禅僧は三〇〇人くらいで共同生活をしていて、衣食住に差別がない。ヒエラルキーのない理想郷を実践しているのだといっていたらしいが、海蔵寺の生活もそれにちかかったみたいだ。

林泉寺の住職になったのは、一九〇四年二月。まずしい檀徒さんからはお布施をとらず、境内にはおおきな柿の木や栗の木があったので、秋になると近所の子どもたちに平等にわけあたえてやった。もちろんお布施がすくないぶん、収入もすくない。なので墓地の垣根がわりにお茶の木をうえたり、空き地をたがやして畑にしたり、本堂の軒下にはニワトリやアヒルをかって自給自足の生活をしていた。手先が器用だったので、小銭かせぎのために箱根細工や鎌倉彫りの内職もやっていたという。

このころ、秋水と堺が週刊『平民新聞』をはたあげ。これに呼応して、愚童も社会主義者を名のるようになった。

余は仏教の伝道者にしていわく一切衆生悉有仏性《いっさいしゅじょうしつゆうぶっしょう》、いわく此法《しほう》平等無高下、いわく一切衆生的是吾子《いっさいしゅうじょうてきぜ》、これ余が信仰の立脚地とする金言なるが余は社会主義の言うところの右の全然一致するを発見してついに社会主義の信者となりしものなり。(12)

「一切衆生悉有仏性《いっさいしゅじょうしつゆうぶっしょう》」。衆生とは万人のこと。あらゆる人びとにはことごとく仏性がそなわっているということだ。ひとは生れながらにして仏になりうる。だれもが尊いのだ。上も下もない。みんな平等という意味でもあるし、仏か衆生か、おしえをさずける側かさずけられる側か、主体か客体か、その二項対立でものごとをとらえてはいけないという意味でもある。だってそれだと、どうしても仏と人間のあいだに、あるいは仏をつかさどる偉いお坊さんと衆生のあいだに上下関係がうまれてしまうのだから。そんないばりくさった仏が仏であるはずがないだろう。

われも仏もない。まるで自分に仏がのりうつったかのように、主客一体となってうごきだす。それはいったいどういう状態のことか。禅だよ。この世の利益にとらわれていた自分を無のなかに放りこむ。われがなくなる。無我の境地にたどりつく。無私のこころで民草をすくう。自分の命をかえりみず、われをわすれてたちあがってしまう。それが仏性だ。愚童の社会主義だ。

ちなみにこの愚童さん、いちど秋水とも会ったことがある。一九〇五年、出獄後の秋水は静養のために、小田原にあった加藤時次郎の別荘に滞在していた。そこに愚童がたずねてきて、ちょうど見舞いにきていた堺と三人で禅についておしゃべりをした。たのしそう。きっと意気投合したのだろう。その後、秋水は渡米。愚童は当時、大流行していた伊藤証信《しょうしん》の無我愛運動にはまっていた。

伊藤は真宗大谷派のひとで、この現実世界で無我の愛を実践しようとよびかけていたひとだ。利己心を捨て、利他の心で生きてゆく。だけどこの資本主義社会では、だれもがカネにまみれ、利己的になってあいあらそっている。ならば、みんなでたすけあってカネがなくても食っていけるようにしてしまえばいいだけだ。自給自足の共同生活。いわゆるコミューン運動の先駆けだ。

しかし、この運動にもだんだんとものたりなさをかんじてくる。ただ自給自足だといっていても、租税をむしりとられている現状はかわらない。小作人たちは地主にコキつかわれて、せっかく自分たちでつくったものをむしりとられている。なにより、みんな奴隷の生を強いられていることに飼い馴らされてしまっている。いちどナニクソと自分の力でたちあがり、いばりくさった権力者どもをうちのめさなければ、どうにもならないぞ。そうおもっていたやさきに、秋水帰国。直接行動論をとなえはじめた。これだ。そのうえで無政府共産制をというのであればふにおちる。アナキスト、内山愚童の誕生だ。

さて、はなしをもどそう。愚童にもてなしてもらった秋水。ここに二泊して、つかれをとった。深夜、床をならべてふたりで寝ていると、ホウホウとフクロウがなく。なんかこわい。こころぼそくなった秋水は、ねえねえと愚童に声をかける。すると愚童はひとこと、「フクロウ」といって寝てしまった。東京へかえろう。

すでに段落はかわっている

一九〇八年八月一四日、秋水は国府津《こうづ》駅から東海道線の列車にのって、新橋駅に到着する。でむかえはいない。一〇か月まえ、東京をでたときに見送ってくれた仲間たちはみんな捕まってしまった。いまおれについてくるのは、あわれな警察の犬どもだけだ。さびしい。秋水はこんな詩をうたっている。

友病みぬ、餓えぬ、悩みぬ、捕はれぬ、寂しき都、恨めしき都(13)

くらいよ、秋水。病だ、飢えだ、悩みだ、逮捕だ。さみしい、かなしい、うらめしい。花の都、大東京。秋水、いきます。この日は芝浦の竹芝館にとまり、翌朝、東京地方裁判所にでかけていった。赤旗事件の第一回公判だ。秋水が第二号法廷にかけつけると、ひとがごったがえしていて、すでに傍聴席はうまっていた。むりやり記者といいはって、新聞記者席にもぐりこむ。

すると、そのすがたをみて傍聴席から声がわきたった。「秋水、きたる！　秋水きたる！」。どよめく会場。それに気づいて、被告人たちもテンションがあがる。まずは管野須賀子だ。裁判官が一四人の被告に問いかける。「被告は無政府主義者であるか」。もちろん、ハイといったら刑がおもくなるかもしれない。踏み絵か。みんなそうおもって、はっきりとした返事はしなかったのだが、ただひとり管野だけがこういった。「自分はもっとも無政府主義に近い思想をもっている」。かっこいい。

日本史上、女性が公然とアナキストを名のったのはこれがはじめてである。その後、こんどは大杉栄がやらかした。証拠の品として、三本の赤旗がならべられたときのことだ。大杉が「その三つの赤旗は、ぼくらがもっていたものとおなじものか。もういちどよくみせてください」。そう要求すると、鮮血したたるような赤旗にあざやかな白字でぬいた「無政府」「無政府共産」「革命」。その旗がデーンとひろげられたのだ。大杉栄、法廷のどまんなかに赤旗をたてる。やったぜ。大杉は首をまわし、秋水をみてニカッとわらった。チャッハハ。これが革命の快男児だ。

判決がでたのは八月二九日。判決文をよみあげる裁判官の手がブルブルとふるえている。主文だ。管野須賀子、神川松子は無罪。大須賀さと子、小暮れい子、徳永保之助は有罪とされたが、執行猶予がついて釈放。しかしほかはおどろきの重罪だ。

大杉栄　……重禁固二年六か月、罰金二五円
堺利彦、森岡永治　……重禁固二年、罰金二〇円

山川均　……重禁固二年
荒畑寒村、宇都宮卓爾　……重禁固一年六か月、罰金一五円
百瀬晋、村木源次郎、佐藤悟　……重禁固一年、罰金一〇円

ザワザワ。その場にいあわせたものたちが、全員あっけにとられて呆然としている。堺ですら一、二か月ででてこられるだろうとおもっていたのだ。裁判官が退廷しようとすると、荒畑が怒りの声をあげる。「裁判長！」。そしてこういったのだ。「いずれ出獄の上お礼をいたします」。おそろしい。これがほんとのお礼参りだ。

ならばおれもと、大杉が「裁判長！」とさけびあげる。だがそういったものの、つぎのことばがでてこない。やべえ。すると裁判官が「不服があるなら控訴すればよい」と、ふざけたことをぬかしてくる。はやくなにかいわなければ。大杉がさけんだ。「ム、ム、無政府党万歳！」。大杉のさけびが他の被告たちにも連鎖していく。心がさけびたがっているんだ。怒号が法廷にひびきわたる。

無政府党万歳！　無政

府党万歳！

そして、まっていました革命歌。みんなで「嗚呼《ああ》、革命は近づけり」を熱唱だ。被告人たちが続々と退廷させられていく。大杉が高笑いをあげた。ヒャアッハッハッハア、ヒャッハッハッハッハア。さすが正気の狂人だ。おれは法律をみとめない。錯乱した理性を正気で生きろ。こんどは堺が記者席のちかくまでやってくる。秋水とふたりみあって苦笑。秋水が小声でささやいた。「身体を大切にせよ」。すると堺は大声でこういった。「これで運動もまず一段落だ」。

このことばをきいて、秋水はおもった。たしかに、われわれ社会主義運動を徹底的に弾圧して、一段落。資本家どもはわが世を謳歌している。だが、これで終わりだとおもったらおおまちがいだ。

併《しか》し一個の段落は全部の文章の終わりでない、一段落の終わるのは、一層強い、一層深い、一層大きな、一層波瀾《はらん》ある他の段落を出さんが為《た》めではない乎。(14)

資本家の世などいつまでつづくことだろうか。いまにみてろよ、このやろう。でもいまはただわが友、堺くんの健康を祈り、そしてともに苦笑するにとどめておこう。すでに段落はかわっている。いくぜ。

天子、カネもち、大地主　人の血をすうダニがおる

それからの秋水。まずは柏木の借家にはいる。いまでいう新宿だ。そこに「平民社」の表札をかけ、柏木平民社を名のった。ひとりでは生活がたいへんだろうと、同志で印刷工の岡野辰之助が妹のテルを女中にいれてくれた。ありがとう。まもなく熊本評論社に手伝いにいっていた坂本清馬がもどってくる。ふたたび同居することになった。その後、秋水がいるならと大阪から森近運平もやってくる。めっちゃ心強い。

赤旗事件で無罪となった管野須賀子も、行き場がなかったので神川松子の家に居候。これがまた柏木にあった。ご近所さんということもあって、しょっちゅう顔をみせる。昔の仲間たちもフラフラとやってくるようになった。東京の社会主義者たちが活気づいてくる。よしよし、これからどうしたものか。

だが、そのやさきのことだ。大家が警察におどされて、どうか立ち退いてくれないかとたのんでくる。そうきたか。まあひともたくさんきて、わいわいとさわがしくなることだし、ごめいわくはかけられないと、秋水はひっこしを決意。こんどは巣鴨村二千四番地の家に住むことにした。当時の巣鴨はいわゆる東京の郊外。ものすごい田舎だ。人家もまばらで、あたりは畑、畑、畑。これならひとがいっぱい出入りしてもいいだろう。ふたたび玄関に「平民社」の表札をかける。巣鴨平民社だ。

一九〇八年九月三〇日、ひっこしの前日におもいがけない来訪があった。内山愚童だ。愚童はひっこしを手伝いがてら、秋水にたのみごとをした。これからおれは「無政府共産」というタイトルのパンフレットを秘密

出版をしようとおもっている。ついては達筆でしられているきみに題字をかいてほしいのだが、どうだろうか。秋水はことわる。ダメだ。筆跡でかならずバレる。ただでさえ警察の目が光っているのだ。いまはやられるとわかっている弾圧だけはとにかく避けたい。

なるほどと愚童は承知。しかし印刷するだけでも足がつくから、なんとか自前の印刷機をゲットしたい。どこかによいものはないか。すると、ちょうどいあわせた同志の竹内善朔《ぜんさく》が、わたしが案内しましょうといって、浅草につれていってくれた。当時、浅草では古物市がひらかれていたので、そこで中古の印刷機をみつけ、値切りに値切ってゲットした。これでいけるぜと、愚童は意気揚々と箱根にかえっていった。

それから一月後、ふたたび愚童がたずねてくる。フフフ。できたよ、秋水。わが最高傑作、『入獄紀念・無政府共産・革命』だ。一〇〇〇部ほど刷ったという。それを大量にもってきて、これをここの住所から送りたいのだけどいいかい、と。いいわけないだろう。秋水がピリピリしている。なんだよ、つめたいな。

じゃあ、せめてだれに送ればいいのか、仲間たちの名簿だけでもみせてくれないか。秋水がとりあわない。みるにみかねた森近が、ぼくのでよければといって、大阪時代にやっていた『日本平民新聞』の読者名簿をみせてくれた。ありがとう。それを書き写して、だれに送るのかをきめていく。

愚童は巣鴨平民社に一泊すると翌朝、警察の目をぬすんで、裏口からドロン。新橋駅まえの郵便局からパンフレットを郵送した。のこりも地元、国府津《こうづ》駅の郵便局からシレっと送っている。忍びの愚童だ。

しかしこのパンフレット、どんな内容だったのか。激アツだ。ドストレートな天皇制批判である。無政府共産の理念からドシドシ権力をぶったたいている。しかもかたくるしいことばではない。自分のことばで、近所のひとにかたりかけるかのようにかいているのだ。愚童は小作人たちにこうよびかけている。

なぜにおまいは、貧乏する。ワケをしらずば、きかしやうか。
天子金もち、大地主。人の血をすふ、ダニがおる。(15)

わかりやすい。あんたらが貧しいのはだれのせいか。天子、カネもち、大地主。ひとの血をすうダニがおるからだ。じゃあ、こいつらのなにに苦しめられているのか。小作料、税金、徴兵。この三つを強いられているからだ。しかもそれがあたりまえであり、むしろ義務だとおもわされている。

たとえば、みんなこうおもっているだろう。われわれが食っていけるのは、ありがたくも地主さまが土地をつかわせてくださっているからだ。収穫の半分くらいは上納するのがあたりまえだろうと。年貢かよ。あるいは、天子さまと政府が国内外のわるいやつらからまもってくれているから、おれたちは安心してはたらけるのだ。税金をおさめるのはあたりまえだろう。兵隊をだすのもあたりまえだろうと。

だけど愚童はいう。それはすべて迷信です。わたしたちが生きているこの大地は、ほんらいだれのものでもありません。みんなのものです。いま大地主のやつらが土地の所有権を主張しているけれども、それがなんなのだ。やつらの先祖が暴力にものをいわせて、ここはおれさまの土地だといいはっただけのことじゃないか。略奪だ。いや、現在だって進行中だ。先祖の資産をうけついだ地主たちがカネの力にものをいわせ、貧乏人の土地をなかば強引にかすめとっている。地主は泥棒だよ。

古代から国家がやってきたこともおなじである。みんな小学校時代から、天子は神の子だとおしえこまれているが、歴史書をひもとけば、そんなのウソだとすぐにわかる。いまの天子の先祖がなにをやってきたのか。武力をつかってまわりの部族を攻めほろぼし、征服してきただけのことだ。

ひとさまの土地を略奪し、あたりまえのように命じてくる。おれさまの土地をつかわせてやるのだから税をおさめろ。外敵からまもってやるのだから兵隊もだせと。これが古代から国家がやってきたことだ。地主が泥棒なら、天子と政府は大泥棒だ。どうしたらいいか。愚童はこうむすんでいる。

ソコデ　小作米を地主へ出さないやうにし、税金と子供を兵隊にやらぬやうにするには、政府と云《い》ふ大泥坊を無くしてしまふが、一番はやみちであると　いふことになる。

然《しか》らば　いかにして此《この》正義を実行するやと云《い》ふに、方法はいろいろあるが。マヅ小作人諸君としてわ、十人でも、廿《にじゅう》人でも連合して。地主に小作米をださぬこと、政府に税金と兵士を、ださぬことを実行したまへ。諸君が之《これ》を実行すれば、正義は友を、ますものであるから、一村より一ぐんに及ぼし。一ぐんより一県にと、遂《つい》に日本全国より全世界に及ぼして。ココニ安楽自由なる無政府共産の理想国が出来《でき》るのである。

何事も犠牲なくして、出来《でき》る者ではない。吾《われ》と思わん者は、此《この》正義の為《ため》に、いのちがけの、運動をせよ（ヲワリ）(16)

小作料の拒否。税金の拒否。徴兵の拒否。社会そのものをストライキしようとよびかけているのだ。それを一〇人でも二〇人でもいい。すこしずつその輪をひろげていって、いまこの場から天子も政府も地主もない、無政府共産の世をつくりだしていこうと。愚童いわく。犠牲上等、いのちがけでヤレ。

だって、もう配っちゃったから

しかしせっかく愚童がたのみにきたのに、なぜ秋水はそこまでつめたい態度をとったのか。たんじゅんだ。ちょうど自分たちも秘密出版を考えていたからである。ずっと秋水はおもっていたのだ。全国の同志たちを元気づけるような文章をとどけたい。だけど、すでに地方の運動メディアはことごとく活動停止においこまれていた。たのみの綱だった『熊本評論』も発禁処分。一九〇八年九月で発行停止となっている。

一九〇八年五月には、群馬の高崎にいた高畠素之《たかばたけもとゆき》が友人の遠藤友四郎、そして長野にいた新村忠雄《にいむらただお》をさそって『東北評論』を発行したが、これもすぐに弾圧されてしまう。まず九月に主筆だった高畠がつかまり、軽禁固二か月。一〇月には編集人および発行人だった遠藤が軽禁固四か月。一一月には印刷人をひきうけてくれた新村もつかまって、軽禁固二か月。廃刊においこまれた。ざんねん。

ちなみにこのとき、高畠は獄中でマルクスの『資本論』をよんでいる。これはすごいとおもって翻訳にいそしんだ。一九二〇年代初頭に、日本初の全訳を完成。しかしやがて国家社会主義者を名のるようになり、右翼や軍人とつるみはじめる。社会主義を実現するためには国家権力をとらねばならず、そのためにはカネと権力を手にしなければいけないと。だからアナキストの大杉栄とケンカしたのはもちろんのこと、堺利彦や山川均とも袂をわかっていく。グッバイ。

はなしをもどそう。そんな状態だったので、秋水はなんとかして公の言論活動ができるメディアがほしかった。東京で自前のメディアをもてたらいいのだけどカネがない。大石誠之助に相談したけれど、いまはだせないという。悪友、小泉三申にもたのんでみたが、社会主義者の活動にはカネをだしたくないようだ。ならば、これしかない。手塩にかけて翻訳してきたクロポトキン『麺麭《ぱん》の略取』だ。世界的名著だし、なんとか出版しておおくのひとにとどけられないか。いろいろと出版社にかけあってみると、いちど大日本文明協会がひきうけてくれた。しかしその後、警察の圧力がかかってやっぱりダメだといってくる。ちっ。だったら秘密出版でいくしかない。慎重にいこう。ぜったいに全国の同志たちにとどけるのだ。そしてあわよくば、一般の読者にも読んでもらいたい。まだみぬ同志をつのる努力をどこまでできるのか。そのための最善の策をねっていたときに、愚童の来訪だ。そりゃ、つめたくもなる。ごめんよ。

では、どうしたのか。まず本の訳者および発行人を平民社とし、その代表を坂本清馬とする。いま病弱の秋水が監獄にブチこまれたら、たぶん死ぬだろう。それをさけるために、坂本が責任者をかってでたのだ。ありがとう。そのうえで警察にバレないように、こっそりと印刷。秋水のクロポトキン宛ての手紙をみると、二〇〇〇部ほど刷ったようだ。いつ刷ったのかはわからない。だけど一九〇八年一二月二一日に本をもらったというひとがいるから、そのまえには刷りあがっていたのだろう。

警察に没収されないように友人にたのんでかくしてもらう。かつて秋水と堺に『共産党宣言』を訳せとすすめた小島龍太郎をおぼえているだろうか。どうもかれの愛人が経営していた銀座の待合茶屋「菊よし」においてもらっていたようだ。この待合茶屋というのはお茶屋さんのことではなくて、貸座敷のことだ。芸者さんをあげて、酒を飲んでどんちゃん騒ぎ。そこに坂本が足しげくかよっていく。警察の目をぬすみ、ちょっとずつ郵送して売りさばいていたのだ。

このあと上京した千代子も郵送を手伝ったといっているから、みんなでこまめにうごいて、すこしずつ販売していったのだろう。とにかくバレないように、秘密裏に配れるだけくばっていく。そしてだいたい配りきったころ、秋水がそろそろ出版許可を申請してみようかといいはじめる。もし許可されれば、一般の読者にもとどけられるからだ。これもあきらめたくない。

しかし坂本が反対。すでに秘密出版には成功し、ほしがっているひとにはだいたい送れたでしょう。目的はたっしているじゃないですか。どうせ許可なんておりませんよ。弾圧のリスクしかないからやめましょうと。だけど管野須賀子が秋水を援護する。もしかしたら世界的に有名な本だし、出版許可がおりるかもしれない。やれるだけやってみませんかと。しぶしぶ坂本も同意する。

一九〇九年一月二九日、坂本が出版の許可申請にいくと翌日には、出版法違反のうたがいがあるといって、警察がおしいってきた。家においてあった最後の二〇冊を押収していく。結果、罰金三〇円。坂本はそれみろと不満げだったが、秋水はしたり顔だ。そのくらいのカネはなんとかなるし、ギリギリやれるところまではやりきったのだ。なにより二〇〇〇部のうち、たった二〇部しか没収されなかった。だって、もう配っちゃったから。心からおもう。ごめんなすって。

皆殺しの歌

さて、渾身の秘密出版。これが予期せぬ反応をよびおこしていく。秋水のほうではない。愚童のほうだ。すこし時間はさかのぼって一九〇八年一一月三日、天長節のことである。愛知県の亀崎《かめざき》鉄工所ではたらいていた宮下太吉《みやしたたきち》のもとに、差出人不明のパンフレット五〇冊がおくられてきた。『入獄紀念・無政府共産・革命』だ。うおおお、なんだこれは。手にとる宮下の身体がブルブルとふるえだす。いままでおれが漠然と考えてきたことが鮮明にかかれている。天皇は神じゃない。ドロボーだ。国民の迷信を打破しよう。自分一人の身を殺してでも、日本中を社会主義にするのだ。いくぜ、伝道。きょうからおれは。

一一月一〇日、宮下は大阪にあらわれる。明治天皇が関西巡幸のためにお召列車にのって、大阪を通過。それをひと目みようと、大阪駅まえには見物人があつまってバンザイ三唱だ。宮下は仮病をつかって会社をやすみ、その見物人のなかにまぎれこんだ。そして愚童のパンフレットをバラまきながら、とつぜんさけんだのだ。「天皇なんてありがたいものじゃありませんよ」。きっとこの国賊が、死ねとでも罵声をあびせかけられたことだろう。上等だよ、非国民。

しかしこの宮下太吉。いったいなにものなのか。ここから大活躍していくひとなので、かるくふれておこう。宮下は一八七五年九月、山梨県甲府うまれ。一〇代で故郷をとびだし、その後、東京、大阪、神戸、名古屋の工場をわたりあるいて、三〇代にもなるともう腕のいいベテランの機械工になっていた。

社会主義にめざめたのは一九〇七年のことだ。たまたま日刊『平民新聞』をよんで、ひごろおもっていたことにこたえがあたえられる。うちらの生活がこんなにも苦しいのはなぜか。ケガをして腕や足をうしなった仲間がゴミのようにポイ捨てされるのはなぜか。カネもちの世だからだ。カネと権力を手にした天子、カネもち、大地主。そいつらがやりたい放題やっているからだ。

それでアナキズムに興味をもって、当時、話題になっていた煙山専太郎《けむやませんたろう》『近世無政府主義』（東京専門学校出版部）を読んだ。どうもこの本、一九〇二年発売当時はぜんぜん売れていなかったのに、秋水が帰国して直接行動をあおりはじめてから、バカ売れしはじめたのだという。前半でロシアのナロードニキを紹介し、後半でヨーロッパのアナキズム運動にもふれている。

宮下にかぎらず、この本をよんで、わが身かえりみず爆弾闘争を決行し、ロシア皇帝をやっつけたニヒリストのすがたにしびれたという若者はおおかった。このあと、宮下とつるむことになる管野須賀子や新村忠雄もそのひとりである。海をこえて、暗殺主義の熱気が伝染していく。

一九〇七年一二月、宮下は会社の出張で大阪にいったので、せっかくだからと大阪平民社の森近運平をたずねた。このとき、宮下は森近から衝撃の事実をしらされる。じつは神武天皇は神ではなかったのですよと。あんなの、九州の強盗団のボスでしかない。まわりの部族を征服し、その土地をうばいとり、戦争捕虜を奴隷にして、税をむしりとってきた略奪者なのだと。

なにい。宮下はショックをうける。おれたちはだまされていたんだ。あいつらは神の子孫だから従わなければいけないとおもってきたのに、ただの強盗だったただなんて。おれたちが苦しめられてきた税と徴兵。なんだったんだよ。もうゆるしちゃおけん。宮下は心にきめた。おれが皇室をかたづける。

翌年の二月、宮下はふたたび森近を訪問している。すると森近はローレル『経済組織の未来』を貸してくれた。秋水が翻訳し、秘密出版していたあの本だ。もともとのタイトルは『社会的総同盟罷工論』。アナルコ・サンディカリズムの教科書である。森近は、宮下がベテランの機械工で、熱血漢。体をはって権力とたたかいたがっているのをみて、ストライキがいちばん。サンディカリズムだとおもったのだろう。

水をえた魚になった宮下くん。もどってからはガンガン、ストライキを煽りはじめた。まわりでなにか問題がおきれば、おれたちに交渉の余地などない、とにかくストライキだ、たたかえ、あばれろといって決起をうながす。最高だ。

しかし宮下がいたのはあくまで互助組合。みんな会社とはなしあって、生活が保障されればそれで満足してしまうのだ。ひとり気をはく宮下がどんどん孤立していく。仲間のためにたたかおうとすればするほど、ウザがられて仲間うちからハブられていく。かわいそうだ。宮下が孤独という魚になった。

ああ、おれにはなんにもできないのか。せっかく森近が期待して、秘密出版の本まで貸してくれたのに。そうおもっていたやさきのことだ。一九〇八年一一月三日、謎のパンフレットがとどけられる。『入獄紀念・無政府共産・革命』。うおおお、キタァ。内容的にも、森近からおしえてもらったことそのままだ。しかもおれの住所をしっているのは、森近しかいないはず。たしかかれはいま東京で幸徳秋水と行動をともにしているときいた。ということは、あの二人がおれに期待して、このパンフレットを送ってきたのだ。ようし、やってやるぜ。おれが天皇をやっつけるんだ。
その後、大阪で天皇は神じゃない、ありがたくもなんともないと宣伝した宮下。心臓がバクバクするような生の躍動をかんじてしまう。さけべばさけぶほど、神という迷信に隷従させられてきた自己の身体が破壊されてゆく。なにものにも従わない。おまえのことはおまえがやれ。おれは自由だ。宮下は高揚感そのままに、日記にこう記している。

〈皇室〉寄生虫ノ集合体　革命ノ時ハ皆殺ス
〈皇族〉寄生虫ノ集合体　革命ノ時ハ殺ス可者
〈御歴代表〉寄生虫ノ経歴表
〈陸軍管区表〉社会ノ害物
〈貨幣明細表〉新社会ニハ不必要
〈印紙税〉新社会ニハ不必要(17)

いわゆる「皆殺しの歌」だ。あまりに物騒でちょっと笑える。皇室は寄生虫だから皆殺し。皇族も皆殺しでオッケーだ。陸軍は社会の害虫だからいりません。ついでにカネのやりとりもぜんぶなくしてしまえ。いいじゃないか。

そのいきおいのままに、宮下は森近に手紙を送っている。パンフレット、ありがとうございます。大阪駅まえでうんとバラまいてきましたよ。ぼくはこれから一命を賭して、天皇制のウソをあばき、国民の迷信をうちくだくつもりでいます。そちらになにか計画があるなら、なんでもいってください。やりますよ。来年一月に東京にいきますから、そのとき相談しましょうと。

この手紙をうけとった森近。そうか、おれが愚童に宮下の住所をおしえたからだろうな。いちおう秋水にもみせる。二人の意見は一致していた。宮下くんがマジメなひとであることはまちがいない。だけどいま直球で天皇制を批判すると、かならず瞬殺される。どれだけはげしく弾圧されるかもわからない。やりかたを考えるべきだ。こっちにきたときにでも、ゆっくりはなすことにしよう。はなせばわかる。だが、それで宮下がとまるとおもったらおおまちがいだ。

日本の歴史はおしまいだ

一九〇八年一一月一九日、巣鴨平民社に大石誠之助がたずねてきた。グッドタイミング。このとき、秋水はバッグンに体調がわるかったのだ。下痢がとまらない。毎日、下痢止めの薬を飲んでいたが、ぜんぜん効かない。ならば、お腹を冷やしてはいけないのだろうと、タヌキの皮でつくったパンツをはいた。あったかいんだから。自称、狸翁《たぬきおう》。タヌキジジイだ。しかし、それでも下痢はとまらない。どうしたものかとおもっていたら名医、ドクトル大石の来訪だ。

診察の結果は、腸膜羸痩《ちょうまくるいそう》。いま羸痩《るいそう》ということばはあまりきかないが、いちじるしく衰弱しているということだ。腸がよわりきっていると。大石は秋水に「養生すればあと一〇年、一五年は生きとれるだろうよ」とつたえた。だが部屋をでると別室にひかえていた森近運平にむかって、こういったという。「秋水の余命は長くない。不養生すれば、二、三年」。秋水、三七歳の余命宣告だ。おそらく、森近はこれを秋水にもつたえている。あと二年か。どうせ死ぬなら、やらなきゃ損、損。どうせはかない夢ならば、散って狂って捨て身で生きろ。秋水がさらに寿命を縮めてゆく。

しかし大石、そもそもなにをしにやってきたのか。おしゃべりだ。秋水とおしゃべりがしたい。きっとクロポトキン『麵麭《ぱん》の略取』をよんで、サイコーだったよとそんなはなしでもしたのだろう。こんなにおもしろいのだから、もっとたくさんクロポトキンの本を訳してみたい。なにせ大石も英語ができるのだ。やろう。ならばと秋水は、おれが『法律と強権』を訳すから、きみは『国家論』を訳してくれないかという。いいよ。また翻訳して秘密出版をしてばら撒くのだ。

ふたりの雑談は花ひらき、森近もまきこんでぶっとんでゆく。大石あたりが問いをなげかけたのだろう。日本でもパリ・コミューンみたいに、民衆が富豪の財産を収用《エクスプロプリエーション》することはありうるのだろうか。秋水いわく。あたぼうよ。二、三年、不景気がつづいてごらんよ。食えない、食わせろ。コメだ、コメをだせ。怒れる群衆が荒れ狂う。東京大暴動だ。そのときはわれわれも腹をきめよう。群衆を煽って深川あたりの米倉をひらき、三越の物品をうばいとってわけあうのだ。さらに登記所をおそって燃やしてしまえ。土地の所有権をゼロにするのだ。収用《エクスプロプリエーション》である。

もりあがる三人。秋水がさけぶ。ついでに群衆にまじって、二重橋から皇居におしいろう。なかにはいってしまえば、軍隊は皇居にむけて発砲できないからこっちのものだぞ。森近も口をはさむ。そしたらおれ、事前に詔勅《しょうちょく》をつくってもっていきますよ。これからは無政府共産の世にしますと。天皇に直談判してハンコをおしてもらいましょう。これで日本の歴史はおしまいだ。

すると秋水はこういった。いやいや、それじゃものたりないよ。天皇にはこれまで人民を収奪してすまなかったと詫び文をかいてもらおう。そのうえで、わたしは一平民としてくらしていきますとの詔勅をださせるのだ、どうだい。ギャッハッハ。それ、いいね。三人で大爆笑だ。世にいう革命放談である。

これがのちに検察によって脚色され、天皇暗殺の共同謀議にされてしまう。しょうじき、米騒動よろしく、いざ大暴動がまきおこったらどうするかを冗談まじりにはなしあうなんて、あたりまえのことだろう。三人ともたいしたことはいっていないし、だれも天皇を殺すなんていっていない。人民裁判にかけるつもりもないのである。天皇は財産を放棄して、ただの平民としてふつうにくらしていればいい。公園でパクパクとおにぎりでも食っていればいいのである。秋水はやさしいのだ。

さて、一一月二五日、こんどは熊本から松尾卯一太《ういった》がたずねてきた。『熊本評論』がつぶされてしまったので、どうしたものかと相談にきたのだ。東京で雑誌をだせるならそれにこしたことはないのだが、それはできるのか。秋水がいまはきびしいというと、ならば、おれががんばってみますよといって帰っていった。こののち、松尾は熊本で『平民評論』という雑誌を刊行している。たのもしい。

しかし松尾、きた時期がわるかった。大石の来訪と微妙にかぶっていたのだ。だからその場にすらいなかったのに、なぜかさきほどの革命放談にくわわってたことにされてしまうのだ。検事は平気でウソをつく。それで死刑だ。権力はいつだってやりたい放題。日本はおわっている。

その後、大石は一一月二六日に東京を出発。せっかくだからと、京都と大阪によってから帰宅することにした。一二月一日、大阪の武田九平《くへい》、岡本頴一郎《えいいちろう》、三浦安太郎、佐山芳三郎と旅館の下座敷でおちゃがしを食べながらおしゃべり。東京のみやげ話にと、秋水の革命放談をひろうした。たのしい。

一二月七日、大石は新宮にもどり、翌年一月二八日に、自宅へ友人をまねいて新年会をひらいた。成石平四郎、高木顕明《けんみょう》、崎久保誓一《さきくぼせいいち》、峯尾節堂《みねおせつどう》がやってくる。ここでもやっぱり革命放談。ちょっと誇張してはなしたのか、おおもりあがりだ。しかし結果として、はなしをきいた友人たちがのきなみ大逆事件でとらえられていく。検察いわく。天皇暗殺のための決死隊づくり。真実だけがあたまをたれる。

ぼくは恋人のためなら革命なんて捨てますよ

一九〇九年一月一四日、巣鴨平民社。ふたたび内山愚童がたずねてきた。東京にいた妹のヨシが出産。それにあわせて母が上京していたので、ついでに愚童もやってきたのだ。いあわせた坂本清馬としゃべっていると、うちには爆裂弾の図があるんだぜという。みてみたい。秋水にたのみこむと、しぶしぶもってきた。

みれば、英字新聞の切抜きだ。それをみて愚童、大感動。もしこの爆弾をもっていたら、まずだれを殺そうか。愚童の問いかけに、坂本は警視総監と内務大臣をやっつけようという。これにたいして、愚童はムスコを殺ったほうが効果的ではないかという。皇太子、嘉仁《よしひと》を討ちとるのだ。そばできいていた森近運平。そんなはげしいはなしにはついていけないとあきれ顔。なんだと、キサマ。ムカついた愚童は「よわくなったね、きみ」と、森近にイヤミをあびせかけた。険悪だ。

このあとみんなで夕食。さっきから、やけにテンションのたかい坂本。おれは革命のためなら恋人なんて捨てますよといいはじめた。これに秋水がヘラヘラしながらかみついた。ぼくは恋人のためなら革命なんて捨てますよ。師匠のおもわぬことばに、坂本は大激怒。てめえ、それが革命家のいうことかとまくしたてる。愚童が「まあまあ、秋水も本気でいったんじゃないよ」とあいだをとりもった。

だが、このあとの行動をみればあきらかだが、秋水は本気だ。よりよい将来を手にするために、いまは恋人を捨てなきゃいけない？　そんなことをいっていたら、一生恋なんてできないんだよ。むしろ恋をしたら、将来なんてかなぐり捨てる。自分を見失ってなんでもしてしまうのだ。家も、財産も、仲間も、運動も、なにもかも失ってしまってもいい。ぜんぶいらない。それでも相手にふれたいとおもう。あらゆる富のくびきからときはなたれる。ほんとうは、それが真に革命的なことではないだろうか。

さて翌日、愚童は柏木までいって病床の管野須賀子をたずねた。当時としては不治の病、肺結核だ。赤旗事件以来、権力の横暴に怒りを燃えあがらせていた管野。どうせもう自分は長くはないのだし、どうせなら。そんなおもいもあってのことだろう。愚童にむかってこういった。爆裂弾があれば、命を捨ててやってやるのに。すると愚童はこうかえしたという。おれ、ダイナマイトならもっているぜ。ちなみにこの会話、官憲の資料によるものなので、真偽のほどはわからない。ダイナマイト！

だが、愚童がダイナマイトをもっていたことはたしかだ。大平台でいきだおれになっていた鉱夫を林泉寺にとめてあげて、静岡にかえりたいというので五〇銭もたせてやったところ、お礼にといっておいていったらしい。美談である。じつは箱根登山鉄道の開発工事のために、たまたまお寺で爆発物をあずかっていたという説もあるのだが、いまとなってはどちらが事実かわからない。

一月一六日、愚童は横浜曙会《あけぼのかい》の事務所をたずねる。会長は田中佐市《さいち》。週刊『平民新聞』のころから、秋水や堺といっしょにうごいてきたひとだ。どっしりと横浜に根をおろして、仲間たちが交流する場をつくりだし、さらに東京と地方同志のあいだをつなぐような役割をはたしていた。

おなじ神奈川の愚童。とうぜんシンパシーがある。しかもちょうど新年会がひらかれる日とあって、いろんなひととおしゃべりすることができた。このとき愚童は田中にむかって、あんたらはいざというときに決起することはできるかいとたずねた。田中はひとこと、いまの力量じゃムリだねとこたえたらしい。ざんねん。

せっかくなのでふれておくと、この田中さん。愚童からとはつゆしらず、パンフレット『入獄紀念・無政府共産・革命』を郵便で五〇冊ほどうけとっている。地方同志のおおくがこれはやばいとおもい、燃やして捨てたのとはちがって、田中は友人の金子新太郎とともに、横浜市内の通行人にくばってあるいている。いいひとだ。だけど、これでのちに逮捕されて、不敬罪。ふたりとも懲役五年をくらっている。ごめんよ。じつは東北評論社の長加部寅吉《おさかべとらきち》も、このパンフレットを友人の高畠素之にわたして、不敬罪。やっぱり懲役五年をくらっている。シャカリキにうごきまくった内山愚童。そのうごきがのきなみ権力の餌食にされたのだ。どんまい、和尚。

なにが人間関係だよ

一九〇九年一月上旬のことだ。同志の岡野辰之助が酒を飲んでベロベロになりながら、巣鴨平民社にやってきた。手には一升徳利。なんだ、なんだ。岡野はいきなりどなりちらす。秋水、でてこいや。妹のテルさんを女中にだしてくれた岡野。そのテルさんが秋水と恋仲になったことに激怒して、のりこんできたのだ。てめえ、ひとの妹に手をだしやがって、あたまカチ割ってやるわと。

秋水からしたら、おたがいに好きなもの同士でむすばれてなにがわるいというところだろうが、これはいけない。じっさい、そんな理屈は兄貴にはつうじない。その場は森近があいだにはいってくれて、なんとかおさめたが、これが性的スキャンダルとして仲間たちにひろまっていく。しかも岡野。それでも怒りがおさまらずに、秋水の故郷、中村にいた千代子に手紙をだしている。このままじゃ、秋水をほかのだれかさんにとられてしまいますよ。はやくこっちにきて、亭主をしっかり管理しなさいと。気持ちはわかるが、余計なおせわだ。

この手紙をもらって、大慌てで上京してきた千代子。一月一五日に巣鴨平民社に到着した。だけどやってきたのはいいものの、持病のリウマチが悪化してうごけない。しかも姉夫婦に入れ知恵されたのか、アナキズムはキケンだ、足をあらったほうがいいんじゃないかとグチグチいってくる。うるさいな。しょうじき、すでに余命宣告されていた秋水だ。命をかけて何事かをなそうとしているときになんなんだよ。というか、思想もなにも共有していないのにいっしょにいてなんになる。じっさい、いつ弾圧されるかもわからなくてキケンなのはたしかだし、それならいっそうわかれてしまおうか。そう千代子につげると嫌だという。なぜいきなりそんなことをいわれるのか意味がわからないと。

だが、秋水の決心はかたい。わからなくてもいい。なにがなんでもわかれてくれ。はぁ？　ふざけないでください。だいたいこれからのわたしの生活はどうなるんですか。だったら、毎月一二円は生活費をおくるからそれでどうだ。しぶしぶおうじる千代子。一九〇九年三月一日、千代子は巣鴨平民社をあとにする。たよったさきは姉の家、名古屋だ。秋水は横浜駅までみおくって、とちゅう休養できるようにと加藤時次郎の別荘にとまっていけるように手配した。いままでありがとう。元気で。

しかしこういうわかれのときというのは、わかれにつぐわかれがつづいてしまうものだ。続々とひとが離れていく。まずは一九〇九年二月二八日。坂本清馬だ。このすこしまえ、坂本は恋をしていた。文通相手の太田清子さんだ。手紙をかわしているうちに好きになった坂本はこんな詩をおくっている。

世のために命捧げし身なれども君がためには死なんとぞ思ふ(18)

熱い、若い。そしてそのおもいのままに手紙で求婚をした。すると返事にかえってきたのは、背広姿の男性の写真。そこに「謝す」とかいてあった。ほんとうはこのひと、清太郎さんという男性で、いちど女性をよそおって手紙をかいたら、坂本がガンガン返事をおくってくるのでウソにウソをかさねて文通していたというのだ。ううっ、なんてこった。ショックをかくしきれない坂本。

さきほど、坂本が革命のためなら恋人なんて捨てると豪語していたはなしをしたが、ほんとうのところ、そういわなければやっていられなかったのかもしれない。そのきもちをわかってくれたのが管野須賀子だ。「あなたは純情なのね」といたわってくれて、しかも詩の添削までしてくれた。

世のために捧げし命君がため死なんとぞ思ふわが二心(19)

坂本のきもちを抜群に表現している。さすがだ。ううっ、姉さん。坂本はやさしい管野が好きになってしまう。でもこれが恋心なのか、姉をおもう心なのか、自分でもわかっていない。純情地獄の青春だ。だがそれに気づいた秋水がついつい小言をいってしまう。きみ、管野くんに恋をしているのではないか。かの女には荒畑くんという内縁の夫がいるんだぞ。同志たちにいらぬ誤解をされないように気をつけてくれたまえ。

それをきいた坂本。くやしくて、かなしくて、こらえきれない。大粒の涙がボロボロところげおちた。おれは先生のために一生懸命尽くしてきたのに。先生だけはおれのことをわかってくれているとおもっていたのに。なんにもわかっちゃいなかったんだ。ちくしょう。激昂した坂本がさけんでしまう。

貴様が革命をやるかおれがやるか、競争するぞ。こんな所におれはいられない。(20)

そういって巣鴨平民社をとびだしていった。マジかよ。おいかける秋水。どこへいくんだと声をかけると、管野さんのところですという。いっしょにいこう。ふたりで電車にのって、トボトボと管野のところにいく。到着すると、おれは急用だからさきにはなしをさせてくれといって、サッと秋水がなかにはいっていった。しばらくして、秋水が帰宅していく。すると外にでてきた管野がこういった。いままでのように親しくしていると、みんなに誤解されるから、これからはあまり親しくしないようにしましょう。

坂本がだまっていると、管野が「まえにあげた詩を返してください」といった。添削してあげた詩が誤解をまねいたとおもったのだ。坂本が詩のかいてあった短冊を管野に返すと、それとひきかえに、これは秋水先生からですよといって三〇円をさしだした。生活にこまるだろうからと秋水がおいていったのだ。しゃらくせえ。しかし黙ってカネをうけとる坂本。管野がこれからどこへいくのかと声をかけると、坂本は「あてなんかない」といって、プイッとどこかへ消えていった。あばよ、清馬。

仲間とのわかれはさらにつづく。こんどは森近運平だ。このころ、森近はなやんでいた。妻が上京し、いっしょにくらしはじめたものの、生活のめどがたたない。どうしたものか。とりあえず、古本屋でもやってみよう。その許可申請のために、警察署にでむいていたら、ちょうど社会主義者の仲間が逮捕されて、署にひっぱられてきたときだったのだ。目があうふたり。

すると、どこからともなくこんなデマがとびかいはじめた。森近は古本屋の許可をもらうために、警察に仲間をうったのだと。仲間うちでスパイあつかいだ。警察にハメられたというところだろうか。離間《りかん》の計である。必死に反論する森近。しばらくしてデマだというのはわかってきたのだが、そういうタイミングでまた秋水が余計なことをいってしまう。そういえばきみ、大阪の連中にもずいぶん評判がわるかったぞ。人間関係にはくれぐれも気をつけてくれたまえと。

おもいがけないことばをきいて、ショックをかくしきれない森近。それをいまいうのか、おまえ。もっとやさしいことばをかけてくれよ。仲間からはスパイあつかいされるし、かばってくれるとおもっていた秋水もかばうどころか批判してくる。やってられない。森近は妻をつれて故郷、岡山の高屋（現在の井原市）にかえることをきめた。農業でもやろう。懐刀の森近運平が去っていく。きっと堺利彦でもいれば、こんなことにはならなかったのだろう。心からおもう。なにが人間関係だよ。

同情するなら、魔酔しろ

一九〇九年二月五日、巣鴨平民社にひとりの若者がやってきた。新村忠雄《にいむらただお》だ。『東北評論』の署名人になって、監獄にいれられていたひとだ。ようやく出獄したものの、どうしたらいいかわからない。とりあえず巣鴨平民社をたずねてみよう。この新村くん、一九〇七年の社会主義夏期講習会に参加していて、それ以来、秋水の大ファンだ。そんなひとがたよってきたのだから、秋水もむげにはあつかえない。うちにきちゃいなよとなるだろう。ここから、新村が秋水の片腕になる。

そしてむかえた二月一三日、ついに宮下太吉が東京にやってくる。手紙にかいてあったとおり、出張がてら秋水にあいにきたのだ。まだ森近が東京にいたころだったので、まずは森近の家をさがしたのだが、どうしてもみつからない。巣鴨平民社の場所はすぐにわかったので、さきに秋水にあいにきた。

はじめまして、こんにちは。秋水にあうなり、宮下はいう。ぼくは労働運動をやってきたけれど、みんな奴隷根性をすりこまれていて、はなしにならない。会社の上司や社長さん、上からの命令にしたがおうとしてしまうのだ。

まずはその根っこにある天皇制をうたなければならない。みんな小さいころから学校で、天皇を神と崇め、命じられたとおりにするのが道徳だとおしえこまれてきた。上にしたがえ、前にならえ。その迷信をぶち壊そう。天皇を爆弾でふっとばして、こいつは神じゃない、人間なのだと世にしらしめるのだと。

宮下のはなしをきいた秋水。うん、いっていることはよくわかる。そして、将来その必要もあるだろう。だけど、いまじゃない。そうはっきりとこたえたという。それをきいた宮下。心のなかでこうおもった。このひとは筆のひとで実行のひとではないと。むろん心の声なのできこえてはいない。しかしもし秋水がこの声をきいたら、なんといいかえしただろうか。たぶんこうだ。おれは筆一本で、天皇制の迷信をふっとばす。人民の脳天を爆破するのだ。筆をなめるな。

ここでひとつ、秋水が筆の力について、どう考えていたのかをとりあげてみよう。たとえば、こんな文章をかいている。「論文の三要件」(『文章世界』一九〇七年一〇月)だ。ちょっとながいけど、引用してみよう。

論文の能事《のうじ》は、単に読者を説服《せっぷく》した丈《だ》けでは不可《いか》ぬ、更《さら》に感奮《かんぷん》させねばならぬ、同情せしめた丈《だ》けでは済《す》まぬ、寧《むし》ろ魔酔《ますい》せしめねばならぬ、称賛せしめた丈《だ》けでは未《いま》だし、遂《つい》に同化するに至らねばならぬ、彼《か》の聴衆が拍手喝采する間は、未《いま》だ演説の上乗《じょうじょう》なる者ではなく、雄弁の極致は弁士も聴衆も全く自他の別を忘れて一体となり、拍手もなく喝采もなく、満場寂《じゃく》として水を打ちたる如《ごと》くなるに在《あ》る、夫《そ》れと同じく論文の理想も亦《また》読者の眼中に最早《もはや》紙なく文字なく、我を忘れて直ちに作者と一体となるの時に在《あ》らねばならぬ、文が此《この》域に至るのは千百人中一人で、又其《またその》一人でも如此《かくのごと》き文が一生の間に一篇二篇有《あ》るか無《な》きか位《くら》ゐのものである、但《ただ》し我等は一寸でも一歩でも此《この》域に近づくことを力《つと》めねばならぬ、而《しか》して是《こ》れ主として作者の意気精神の充実の程度如何《ていどいかん》に在《あ》る。(21)

どんなによい内容でも、作者が読者に上からおしえさとすようではダメだ。それでは偉いひとが下々のものに命じるだけになってしまう。かといって、みんなの「同情」をえられるようなことをいって、拍手喝采をあびればよいというはなしでもない。それでは上から命じられたことに、下からすすんで従ってしまうだけのことだ。

いずれにしても、作者がつくりあげた物語に服従させられる。読めばよむほど、上に従うのがあたりまえになる。そういう支配の思考回路をうえつけられてしまう。ほんとはそこに強制力がはたらいているはずなのに、やがてだれもそれに疑いをもたなくなる。

　秋水が天皇制の神話、その物語にみていたのもおなじことだ。はじめは学校で強制的におしえこまれていただけなのに、あたりまえのようにうけいれるようになってしまう。疑うことがおかしいとおもわれるようになってしまう。人民の迷信だ。この支配の思考回路そのものをたたきこわしたい。どうしたらいいか。「魔酔」だ。

　真の名文にであう。脳天にシビれがはしる。雑音がきえて、寂として静まりかえる。なぜか他人の文章が自分のことばにおもえてくる。作者と読者、垣根をこえてひとつになる。もちろん別人なので本来、ひとつになんてなれないんだよ。だって、ほんとうに物理的にひとつになるとしたら、たがいのからだをひき裂いて、脳や内臓をくっちゃくちゃにひっつけるしかないのだから。完全なる自他の合一。それは個体としての死を意味するのだ。

　だけど、いちどシビれた読者はとまらない。しぜんと作者の思考にもぐりこむ。その想像力の限界にまで突きすすむ。ときに限界すらとびこえて、自分も作者もいわないようなことをいいはじめる。だれがいっているのか。もはやわたしでもあなたでもない。主体もないのに口がとまらぬ。制御できない。

　われをわすれて、あなたをおもう。自己がとろけて、あなたにむかって消滅していく。個体の枠をとびこえて、死にむかって跳躍してゆく。これまで臣民として、労働者として、妻として、夫として、つみかさねてきた人生の物語。文章を読んでいくうちに、そんな人生が自分まるごと消滅させられていく。ゼロになれ。

　本をよむ。自他の区別がなくなっていく。死の裂け目にむかってとびこんでゆく。いまここで人生のすべてを燃やしつくす。そこに心臓がバクバクするような生の躍動を感じてしまう。燃やせ、燃やせ、燃やせ。燃えさかる狂気の絶頂のさなか、あらゆる感覚が乱調をきたす。この文章を読んでも、なんの得もない。損しかない。むしろこの一文をわがこととして生きはじめたら、死ぬかもしれない。それでもわかっちゃいるけど、やめられない。よし、もういちど。秋水はそうさせてやまない力を「魔酔《ますい》」とよんだ。

文筆家の秋水にとっては、愚童や管野、宮下、新村がそんな読者にあたるだろうか。ダメだといっても、死にむかって全速力でダッシュしていく。むろんいまぼくらはその結末をしっている。だけど作者と読者、あなたとわたしが共鳴しあって大爆発。その手に負えない力こそが天皇制の思考回路をうちやぶる。秋水はそう考えていたのではないだろうか。これをかいたら、自分も吊るされるかもしれない。それでも筆がうごいてしまう。天皇制の迷信が神聖だというならば、おれは人民を悪魔的に酔わせてやるぜ。同情するなら、魔酔しろ。ゼロは計りしれない。

唯物論者、幸徳秋水の霊性
——自己の良心を宇宙のことわりと合致させろ

そろそろ、一九〇九年二月一三日にもどろう。天皇爆殺を拒否した秋水。だけど宮下が巣鴨平民社をたちさると、家にいた管野と新村にむかって、かれはなかなかしっかりした人物だねといったようだ。それをきいて、ふたりは「なるほど」とおもう。一方、宮下のほうは森近の家をたずね、おなじはなしをしたのだが、やっぱり暗殺には反対された。なにせ、森近はもう田舎にひっこもうとしていたのだから。夜になって、ふたたび宮下が巣鴨平民社にやってくる。みんなで歓談。宮下のはなしに、管野と新村が目をキラキラさせている。なにかがおこりそうだ。

さて、三月。森近はもういない。さびしい。一八日になるとまた大家のおいだしにあった。こんどは千駄ヶ谷九〇三番地にうつる。現在の代々木あたりだ。千駄ヶ谷平民社である。三月二九日には、秋水の世話をしていた新村が旅立っていく。大石誠之助がうちの薬局生にならないかとさそってくれたので、お世話になることにきめたのだ。かわりに管野が千駄ヶ谷平民社にはいる。秋水と管野のふたり。やることはもうきまっている。あたらしい雑誌をつくることだ。

さきだつこと三月一〇日、熊本の松尾卯一太が『平民評論』を創刊。秋水との約束をまもって、アナキストの全国メディアをだしてくれたのだ。だが発売前に押収され、雑誌の責任者となっていた松尾と飛松与次郎のふたりが逮捕されてしまう。くそ。ほかにメディアはない。だけど、ぜったいにだまらないぞ。秋水は管野と相談し、東京であたらしい雑誌をたちあげることを決意する。やられることはわかっている。それでもやっぱり手がでる文筆野郎だ。かいちゃえ。

一九〇九年五月二五日、雑誌『自由思想』を創刊。『麺麭《ぱん》の略取』のときにうまくいったので、かんぜんに秘密出版にするのではなく、いちおう出版届はだしておく。そして秘密裏にくばれるだけくばってしまうのだ。むろん警察もおなじ手はくわない。四月二三日、秋水と管野が神田の印刷所にはいったところを大勢の警官隊がとりかこむ。それに気づいたふたり。印刷をやめてひきかえす。あぶなかった。ひと月後、ふたりは警察の目をぬすんでこんどこそ印刷。それを竹内善朔《ぜんさく》や戸恒保三《とつねやすぞう》、信頼できる仲間たちにたのんで、ちょっとずつくばっていく。すべてはけた。してやったり。

どんなことがかかれていたのか。あまりながい文章はかいていない。時間をかけてながいものをかくよりも、とにかく雑誌をだして、おれたちはまだまだ死んでいないぞ、負けていないぞと仲間をはげますことが第一なのだ。しかし、さすがは秋水。「発刊の序」で、ちょっとぶっとんだことを言っている。

一切の迷信を破却せよ、一切の陋習《ろうしゅう》を放擲《ほうてき》せよ、一切の世俗的伝説的圧制を脱却せよ、而《しか》して極めて大胆聡明に、汝の信仰、汝の生活、汝の行動が、果たして自己良心の論理と宇宙の理義とに合わせるや否やを思索せよ。
如此《かくのごとく》にして得たるの結果は、英語の所謂《いわゆる》フリーソート也、吾人《ごじん》は訳するに、自由思想の文字を以《もっ》てす。(22)

あらゆる迷信を破却せよ。ぼくらはいま、ただの人間を神であるかのように崇めさせられている。天皇しかり、地主しかり、工場主しかりだ。しかもあらゆる信仰には悪習がともなう。いたぶられればいたぶられるほど、こびへつらってしまうのだ。あなたさまのおかげで生きてゆけます。徴兵してくださってありがたや。徴税してくださってありがたや。収奪してくださってありがたや。人間が家畜になる。囚人になる。奴隷になる。伝説的圧制のはじまりだ。どうしたらいいか。

秋水はいう。フリーソート。自由思想だ。「自己の良心」を「宇宙の理義」と合致させろ。おまえの良心に宇宙はあるかと。なにをいっているのか。宗教や迷信はダメだといっておきながら、いきなり神秘主義者みたいなことをいっている。この期におよんで、スピリチュアルかよ。どうもふつうの自由じゃなさそうだ。

一般的に、自由というと自由意志のイメージがつよいとおもう。確たる自我というものがあって、その目でみて世界を理解していく。世界のありかたをコスモロジーといいかえるなら、みずから主体的にはたらきかけて、宇宙のことわりをつかもうとしているといってもいいだろうか。

しかしこの認識のありかた、ちょっと不自由じゃないか。だって自我というフィルターをとおしてしか、世界にふれることができないのだから。客観的にものごとを把握しているといえば体裁はいいが、やっていることはみたものを比較して、そのよしあしをきめているだけのことだ。あとは損得計算をして、よりよいものを選択するだけ。それに慣れてくると、はじめからムダなことが視野にはいらなくなってくる。

ほんとは破滅的になにかをやらかしたい。一晩中、踊り狂いたい。てんやわんやの大騒ぎ。ヘトヘトになって、明日の仕事がどうでもよくなる。クビにされてもかまわない。すばらしき破滅。だけどそんなムダは選択肢に入らなくなってくる。自我のフィルターの外におかれる。たとえ奴隷の人生でも、将来の生活が保障されていればそれでいい。わたしは自由に生きているのだと。自由意志とは、自由という名の迷信にほかならない。ウエイクアップ。外にでろ。

だから秋水はいう。エクソダス。離脱だ。あらゆる迷信を懐疑せよ。神などいない。君主は神じゃない。おまえもおまえの神じゃない。いっさいを懐疑したそのはてに、自由意志すらふりはらうのだ。自我の仮面をひっぺがす。自分を無のなかにほうりこむ。確たる自己がなくなってゆく。フィルターなしで、世界と直結。わたしが世界とダイレクトにつながってゆく。世界のなかにわたしがいるのではない。わたし自身が世界なのだ。世界としての個人。おれ、コスモロジー。われわれは宇宙のことわりをそのまま生きる。

自由とはなにか。なにかを選択するのが自由なのではない。ひとがほんとうになにかをなしとげるとき、選択の余地などないである。それしかない。よいかわるいかではない。それしか道はないのである。だって宇宙のことわりだもの。ぜったいに避けられない。必然だ。なにがあっても絶対にやらかしてしまう。たとえ弾圧されるとわかっていても、もしかしたら吊るされるかもしれないとおもっていても、筆のうごきがとまらない。なんどでも、なんどでも権力をたたいてしまうのだ。

絶対的な不自由さが、一周まわって究極の自由になる。。絶対的受動性だ。懐疑の力が神秘にかわる。神秘が狂気をおどりだす。よろこびいさんで、死の裂け目にとびこんでゆく。ウズウズしてとまらない。なぜやるのか。理由などない。なぜという問いなしに。いかなる目的にも縛られない。だれのためでもなんのためでも、そのための手段や道具になりさがってはいけない。汝、目的なき手段となれ。餓え、渇き、叫び。ダンス、ダンス、ダンス。唯物論者、幸徳秋水の霊性だ。自己の良心を宇宙のことわりと合致させろ。フリーフリーダム。がまんできない。

管野須賀子ぜよ――ソフィア・ペロフスカヤはわたしだ

なんとか『自由思想』創刊号をだした秋水。「編集室より」では、管野をめっちゃホメている。本誌をだせたのは、もっぱら管野さんのおかげです。まだ名前をしらない読者もおおいかもしれませんが、かの女は法廷で「予は無政府主義者なり」と公言した女傑です。今後はかの女の記事もドシドシのっけてゆくつもりですので、こうご期待くださいと。管野須賀子ぜよ。

このころふたりは恋愛関係にはいっている。わかりやすいのは、管野が『自由思想』にこんな短歌をのせていることだ。

攻太鼓《せめだいこ》迫り来る日もほほ笑みて　み手に眠らむ幸《さち》を想ひぬ(23)

せめ太鼓がせまりくるというのは、戦場さながらいつ警察にふみこまれてもおかしくないということだ。そんなときでもあなたの腕にいだかれて、しあわせにつつまれることをおもえば、わたしはほほえんでいられますよと、そんな歌だ。こっぱずかしい。だけどそれがリアルだったのだろう。

たえず警察に監視されていて、いつ投獄されて死ぬかもしれない。異様な緊張感のなか、ふたりで雑誌をつくってばら撒こうとする。おまえとならばどこまでも、市ヶ谷断頭台の上までも。そのおもいが恋愛感情ともかさなっていく。

管野の場合、弾圧の危険ばかりではなく、もう関係はさめていたとはいえ獄中に夫、荒畑寒村がいる。いま秋水にとびこんだら、仲間からつるしあげをくらうだろう。これまで秋水がきずきあげてきた信頼関係もぶっこわれるかもしれない。破滅への道だ。そんなことはわかっている。でもそれでもだ。

あなたといっしょなら、なにもかもうしなってしまったっていい。死んでもいい。死のう、死のう、死のう。破滅だ、おわりだ、セックスだ。身も心も燃やしつくし、もじどおりゼロになっていく。昇天していく。身体が虚無《ニヒル》につつまれる。なんにもなくなる。だったら、死んだつもりでなんでもやれだ。秋水だったらこういうだろうか。なぜやるかではない。やらない理由などないのである。きみは宇宙をかんじているか。いくぜ、ニヒリズム。こいよ、フリーダム
ところで、管野須賀子。どんなひとだったのか。管野は一八八一年六月七日、大阪うまれ。裕福な家庭にうまれて、両親の愛を一身にあびて元気いっぱいにそだったのだが、一一歳のときにお母さんが亡くなってしまう。その後、継母になった女性にうとまれ、苦渋の日々。寒村の回想によれば、どうも継母のてびきで男が家にあがってきて、そいつにレイプされたという。あんまりだ。

一八歳のとき上京して、雑貨屋の息子と結婚。管野はこれが嫌でいやでしかたがなかった。もともと本が好きで、小説家志望。しかしこの家では、本を読むこともままならない。まもなく大阪の父が病気でたおれたので、それを理由に里帰りして、そのまま東京にはもどらなかった。弟の紹介で文人、宇田川文海《うだがわぶんかい》に弟子入りしてしまう。

おそらく文海は親身になって、管野の進路相談にものってくれたのだろう。もう東京の家にはもどりたくない。身ひとつで食べていきたい。文海は顧問をつとめていた『大阪朝報』を紹介してくれた。二一歳、新聞記者になる。きっちり離婚も成立させた。バッチシだ。じゃあ、どんな記事をかいていたのか。廃娼運動だ。

一九〇三年、大阪で内国勧業博覧会がひらかれる。そこで浪花踊りが披露され、大阪の娼婦たちも踊るというのでこれに反対。公然たる場で、「醜業婦《しゅうぎょうふ》」が踊るのは日本の恥だと。しょうじき、政府公認で女性を性奴隷化するのはやめろというのならわかるのだが、こんなふうにひとを見下したいいかたはダメだとおもう。だが、管野はそのまま突っ走る。当時、キリスト教の立場から廃娼運動を展開していた婦人矯風会にはいり、さらにキリスト教の洗礼もうけている。

しかしなぜキリスト教だったのか。なぜ、売春婦のことを「醜業婦」とののしったのか。瀬戸内寂聴は、管野を主人公とした小説『遠い声』で、その理由を少女時代の性暴力にみている。ひどいはなしだが、このクソみたいな家父長制社会では性暴力をうけた被害者のほうが倫理的に責められてしまいがちだ。おまえがスキをつくったからわるいのだ。おまえがおもわせぶりな態度をとったからわるいのだと。それを内面化してしまうと、わたしは賤しい、わたしは醜いとおもってしまう。苦しい。

だからキリスト教の洗礼をうけて、ダメなわたしを自己否定。性をなりわいとする女性たちを攻撃し、過去の自分を洗いながすのだ。女性の貞操をまもれと、「醜い」「汚い」女性たちを批判して、わたしは清くただしい、節度ある女性だというあかしをたてる。だけどそうやって娼婦をディスればディスるほど、むなしくなってしまう。むかしの自分がよりいっそう醜くみえるからだ。もっと苦しい。

それでも管野は『大阪朝報』の休刊をきっかけに、さらに矯風会の運動にのめりこんでいく。しかしその全国大会に出席するために、東京にいったときのことだ。おなじくキリスト教徒で廃娼論者でもあった木下尚江の講演をきいて、大感動。社会主義、もっとしりたい。これが一九〇四年七月。ちょうど秋水と堺が平民社をたちあげ、日露戦争に反対してふんばっていたころだ。

管野はすぐに有楽町の平民社をたずねる。堺が応対してくれた。はなしてみたら意気投合。きっと、社会主義者のなかでもはやくからフェミニズムに関心をもっていた堺のはなしをきいて、ググっと視野がひらけたのではないか。女性の性奴隷化。それは男が女を奴隷としてあつかってもなんともおもわない社会であり、人間が人間を奴隷としてあつかってもなんともおもわない社会である。女が男に奉仕するのはあたりまえ。ご主人さまを崇めるのはよいことだ。しかもそれが国民道徳とよばれて、よいことだとおもわれている。根底からぶちこわさなければならない。

管野は週刊『平民新聞』の熱心な読者になった。「大阪平民社読者会」「大阪社会主義同志会」をたちあげて、やがて森近運平の大阪平民社に合流していく。そんなやる気満々なところもみこまれたのだろう。堺から『牟婁《むろ》新報』の記者にならないかとお声がかかる。和歌山県田辺にあった新聞社だ。

社主は毛利柴庵《さいあん》。めっちゃ気骨のあるひとで、社会主義シンパ。このころ和歌山の知事が豪商から接待をうけ、ぜいたくざんまいをしていたのを新聞紙上でディスりまくり、官吏侮辱罪で訴えられていた。上訴してねばっていたが、いずれは監獄にいれられる。だけどこんなことに萎縮せず、もっと権力とやりあいたい。つきましては、筆のたつ助っ人がほしいのだけど、だれかいいひとはいませんかと、堺に相談がきたのだ。

いますよ、すごいのが。管野須賀子である。わたしでよろしければ、ぜひおひきうけいたしましょう。管野は『牟婁《むろ》新報』の記者になった。一九〇六年二月、田辺に移住。ここで、おなじく平民社から派遣されてきた荒畑寒村と恋仲になっている。年下のかわいい男の子だ。

ふたりはモーレツに社会批判。そのさいたるテーマは公娼制度の廃止だ。それまで和歌山には遊郭がなかったのに、いきなり県知事がゴーサインをだして、設置にむけてうごきはじめた。ふざけんな。おなじく和歌山にいた大石誠之助も、記事をよせて激烈な批判。ガンガンやった。しかしやりすぎた。

なまいきな社会主義者どもが好き勝手やりやがってと、社内で大紛糾。毛利が獄中にはいっているあいだに、まず寒村がやめさせられてしまう。管野は毛利が出獄してくるまでがんばったが、でてきたらもうバイバイ。いちど京都に身をよせたが、一九〇六年一〇月に上京し、こんどは『毎日電報』の記者になった。籍こそいれなかったものの、寒村とは同志公然の夫婦となった。

だけど同居はしない。妹、秀子との同居をえらんだのだ。すごくかわいがっていた妹で、すでに肺結核をわずらっていた。田辺時代から同居してめんどうをみていたが、もう病状がよくない。東京にきてからは寝たきりでうごけなかった。管野は必死に看病するが、そのかいもなく一九〇七年二月に亡くなってしまった。ううっ、妹よ。

悲しみにうちひしがれるなか、こんどは自分もたおれてしまう。肺結核が感染していたのだ。ちょくちょく病状が悪化して、伊豆や千葉の安田にいって療養生活。東京におちついてからも、寒村とは同居しなかった。病気をうつしたくないというよりは、自分たちのことなど気にもとめず、社会主義の活動にまえのめりになっている寒村にたいして、管野のきもちがさめてしまったのだろう。

そうこうしているうちに、一九〇八年六月の赤旗事件だ。ゆるせない。天皇制国家への怒りを燃えあがらせる。そんなときに煙山専太郎《けむやませんたろう》の『近世無政府主義』をよんだのだとしたら、管野がどんな反応をしめしたのか想像がつく。ロシアのナロードニキにおおいに共鳴。とりわけアレクサンドル二世を暗殺し、断頭台の露ときえたソフィア・ペロフスカヤに自分をかさねたのだ。

自己犠牲。カネも地位も名誉もいらない。自分の人生すらいりはしない。わが身をかえりみず、うりゃあと爆弾をぶん投げる。パンパーン。それで皇帝を神として崇めている人民の目がさめればそれでいい。管野はおもう。わたしも、わたしも。どうせ、おいさき短い身のうえだ。こんな人生どうなってもいい。だったらがむしゃらになってなんでもやれだ。死におけるまで、おのれの生を燃やしつくせ。この地球の心棒にダイナマイトをぶちこんで。ソフィア・ペロフスカヤはわたしだ。

愛だろ

一九〇九年五月二五日、秋水のもとに愛知の宮下太吉から手紙がとどいた。『麺麭《ぱん》の略取』を送ってあげたお礼だろうか。そうおもってみてみると爆弾の製造法がわかったから、いよいよ決行するとかいてある。どうしたものかな。すると、その手紙をみて興奮ぎみの管野。わたしが返事をだしてもいいですかときいてくる。

いいよ。だいたい、こんなことをかいたようだ。「わたしは女ですが、覚悟はあります。上京したら、会っておはなししましょう」。管野がやるつもりだ。天皇をぶち殺す。

この手紙をもらった宮下。大感動だ。すぐに返事をかいて送ってきた。「心知らぬ人はなんともいはばいえ、身をも惜しまじ名をも惜しまじ」。主君を討ちとれ。明智光秀、決意の歌である。キリンがくる。おりしも長野県の官営明科《あかしな》製材所に転勤がきまっていた宮下。ひっこしがてら東京によることにした。六月六日、秋水が新宿駅までむかえにくる。その日は千駄ヶ谷平民社に泊めてもらった。

ようやく爆薬の調合法がわかりましたと、宮下は秋水にむかって熱くかたる。秋水はけっこうなことだねと、そっけない返事。宮下が信州でつくってきますというと、つくったらいいんじゃないかとこたえたらしい。まだ気がすすまない秋水。だけど、やる気満々になっていた管野に水をさしたくはなかったのだろう。翌日、宮下は長野へ旅立っていく。がんばれ、宮下くん。

しかしその一方で、警察の監視がどんどんエスカレートしてくる。千駄ヶ谷平民社から道をへだてて、目のまえにある一軒家。そこの畑に、紅白の幕をたらしたテントがたっている。警察の詰め所である。そのテントから、四人の警官が朝から晩まで、かわるがわる秋水たちを監視していた。あからさまだ。それで平民社にひとがやってくるたびに、身元を問いただしていく。

しかもそのひとが帰宅したあとも尾行して、執拗につけまわす。名目は身元確認のためだろうが、かんぜんにいやがらせだ。いちどビッチリ尾行されると、いつどこでなにをするにしても、だれかにみられているのではないかと不安になる。おちつかない。これがつづくと精神的に疲弊してくる。そうやって、警察は社会主義者とつきあうとこうなるぞと警告しているのだ。いやらしい。

きっと秋水たちはヒシヒシと感じていたはずだ。シャバにいても、監獄にいるのとかわらない。檻のなかにとじこめられて、ずっとみはられている状態なのだと。もしかしたら警察にずっとみられていたら、防犯対策がバッチシでいいじゃないかという声もあるかもしれない。だがそうではない。元来、警官は防犯になど興味がないのである。たとえば、玄関まえにおかれていた牛乳が盗まれる。しらんぷりだ。また女中さんが使いで外にでたら、おれは巡査だと名のる男においかけられ、卑猥なことばをあびせかけられる。しらんぷりだ。もしかしたら本物の警官だったのかもしれない。

だけどこれだけ監視の目が光っていても、ふたりは『自由思想』(第一号)を発刊している。一九〇九年六月一〇日のことだ。しかし印刷したのがすぐにバレて、翌日には警察に押収されてしまう。やられた。その後は裁判。まず、創刊号が新聞紙条例に違反したとして、七月一〇日に東京地裁で有罪。『自由思想』は発行禁止。さらに編集人および発行人であった管野が、罰金一〇〇円をくらった。いたい。もはやうつ手なしだ。七月一三日、ふたりは『自由思想』の廃刊届をだしている。くやしいです。

しかし弾圧の手はとまらない。七月一五日には平民社に家宅捜索がはいり、肺結核で病床にふしていた管野がむりやりひっぱられる。猛暑のなか、数日間、食事もろくにとれていない病人が監獄にいれられるのだ。やめろと、とめにはいる秋水。それをみて、管野は心配いりませんよと笑みをうかべながら連行されていく。しびれるぜ。

こんなときこそ仲間うちで結束をかためよう。といいたいところだが、弾圧されてピリピリしているとき、たいてい運動は逆の方向にすすんでしまう。それまで秋水や管野とともに『自由思想』の秘密配布に協力してくれていいた戸恒保三《とつねやすぞう》と竹内善朔《ぜんさく》。このふたりが離反してしまうのだ。じつはこのすこしまえから、守田《もりた》有秋《ゆうしゅう》と坂本清馬が仲間うちにいらぬうわさをながしていた。管野と秋水があやしい。獄中にいる寒村をうらぎって、愛欲にふけっているのだ。あいつら人間的にクソだぞと。

いや、秋水先生にかぎってそんなことはないと、うわさを信じなかった戸恒と竹内。だけど平民社の女中、小島つね子がまたいらぬことをいってしまう。わたしは夜、先生と管野が同衾しているのをみましたよ。管野は奥さんきどりでいばりくさっています。なのに、家のことはハタキひとつしない。でも先生はわるくないんです。誘惑されただけなんです。先生は元妻、千代子さんに手紙をおくりたいのに、管野の目が光っているからそれすらできないんですよと。このおしゃべりめ。

これで戸恒と竹内は激怒してしまう。秋水に絶縁状をたたきつけてきた。管野への憎しみがひどい。あの女が貞操をまもらずに先生を誘惑したのでしょう。妖婦です。あの女のせいで先生はおかしくなっています。いまからでも遅くはありません。元妻とよりをもどしてください。ラブを断念せよ。さもなくば、われわれはあなたとの関係を断ちますよと。これをうけて、秋水は堂々と返事をかえす。上等だ。

おれは管野とフリーラブで結ばれたのだ。愛しあっているふたりが恋をしてなにがわるいのだ。フラれた寒村ならいざしらず、おまえら他人にとやかくいわれる筋合いはないと。そのとおりだ。だいたい、女が貞操をまもらなくてなにがわるいのか。家父長制まるだしの同志にドロップキック。ふざけんな。

しかし竹内からの批判がやまない。めんどくさいな。さわぎをおさめようと、管野が獄中から寒村宛に、これまでの経緯をしたためて離縁状をおくった。これに返事をよこした寒村。ざんねんだけど、しかたがないね。あなたと秋水兄のしあわせを祈るよ。そうかいてきた。めでたし、めでたし。ではない。ほんとは、はらわたが煮えくりかえっていた寒村。内心、こうおもっていた。秋水、殺ス。

しかもそれを煽るかのように、大杉栄がやらかしてしまう。どうも刑務所の運動のとき、寒村が仲間たちに「先生が管野と結婚した」とはなしたらしい。それをきいて、とっさに大杉は大声をあげてしまう。

秋水は獄中の同志から愛人を奪ったのだ、管野は陣笠を首領にのり替えたんだ。(24)

ううっ。これで寒村の復讐心に火がついてしまう。おれをコケにしやがって。いまにみてろよ。ぜったいに殺してやるからな。もちろん大杉からすれば、瞬発的に親友、寒村をおもっていったことだろう。だけど、いいすぎたとおもったのか、その後、内縁の妻、堀保子に宛てた手紙には、秋水と管野を孤立させてはいけない、どうかやさしく接してやってくれとかいている。おそいよ。

じっさい、この件でおもてだって秋水の味方をしてくれたのはごく少数だ。獄中にいた堺利彦。『自由思想』の第二号に「家庭廃絶論」をかいてよこした大石誠之助。そして不倫上等、いっさいの道徳を爆破しようとしていた宮下太吉だ。どんどん孤立をふかめていく秋水。だがけっしてヘコたれない。むしろやる気満々になっていく。秋水は大石に宛てて、こんなことをかいている。

僕は管野との関係を問はるれば別に隠す気もないが進んで公表する義務もないので、今日まで過ぎたのだが、兎《と》に角《かく》相愛して居《い》るには違いない、夫《それ》が気に入らなくて絶交さるれば仕方《しかた》がない、愛情は時に冷熱があるもので是《これ》が何時《いつ》までつづくものか分らぬ、或《あるい》は案外短かいかも知れぬが、一二ケ月の彼女の奮闘と犠牲とに対して義理でも出獄までは其先途《そのせんど》を見届けねば男が立たぬやうな気がするので、僕は自分の世俗的名誉を犠牲にして進む處《ところ》までは進むことに決心した、夫《それ》で戸恒や竹内の例から推せば、天下同志の大部分に棄てらるることとなるだろう、是《これ》も已《や》むを得《え》ぬ運命だ。(25)

このまま管野とつきすすめば、天下同志の大部分に棄てられるだろう。やむをえない。運命だ。自分の世俗的名誉なんてどうでもいい。カネもいらない。社会主義者としての名誉もいらない。そんなものぜんぶ犠牲にしてしまって、ゼロになってでもつかみとりたい。人を想うということは、自分を見失うまで自分に徹するということだ。そもそもアナキストとして生きるということは、いかなる世俗的名誉にもふりまわされないということではなかったのか。棄ててしまえ。アナキストとして生きる名誉すらも棄てるのだ。そうして棄てはてて、いったいなにがのこるのか。愛だろ。

さて八月一〇日、こんどは『自由思想』第二号が新聞紙条例違反にとわれる。判決は管野に罰金一四〇円、秋水に七〇円だ。八月二七日には、ふたたび東京地裁で公判。管野が発売禁止後に出版物を配布した罪にとわれたのだ。九月一日、判決。罰金四〇〇円。ぜんぶあわせると、管野は六四〇円の罰金刑をくらったことになる。いまでいうと二〇〇万円だ。おもすぎる。はらえない。その場合、かわりに刑務所で一〇〇日間の労役になる。弁護士がうごきまわってくれて、ひとまず保釈に成功。復讐の鬼となった管野が平民社にもどってくる。ザワザワ。

天下の大悪僧、逮捕される

しかしさらなる弾圧の魔の手がせまっていた。すこし時計の針をまきもどそう。一九〇九年一月、東京から箱根の林泉寺《りんせんじ》にもどった内山愚童。ちょっとした問題がおこっていた。住職の仕事をほったらかして全国をとびまわっていた愚童を、檀家さんたちが告発したのだ。あの住職を罷免しろ。

あいだにひとがはいってくれて、罷免こそされなかったものの、永平寺の夏安居《あんご》にはいることになった。安居とは一定期間、一ヵ所にこもって修行することだ。罰として、修行しなおしてこいと。ちっ、めんどうくせえな。でも、ちょっとうれしい。だって、福井の永平寺まで長旅だ。また旅行できるじゃないか。フフ。

春になって、あたたかくなってきたらさあ出発だ。四月一八日から五月一八日まで、愚童は永平寺でみっちり修行。おれ、坊主。修行をおえると、せっかくだからと大阪によってから帰ることにした。五月二一日、三浦安太郎、武田九平《くへい》のふたりにあう。森近運平が大阪にいたとき、いっしょに大阪平民社をやっていたふたりだ。

愚童はかたる。いまぼくらはおもてだって言論活動ができない。全国の仲間たちと連絡をとりあうためには秘密出版が必要だ。それにロシアや諸外国とくらべたら、日本の主義者は行動力にとぼしい。われわれも皇太子暗殺くらいは考えなくてはいけない。秋水たちは爆弾の研究もしているぞと。べつにいっしょに爆弾をなげようといっているのではない。いざとなったら、おれもやってやるぞといいたかっただけだ。雑談である。しかしこの雑談がふたりを大逆事件にひきずりこんでゆく。

翌日、愚童は神戸の岡林寅松と小松丑治《うしじ》をたずねている。神戸平民倶楽部をやっていたふたりだ。土産話にと、やっぱり秋水の革命放談をはなす。そして、あんたら武器を手にとり、たちあがる覚悟はあるかねとたずねた。むちゃぶりだ。岡林は、まだ伝道の時期であって武装するつもりはないとこたえた。すると愚童が熱くかたる。ここまで追い詰められて、われわれにほかに道などあるのだろうか。革命しかないよ。そういうと、ふたりはそうだねとこたえた。

そういえば、このふたりは病院勤務。とりあえず、きいてみる。きみ、爆弾のつくりかたはしってる？　しるかよ。でも薬品の知識がある岡林。たしか爆薬にはリスリンをつかうときいたことがあるよとおしえてくれた。リスリン。いまだとグリセリンとよばれる物質で、保湿性があることからよく化粧品につかわれているものだ。なるほど、ありがとう。そんな会話をしたそうだ。その日は岡林の家にとめてもらう。ふたりで夜な夜な、「無我の愛」のはなしで盛りあがったようだ。

五月二三日、愚童は夕方にでも汽船で和歌山をめざし、新宮の大石誠之助をたずねるつもりだった。かの有名なドクトル大石をみてみたい。しかし箱根の林泉寺から電報がはいる。寺に家宅捜査がはいった、すぐかえれと。マズイぞ。寺には秘密出版のパンフレット、そしてダイナマイトがおいてある。愚童は夜行列車にのって箱根をめざす。二四日朝、国府津《こうづ》駅に到着。そこから寺にむかってあるいているところを、まちかまえていた刑事にとりおさえられた。和尚！

坊主がダイナマイト所持で警察に連行された。そのスキャンダラスな出来事にメディアがとびつく。警察発表そのままに、あることないことをかきたてた。こんなかんじだ。天下の大悪僧、内山愚童、逮捕される。逮捕時、内山のふところには拳銃とダイナマイト。警察のとりしらべにたいして、内山は無政府共産の実現のためなら内務大臣を爆殺することも辞さないと述べている、と。デタラメだ。だいたいつねひごろから、ふところに拳銃とダイナマイトをもっているってなんだよ。ヤクザか、それとも魯智深《ろちしん》か。だけど、ここから官憲がそのデタラメを「真実」にすげかえてゆく。ダイナマイト坊主、内山愚童なのだ。

やるべし、やるべし——新宮にて

東京にもどろう。一九〇九年八月二二日、千駄ヶ谷平民社に新村忠雄がもどってきた。三月末から、新宮の大石誠之助のもとにいっていた新村。バッチシ、むこうのメンバーと交流してかえってきた。意気投合したのは熱い若者、成石平四郎。きっと、なにが天皇だよ、いちど爆弾でふっとばして、ほんとに神かどうかためしてみようぜ、アハハというかんじだったのだろう。

新村とはなして、テンションのあがった平四郎。花火屋をいとなんでいた兄の勘三郎に「兄ちゃん、爆弾ってつくれる?」ときいてみた。勘三郎は「どうかな、ためしてみようか」とこたえている。アナキストとしてではなく、たんに火薬をあつかうプロとして、爆弾をつくれるか興味をもったのだ。

それから勘三郎はせっせと爆弾づくり。塩化カリウムと鶏冠石《けいかんせき》をまぜて、紙でくるんでギュッとかため、それを石にたたきつけてみたが不発。なにがたりないのだろう。もしかしたら大石なら医者だし、薬品の配合にくわしいかもしれない。七月一八日、勘三郎は大石宅をたずね、爆弾のつくりかたをきいている。大石はワセリンもいれてみたらいいんじゃないかといった。なるほど。

七月二一日には、大石が新村と平四郎、勘三郎をさそって大宴会。ベロンベロンに酔っぱらった大石は、フランス革命はすごいよ、監獄を破壊して囚人を開放し、爆弾をなげて官庁を爆破した。おれたちだって、爆弾さえあれば皇室なんてヘノヘノカッパだよと威勢よくしゃべった。すると、やはり酔っぱらった勘三郎が「やるべし、やるべし」と大声でさけぶ。じつはこの一言で、勘三郎は幸徳一派とみなされ、大逆事件にまきこまれてしまう。かわいそうだ。

帰宅後、勘三郎は大石におそわったとおり、ワセリンをまぜて爆弾をつくった。でも、ワセリンをいれたら爆薬がドロドロに。それをゴム球にいれて、熊野川の河原でなげてみたのだが、グチャ。あれ……。ぜんぜんダメだ。これで勘三郎の爆弾熱はさめてしまう。平四郎も爆弾のことなんてすっかりわすれてしまった。

ちなみに大石は、ワセリンをいれたらこうなるとわかっていた。酒の席では、雑談として爆弾話や革命放談で友人たちをもりあげていたものの、大石としては秘密出版でもなんでもいいから、言論でアナキズムをひろめたかったようだ。なにより爆弾なんてキケンなものをつくって、だいじな成石兄弟がケガでもしてはたいへんだ。それでデタラメをおしえたのである。なんだかな。
しかし爆弾は制御できない。大石のしらぬまに製造がすすんでしまう。すでに宮下太吉と連絡をとりあっていた新村。八月六日には、新宮本町の畑林薬局で塩化カリウム、一ポンドを購入し、宮下におくっている。しかもこのとき勝手に、大石名義で薬品を買っていたのだ。これが大石の命とりになってしまう。ひどいよ。もちろん新村からしたら、酒の席でのはなしとはいえ、大石も爆弾闘争にやる気満々だとおもったのだろう。八月二〇日、新村は意気揚々と東京にひきあげていく。やるべし、やるべし。

爆弾投擲じゃあ！——ニヒルを突きぬけろ

それでは九月一日、新村が東京にもどってまもなくのことだ。管野須賀子が保釈。仲間うちからボロクソにいわれ、官憲からもメタクソにいためつけられた管野が鬼神と化してもどってきた。手に負えない。身体まるごと爆弾だ。自分の短い命を天皇爆殺に賭けようとしている。しかもいままでとちがうのは、秋水もノリノリになっていることだ。なにがあったのか。

親もなし、妻も子もなし、版木なし、金もなければ死にたくもなしこれは江戸中期、反骨の知識人としてしられる林子平の詩だ。幕府の海防政策を批判して『海国兵談』を出版したけれども、めっちゃ弾圧されて版木を没収。それでもめげずに自分で写本をつくり、世にばらまいたけれども、それもバレてさいごは蟄居命令。そのまま不遇の死をとげたひとだ。そんな林がチキショウといいながらつくったのが、この詩である。秋水はこの林に自分をかさねたのだ。

爾後《じご》二十年の春秋、我が出す所の新聞雑誌の禁ぜらるる者三四、我が著書の禁ぜらるる若《も》しくば刻する能《あた》はざる者四五、我が演説の中止せらるる者幾十回なるを知らず、今に及んで再び六無《ろくむ》の詩を吟ずれば、初めて知る「版木なし」の一語、志士無限の深恨痛憤《しんこんつうふん》を蔵《ぞう》して、凝《こ》つて冷然たる苦笑となれることを、噫《ああ》、彼れ豈《あ》に快語、豪語のみならんや。(26)

文中にでてくる「六無」とは六無斎《ろくむさい》。林子平の雅号である。おれも新聞雑誌をだすたびに発禁にされ、著作もことごとく発禁本。演説を何十回、中止させられたかもわからない。なにもかけない、なにもしゃべれない。罰金刑をくらって、借金だけがつまれていく。どんな工夫をしても、なにをやってもダメなのだ。ああ、あゝ。この志士無限の深恨痛憤《しんこんつうふん》。わかるよ、子平さん。憎悪が絶望をとびこえて、冷笑にかわっていく。版木なし、カネもなければ死にたくもなし。

いっさいの迷信をうちくだけ。あらゆる表現をつかって、人民の脳天を爆破しろ。だが、言論もダメ、集会もダメ、結社もダメ、デモもダメ、ストライキもダメ。ダメ、ダメ、ダメ。なにをやってもムダなのだ。身体が虚無につつまれる。ぜんぶおしまい。絶望だ。だけどそれでも憎みつづけたら、その絶望がかわいた笑いに変わっている。なにをやってもムダならば、よいもわるいもないはずだ。いちどでもいい。生命の圧倒的なむだづかいをしてみたい。消尽だ、焼尽だ、精進だ。ビバ、ニヒリズム。

もはやほかに表現手段はない。天皇を爆破しよう。神などいない。あの木偶《でく》をこっぱみじんにふっとばしてやる。アラヒトガミの心臓に爆裂弾をつめこんで。変なおもいつきだ。それでなにがおきるのか。ナッシング。首を吊られておしまいだ。ヒャッハー。わらいながら憎悪せよ。わらいながら憤怒せよ。わらいながら慟哭せよ。爆弾投擲《とうてき》じゃあ。ニヒルを突きぬけろ。がまんできない。

とはいえ、親孝行の秋水だ。年老いた母をのこして死んでしまってもいいのか。そのおもいを断ちきるかのように九月一九日、故郷、中村にいる母に宛てて、こんな手紙をしたためている。

母上様

私もモウ長い命ではありません、栄耀《えいよう》をのぞむ気もありませんから、矢張《やはり》少しでも世の中の為《ため》になることをして死ぬつもりですから御《お》あきらめをねがひます。(27)

こうしてみると、大石の診断で「秋水の寿命は長くない」といわれたことが尾をひいていたのではないかとおもう。ニヒリスティックな傾向に拍車がかかり、さらに管野と共鳴、共振をまきおこしていく。ドクトル！

こうなったら、もうとまらない。九月一五日、新村が長野県屋代町《やしろ》（現、千曲市《ちくま》）の実家に帰省していった。

明科町《あかしなまち》（現、安曇野市《あずみのし》）の宮下太吉と連絡をとるためだ。九月二八日、新村が明科にいって、ふたりでおしゃべり。宮下はいう。軍資金に一〇〇〇〇円くれ。ねえよ。それから薬品をまぜるのに薬研《やげん》がほしいといった。薬研とは、漢方医が薬草をゴロゴロひいて、すりつぶすのにつかうやつだ。おれが購入すると足がついてしまうから、そのくらいはどうにかしてくれないかと。ひきうけた。

帰宅すると、新村は兄の善兵衛にきいてみた。「兄ちゃん、薬研って手にはいる？」。「しりあいから借りてやろうか」。ありがとう。善兵衛は忠雄の六つうえ。農民だけどインテリで、週刊『平民新聞』もよんでいた。社会主義のシンパである。だから革命に燃える弟がかわいくてしかたなかったのだろう。さっそくしりあいにたのんで薬研を借してもらい、それを宮下に郵送してくれた。サンキュー。だけど、これで善兵衛も大逆事件にまきこまれてしまう。ごめんよ、兄ちゃん。

そのかん、東京にいた秋水もうごいていた。信頼できるひとに相談しよう。九月中旬、千駄ヶ谷平民社に奥宮建之《おくのみやけんし》が遊びにきた。おなじ土佐出身で、元自由党の老壮士だ。どんなひとだったのか。

ときは秩父事件、前夜。一八八四年のことだ。これから民衆蜂起がおこるというまさにそのときに、名古屋の自由党員たちが専制政府打倒をかかげ、挙兵をくわだてていた。まずは資金集めだ。カネもちからうばいとれ。強盗をくりかえし、いちどなどは追いかけてきた警官二名を殺害してしまう。これが名古屋事件だ。

そのあと役所を襲撃してみたら、数人がつかまってしまい、そこから計画が発覚。のきなみとらえられて、主犯格は処刑されてしまう。そして、なんとなんと。この名古屋事件のとき、奥宮はたまたま名古屋に遊説にきていたのだ。しかも名古屋の人たちに、土佐の人間は口ばっかり達者でなにもしないとあおられて、おれも決起にくわわるよといってしまったのだ。それで事件に連座させられてしまう。しかも判決はおどろきの無期懲役。かわいそうだ。一八九六年に特赦で釈放されて、その後は社会主義に興味をもって、秋水のところにおしゃべりにきていた。

そんな奥宮に、秋水はあくまでたとえばなしとしてたずねている。奥宮さん、いま国家元首を爆弾でふっとばしたらどうなるとおもいますか。奥宮はこういった。いまは昔と状況がちがう。やっても、民衆にドン引きされておしまいだ。やめたほうがよいだろう。うーん。この会話はこれでおしまい。

だけど一〇月にはいって、また奥宮があそびにきたときのことだ。自由党時代の爆裂弾事件のはなしになったので、おもいきって、奥宮さん、爆弾のつくりかたってしってますかときいてみた。どうもひとり信州で実験中の宮下くん。ちょっといきづまっていた。百科事典でしらべて、爆薬は「塩化カリウム一〇」、「鶏冠石五《けいかんせき》」の比率でまぜあわせればオッケーだとおもっていたのだが、いざやってみたらうまくいかない。比率がちがうのだ。たすけなければいけない。

秋水の質問に、奥宮さん。おれはしらない、でもしっているやつにきいてやろうかという。ありがたい。それで後日、きいてきてくれたのが元警視総監、西内正基だ。えっ、警察かよとおもうのだが、元自由党の闘士で爆弾研究のスペシャリストだ。実験中に薬品が破裂して片目をうしなったというひとである。本気だ。

奥宮がおしえてくれた。爆薬の調合法は「塩化カリウム六」、「鶏冠石四《けいかんせき》」だ。ほかにも容器はブリキ製がよい、大きさはこのくらいだという。なるほど。秋水はその情報をことこまかに新村につたえ、宮下に手紙でしらせている。手紙をよんで、そのとおりにやってみた宮下。ズデーン。すさまじい爆音が鳴りひびく。うわああ、やったぜ。ついに実験成功だ。やるな、自由民権。

ちなみに、戦後になって宮下の調合法どおりに爆弾を再現してみようとしたひとがいるのだが、そのひといわく。せいぜい大きなおもちゃ花火ていどのものでしかなく、およそひとを殺せるようなしろものではなかったというのだが、どうだろう。(28) ともあれ、なにも計画をしらされていなかった奥宮さん。この一件で大逆事件に連座させられ、判決は死刑。あんまりだ。奥宮建之の一生。運がわるい。

なんか辛気くさいんだよ

一九〇九年九月末、長野からもどってきた新村をかこんで、秋水と管野、三人で会合をひらいた。われわれにあとなにがたりないか。メンバーだ。せめてもうひとりくらい、ガッツのあるやつがほしい。だれか信頼できるやつはいないか。新村がいう。古河力作はどうですか。おお、いいね。

古河は一八八四年、福井県うまれ。いまの小浜市出身だ。家は地主で、おさないころはなに不自由なく暮らしていたのだが、父が事業に手をだして大失敗。古河もはたらきにでることになった。花が大好きだったので、庭師になる。一九〇三年から、東京の滝野川園芸場ではたらきはじめた。人柄がよくて、雇い主からも客からも信頼されていたようだ。そんななか足尾銅山鉱毒事件をきっかけに、社会主義に関心をもって、しだいに主義者の会合にではいりしはじめる。

ひといちばい体がちっちゃくて、身長は一三三センチほど。顔も童顔でめちゃくちゃかわいい。だけど、なめんなよといわんばかりに、大胆不敵な行動をとることがあった。ある日、がまんできなくなって、ふところに短刀をいれ、官邸に忍びこもうとしたのだが、巡査にあやしまれてやむなく退散。これで桂太郎を刺し殺してやろうとおもったんだよと、短刀をみせながら友人に語ったという。そのうわさが仲間うちにひろまって、秋水たちも信頼をよせた。古河くんにはガッツがある。『自由思想』をだしたときには、印刷人をおねがいしたくらいだ。声をかけない理由がない。

一九〇九年一〇月初旬、新村が古河と会って、自分たちの計画をはなす。そしてさそったのだ。ぼくといっしょに天皇を殺しませんか。強制ではないよ、でもくわわってくれたらうれしい。ちなみに、嫌になったらいつやめてもかまわない。どうだろう。古河は即答だ。ことわる理由がありません。やったぜ。

これでもう百人力だ。全員のテンションがあがる。殺せ、殺せ、殺せ。わるいやつらを皆殺しにしろ。とりわけ管野のテンションがマッドマックスだ。天子なんて、わたしひとりでもお茶の子さいさい。ひとり殺したら、何十人殺したって変わらないから、あいつも殺す、こいつも殺す、みんな殺してやるんだ。ヒャハハ。

だがその感情のたかぶりが絶頂にたっしたときのことだ。ヌオオオオオオオオオオオオオオオオ！！！もじどおり管野の脳天が爆発してしまう。一〇月八日、ぶったおれたのだ。路上でいきなりもがき苦しんで卒倒してしまった。びっくりした巡査が管野をかついで、平民社にとびこんでくる。不覚。

医者をよんでみてもらうと、脳充血。過度のストレスや過労、神経のたかぶりによって、脳に血液が充血してしまったのだ。絶対安静。ひと月ちかくたってもよくならない。ひたすら看病をする秋水。ぐったりしている管野の姿をみて、ぜんぜんちがう意味で、脳天がぶっとんでしまった。

おれはもうすぐ爆弾を投げて死んでやるんだ。いま死ぬぞ、いま死ぬぞ、いま死ぬぞ。生命の炎を燃えあがらせて、死にむかってハイスピードでダッシュしていく。緊張感をバリッバリにたかめてもうすぐピーク。というやさきに、管野が限界をこえてスパークしてしまったのだ。不意をつかれた秋水。はりつめていた空気が一気にぬけてはじけとぶ。パンパーン。ああ、おわった、死んだ、ぜんぶおしまい。気づけば、すでに死を追いこして、あらたな生がはじまっている。そうしてふとおもうのだ。温泉にいきたい。

だいたい、過労死しそうになるほど死のうとするってなんなのだ。大義のために死んでもはたらけ？　すでに死を決意しているのだからそのくらいはできるはずだ？　それができないのはまだちゃんと死を自覚できていないから？　死のう、死のう、死のう。われらの大義のために。暗いよ。

もともと秋水はあらゆる大義を疑っていたはずだ。お国のために、陛下のために、死んでもはたらけ、税金おさめろ、戦争にいって死んでこい。奴隷の道徳。どれだけひとが死んでも、どれだけコキつかわれても、みんな笑顔でこなしてしまう。だって善行を積んでいるのだから。もっとはたらきたい。

社会主義だっておなじことだ。この大義のために、死んでもはたらけ。正義をふりかざし、指導者が下々のものに命令をくだす。正義とはひとがひとを支配するための方便にほかならない。正しいものなどない。あらゆる価値は迷信だ。ぜんぶ虚無に放りこめ。尺度ゼロのニヒリズム。

しかし、うかうかしていると、このニヒリズムさえ絶対正義に反転してしまう。価値相対主義だ。普遍的な価値がないならば、どんな考えかたも自分が信じているかどうかでしかないはずだ。ただしいとかまちがっているとかじゃない。たがいの価値を尊重しましょうと。ひどい差別やリンチをして、他人に批判されてもこうきりかえす。それはあなたの価値でしかないですよね。なんでもありだ。

アナキストだって、いっそうならないとはかぎらない。民衆を苦しめている権力者を討て。ひとり殺すのも、何十人殺すのもおなじことだ。あいつも、こいつもと血祭りにしていく。よいかわるいかではない。世俗の道徳などどうでもいい。われわれがよいとおもったからよいのである。

自分の価値が絶対になる。その大義に、ひとりよがりに酔いしれる。内へ内へとこもっていく。転倒した支配秩序。外がみえない。内に閉じればとじるほど拡充がなくなっていく。わけのわからぬ出会いに身をまかせてゆきたいのに、そんな機会すらなくなっていく。その可能性をみずからの手で封じこめてしまうのだ。わたしは主義のためなら命をささげる？　なんか辛気くさいんだよ。わたしはけっしてはたらかない。

夢をなめるな

それからの秋水。病床の管野にはなしかける。管野さん、そんなに生きいそがなくてもいいんじゃないですか。みずからすすんで苦難の道をえらぶことはない。のこりの人生、平和にすごそうじゃないか。アナキズムの実践にしたって、暗殺だけがすべてじゃないよ。書籍や新聞雑誌、教育活動で主義をひろめたっていい。ぼくはかねてから考えていた本の執筆に専念しようとおもっているのだが、どうだろうか。えっ。絶句する管野。事実上、秋水がリダツを宣言したのだ。先生！

一九〇九年一一月三日、宮下太吉から手紙がとどく。「赤児ノ泣キ声ガ、ヒジョウニ大キクテオドロイタ」。爆弾実験、成功のおしらせだ。平民社からのよろこびの返信をまつ宮下。だけど、待てどもまてども返信がない。あれ、どうかしたのか。それどころではなかったのだ。新村も秋水の心がわりを察しはじめていた。先生は学問のひとだし、いっそのこと管野といっしょに海外にでも避難してもらって、そのあいだにおれがやっちまおうか。そんなことを考えていたようだ。

しかもそのかん、秋水は死刑反対でもりあがっていた。一九〇九年七月、スペインのカタルーニャ地方で大規模な民衆蜂起。とくにバルセロナでは、労働者がゼネスト。鎮圧にきた軍隊と市街戦をくりひろげ、そのスキをつくかのように暴動につぐ暴動だ。けっきょく軍に制圧されてしまうのだが、その首謀者としてアナキストの教育家、フランシスコ・フェレルがとらえられた。

しかしこれ、かんぜんなデッチアゲ。フェレルは蜂起とまったくかかわりがなかったのだ。でも軍法会議にかけられて、なんの証拠もなしに即決処刑。あまりにひどいので、世界的な抗議運動がまきおこり、国内外でおさまりがつかなくなった。これにたまらず、すみませんでしたとスペインの首相が辞職している。

これをうけて一〇月二六日、秋水は古巣、『万朝報』に記事を送りつけた。あんたらフェレルさんのことを「国法を無視する無政府党員として確かに死刑に値ひす」[29]とかいっていたよな。アナキストは国法を無視するものだから、暴動をおこしてもおかしくない、おこしたにひとしい、だから死刑に値すると。むちゃくちゃだ。おれは悲しいよと。きっとこの記事をかきながら、秋水はおもったはずだ。支配的言説から人民の思考をズラしてゆきたい。おれたちのジャーナリズム。なにか書きたい。

さて、ときは一九一〇年元日をむかえる。新年、あけましておめでとうございます。この日は平民社でささやかな新年会。秋水と管野、新村にくわえて、信州から宮下もやってきた。正月料理とお酒で乾杯だ。ひとりやたらテンションのたかい宮下。そりゃそうだ。ようやく実験に成功したのだから。

ふっふっふ。お年玉ですよ。宮下は黒いカバンからブリキ缶二個をとりだして、これに爆薬をいれるんだと説明した。みんなのウオーという反応を期待していた宮下。意外とさめていることにびっくりした。いちおう、四人で缶カラを投げる練習もしたのだが、なんだか空気がおもい。

なにより、いちばんうれしかったはずの管野が、まだ病みあがりで元気がないのだ。しかも宮下がどうやって天皇をやっつけるのか、具体的な相談をしようとするとスッと話題をそらされてしまう。こいつら、やる気はあるのか。イライラしはじめると、秋水が「今月中に新村がそっちにいくから、またそのときにでも」という。ちぇっ、せっかくきたのに。宮下は不満顔でかえっていった。

秋水からしたら、正月くらいゆっくりしようぜというところだ。一月五日、愛人社の川田倉吉がやってきた。愛人社は社会主義者の読書クラブのひとつだ。これから社中の新年会をひらくのだが、その座興にひとつ歌でもつくってくれないかという。お題は「新年の雪」。やりましょう。秋水はうたった。


爆弾の飛ふと見てし初夢は千代田の松の雪折れの音(30)

わたくし、爆弾がとんでいる初夢をみました。「千代田」の松がおれて、雪がズッデーン。そんな音がきこえます。ちなみに、千代田とは皇居のことでございます、ヒャハ。ざれ歌だ。これをみて、川田は大爆笑。秋水もわれながら、よい歌ができたとおもったのだろう。その後、仲間から送られてきた年賀状のお返しに、この歌をおくっている。むろん、このことは警察にもつつぬけだ。なにやら秋水が不穏なことをたくらんでいるようだと、上に報告している。夢をなめるな。

しかし、爆弾闘争に消極的になったとおもったらこの歌である。きっとそばにいた管野や新村には、秋水が宇宙人にみえていたことだろう。とりあえず、このおっさんは無視するしかない。一月二三日、新村は古河をよびだす。そろそろ天皇暗殺の具体的な相談をしよう。古河が平民社にやってくると、秋水はお腹をこわして寝こんでいる。管野は銭湯にでている。どうしたことか。

すると新村がこうきりだした。なんか先生、お母さんが恋しくなっちゃったみたいで、いっこうに計画をすすめようとしないんだよ。年寄りはダメだね。あのひとはもうやめさせようじゃないか。すると古河が一言。いやなひとはやめたらいい、やりたいひとがやればよいのだ。かっこいい。

まもなくして、管野が帰宅。いよいよ、秘密のミーティングだ。新村がエンピツで絵を描きながら説明する。ねらうは馬車にのっている明治天皇だ。あの金ピカに装飾された馬車ごとふっとばしてやろうぜ。馬はかわいそうだけどね。襲撃の手順はこう。まずひとり目がちかづいてきた馬車に爆弾をほうる。すかさずふたり目もぶんなげる。それでも殺しそこねて、前方にはしって逃げたら、まちぶせしていたやつが爆弾をほうる。後方に逃げていっても、そこにもひとりまちぶせしておいて、うりゃあ。四人でとりかこんで、確実にしとめるのだ。カンペキ。

この計画、かつてアレクサンドル二世をうちとったソフィア・ペロフスカヤのパクリなのだが、いちど成功しているのだし、うちらにもできるだろう。われわれはみなソフィアなのだ。日どりは今年の秋ごろ。どこが襲撃しやすいか、現地調査は古河がひきうけた。あとはポジションをきめて、だれが最初になげるのかをきめるだけだ。わたしが、わたしが、わたしが。どうぞ。三人とも一番槍をもとめてゆずらない。なかなかきまらないので、後日、きめることにした。いくぜ、初夢。

先生、後生ですからいっしょに死んでください

ここから秋水の親友、小泉三申が暗躍する。おぼえているだろうか。元ジャーナリストで実業界に手をだし、政界との黒いパイプをもっていて、さらに警察ともつるんでいた悪友だ。しかし思想はまったくちがうのだけど、秋水とはかわらず仲良し。小泉は、すさまじい文才がありながらも本をだすこともできず、ただひたすら弾圧されまくっている友のすがたをみて痛々しくおもっていた。

それをどうも、しりあいだった警視総監の亀井英三郎にはなしたようだ。小泉のはなしに亀井はニタリ。やつが社会主義を放棄して、田舎にでもひっこむなら許してやってもよいぞ。それをきいた小泉はおおよろ

こびだ。ありがとうございます。ぜひそのようにさせていただきます。小泉はさっそく一献もうける。秋水、酒飲もうぜ。友にさそわれて、のこのことやってきた秋水。みれば座敷には、警察幹部がズラっとならんでいる。くっ、やってくれたな、三申。まあまあ、きょうだけはおれの顔をたててさ。席にすわると酒と肴がじゃんじゃんでてくる。うまい。酔っぱらって気分上々。それをみた警察。「気分はどうだ」ときいてくる。「すこぶる愉快だ」とこたえると、こうたたみかけてくる。「君は運動さえやめれば、短い人生を愉快に送れるではないか」。なめやがって。

秋水は大声でさけんだ。「恨むらくは、衆とともにこの楽しみをともにせざることを」。てめえらのせいで、おれは兄弟たちとたのしく酒を飲むこともできないんだよ、バッキャロー。これで座がしらけておひらきになった。しかし警察はこれでいいのだ。秋水と酒をかわしたという既成事実がつくれれば、それでいいのだから。あとはスパイをつかってデマをながせばいいだけだ。

秋水が警察に買収されたぞ。芸者をあげて、警察幹部と仲よく飲んでいたらしい。弾圧に屈して、主義も仲間もすてたのだと。火のたたないところに煙はたたずと、うわさはどんどんひろまっていく。管野との一件で、秋水を憎んでいた荒畑寒村や坂本清馬も信じてしまう。あいつ殺してやると怒りで体をふるわせた。ちなみにおなじ手でハメられて、つらいおもいをした森近だけは、先生がそんなことをするわけがない。それは警察のワナなのだと、はっきりとかばってくれていたようだ。ありがとう、友よ。

まもなくして、二月二六日、東京控訴院で管野と秋水の刑が確定した。けっきょく、管野は六四〇円、罰金をはらわなければならない。はらえなければ、換金刑で一〇〇日間の牢獄いきだ。ひどい。病身なのに。なんとかしてやりたい。カネ、カネ、カネ。そうおもっていたら、小泉が仕事のはなしをもってきてくれた。

小泉はいう。これから隆文館で『戦国史』という大著をだす予定なのだが、きみ、この本の編集主任をひきうけてくれないか。三年がかりで、年に二〇〇〇円だす。管野も手伝いにつれていくといい。そのカネも別途だすからさ。宿も用意する。湯河原の天野屋なんてどうだ。ほら、おまえ温泉好きだろう。のんびりお湯にでも浸かって、自分の本も書けばいいんだよ。

なにそれ、いいじゃん。いく、いく。こんどは小泉とふたりで管野の説得にかかる。おれといっしょに温泉にいこう。きみの体の静養にもなるし、カネもはいるから刑務所にいかなくてすむ。いいことづくしじゃないか。えっ、温泉？ なにをいっているんだ、こいつ。でもたしかに体調はわるいし、牢獄にはいらなくてすむのはありがたい。ほかに手はないか。しぶしぶ管野も承知した。

湯河原温泉ゆきにウキウキの秋水。よし、ひさびさにおもうぞんぶん筆をふるうぞ。あれも書ける、これも書ける。なんでも書ける。いったいなにから手をつけようか。そんな秋水をしり目に、管野は陰鬱になって新村と相談する。もしかしたら、先生はわたしに天皇を殺させてくれないんじゃないのか。自分がやりたくないだけではなくて、わたしたちの計画自体をやめさせたいのだろうか。死を決意した志士仁人のなすことに、口をはさむなんて先生らしくない。おかしいよ。

ふたりで先生の真意をたしかめよう。管野がしかける。「先生も、病気でながく生きておられないのだし、このさい、われわれと行動をともにして、いっしょに死んでください」。先生、後生ですからと。や、やめろ。おれは温泉にいきたいんだよ。秋水はいう。「ぼくは唯物論哲学の本を書きたいから、しばらく待ってくれ。

そんなに焦って実行しなくてもよい。それに他の者も、この秋、はたして実行するかどうかわからない。自分も哲学の本を書いたら実行する」と。

管野、涙。ああ、先生はやっぱりやる気なのだ。ならば、おまちましょう。だけど秋水のおもいは微妙にちがう。そりゃ爆弾もなげたいし天皇もやっつけたい。でももうながく生きられないと死をつきつけられて、はやくはやくと決断をせまられるがイヤなのだ。保険のセールスかよ。

むろん自分に死をつきつければ、いちどは将来のくびきから解放されるかもしれない。ノー・フューチャー。カネのため、地位のため、名誉のため。将来のために、いまを犠牲にするのはもうやめようと。やるならいましかない。だけどあまりに死ぬ、死ぬとおどされていると、生が委縮して極度にいきぐるしくなってしまう。もう時間がない。いまという時間に、将来を圧縮。ムダをはぶいて生きるのだ。

いま考えうるかぎり最善の選択をしよう。これでおもいつめていくと、ムダなことができなくなる。いま考えられないことができなくなっていく。いまここにないものがつかみとれなくなっていく。想定外の出会いがなくなっていく。わけのわからぬことをやらかさなくなっていく。魔酔もない。自発もない。宇宙もない。アナーキーもない。秋水はこういった。焦るな。とりあえず、温泉にいこう。

しかしまだだ、まだ終わらんよと、新村も秋水にしかけてくる。「先生は、今回の計画に参加するつもりなのかどうか」。はっきりしてください。秋水はうんともすんともいわない。だって、そのときの気分しだいだもの。くうっ、タヌキジジイ。

先生はなにを考えているのだ。たまらず新村が問いかける。「暗殺計画を実行することは、主義のために利益になるのであろうか。あるいは、かえって同情をうしなって、思想上、不利益になるであろうか」。この問いにたいして、秋水は真剣にこたえている。「今回の計画が、成功するかどうかは断言できないが、一般の思想界には、非常な利益がある。今後十年もすれば、効果があらわれる」と。

さきに、奥宮には天皇を爆殺しても民衆にどんびきされるだけだといわれていたはずだ。しかし秋水の持論はちがう。もちろん、民衆の迷信はすぐにとけないかもしれない。いきなり神と崇めていたひとがぶっ殺されたら、オーマゴッド。おおくのひとは、むしろ神に祈ってしまうだろう。

だがそれでもだ。ぜったいに逆らえない、逆らっちゃいけないといわれてきた絶対権威が崩れおちるのだ。みんな、世のなかに倒せないものなんてないとわかるはずだ。そしたらひとり、またひとりとたちあがる。それだけでも、めちゃくちゃ効果はあるじゃないかと。だったら、なぜやらないのか。

秋水はおもう。そんな効果にすらしばられてはいけない。利益をあげろ、成果をあげろ、主義のためなら死んでもはたらけ。それだとひとは大義の奴隷になってしまう。いまの支配と闘っているうちに、もっと強力な支配に飲みこまれてしまうのだ。だけど蜂起はそういうものではない。なにひとつ効果なんてなくていい。利益なんてなくていい。それでもやむにやまれず決起してしまうのだ。なんどでも問いかけろ。きみは宇宙のことわりを感じているか。なにか書きたい！

湯河原にて

一九一〇年三月二二日、秋水は千駄ヶ谷の家をひきはらい、湯河原に出発した。管野もいっしょだ。天野屋旅館に滞在して、まずは『戦国史』の執筆にとりかかる。構想もバッチシたてた。とおもっていたら、とつぜん一報がはいる。なんと『戦国史』のはなしがなくなってしまったというのだ。隆文館がカネをださない。えぇっ、はなしがちがうよ。小泉と連絡をとると、わるい、わるい、旅館の滞在費はおれがもつから、好きな本でもかいてゆっくりしてきなよという。

だけど、この『戦国史』の編纂をひきうけたのは、管野の罰金をしはらいたかったからだ。なんとかならないか。小泉は冷たくあしらう。きみの罰金ならはらってもいいが、管野まではムリだね。なにがおこっていたのか。小泉の奸計にまんまとハメられたのだ。じつのところ、そもそも『戦国史』のはなしがあったのかどうかさえ疑わしい。警視総監の亀井英三郎に相談し、秋水を運動からとおざけ、田舎にでもつれていけといわれた小泉。それをそのまま実行したのだ。ケーサツの犬。

友だちの身の安全のためだといえば体裁はいいが、やっていることはただの運動つぶしだ。仲間うちから求心力のある人物を孤立させ、信頼をうしなわせる。あとは運動が自壊するのをまつだけだ。そこまでいかなくても運動の勢いさえそいでしまえば、いくら弾圧してもこわくない。やりたい放題だ。

というか、そのまま東京にいて管野や新村といっしょだったら、ふたりがむりやり秋水を外国に逃がしたかもしれないし、ついに秋水がマジギレして計画を断念させたかもしれない。あるいは、またノリノリになって、ほんとうに爆弾をなげて天皇をやっつけたかもしれない。そのあらゆる可能性を小泉がうばいとったのだ。

しかし秋水は親友の善意を信じてうたがわない。せっかくだからと、かねてより構想していた『基督《きりすと》抹殺論』の執筆にとりかかる。だけどショックをかくせなかったのが管野である。なぜわたしはここにいるのか。このままではすべて、なあなあにされて終わってしまう。わたしは天皇を殺したいのだ。

ついに管野は秋水にわかれをつげる。「自分はどこまでも暗殺計画を実行するつもりですから、夫婦という関係になれば、あなたに迷惑がかかることもあろうし、この際、はっきり別れることにして、それを世間にも吹聴してもらいたい」。ならばよし、わかれましょう。だが罰金はどうしよう。すると管野は、またもはっきりとこういった。そんなの刑務所にいって、たった一〇〇日、労役をつとめればいいだけでしょう。もうあなたの世話にはなりません。立派だ。

五月一日、管野は東京に旅立っていった。あばよ、元気でな。さてと。翌日、秋水は手紙をしたためた。宛先は元妻、師岡千代子。これまで管野と同棲してきましたが、いろいろ事情があって手をきることとあいなりました。今月いっぱいは湯河原にいるけど、そのあと東京にかえるから、きみもいっしょにきませんか。管野がいったこととはいえ、ほんとうにわかれを吹聴し、しかもわかれた翌日に元妻とよりをもどそうとしたのである。くそかよ。

しかし管野のほうは、わかれたとはおもっていなかった。わかれはあくまでかたちだけ。秋水をまきこまないためだ。むしろ愛するおもいは高まっている。ひとり東京にいった管野。元・千駄ヶ谷平民社のななめむかい、増田謹三郎《きんさぶろう》さんの家におせわになり、しばらく入獄準備でいそがしくしていたが、いざ入獄がちかづいてくるとなんだかさびしい。五月一一日付けで、秋水にこんな手紙を送っている。

昨日も今朝も手紙が来ないが御病気なの　お天気の加減か今日は気分がわるい上胸が痛んで二三時間裁縫をした許《ばか》り　終日悲観して暮しました　無意義な人生！　私は此《この》冷たい空気を永く呼吸するのに堪へません　生！　生の苦痛　人間と云《い》ふものは何の目的があつてこの無意味な悲惨な旅を続けるのでせう？(31)

秋水から手紙がこない。こんな人生は無意味だ。もうダメだ。死ぬ。そんな手紙だ。これをおくった直後、しまったとおもったのだろう。またすぐにこんな手紙をかいている。

許して下さいね　どうぞあんなに肝癪《かんしゃく》を起す程《ほど》アナタの事ばかり思つて居《い》たんですから　御分《おわか》れして以来何だかどうも気分がわるい上恋しいのと淋しいのとで少し病的になつて居《い》たのです(32)

そして最後、手紙をこうしめるのだ。

どうか無理をなさらない様にくれぐれも御自愛を願ひます
あなたが壮健でさへ居《い》て下されば私ハ何年囚《とら》へられても又《また》死んでも構《かま》いません

今日ハこれで三本目よ

五月十二日　なつかしき水さま(33)

秋水はすこしとまどったかもしれない。あれ、わかれたんじゃなかったのかと。でもこんなラブレターをもらったら、もうなんでもこいだ。じつはこの三日まえ、すでに出獄していた荒畑寒村がピストルをふところにいれて湯河原の天野屋を訪問。ふたりを殺そうとおもっていたのだ。だけど、管野はもう東京に。たまたま秋水も外出していてたすかった。こわいよ、寒村。

その後、寒村から秋水に怨嗟《えんさ》にみちた手紙がとどく。かならず殺すからな。おそろしかったら、買収された警視庁の親分にでも泣きつくといいさと。それをうけとった秋水。丁寧に返信をかく。きみがどんなにつらいおもいをしてきたのか、すべて承知した。いさぎよく銃口の餌食になるつもりだから、きたまえと。

さて、五月一七日、東京。入獄をまえにして、管野が秘密の会合をひらく。あつまったのは新村と古河。爆弾をなげる順番をきめたのだ。どうやって。くじ引きだ。紙きれに数字をかいてひいていくと、はえある一番手は管野。やったあ。二番が古河。三番が新村。きょう欠席の宮下は、四番手となった。これでよし。あ、そういえばなんできょう宮下くんはきてないの？　管野の質問に新村がこたえた。なんか同僚の奥さんと不倫したのがバレたらしくて……。だいじょうぶなのか。不安におもいながらも、とりあえず翌日、管野は検事局にでむいた。そのまま市ヶ谷の東京監獄にはこばれていく。

しかし、長野明科《あかしな》の宮下くん。ぜんぜん、だいじょうぶではなかった。このころ、同僚だった新田融《にったとおる》が刑事にせっつかれ、宮下にたのまれてブリキ缶を二四個つくったことをしゃべってしまう。五月二〇日、こわくなった新田は、夜逃げさながらに街から逃亡。のちにつかまって、懲役一一年をくらっている。

新田の逃亡で、宮下は身のキケンをかんじとる。とりあえず、部下の清水太市郎の家をたずねた。ちなみに宮下が不倫していたのは、この清水の妻、玉江さんである。すこしまえに離婚してひとり身になっていた宮下は、よく玉江さんに洗濯をおねがいしていた。それでちょくちょく家をたずねていたら、いい雰囲気になって夫の留守中に、昼夜をとわずセックスだ。ヤッチマッタナ。清水はふたりの関係に気づいていたが、宮下がこわくて怒れない。だけど内心は復讐心で燃えあがっていた。

逆に、宮下はよっぽど清水をなめきっていたのだろう。うかつにも清水家に火薬をいれた木箱をかくしていた。正面きって不倫をとがめられない清水。これはチャンスだと宮下に「なんですか、この木箱は」と茶々をいれるようになっていた。ちょこざいな。だがもう、やむをえない。新田がバックレた五月二〇日、宮下は清水をたずね、暗殺計画をすべてはなす。そしてこれをきいたからにはおまえも同罪だ。つかまりたくなければ、おれに協力しろといって、清水をおどした。愚行である。

おもてむき、わかりましたという清水。うちもあぶないからといって、ふたりで爆弾の材料を工場にかくした。これでほんとうに共犯だなと安心する宮下。だが、そうはとんやがおろさない。五月二二日、清水は宮下にあやしまれないように、姉の見舞いといつわって、松本市まででかけていった。所長の西山忠太に密告するためだ。西山は、ふたりがはたらく官営明科《あかしな》製材所の所長のほかに、国有林を管理する松本小林区署長も兼任していた。それで松本に住んでいたのだ。

清水は役所をたずねて西山にあおうとしたが、あいにく出張中でもどらない。そこで家までいって夫人に言づけをたのみ、さらに至急連絡をとりたいと手紙もだした。でもざんねんながら所長が手紙をうけとるよりもまえに、ブリキ缶をしらべていた長野県警がうごきだしてしまう。

なにやら雲行きがあやしい。宮下は清水の留守中に玉江さんをたずねた。そしてもちかけたのだ。ぼくといっしょに駆け落ちをしてくれませんか。即答だ。おことわりいたします。めげない宮下。ぼくといっしょにくれれば、三越のダイヤモンドでもなんでもくれてやるよ。いりません。ガーン。

かんぷなきままにフラれた宮下くん。これでなんとなくバックレることもできなくなってしまった。そのまま工場ではたらいていると、五月二五日、警察が工場にふみこんでくる。宮下、逮捕。清水の家にもやってきて、宮下からきいたことをベラベラとしゃべりまくった。この証言をもとに大逆事件がはじまっていく。

同日、おなじ長野県。屋代《やしろ》町でも警察がうごいていた。実家にかえっていた新村忠雄がとらえられたのだ。はやくこの件をしらせなければと、兄の善兵衛が秋水と大石誠之助に手紙をおくる。しかしそれを警察が押収。五月二六日には、善兵衛も逮捕されてしまった。五月二八日、こんどは古河力作が刑事に任意同行をもとめられ、わざわざ列車にのって長野にでむく。翌日、松本署で逮捕。

そのかんにも、宮下が天皇暗殺計画をすべて自供。検察の挑発にのって、どうだ、おれはどえらいことをやろうとしていたんだよ、すごいだろうと、ハイテンションでしゃべってしまった。これでいけるとふんだ警察は、ついに秋水にも牙をむく。六月一日、幸徳秋水、湯河原にて逮捕。さてはて、その結末はいかに。つづきは次章にて。

第八章　神もなく主人もなく

ぼくも天地をふるわせたい

舎生取義（生を舎《す》てて義を取る）
殺身成仁（身を殺して仁を成す）
安君一挙（安《いず》ぞ君《くん》が一挙）
天地皆振（天地皆振う）(1)

これは朝鮮の革命家、安重根《あんじゅうこん》をうたったものだ。一九〇九年一〇月二六日、安はハルビン駅で伊藤博文を暗殺。なにが韓国併合じゃあとピストルをバンバンぶっぱなし、三発命中。みごと伊藤をうちとった。秋水はうたう。義挙。いまここでたちあがったら、かならずとらえられて殺される。その政治的効果もわからない。むしろ韓国併合をはやめてしまったともいわれている。

だが、日本の侵略者どもに虐げられている民をおもえば、損得計算などしている余地はない。おのれゆるせんぞと怒りで身をふるわせ、自分の命をすてて決起する。孟子であれば、その無私のこころを仁とよび、仁のこころをもって権力の非道をにくみ、それにたちむかうことを義とよぶだろうか。生をすてて義をとる。身を殺して仁をなす。そんな安さんの一挙をみてしまったら、天地はみなふるえてしまう。共鳴、共振をよびおこす。ううっ、安さん。ぼくもやるよ、わたしもおれも。われもわれもとわれをうしない、支配者にとびかかってゆく。そんな詩だ。

ちなみに、この義挙に身をふるわせたのは日本や朝鮮にいた革命家ばかりではない。とおい海のむこう、アメリカ。サンフランシスコ平民社の岡繁樹も大興奮。安重根の肖像をいれた絵ハガキをつくって送ってきた。いいじゃないか。秋水はその絵ハガキに、この漢詩をしたためた。ぼくも天地をふるわせたい。東京へかえろう。

一九一〇年六月一日、午前七時三〇分、秋水は天野屋をあとにした。人力車にのって、門川《もんかわ》駅へ。八時三〇分の電車まで時間があったので、駅前の茶屋、高杉屋でまつことにした。お茶をもってきてくれた娘のハナさん。秋水がパンパンにふくらんだ黒いカバンをかかえていたので、「ご本でしょう」とたずねると、秋水はニッコリ。「本もはいっているけど、お札もはいっているよ」。秋水、渾身のギャグである。

しかし、そこに警官隊がドカドカとのりこんでくる。ひきいてきたのは今井安之助《やすのすけ》。高等警察主任警部だ。じつは今井。秋水をとらえようとおもって、天野屋にむかっていたのだが、その途上、人力車にのった秋水らしき人物が駅にむかってゆくのがみえた。あれ、もしかして。それで急きょ、ひきかえしてきたのだ。今井がさけぶ。「おまえはだれだ」。ムッとする秋水。「おまえがだれだよ」。そういうと、今井は「警部です」といったので、こっちも「幸徳秋水です」とこたえた。

今井は、身柄を拘束するといってきたが、秋水は任意なら拒否するといってきかない。おれは忙しいんだよ。すると、やはり天野屋までいって、そこからひきかえしてきた横浜地裁検事、太田黒英記《おおたぐろひでき》もやってきた。そして、手にもっていた拘引状をパッとひらくのだ。秋水、ついにお縄になる。

まずは、ちかくの土肥《どい》駐在所でとりしらべ。そのかん、天野屋に家宅捜索がはいる。秋水と親しかった文人の部屋もやられた。田岡嶺雲《れいうん》だ。秋水とおなじ土佐出身で、かつて週刊『平民新聞』にも寄稿してくれた仲のよい友人である。このとき、田岡も土肥駐在所までつれてこられて、事情聴取。奥に、秋水がみえたという。その回想がリアルなので、ちょっと引用してみよう。

十時頃になつて宿の主人が慌しく来た。幸徳が門川《もんかわ》の停車場で、東京から来た判検事の一行に邂逅《かいこう》して、湯河原へ連戻られた由《よし》の車夫の報告を予《よ》に語つた。

間《ま》もなく神奈川県の警部と土地の駐在巡査と二人で予《よ》の部屋に来て、予《よ》に駐在所迄《まで》同行を求めた。駐在所には、幸徳が奥の細長い一間にぽツねんと坐つてゐた。其次《そのつぎ》の間に制服の巡査が洋服の膝を窮屈さうに護衛してゐた。

予《よ》は連れられて往《い》つたままで、別に何事の調《しらべ》も無《な》い。退屈まぎれに懐《ふところ》にしてゐた牡丹亭《ぼたんてい》を読んでいた。初夏の晴れ切つた日で、時は午《ひる》に近く、外に虻《あぶ》の迂鳴《うめい》が聞えるほどの静けさであつた。(2)

さすが文人。情景がうかぶ。ときは昼。初夏の晴れきった空をアブがブンブンと舞っている。その音がきこえてくるくらい、あたりはしずまりかえっていた。駐在所の奥のほそながいひと間に、ポツンとすわる秋水。おまえらにしゃべることはないといって、黙然としている。ヒョロヒョロの秋水ひとり逃すまいと、となりの一室には制服の巡査たち。なんだか警官のほうがキュウクツそうだ。田岡はさらにこうつづける。

予《よ》に対して二三件の尋問があつた後、予《よ》は寄宿を許された。幸徳に一言したいと望んだが、固《もと》より許されなかつた。起《た》つて帰らうとする時、幸徳が奥から声をかけて、左様《さよう》ならといつた。生別即死別《せいべつそくしべつ》、此《こ》の左様《さよう》ならが永遠の左様《さよう》ならとは予《よ》は予想だにもしなかつた。彼が就刑を聞いた時、錆《さび》のある左様《さよう》ならの彼の声が、今更《いまさら》のやうに耳に響くを覚えた。(3)

尋問をおえて、かえろうとした田岡。秋水にわかれをつげたかったのだが、ゆるされない。しかし、秋水のほうがわるいとおもったのだろう。なにせ、田岡は脊髄をわずらっていて、余命いくばくか。足もおもうようにうごかせない状態だったのだから。秋水は奥の部屋からサビのある声で「さようなら」といったという。これが最後のわかれとなった。のちに田岡は、こういっている。さらば、兄弟。地獄であおう。

さて、午後三時。ひととおりとりしらべをおえると、こんどは東京に護送するといって、ふたたび門川駅にもどってくる。時間があったので、また高杉茶屋によった。お茶をだしがてら、またハナさんがはなしかけてくる。「なんでございますか?」。すると秋水は「心配しなくてもよい」といったらしい。自分にいいきかせるつもりだったのか、五回くらい「心配しなくてもよい」とつぶやいたという。

それからの秋水。列車にのって、小田原駅へ。東海道線にのりかえて、東京にむかう。道中、秋水は「つかれたから横にならせてもらうよ」といって、カバンから衣服をとりだし、それを枕にしてグウグウと寝ていたという。もうこのころには腹をくくっていたのではないだろうか。おれ、死ぬ。夜になって、新橋駅に到着。

そこから霞が関、東京地裁の予審廷へとむかっていった。いよいよ、悪名たかい大逆事件のはじまりだ。秋水、君が一挙。天地、みなふるう。

大逆することがテロリズムなのではない、大逆罪そのものがテロリズムなのだ

そのかん、なにがおこっていたのか。すでに宮下太吉と新村忠雄をとらえていた長野県警。宮下の同僚、清水太市郎の密告によれば、どうもこいつらは天皇暗殺をもくろんでいたらしい。えらいこっちゃ。自分たちだけでは手におえない。翌日、長野地裁の検事正、三家重三郎《みつやしげさぶろう》が上京。おえらいさんの指示をあおぐためだ。五月二七日、司法省で首脳会議。ここから検察の指揮は、大審院検事総長、松室致《まつむろいたす》。そして大審院次席検事、平沼騏一郎《きいちろう》となった。司法のナンバー・ワンとナンバー・ツーだ。でもそれからすぐに、松室がチフスにたおれたので、実質的なトップは平沼となった。

平沼は、この大逆事件でアナキストを大量殺戮。その功績がみとめられて、異例の大出世をとげてゆく。検事総長、司法大臣、さいごは総理大臣だ。思想的にはド右翼で、ゴリゴリの国粋主義者。日本人は日本人らしくあらねばならない。じゃあ、日本人らしさとはなにか。日本が誕生してから、日本人の精神的支柱でありつづけてきた万世一系の天皇をこころのよりどころに生きることだ。しかし具体的にそれはなにをすることなの

か。日本人らしく生きることだ。トートロジー。

ようするに、ほんらい日本人らしさなんてないものだから、外来思想とみなしたものを排除して、浄化するたびにおれは日本人だと実感していく。だがいくら浄化してもなにもなくて、どんどん排除がどぎつくなってゆく。アナキズムのあとは共産主義、民本主義、自由主義。右翼のファシズムだっておなじ外来思想なのに。あげくのはてに、庶民が横文字をつかっただけでもよこしまにみえてくる。しかもこれが一九三〇年代、四〇年代と、外国との戦争がながびけばながびくほどリアリティをもってくるのだ。純然たる日本人として、軍国主義ジャパンを応援しよう。

平沼はこれを司法のトップとして、ときに権力のトップとしておしすすめたのだ。ちなみに敗戦後、平沼はA級戦犯としてとらえられて終身刑。よっぽどショックだったのか、精神に異常をきたし、一九五二年、巣鴨プリズンで「ギョエエエ、死にたくないよう」と泣きさけびながら死んでいった。ダサい。もういちど問いたい。日本人らしさってなんですか。米でも食っとれ。

はなしをもどそう。一九一〇年五月二九日、宮下が自供。平沼はニタリだ。これでいける。刑法七三条だ。

天皇、太皇太后、皇太后、皇后、皇太子又ハ皇太孫ニ対シ危害ヲ加ヘ又ハ加ヘントシタル者ハ死刑ニ処ス

いわゆる大逆罪である。皇室に危害をくわえようとしたら即、処刑。とにかく死刑なのだ。おそるべき法律である。テロリズムだ。しょうじき、いまテロリズムというと権力者を暗殺することだとおもわれがちだが、

それはちがう。ただの暗殺だ。もとよりテロリズムの起源はフランス革命直後。政権をにぎったジャコバン派が、いうことをきかないものたちをギロチンにかけて、続々と処刑。国家が恐怖《テロル》によって、人民を支配したのだ。おまえら死にたくなければ、服従せよと。これがテロリズムである。確認しておこう。大逆することがテロリズムなのではない。大逆罪そのものがテロリズムなのだ。

平沼はこの恐怖による支配をつかいたい。そのためにはスケープゴートが必要だ。とにかく秋水をとらえたい。アナキストの「首領」を処刑するのだ。じつのところ宮下の自供だけでは、秋水をとらえる根拠はなかった。宮下いわく。あいつは筆の人間で、実行のひとではない。だけど平沼は、秋水の拘束にゴーサインをだした。理由はかんたん。「あいつが関係ないわけがない」からだ。もうちょっといえば、「あいつが関係していなくてはならない」のである。司法のトップが憶測とみずからの願望で逮捕に許可をだしたのだ。おそろしい。平沼騏一郎《きいちろう》はテロリスト。

須賀子、針を刺す

一九一〇年六月一日の夜、東京地裁についた秋水は、深夜まで所持品検査。ヘトヘトだ。そこから東京監獄に護送されて、そのまま二日からとりしらべをうけた。予審判事の潮恒太郎《うしおつねたろう》がこう問いかける。おまえは宮下太吉が爆弾をつくって、天皇に危害をくわえようとしていたのをしっていたのではないか。秋水いわく。しらねえよ。たとえしっていたとしても、おれの口からそんなことをしゃべれるわけがないだろう。バカなのか、おまえは。これがよっぽどシャクにさわったのか、潮《うしお》判事はひきさがり、かわりに小原直《おはらなお》検事が調書をとることになった。

さて同日。管野須賀子もとりしらべをうけていた。担当検事は、武富済《たけとみわたる》。日本を代表する自白強要のスペシャリストだ。机をたたいてデカい音をたてたり、怒鳴りちらしたり、ひたすら相手の人格を否定したり、それを密室のなか長時間にわたってつづけて、疲労のピークにたっしたときに、ほら、楽になりたければウンっていいなよといって、犯行をみとめたことにしてしまう。管野にとっては因縁の相手だ。雑誌『自由思想』の一件でつかまったときにひどい侮辱をうけた。ゆるせない。

武富があらわれるやいなや、管野は鬼の形相でテーブルにおいてあった鉄の灰皿を手にとり、おりゃあとぶん投げようとする。ひええ。ビビる武富。そして間髪いれずにさけぶのだ。殺します。わたしは革命運動がおこったら、あなたに爆裂弾をぶん投げようとおもっていたんですよ。鮮血がいきおいよくほとばしる、たまりませんね。そして、さらにこうつづけるのだ。

> 今ここで貴官を殺すことができれば殺します。爆裂弾か刃物をもっていましたら、決行します。ひとり私ばかりではありません。貴官を憎んでいる人が幾人もあります。監内での悪評も非常なものです。畳の上でお死にになることができれば、大変な御幸福です。お母さまがおありだそうですから、おからだを大切になさいまし。(4)

やばい。マジで殺される。こわくなった武富は担当をおりてしまった。翌日からかわりに調書をとったのは、秋水とおなじく小原検事。おだやかな小原に気をゆるしたのか、管野はベラベラとしゃべりはじめる。自白だ。どうした、須賀子。どうも秋水逮捕のしらせをうけてあせったらしい。ことが秋水までおよばないように、天皇暗殺計画を具体的にはなしてしまう。メンバーも、わたしと新村と古河と宮下。この四人だけなのですと。とにかく秋水は無関係なのだとつたえたい。

そのおもいが爆発して抑えられないところまできたのだろう。六月九日、管野は雑誌『自由思想』でつかまったときの弁護士、横山勝太郎に手紙をだしている。所定の用紙もつかっていないし、役人の検印もない。それもそのはず、まだ面会も通信も禁止されていたときなのだから。なら、どうやって。針文字だ。そこらの紙片に針でブツブツブツッと刺して、文字をかいたのだ。須賀子、針を刺す。それを仲よくなった看守か囚人におねがいして、こっそりと獄外にもちだしてもらったのだ。そこにはこうかいてある。

爆弾事件ニテ私外《ほか》三名近日死刑ノ宣告ヲ受クベシ
幸徳ノ為《た》メニ何卒《なにとぞ》御弁《ごべん》ゴヲ願フ切ニ切ニ
　六月九日
彼ハ何ニモ知ラヌノデス(5)

ありがとう、管野さん。しかしひどいのは手紙をもらった横山だ。なぜか、手紙を新聞記者にわたしてしまう。六月二二日、『時事新報』にこんな記事がでた。「私は近日死刑——須賀子の針文字——幸徳は何も知らぬ」。なんと実物の写真つきだ。ザワザワ。本物？　針文字？　秘密の通信？　秋水の愛人？　新聞社にとっては、この手紙が本物であるかどうかなんてどうでもいい。おもしろおかしくセンセーショナルなことをあおりたて、読者が増えればそれでいいのだ。

じつはこの針文字、二〇〇四年になってもう一通発見されている。相手は、秋水と管野共通の友人であった杉村楚人冠《すぎむらそじんかん》。杉村の書簡を整理していた小林康達《やすみち》さんが偶然発見したそうだ。(6)まえにこんなはなしをしたのをおぼえているだろうか。千駄ヶ谷平民社のまむかいの家。そこの庭に紅白の幕をたらしたテントがあって、警察が常駐。たえず秋水たちを監視している。そのとき、それを記事にして、警察のやりすぎだといってくれたのが『東京朝日新聞』の記者、杉村だ。管野はこの杉村をたよる。

爆弾事件ニテ私外《ほか》三名近日死刑ノ宣告ヲ受クベシ御精探ヲ乞《こ》フ
尚《なお》幸徳ノ為《た》メニ弁ゴ士ノ御世話《おせわ》ヲ切ニ願フ
　六月九日
彼ハ何ニモ知ラヌノデス

この手紙をうけとって、友をおもう杉村。だから、いきなり新聞に公表してしまった横山がゆるせなかった。

なぜそのようなことをしたのか、公開質問状をだしている。横山は本物かどうかわからなくて、新聞社のひとに相談したら掲載されてしまったのだと返答したが、ウソだ。ほんとは、夫人同士で仲のよかった記者がいたので、よいネタがあるよといってわたしてしまったらしい。仁義にもとる。クソ弁護士だ。なにより、これで針文字の秘密通信はつかえなくなってしまった。あん畜生。

そのかん、いつもエンジン全開でぶっとばし、なにをしでかすかわからない管野を司法がつぶしにかかる。六月一三日、予審判事の潮《うしお》がしたり顔でとりしらべにやってくる。そしてみたまえといって、秋水の手紙をみせるのだ。

宛先は師岡千代子。きみは秋水のことを夫とよんでいるが、むこうはもうわかれたといっているぞ。だから千代子に東京でよりをもどそうといっているのだ。アッハ、しかもどうだい、この手紙。きみが天野屋をでて、東京にもどった翌日のものじゃないか。いやあ、裏切られたね。

その手紙をみて、わなわなとふるえだす管野。たしかにわかれを世間に吹聴してくれとはいったけれど、それはあなたをおもう愛ゆえにだ。あなたもわかっていたでしょう。ましてや、元妻とよりをもどすだなんて。ああ、なつかしき水さま。ああ、あゝ。こんな世界おわってしまえ。主義も理想も愛もなにもかもどうでもいい。わたしはなにも信じない。なのにでてくるこの一言。おお、神よ。管野は秋水への伝言をたのんだ。わたしはあなたを絶縁します。やってくれたな、潮《うしお》!

われわれはみな大逆人である——イサクとマルコのよもやま話

ほんらい、事件はここでおわりのはずだった。管野須賀子と宮下太吉の自供がピッタリと一致していて、新村忠雄と古河力作をあわせて、四人の暗殺計画。秋水すら証拠不十分で、起訴できる状態ではなかった。がんばってむりやり秋水を「首領」にしたてあげ、殺せるかどうかといったところだろう。

だが司法のトップ、平沼騏一郎がそれをゆるさない。なんとしても大がかりな暗殺計画があったことにしたい。一大事件をフレームアップして、社会主義者の血の雨をふらせる。そうして、人民を恐怖でふるえあがらせて、二度とこんな連中にはかかわりたくないとおもわせなくてはならないのだ。平沼はこう指示をだした。幸徳秋水は湯河原から馬車にのって逃げようとしていた。紀州や大阪の仲間たちにかくまってもらうつもりだったのだ。やつらもグルだ、つかまえてこいと。ぜんぶウソッパチだ。

六月三日、新宮の大石誠之助がとりしらべをうける。いったん帰宅して、やはりとりしらべをうけていた、おいの西村伊作と合流。おじさんどうだったときかれたので、たいしたことないよとこたえた。おまえはどうだったときくと、伊作はやたらとテンションがたかい。なんか警官のやつら、コーンビーフの缶を爆弾とまちがえてアタフタしていたよ、ギャッハッハ。そんなふうに、わりと和気あいあいとしていたのだが、五日になって事態は急変。なんの証拠もなしに、大石が逮捕されたのだ。東京につれていかれて、そのまま帰らぬひととなった。まさか本人も殺されるとはおもっていなかっただろう。

余談だが、その後の伊作くん。おじさんの世話がてら、東京に遊びにいきたくてウズウズしていたのだが、おまえもつかまってしまうからと親戚がいかせてくれない。でも、がまんができなくなって、弟の真子《まるこ》と一大決心。ふたりしてトラ柄の毛皮のジャケットを着こみ、ふところにはピストル。そして、アメリカ製のバイクにのって、東京をめざした。いくぜ、真子。なにかやらかすつもりだ。チャリンコでおいかけてくる警官。それをブンブンとばしておいてゆく。

とちゅう、なぜか真子が野犬にむかってピストルをぶっぱなす。マ、マルコー。駆けつけた警官にピストルはダメだと怒られて、わかったといって石でたたいて破壊する。しかしふたりはまた大阪でピストルを購入し、ふところにいれてバイクを走らせた。けっきょく東京についてから警察に拘束され、そのまま三〇日間、牢にぶちこまれた。ピストルはもたないと約束したのに、もっていたというのが理由だそうだ。一月三日に解放されるのだが、死にたくなければいますぐかえれといわれて、大石には会えずじまいで帰郷した。ごめんよ、おじさん。

さて、この大石逮捕をかわきりに、地方のアナキストたちが続々ととらえられてゆく。ざっと大逆事件で予審請求された日だけでも列挙してみようか。

六月一一日　森近運平（岡山）
六月二七日　奥宮健之《おくのみやけんし》（東京）
七月七日　高木顕明《けんみょう》（和歌山）

七月七日　峰尾節堂《せつどう》（三重）
七月七日　崎久保《さきくぼ》誓一《せいいち》（三重）
七月一〇日　成石勘三郎（和歌山）
七月一四日　成石平四郎（和歌山）
八月三日　松尾卯一太《ういった》（熊本監獄収監中）
八月三日　飛松與次郎《よじろう》（熊本監獄収監中）
八月三日　新美《にいみ》卯一郎《ういちろう》（熊本）
八月三日　佐々木道元《どうげん》（熊本）
八月九日　坂本清馬（東京）
八月二八日　武田九平《くへい》（大阪）
八月二八日　岡本穎一郎《えいいちろう》（大阪）
八月二八日　三浦安太郎（大阪）
九月二八日　岡林寅松《とらまつ》（兵庫）
九月二八日　小松丑治《うしじ》（兵庫）
一〇月一八日　内山愚童（神奈川　東京監獄収監中）

しょうじき、マジでなにもしていない人たちだ。だが、人数が増えればふえるほど、鬼検事、武富済が力を発揮していく。おまえの仲間はおまえがこういっといっているが、どうなんだ。このままだと、ぜんぶおまえのせいにされるぞ。ほら、ほんとうはあいつがこういっていたんだろう。これで言質をとって、つないで、つないで大がかりな天皇暗殺計画をデッチあげてゆく。

なにより、宮下登場まえから爆弾計画があったことにしてしまうのだからすごいものだ。一九〇八年八月に秋水が新宮で川遊びをしたのも、一一月に松尾が東京にきて雑誌の相談をしたのも、すべて天皇暗殺のためだ。愚童にいたっては、ほかと関連づけるのがむずかしかったのか、皇太子暗殺ももくろんでいたことにされている。めちゃくちゃだ。だがそのめちゃくちゃがみんなを大逆罪においこんでゆく。権力が大逆といえば、なんでも大逆。いいかたをかえれば、潜在的にあらゆる人間が大逆人なのだ。あえてこういっておこう。われわれはみな大逆人である。

差し入れがこない

一九一〇年八月六日、秋水は元妻、師岡千代子に手紙をだした。まだ通信も面会も禁止されていたのだが、どうも東京監獄の刑務所長、木名瀬《きなせ》礼助が家族にかぎって私信をみとめてくれたらしい。要件はたんじゅんだ。どうか母ちゃんに元気だとつたえてくれ。あと、はやく東京にでてきてくれないか、カネは兄の駒太郎がはらってくれるから。とにかく弁当を差し入れてほしいと。

名古屋でこの手紙をうけとった千代子。どうしよう。姉夫婦は猛反対だ。もう国賊とかかわるのはやめろ。だいたい、あいつにどんな目にあわされたか、おまえ自身がいちばんわかっているはずじゃないかと。正論だ。だけどいてもたってもいられない。千代子は姉たちの反対をおしきって、上京をきめた。八月二三日から、弁当の差し入れがはじまる。うまい、うますぎる。

しかし一〇月にはいると、差し入れがピタリととまる。そして、一身上の事件がおこったのでもうムリですといって、それきり連絡がとれなくなった。なにがあったんだ。心配する秋水。いくら手紙をだしても返事はない。どうも千代子。東京にでてきたものの、だれもたすけてくれない。小泉三申にも加藤時次郎にもあいにいったが、なんか腫れ物にでもふれるような態度で接してくる。

それでいて、秋水の母からも手紙がとどき、あれやってやれ、これやってやれと、うるさく指示をだしてくる。なんだよ、わたしは幸徳家の人間でもなんでもないのに。だれか味方してくれないかとおもっていたら姉からの手紙。絶縁するよ。ガーン。さらに持病の悪化だ。リウマチがひどくてたまらない。いたい、いたい。ああ、もういやだ。どうでもいいや。そうおもって、すべてをほりなげたのだ。しかたがない。

あせる秋水。差し入れがこない。おれはいつ死ぬかもわからないのに、弁当もくえないのかよ。そうおもっていたころである。九月二三日、ついに堺利彦が刑期をおえて出獄する。やったぜ。一一月一日、全員の予審がおわり、接見、通信の禁止が解除される。やっぱり千代子はこないので、八日、秋水は堺に手紙をだす。たすけてくれ。すると一二日、堺が面会にきてくれた。再会をよろこぶふたり。うおお、兄弟！　千代子のことをはなすと、堺がぜんぶおれにまかせとけという。たのもしい。すぐに堺は千代子をたずね、もうだいじょうぶだからと安心させてくれた。二二日には、いっしょに会いにくる。その後、千代子はちょくちょく面会にくるようになった。よかった。

それからはもう執筆だ。天野屋でとちゅうまでかいていた『基督抹殺論《きりすとまっさつろん》』。これをどうにかしあげたい。堺に原稿や資料をいれてもらって、一一月二一日には完成させている。はやい。出版のだんどりも堺にまかせる。丙午《へいご》出版社の高島米峰《べいほう》がひきうけてくれた。序文は、三宅雪嶺《せつれい》。田岡嶺雲《れいうん》や堺もコメントをよせてくれたのだが、出版のときにはいずれも掲載されなかった。

どうも高島がそうとう骨をおったらしい。なんとしても確実に出版したい。だけど天下の大逆人だ。そこで最初から内務省警保局にもっていって、ダメなところを指摘してくれという。するとこんな返事がきた。内容的には、ただのキリスト教批判だからよい。しかしこの本がべつのなにかを暗示しているとうけとめられてはこまる。仲間たちの余計なコメントさえなければ、そのままだしてよいぞと。えらそうに。

高島はこれをのんで序文もコメントもつけずに出版。一九一一年二月一日、秋水の死後に発売された。秋水最後の書。ラスト秋水だ。むろんバカ売れである。若干、西洋思想をたたいて、国粋主義をひろめたいという右派的な思想潮流にのっけられた感もなくはないのだが、とにかく重版に重版をかさねつづけた。しかし、内務省の役人が気にしていた、本に暗示されているものとはなんなのか。ちょっと考えてみよう。天皇抹殺論。

キリスト抹殺論とはなにか
――おまえはおまえの神を殺しているか

どんな内容か。いたってシンプルだ。イエス・キリストなる人物は実在しなかった。新約聖書にも、なにか特別なことがかかれているわけではない。その根っこにあるのは、古代から世界中どこにでも存在してきた生殖信仰だ。男性器と女性器があわさって、あらたな生命が誕生する。その神秘が信仰の対象となる。キリスト教の十字架はセックスのシンボルなのですよ。チャハ。

じゃあ、なぜそんな宗教が力をもちつづけたのか。教団や国家のトップがみずからを権威づけるのに、その信仰心を利用してきたからだ。よわいものたちを征服し、自分たちの支配下におく。だけど自分たちが加害者だとおもうと、みんな戦争をやろうとはおもわない。負い目をせおわされるからだ。

だからこういいたい。われわれは蛮族どもに虐げられた民衆を救済してきたのだ。悪をうち、あらたな生へと解放してきたのだ。神の子、イエスの名のもとに。そんなイメージだろうか。ようするに、キリスト教が影響力をもったのは、その支配的なロジックが明快だったからであり、それをもちいる権力者が物理的につよかったからだ。宗教とは支配者のヘリクツにほかならない。

しょうじき、いまわたしたちがキリスト教の権威をたたくなら、べつのいいかたをするかもしれない。イエスがいたのは史実でしょう。だけどかれは時代の反逆者であって、いかなる権威もみとめない。いらないのは

「キリスト」、つまり「聖者」としてのイエスなのだ。人間イエスをみよと。

しかし秋水にとっては、それではダメだったのだ。虐げられし者たちのシンボル、イエスを抹殺しなくてはならない。いつの世も、権力者は加害者としての自分を被害者にすげかえる。われわれはイエスのように弱者の代表として弱者を救済するのだと。救済としての侵略。秋水がイエスの実在にこだわったのは、そういうことだとおもう。

むろんその宗教というのは、キリスト教とはかぎらない。天皇制もおなじことだ。古代からよわい部族を攻めほろぼして、とらえたやつらを奴隷のようにコキつかい、富を収奪してきた支配者集団。だけどそれを支配とはよばせない。神の子が降臨し、蛮族によって虐げられた民衆たちを解放したとされるからだ。

明治以降、天皇制国家はこのロジックを積極的につかってきた。韓国を植民地化しても支配とはよばせない。いまアジアの領土はロシアや西洋列強にねらわれている。われわれは被害者なのだ。だから日本は軍事力を強化して領土をひろげなくてはならない。これは西欧の支配からアジアの民衆たちを解放するたたかいなのですよと。被害者意識が暴走していく。もっと侵略しなくっちゃ。秋水は本書をこうしめくくる。

> 基督《きりすと》教徒が基督《きりすと》を以《もっ》て史的人物となし、其《その》伝記を以《もっ》て史的事実となすは、迷妄なり、虚偽也《なり》、迷妄は進歩を礙《さまた》げ、虚偽は世道《せどう》を害す、断して之《これ》を許す可《べか》らず、即《すなわ》ち彼《か》れが仮面を奪ひ、扮粧《いでたち》を剥ぎて、其《その》真相実体を暴露し、之《これ》を世界歴史の上より抹殺し去ることを宣言す。(7)

こういいかえてもいいだろうか。皇国神話は迷妄である、虚偽である。迷妄は進歩をさまたげる。虚偽は人心を害してしまう。だんじてこれをゆるしてはいけない。天皇の仮面をうばいとれ。そのいでたちを剥ぎとって、真相実体を暴露せよ。宣言しよう。天皇を世界の歴史から抹殺する。天皇抹殺論。

ならば、この宗教による支配をぬけだすとはどういうことか。加害者のくせして、被害者ぶるのはもうやめよう。被害者を名のり、相手に負い目をせおわせてマウントをとる。これだけ害を被ったのだから、これだけ害をくわえてよい。この交換のロジックこそが支配を発動させてきた。

どうしたらいいか。ひたすら無償のロジックを生きてしまえばいい。被害か加害かではない。ひとがともに生きるのに、負い目も見返りもいらないのだ。必要ならただあたえればいい。どこかでだれかが迫害されていたならば、身を殺して仁をなす。義挙。なぜという問いはなりたたない。自己の良心に宇宙のことわりをかんじてしまっただけのことだ。そうしないことがおかしいかのようにシャカリキになってやらかしてしまう。自由思想をかんじとれ。おまえはおまえの神を殺しているか。あらゆる主人を駆逐しよう。日本抹殺論。それがラスト秋水のメッセージだ。

おお、マザー　サンキュー、カムレード

伝さん、伝さん。どうしてもわが子、伝次郎にあいたい。一九一〇年一一月二六日、兄の駒太郎につきそわ

れて、母の多治が東京にやってきた。堺が新橋駅までむかえにきてくれる。いっしょに東京監獄に面会にいった。わざわざ高知の中村から老母がやってきた。堺が事情をはなすと、なぜか刑務所長の木名瀬《きなせ》礼助が感動してしまう。お、お母さま。どうぞ、わたしの部屋をつかってください。堺と駒太郎も同席のうえ、所長室で面会させてもらえることになった。ありがとよ。

ひさびさに再会した秋水と多治。ともに涙はない。母は秋水にこういった。「しっかりしておいで」。さすがおれの母ちゃんだ。秋水もいう。「これがたぶん最後になる」。死をまえにしてアドレナリンがでているからか、秋水は元気いっぱい。そんなわが子の顔を目に焼きつけて、多治は東京監獄をあとにした。四ツ谷の宿につくと、夜、千代子がたずねてきてくれた。それまで気丈だった多治。もうたえられないと、涙をボロボロこぼす。ううう、ううっ。ふたりでむさぼり泣いた。わが子よ!

一一月二八日、多治は東京をさった。だが疲労がたたったのか。中村の家につくと、たおれて寝たきりになってしまう。急性肺炎だ。危篤である。病床にかけつける親戚たち。元気をだしてもらおうと秋水の写真をみせるが、多治は「伝さんのほんものの顔をみちょるけん」。そういって、みむきもしなかったという。一二月二八日、しずかに息をひきとった。享年七一。おお、マザー。

はなしをかえよう。そのかんにも海外では抗議活動がまきおこっている。きっかけはアメリカだ。秋水と親交のあった雑誌『マザー・アース』グループがうごきはじめていた。まず一一月一二日、エマ・ゴールドマンがアレクサンダー・バークマン、ヒポリット・ハーヴェル、サダキチ・ハートマン、ベン・L.ライトマンらとともに、五人の連名で抗議文を作成。それを駐米全権大使の内田康哉《こうさい》におくりつけた。

ヒューマニティと国際的連帯の名において、我々は、友人、幸徳伝次郎と彼の同志たちに下された残忍で不正な判決に激しく抗議する。あなた方は、スペインやロシアで行われた知識人に対する野蛮なやり方を模倣しようとしているのか。(8)

ここでスペインの名があがっているのは、前章でふれた教育者、フェレルの処刑をふまえてのことだ。一一月二二日には、ニューヨークで抗議集会。数百名があつまって、ニューヨークアピールを採択し、こんな蛮行をゆるしちゃおけない、日本政府にガンガン圧力をかけようとよびかけた。一二月一二日にも集会をひらいて、桂太郎首相に抗議文をおくろうとよびかけている。さらに『マザー・アース』(一二月号)では「幸徳事件」の特集。ヒポリット・ハーヴェルの記事が掲載された。よい文章だ。

秋水たちの死後、一九一一年一月二九日にもニューヨーク、マンハッタンのウェブスター・ホールでどでかい抗議集会をうっている。ここには二〇〇〇人以上のひとがあつまって、満席ではいりきれない。ファック・オフ・ジャパン。怒りの熱気が爆発し、集会後はデモになった。わっしょい、わっしょい。人の群れが日本大使館におしよせる。いけ、いけ。そのまま警官隊と衝突し、五人が逮捕。三人が拘留所にいれられた。いつの時代もファック・ザ・ポリス。

これだけでは気持ちがおさまらないと、エマたちは大逆事件の犠牲者のためにカンパあつめ。一九一一年四月には、加藤時次郎あてに一五〇円を送金。いまでいうと五〇万円くらいだ。このあとも『マザー・アース』

では八月、九月、一一月と三か月にわたって、秋水特集。ヒポリット・ハーヴェルの解説つきで、秋水がアルバート・ジョンソンに宛てた手紙が掲載されている。本書で参照しているジョンソン宛の手紙は、ここから引用したものだ（本書二二三〜二二四頁）。ありがたい。

しかも抗議してくれたのは、アメリカの仲間たちだけではない。エマたちのアピールをうけて、一二月一〇日、イギリス、ロンドンでも抗議集会。雑誌『フリーダム』につどうアナキストたちが駐英大使、加藤高明に抗議文をおくりつけた。その後、各地から抗議文がおしよせてくる。

抗議の焦点は、日本の不公正な裁判システム。一九一一年二月には、日本の社会主義者と交流のあったケア・ハーディ議員が国会で質問。なんなのあのクソみたいな裁判。ちゃんと批判しろよ、イギリス政府。そんなかんじだ。その後、フランスにも抗議が波及していく。もつべきものは仲間だね。サンキュー、カムレード。

無職！

日本にもどろう。一九一〇年一二月八日、ようやくこいつが面会にやってきた。大杉栄だ。二年半の刑期をおえて、一一月二九日、ついに出獄。満をじして会いにきたのだ。やあ、大杉くん、元気だったかい。こ、こ、こ、こ、こ。幸徳のアニキが死刑になってしまう。もともと吃音《きつおん》もちの大杉。興奮のあまり吃音がはげしくなっておさまらない。しゃべろうとしても、しゃべろうとしても吃音になってしまうのだ。

むりやりしゃべったのだが、なにをいっているのかよくわからない。そのうちに面会時間がきてしまった。なんて日だ。またね、大杉くん。のちに、秋水はこのときのようすを堺宛ての手紙にこうかいている。

大杉君に申上《もうしあ》げる、先日は来てくれて嬉《うれ》しかつた、弟に会つたやうな気がした、君が吃《ども》りで十分の話が出来《でき》ないのが残念だ、手紙を呉《く》れ玉《たま》へ(9)

テンパっている大杉のすがたが目にうかぶ。秋水が形見わけにバクーニンの肖像と剃刀《かみそり》をくれた。やったぜ。また会いにいこう。

さて、いよいよ裁判だ。被告は二六人。弁護団は総勢一一人。若手からベテランまで、やる気満々の弁護士があつまった。どうも自分もやりたいという弁護士が殺到してきて、断るのがたいへんだったという。それはそうだ。この前代未聞の暗黒裁判に、人権派の弁護士ならずともたちあってみたいとおもうだろう。のちに、ギロチン社事件や朴烈《パクヨル》事件で、アナキストを弁護してくれた布施辰治《ふせたつじ》も志願者のひとり。弁護団にはいりたいとたのみこんだのだが、おまえはなにをしでかすかわからないからダメだといわれて断られた。クソ。それでもどうしても裁判だけはみたかったので、猛烈な勢いで裁判所にかけあって、弁護士として特別傍聴をすることがゆるされた。世のなか、気合いだね。

ちなみに秋水の担当弁護士になってくれたのは三人。今村力三郎《りきさぶろう》と花井卓蔵《たくぞう》、そして磯部四郎だ。今村と花井のふたりは、ふるくからのつきあい。『万朝報』時代の理想団をおぼえているだろうか。ふたりもその参加者で、秋水とは仲のよい友人だった。年は四〇代なかば、ちょうど脂ののってきた人権派の弁護士だ。

　ふたりはなんとかして大審院にプレッシャーをかけるべく、法学の大家、江木衷《えぎまこと》博士にくわわってくれないかとさそいにいった。いちどオッケーしてくれたのだが、こわくなったのだろう。翌日、やっぱりやめますと連絡がきた。くそったれ。それで、ダメもとで磯部四郎におねがいにいったら、即答でイエスだった。磯部は当時、六〇歳。大審院の判事、検事を歴任してきた法曹界の重鎮だ。そんなひとが、ここでこの無法をゆるしてしまったら日本の法はおわる、といって参加してくれたのだ。ありがたい。

　一二月一〇日、午前九時三〇分。大審院第一号法廷に網笠《あみがさ》をかぶせられ、手錠《てじょう》と腰縄《こしなわ》をつけられた被告二六人がテコテコとやってきた。手錠と腰縄って、江戸時代の市中ひきまわしかよ、人権侵害じゃないかとおもわれるかもしれないが、一〇〇年以上たったいまでもかわっていない。日本に人権などないのである。

　法廷の内外には、五〇人の憲兵隊と三〇〇人の警官隊。異様にものものしい雰囲気がただよっていた。しかしそんな空気をかきけすかのように、裁判をひとめみたいと法廷にひとがおしよせ、傍聴席はすぐに満席。席にはあの森鴎外もいた、といっている記者もいるのだが、事実かどうかはわからない。さて一〇時四〇分、裁判長の鶴丈一郎《つるじょういちろう》ひきいる陪席判事六人がやってきて、裁判開始だ。

　まずは氏名の点呼と職業確認からはじまった。ここで内山愚童がやらかしてくれる。職業をきかれて、こうこたえたのだ。

　無職！(10)

ポカンとしている裁判長。「被告は僧侶ではなかったか」ときくと、愚童はこうかえした。

嘗《かつ》ては沙門《しゃもん》にはいつて居《い》ましたけれども去《さ》る六月中、兇徒聚衆《きょうとしゅうしゅう》の罪に問はれた時、喜んで獄に下ったので、目下の處《ところ》無職です(11)。

おれ、監獄にはいっているんで、いまは無職ですわ、ヒャッハー。そういったのだ。ざわざわ、ざわざわ。どよめく法廷。ププッとふきだす被告人たちのすがたが目にうかぶ。わたしも無職です。愚童、サイコー。しかしなにごともなかったかのように、点呼を終了する裁判長。これから審議というところで、こういいはじめた。本件審議を公開すると、安寧秩序に害がある。よって公開は停止。今後も公開するつもりはない。なんだ、なんだ。またたくまに、一般傍聴人と新聞記者たちがつまみだされた。なぜそんなことをしたのか。被告人たちのはなしをきいたら、大がかりな天皇暗殺計画などなかったとバレてしまうからだ。だからあくまで密室裁判。ここから、第一審にして終審。超ハイスピードの裁判がはじまっていく。

秋水の本気

(一) 検察の三段論法

裁判はここから一九日間。たった一六回の審議でおわってしまうのだが、一人ひとりおもうぞんぶんしゃべる時間はあたえられた。裁判官としては、ハイハイといって好きにしゃべらせて、はやく審議をおわらせて死刑にするつもりだ。はじめに判決ありき。それでも被告人たちは気合いのはいった弁論で、いかに検察の調書がウソッパチであるかをあきらかにしていく。

がぜんやる気をだした秋水。おそらく、さいしょは「まあ、おれは死ぬだろうな」くらいにしかおもっていなかったのかもしれない。しかしみんなの熱気をうけて、熱くなったのだろう。みずからも検察批判に身をのりだしていく。というか、自分だけならまだしも関係ない連中までまきこまれているのだ。やるしかない。秋水の本気だ。

一二月一八日、一日休廷だったので、そのやすみをいかして一本の原稿をかきあげた。「獄中から三弁護人宛の陳弁書」だ。この陳弁書をもとにして、一二月二二日、弁論にのぞんでゆく。秋水の出番は午後の部のラスト。疲労なんてかんじない。ハイになって吠えまくった。このとき、特別傍聴人としてはなしをきいていた布施辰治《ふせたつじ》。名演説に大感動。いわく。秋水のふるう熱弁に、法廷中がシーンとしずまりかえった。そして、なぜかあの小柄な秋水がとてつもなく大きくみえたのだと。

どんな内容か。ど直球で検察と勝負だ。検察はいう。幸徳秋水とその一味が「暴力革命」をくわだてた。死刑だと。だが、じっさいのところ秋水もだれも「暴力革命」なんて用語はつかわない。検察の造語なのだ。しかし造語だからこそ、かれらの好きなようになんでもあてはめることができる。秋水はここをエグった。

私の眼に映《うつ》した處《ところ》では、検事予審判事は、先《ま》づ私の話に「暴力革命」てふ名目を附《ふ》し「決死の士」などといふ六《むつ》ケ《か》しい熟語を案出し、「無政府主義の革命は皇室をなくすることである、幸徳の計画は、暴力で革命を行ふのである、故《ゆえ》に之《これ》に興《きょう》せる者は、大逆罪を行はんとしたものに違ひない」といふ三段論法で責めつけられたものと思はれます、そして平生《へいぜい》直接行動、革命運動などいふことを話したことが、彼等《かれら》を累《るい》して居《い》るといふに至《いた》つては、実に気の毒に考へられます。(12)

検察の三段論法だ。ちょっと箇条書きにしてみようか。

一、アナキストの革命は皇室の抹殺である。
二、幸徳は「暴力革命」をくわだてていた。
三、「暴力革命」に興味をもつものは天皇暗殺をもくろんでいたにちがいない。

ひどいものだ。アナキズムは暗殺主義であるというレッテルばりからはいり、それを「暴力革命」と名づける。しかも「暴力革命」には暗殺ばかりでなく、革命も暴動も一揆も直接行動もすべてふくまれているのだ。ということは、アナキストが民衆蜂起のはなしをしたら、ストライキでもパリ・コミューンでもなんでも「暴力革命」であり、天皇暗殺をはかっていたことになる。ぜんぶ大逆罪なのだ。ふざけんじゃねえ。

（二）アナキズム入門

秋水は、この三段論法をいちから崩しにかかる。まずは、アナキズムは暗殺主義だというレッテルばりについてだ。秋水はいう。このレッテルは検察の無知によるものだ。ならば、アナキズムとはなにか。

無政府主義の革命といへば直《す》ぐ短銃や爆弾で主権者を狙撃する者の如《ごと》くに解する者が多いのですが、夫《それ》は一般に無政府主義の何者たるかが分かつて居《い》ない為《た》めであります、弁護士諸君は既《すで》に御《ご》承知になつてる如《ごと》く、同主義の学説は殆《ほとん》と東洋の老荘と同様の一種の哲学で、今日の如《ごと》き権力武力で強制的に統治する制度が無《な》くなつて道徳仁愛《じんあい》を以《もっ》て結合せる相互扶助共同生活の社会を現出《げんしゅつ》するのが人類社会自然の大勢で、吾人《ごじん》の自由幸福を完《まった》くするのには此《この》大勢に従つて進歩しなければならぬといふに在《あ》るのです。(13)

幸徳秋水のアナキズム入門だ。アナキズムとは、支配のない状態をめざすことだ。人間が武力や権力によって強制的に統治されることをなくすことだ。ひとの上にひとはいらない。自分のことは自分でやる、自分たちでやる。必要なことはそのつど必要におうじてたすけあえばいい。

これは古くから老荘思想でかたられてきたことでもあるし、孟子が仁愛とよんだものでもある。目のまえでこまっているひとをみたら、見返りなしでたすけてしまう。ギブ・アンド・テイクじゃない。ギブ、ギブ、ギブ。テイク、テイク、テイクだ。がんらい、人間の日常生活はこの無償のロジックでうごいている。

なのに、いつのまにかカネをはらわないとなにもしてもらえない、税金をおさめないとなにもしてもらえない、カネがないと生きていけない、国家がないと生きていけない、カネもちがえらい、権力者がえらいとなってしまう。奴隷かよ。

どうしたらいいか。ぼくらの日常から、もういちど無償の生をひきだして、どんどん拡張してしまえばいい。クロポトキンいわく。ただ手をさしのべよ。相互扶助だ。汝、必要におうじてとれ。共産制《コミュニズム》だ。そこかしこに相互扶助のコミューンを建設しよう。それが無政府共産制《アナルココミュニズム》だ。

（三）革命とはなにか

はなしをもどすと、アナキズムはイコール、暗殺主義ではないということだ。むしろその土台にあるのは仁愛であり、道徳なのです、と。ここから、秋水はたたみかける。じゃあ、アナキストにとって革命とはなにか。これも検察によれば、主権者を爆弾で暗殺することだといわれているが、ぜんぜんちがう。主権者が甲から乙にかわったところで、なにもかわりはしない。明智光秀よろしく、がんばって殿さまの首をとっても、織田が豊臣にかわり、豊臣が徳川にかわってなんになるのか。よりよい殿さまになったか、よりわるい殿さまになったか。ただそれだけだ。

革命というのは殿さまひとりの問題ではない。その殿さまが前提にしている秩序そのものが崩壊するということだ。そこで生きる人びとがまったくあたらしい生にうまれかわるということだ。それは一個人や一党派でできることではない。世のなかの大半の人びとがわれもわれもと秩序から離脱してとまらなくなるのだ。革命とは「水到渠成《みずいたってきょなる》」るやうに自然の勢《いきおい》」にほかならない。雨がふる。水が流れだして、くぼみができる。それがいつどこで、どんなタイミングでうまれるのか、だれにも予測はできない。しかし必ずおきるのだ。自《おの》ずから然《しか》り。

こんなことをはじめから計画づくでおこすことなどできない。自然の勢いを人間がコントロールなんてできないからだ。もちろんその方向を予測して、なにかをしかけることはできる。いまの秩序は専制政治。弱肉強食のカネの世だから、これをおわらせるならアナキズムの自由合意とコミュニズムでいくしかない。だったら、そのための伝道をしよう。教育、だいじ。

あるいは、行動による伝道だ。いまここで、支配なき世を実践してみせる。それができるということを世にしらしめる。直接行動だ。検察によれば、この直接行動も暗殺を意味しているという。それは「暴力革命」であり、「爆弾を用いる暴挙」なのだと。ちゃんちゃらおかしい。直接行動とは、自分たちのことは自分たちでやる、直接やる、やれるんだということだ。

たとえば、労働運動をやるにしても、職をまもってもらうために組合指導者や議員をたよって、上から命令されたことをきくというのでは意味がない。それではあたらしい支配がうまれるだけだ。だいじなのは、ただ燃えるようなストライキ。労働者の解放は労働者自身の手によるものでなければならない。おまえが舵をとれ。

（四）来たるべき蜂起

むろん、民衆が武器を手にとるときだってある。一揆や暴動。パリ・コミューンのように、民衆が武装して革命的自治をたちあげることもあるだろう。検察はこれも「暴力革命」というが、決起それじたいを革命というのではない。語義からいっても「レボリューション」はあくまで急激な進化や、世界の再生を意味している。これにたいして、一揆や暴動は「インサレクション」。下から上にわきあがるという意味だ。あまりのしうちにたえかねて、民衆がもうたくさんだといってたちあがる。蜂起ぜよ。

例へば天明や天保のやうな困窮の時に於《お》いて、富豪の物を収用するのは、政治的迫害に対して暗殺者を出すが如《ごと》く、殆《ほとん》と彼等《かれら》の正当防衛で必至《ひっし》の勢ひです、此時《このとき》にはこれが将来の革命に利益あるや否《いな》やなどと利害を深く計算して居《い》ることは出来《でき》ないのです、私は何の必要もなきに平地に波瀾《はらん》を起し暴挙を敢《あえ》てすることは財産を破壊し人命を損し多く無益の犠牲を出すのみで革命に利する處《ところ》はないと思ひますが、政府の迫害や富豪の暴横其極《そのきわみ》に達し人民溝壑《こうがく》に轉《てん》する時、之《これ》を救ふのは将来の革命に利ありと考へます、左《さ》れど此《かか》ることは利害を考へて出来《でき》ることではありません、其時《そのとき》の事情と感情とに駆られて我《わ》れ知《し》らず奮起《ふんき》するのです。(14)

ここで秋水が念頭においているのは江戸時代、大塩平八郎の乱だ。人民が困窮のきわみにたっしている。飢饉でなにも食えない。なのに富豪はうまい白米を食っている。なんなら米を買い占めて、その値段をつりあげてボロもうけだ。

大阪の奉行所づとめだった平八郎。富豪の横暴をおさえ、救民政策をとるように訴えたが、お奉行さまはなじみの米屋からたくさん米を買いあげて、それを江戸の将軍さまに送ってしまう。出世のためだ。殺ス。人民とともに武装蜂起だ。富豪の米をうばいとれ。大阪を火の海におとしいれろ。

だいじなのは、インサレクションは革命のために損得を考えてやるものではないということだ。将来の利益をもとめて、長期的な計画をたててやるものではない。とにかく富豪を襲撃。処刑されてもいい。人民の困窮、富豪の横暴、政府の迫害。そんなものをまのあたりにしてしまったら、だれもがおのずとうごいてしまう。そのときの事情と感情に駆られ、われしらず奮起するのだ。

ここまでくると、インサレクションが仁愛や相互扶助の攻撃バージョンだというのがわかる。検察は「暴力革命」なる造語をつかい、その革命のために、幸徳一派が天皇暗殺計画をたてていたといっているが、仮に人民が武器を手にとったとしても、それは正当防衛的にやむをえずパッとやってしまうものであって、革命のためでも大がかりな計画でもなんでもない。下から上に一直線にわきあがってしまうものなのだ。来たるべき蜂起。これにて、検察の三段論法を抹殺しおえる。パチパチ。

やばいよ、ジャパン　前代未聞、二四人に死刑宣告

一二月二八日、裁判の休憩時間のことだ。被告席に、秋水と管野須賀子のふたりがポツンとすわっている。そこに弁護人の花井卓蔵がやってきて、秋水に告げた。お気の毒さまです。きょうの未明、お母さんが亡くなったと堺さん宛てに電報がありました。そういって多治の訃報《ふほう》をしらせてくれた。

えっ。とつぜんのことに、秋水と管野はショックを隠しきれず、うなだれてしまう。そんなふたりに花井は声をかける。「握手をしたまえ、握手をしたまえ」。おもわず、手をとりあう秋水と管野。さすがに看守もみてみぬふりだ。蝋人形のように青白かった管野の顔がポッと紅くほてる。いいよ、花井。その後、ひとり地下の仮監におりてきた秋水。スッと気がぬけたのだろう。弁当を手にとったら、急に涙がこぼれだした。あばよ、母ちゃん。あの世で会おう。

さて、裁判は一二月二九日で終了。あとは判決をまつだけだ。三〇日、堺が面会にきてくれた。いわく。お母さんの件、お悔やみもうしあげます。しかしきみたちは気の毒だ。ぼくもシャバにいたら、まちがいなくいっしょにやられていただろう。すると、秋水はさらっとこういった。「イヤなんともおもっていないよ」。まあ、死ぬときは死ぬでしょうと。そして、こうつづけたのだ。「あとは君らの力を待たねばならぬ」。よろしくたのむよ、堺くん。でも、母ちゃんの死だけはこたえたね。

年はあけて、一九一一年一月一八日、ついに大逆事件判決の日がやってきた。この日は公開がみとめられ

て、傍聴席にはひとがびっしり。午後一時一〇分、裁判長の鶴丈一郎《つるじょういちろう》がやってきて開廷だ。たちあがって判決をまっている被告二六人。その二六人にむかって、鶴がこういった。まず判決理由をのべるので、被告人はすわってきくように。全員着席。すると、鶴がめっちゃ早口でしゃべりはじめた。

被告幸徳伝次郎は夙《つと》に社会主義を研究して明治三十七年北米合衆国に遊び、深く其《その》地の同主義者と交り、遂《つい》に無政府共産主義を奉ずるに至る。その帰朝するや専《もっぱ》ら力を同主義の伝播に致し、頗《すこぶ》る同主義者の間に重んぜられて隠然《いんぜん》その首領たる観あり。被告管野スガは数年前より社会主義を奉じ、一転して無政府共産主義に帰するや漸《よう》やく革命思想を懐《いだ》き、明治四十一年世に所謂錦輝館《いわゆるきんきかん》赤旗事件に坐して入獄し、無罪の判決を受けたりと雖《いえど》も、忿恚《ふんい》の情禁じ難《がた》く心ひそかに報復を期し、一夜その心事を伝次郎に告げ、伝次郎は協力事を挙げんことを約し、且《か》つ夫妻の契りを結ぶに至る。その他の被告人もまた概《おおむ》ね無政府共産主義をその信条となす者、若《も》しくは之《これ》を信条となすに至らざるもその臭味を帯びる者にして、その中《なか》伝次郎を崇拝し若《も》しくは之《これ》と親交を結ぶ者多きに居《お》る。

明治四十一年六月二十二日錦輝館《きんきかん》赤旗事件と称する、官吏抗拒《かんりこうきょ》及び治安警察法違反被告事件発生し、数人の同主義者獄に投ぜられ、遂《つい》に有罪の判決を受くるや、之《これ》を見聞したる同主義者往々警察吏の処置と裁判とに平《たいらか》ならず、その報復を図るべきことを口にする者あり、爾来《じらい》同主義者反抗の念愈々《いよいよ》盛にして、秘密出版の手段に依《よ》る過激文書相次《あいつい》で世に出て、当局の警戒注視益々《ますます》厳密を加《くわ》うるの已《や》むを得ざるに至る。ここに於《おい》て被告人共の中、深く無政府共産主義に心酔する者、国家の権力を破壊せんと欲せば先《ま》ず元首を除

くに若《し》くなしとなし、兇逆《きょうぎゃく》を逞《たくましい》うせんと欲し、中道にして兇謀《きょうぼう》発覚したる顛末《てんまつ》は即《すなわ》ち左の如《ごと》し。(15)

ながい。だがこれはほんの序盤だ。ここからさらに延々と一人ひとりの罪状にふれてゆく。しかしこのさいしょの時点で、みんな死刑を覚悟したことだろう。赤旗事件以降、権力の弾圧が増して、やむをえずアナキストが過激化していく。その結果、今回のような共謀があきらかになったといっているのだから。ものすごい早口で、しかも長時間、判決理由をまくしたてた鶴裁判長。すべてをしゃべり終えると、被告人に起立を命じ、ようやく主文をよみあげはじめた。

右幸徳伝次郎外《ほか》二十五名に対する刑法第七三条の罪に該当する被告事件審理を遂《と》げ判決すること左の如《ごと》し。被告幸徳伝次郎、管野スガ、森近運平、宮下太吉、新村忠雄、古河力作、坂本清馬、奥宮健之《おくのみやけんし》、大石誠之助、成石平四郎、高木顕明《けんみょう》、峰尾節堂《せつどう》、崎久保誓一《さきくぼせいいち》、成石勘三郎、松尾卯一太《ういった》、新美卯一郎《にいみういちろう》、佐々木道元《どうげん》、飛松與次郎《よじろう》、内山愚童《ぐどう》、武田九平《くへい》、岡本頴一郎《えいいちろう》、三浦安太郎、岡林寅松《とらまつ》、小松丑治《うしじ》を各死刑に処し、被告新田融《とおる》を有期懲役十一年に処し、被告新村善兵衛《ぜんべえ》を有期懲役八年に処す。(16)

ようするに、秋水ふくめて二四人に死刑判決がくだされたのだ。のこりの二名。宮下にブリキ缶をつくらされた新田融《とおる》は懲役一一年。新村忠雄の兄ちゃん、善兵衛《ぜんべえ》は懲役八年だ。しかし前代未聞、二四人の死刑である。人数で比較するべきではないかもしれないが、アナキストの弾圧でいうと、世界的に有名なアメリカのヘイマーケット事件でさえ、死刑宣告をうけたのは七人。じっさいに吊るされたのは四人だ。やばいよ、ジャパン。

午後二時五分、閉廷。判決文をよみおえると、うしろめたさをかんじていたからか、判事たちが逃げるようにソソクサとさっていく。退廷を命じられる被告人たち。だけどなかなかうごかない。さいしょにたちあがった管野須賀子が編み笠をとり、みんなにむかって「みなさん、さようなら」と声をかけた。すると、内山愚童が元気いっぱいにこうさけぶ。「ごきげんよう！」。なだれをうったかのように、みんなもさけびはじめた。

さようなら、さようなら。

これで感極まった三浦安太郎。たまらずに雄叫びをあげた。「無政府党、万歳！」。そんなことばをきいてしまったら、みんなもうたえられない。魂の雄叫びをあげた。ウオオオオ、ウオオオオオオオオオオオオオオオオ！！！

無政府党、万歳！　無政府党、万歳！　無政府党、万歳！　無政府党、万歳！　無政府党、万歳！　無政府党、万歳！　無政府党、万歳！　無政府党、万歳！　無政府党、万歳！　無政府党、

万歳！　無政府党、万歳！

秋水もいっしょにさけぶ。青黒い顔にニタリと微笑みをうかべながら、「無政府党、万歳！」とさけび、そのまま法廷をさっていった。このとき、ひとりだけ万歳といわなかったやつがいる。坂本清馬だ。なんでこのおれが死刑にならなきゃいけないんだよ。おまえらがよけいなことをベラベラとしゃべりまくったせいじゃないか。くそ、ふざけんな。そうおもって、キッと秋水や管野をにらみつけた。死にたくない。

さて、秋水が刑務所にもどると、まっていた看守の管野丈右衛門《かんのじょうえもん》が秋水に声をかけた。「判決のご感想は？」。ちっ、くだらねえ質問だな。だけど、秋水はやさしくこたえた。「くるところまできたので、なにもいうことはありません」。落ちついている秋水にホッと一息。ならばと菅野はたのみこむ。「なにか記念に書きのこしてください」。秋水はいう。「半紙でよろしいですか」。そういうとサッと漢詩をかきあげた。

区々成敗且休論　（区々《くく》たる成敗且《しばら》く論ずるのを休めよ）
千古惟應意気存　（千古惟《た》だ應《まさ》に意気を存すべし）

如是而生如是死（是《かく》の如《ごと》くにして生れ是《かく》の如《ごと》くにして死す）
罪人又覚布衣尊（罪人また布衣の尊きを覚ゆ）[17]

こうたっているのだ。くだらない裁判のことなんてもう論じるのはやめにしよう。一〇〇〇年の歴史にのこるのは、われわれの熱いおもいただそれだけだ。おれはこのようにして生まれ、このようにして死んでゆく。だけど罪人であるこのわたしは覚えているよ。平民としての尊厳を。かっこいいね、秋水。

がんばらなくっちゃ——生は余剰である

もう時間がない。でも最後のさいごまでかきつづけてやる。せっかくだから、死ぬまえに自分の死生観をえがいた本をしたためたい。師匠、中江兆民にならおう。タイトルは「死刑の前に」。ド直球だ。どんなことがかいてあるのか。

死刑！　私には洵《まこ》とに自然の成行《なりゆき》である、これで可《よ》いのである、兼《かね》ての覚悟あるべき筈《はず》である、私に取《とり》ては、世に在《あ》る人々の思ふが如《ごと》く、忌《いま》はしい物でも、恐ろしい物でも、何でもない。[18]

死刑なんてなんでもない。まあ、死ぬよねといっているのだ。つよがりでそういっているのではない。ほんとうに素でそうおもっているのだ。しかし、どうしてそんなことがいえるのか。秋水はいう。死を恐怖するのは迷信だ。死は避けられるものではない。こわいとおもうのは、富や名声、家族、これまでの人生で蓄積してきたものをうしなうのがこわいのだ。貪欲を捨てよ。盲執から解脱せよ。そうすれば、死そのものはなんでもなくなる。おシャカさまかよ。そうツッコミたくなるが、秋水はさらにつづける。

或《あるい》は恋の為《た》めに、或《あるい》は名の為《た》めに、或《あるい》は仁義の為《た》めに、或《あるい》は自由の為《た》めに、扨《さて》は現世の苦痛から遁《のが》れんが為《た》めに、死に向つて猛進する者すら有《あ》るではない歟《か》。(19)

この恋のためだったら死んでもいい。ここで仁義をなしとげるためなら死んでもいい。人民の自由のためなら死んでもいい。すすんで死にむかって猛進してゆく。自分の命を焚き木にして、いまこの一瞬で消滅するつもりで燃えあがる。ひっきょう、それが生きるということではないのかと。じゃあ、そもそも生きるってなんなのか。秋水は生物にはふたつの本能があるという。

自己保存 ＝ 自己の成長／利己主義
種の保存 ＝ 自己の破壊／博愛主義

自己保存とは、自分の成長をはかることだ。個体としての自分の力をたかめていく。いっぱい食べて、いっぱい栄養をとって、どんどんつよくなっていく。この本能からすれば、死は天敵であり、おそるべきものになる。

だけど、もう一方で種の保存という本能もある。恋愛や生殖がその代表例だ。このひとのためなら死んでもいい。この恋人のためなら、この子のためならと。みずから自己破壊へと突きすすんでゆく。博愛だ。この本能からすれば、死は避けるべきものではない。むしろ欲するものだ。

そして、この後者の本能がヒートアップしたとき、自己保存は自己破壊と合致してしまう。だって、他人のために命を捨てることが自己利益、自分にとってのぞましいことになるのだから。なにが自己か、なにが利益かわからなくなる。

> 種保存の本能大に活動せるの時は、自己保存の本能は既《すで》に殆《ほとん》ど其《その》職分を遂げて居《い》る筈《はず》である、果実を結ばんが為《た》めには花は喜んで散るのである、其《その》児の生育の為《た》めには母は楽しんで其《その》心血を絞るのである、年少かくして自己の為《た》めに死に抗するも自然である、長じて種の為《た》めに生を軽んずるに至るのも自然である、是《こ》れ矛盾ではなくして正当の順序である、人間の本能は必しも正当・自然の死を恐怖する者ではない、彼等《かれら》は皆な此《この》運命を甘受すべき準備を為《な》して居《い》る。(20)

花は咲いたら、かならず散ってしまう。だけど、それでもよろこんで花を咲かせてしまうのだ。それが果実をむすび、あらたな生をうみだすことになるのだから。でも、それって死ぬことじゃないの？　心配ご無用。それが真に生きるということだ。たとえそれがムダ花であってもいい。実をむすばなくてもいい。それでもなにかできるかもしれないと、われしらず狂い咲きしてしまう。高速で死にむかって突進してしまうのだ。そのとき、ひとは個体としての生をとびこえる。

生から死へ。これまで有限な時間のなかで、どれだけ有用な生をおくれるのか。あいつよりつかえるかどうか、ヒエラルキーをかちのぼれ。そんなことばかり考えさせられてきたこの人生。そのいっさいをムダに放り投げるのだ。生死のくびきをこえて、もうなんにもとらわれずにゼロになってあばれだす。それをみて、自分もなにかできるかもしれないと、まわりの花たちも、われもわれもと狂い咲きしてゆく。ゼロ、ゼロ、ゼロ。きっとそれがあらたな生をはぐくむということなのだとおもう。生は永久の闘いなのだ。

ちなみに、クロポトキン「アナキズムの道徳」にも似たようなはなしがでてくる。花のくだりもふくめて、言わんとすることはほとんどおなじだ。この本で、クロポトキンは、哲学者ギュイヨーのことばをひきながら、自己破壊の衝動のことを「生の余剰」とよんでいる[21]。余剰、つまりムダと過剰さこそが生の神髄だということだ。ひろく他者にむかって拡張せよ。死にむかって猛進してゆけ。なんどでもムダ花を散らして生きてゆきたい。これが秋水の絶筆だ。がんばらなくっちゃ。

日本を抹殺するぜよ

それでは判決の翌日、一月一九日のことだ。死刑宣告をうけた二四人のうち、一二人に恩赦がくだされた。はじめから予定していたのだろう。各大臣から上奏文をだして、明治天皇が恩赦をみとめたというかたちをとっている。ああ、あなたさまの命をねらっていた罪人どものことなのに、ご慈悲をかけてくださるなんて、なんてお優しいことでしょうといわせたいのだ。くそったれ。

恩赦をうけて無期懲役になったのは以下のひとたちだ。武田九平《くへい》、岡本穎一郎《えいいちろう》、岡林寅松《とらまつ》、小松丑治《うしじ》、坂本清馬、三浦安太郎、高木顕明《けんみょう》、峰尾節堂《せつどう》、崎久保誓一《さきくぼせいいち》、成石勘三郎、佐々木道元《どうげん》、飛松與次郎《よじろう》。なにが恩赦じゃ、コノヤローといってほしいところだが、さすがにそうはならなかった。のちに飛松與次郎《よじろう》は、あまりにうれしくて、感謝の念すらこみあげてきたと回想している。坂本清馬もいっしょだ。「助かったのだ。命だけはとにかく助かった。私は涙を流した」とかいている。[22] うそいつわりのない正直なきもちだろう。生きていて、ほんとうによかったよ。

もちろん、秋水に恩赦はない。判決からわずか六日で、その日はやってきた。一月二四日、午前七時一〇分。秋水によびだしがかかった。所長室までいくと、木名瀬《きなせ》礼助所長がこう告げた。「司法大臣の命により、本日これより死刑を執行する」。やけにはやいな。秋水はこういった。「原稿の書きかけが、房内に散乱したままなので、いちど監房にもどしてもらいたい。さすれば、原稿の整理をしてくるから」。そうたのんでみたのだが、ダメだという。お、おれの原稿。

そのまま刑場につれていかれる。看守が「なにかいいのこすことはあるか」ときいてきたので、遺言書をかかせてもらった。要件は三つ。(一)房内にのこしてきた高島米峰《べいほう》宛の手紙を発送してほしい。(二)おなじくかきのこしてきた漢詩の一枚を郷里に送付してほしい。(三) すべての物品を堺利彦に宅下げすること。これをかき終えたころには、午前八時ちかくになっていた。

しかしおそろしいことに、この遺言、なにひとつはたされなかった。死人に口なしとはよくいったもので、どうせ外の人間にはわからないだろうと無視されたのだ。堺に宅下げされたのは衣類のみ。秋水だけでなく、死刑囚の手記はすべて闇にほうむられた。形見として、漢詩の一枚を親戚に送りたかったのにそれもならない。高島宛の手紙もダメ。たんなる出版のお礼状なのに。のちにそれをしった大審院判事の尾佐竹猛《おさたけたけき》が手紙だけはとどけてくれて、存在があかるみになった。

だから、さきほど紹介した「死刑の前に」も、戦前は仲間にも遺族にもだれにもよまれていない。かいていたことすら、しられていなかったのだ。そのまま、ほかの死刑囚の手記といっしょに司法省の資料室に放りこまれた。では、なんでいまよめるのか。日本が戦争に負けたおかげである。

敗戦直後、日本の官庁はいろんな悪事の証拠隠滅をはかって、古い書類を燃やしまくった。だけどその作業中に、ある役人が「幸徳秋水」とかかれた書類を発見したのだ。なにをおもったのか、こっそりパクって帰宅した。グッジョブ。間一髪だ。それがヒョンなことで、大逆事件をしらべていたジャーナリスト、神崎清の手にわたり、現在にいたる。こころからおもう。くにをほうむれ、国葬じゃあ。

秋水にもどろう。午前八時。そろそろ絞首刑の執行だ。秋水はなんでもないかのように、テコテコとあるいて所定の位置につったたった。目隠しをされて、首に麻縄の輪をかけられる。準備完了だ。所長の木名瀬《きなせ》が手をあげて合図をすると、看守のひとりがハンドルをひいた。床板がパタリとひらく。ズデーン。秋水、とぶ。午前八時六分、絶命だ。三九歳のことでございました。

あまりに平然と死んでいった秋水をみて、教誨師《きょうかいし》の沼波政憲《ぬなみせいけん》がびっくり仰天。どうもその死にざまがなっとくできなかったらしく、こんなふうにいっている。絞首台にのぼったとき、かれは落ちついていてとりみだしたようすがまったくなかった。あるいは、ムリに平気をよそおっただけではないだろうかと。こいつカッコつけやがって、ほんとはこわいくせにといっているのだ。悪意をかんじる。一言いっておきたい。なめんな。

この日、秋水の処刑をかわきりに、一一人の首が続々と吊るされていった。人数がおおかったからか、管野須賀子だけは翌日処刑。さようなら。二四日、堺は面会にいったものの、断られていやな予感。帰宅のさなかに新聞の号外で死刑執行をしって、がく然としてしまう。こりゃ、飲まずにはいられない。夜になって大杉と石川三四郎、三人で街にくりだし、やけ酒をくらう。飲み屋でまわりの客にからみまくった。

ベロベロに酔っぱらった堺。帰り道、さらに怒りを爆発させる。夜一二時ころ、信濃町停車場で下車すると交番がみえる。そこにいってペッペとツバをはきかけ、さらに小便をぶっかけた。ジョロジョロ。警官が気づいてつかまえようとしたが、堺たちをつけてきた私服がそれをとめる。きょうは見逃せ。

さらに荒れ狂う堺。ちかくに工事現場の赤い石油ランプがならんでいる。「ちええっ!」と奇声をはっしながら、ステッキでつぎつぎに破壊していった。ううっ、友よ。チキショー。大杉はやけにおとなしい。あいたい友にあえなくて、飲めない酒を飲みたくて、のこるあと味かんでみた。

さて遺体のひきとりは、一月二五日の夕方から。人数が制限されたので、秋水は堺と大杉、石川、吉川守圀《もりくに》、渡辺政太郎《まさたろう》、そして幼なじみの安岡秀夫がひきとり手となった。午後六時半、東京監獄の北側にあった不浄門から正門まで棺《ひつぎ》がはこばれてきた。棺箱《かんばこ》にちっちゃく名前がかいてあったので、それを確認すると「幸徳！　幸徳！」とみんながさけぶ。返事はない。しばらく黙とうだ。

それから、棺箱をしばっていた荒縄に丸太をとおし、ふたりの人夫にかついでもらう。落合火葬場まではこんでゆく。それをかこんでゾロゾロとあるく。あるくたびに、仲間の数がふえてゆく。とちゅう警察が妨害してきたが、殺すぞといわんばかりの殺気をはなっておっぱらった。

火葬場につくと内山愚童の弟がダメだ、ダメ、ダメといってさわいでいる。なんだ、なんだ。どうも兄ちゃんの棺箱のフタをあけろとさけんでいるようだ。「この棺のなかのほとけが兄にちがいないか、弟として一目みたい。死んだ者に罪はない。この蓋を開けてくれ、誰が止めてもおれはみる」。そういって、火葬場の人夫に金づちをもたせて、むりやりあけてしまった。弟は兄の顔をじっとみつめると、「よし！　まちがいなし」といって、荼毘にふした。さすが愚童の弟だ。

それをみていた堺。「ついでに、君、この方の蓋をとってみてくれたまえ。幸徳君にもお別れをしよう」といって、人夫に金づちとノミをもたせ、フタをこじあけさせた。みれば、五分刈りの秋水が冷たくなっている。首の骨が折れていて、ノドもとには紫色の帯のあと。この光景が大杉の脳裏にこびりついた。アニキ！

一月二七日、堺の妻、為子《ためこ》が秋水の遺骨をひきとってきた。このとき堺は仲間たちを食わせるために、売文社という文筆代行の会社をたちあげたばかりだったので、しばらくそこの床の間に遺骨をかざっておいた。たのむぜ、筆の神さま。

まもなく故郷から義兄の駒太郎がやってくる。堺さん、いろいろありがとうございました。お礼をいって、遺骨をひきとっていった。二月七日、中村の正福寺にお墓をたてる。墓碑銘をかいてくれたのは悪友、小泉三申。達筆である。

その後、堺は大逆事件の遺族を見舞って、全国をまわっていった。大杉も大阪の同志をたずねていく。三浦安太郎のお父さんや、武田九平《くへい》の弟、伝次郎にあいにゆく。それから長野や山梨をまわってかえってきた。

そろそろ、おしまいにしようか。三月二四日、堺が神楽坂で仲間うちの茶話会をひらく。ここでめずらしく大杉が俳句をよんでいる。

春三月縊《くび》り残され花に舞ふ(23)

ぼくもムダ花を咲かせたい。餓え、渇き、叫び。ダンス、ダンス、ダンス。生は余剰である。いつだって余剰なのだ。死にむかって全力疾走。このままますすめば死んでしまう。わかっちゃいるけど、やめられない。わたしという個体の利害をこえて、生死すらもとびこえて、生きる力がグングンと拡張してゆく。そのすがたをみて、わたしもぼくも狂い咲く。もっともっとと身体の震えがとまらない。美は乱調にあり。貧者の叫び、労働者の狂い、団結の力、民衆の声、ああ、愉快なり。それでいったいなにをしようというのだろうか。日本を抹殺するぜよ。神もなく主人もなく。いくぜ、大杉。幸徳秋水伝、おしまい。

おわりに

ウダッってなんだ？

ウダツがあがらない。ここのところ年収が二〇〇万円をこえたものだから、もしかしてわたしはプチブルなのかもしれないとおもって調子にのっていたのだが、今年は一五〇万円。これから大学非常勤の仕事も減って、さらに減収。おれの人生はどこからはじまり、いったいどこで終わってしまうんだろう。つきうごかされる。あのときのまま、そういつかの少年みたいに。はたらかないで、たらふく食べたい。ところで、ウダツってなんだ。世のなかをあまくみるのだ。

さて、出版までに時間がかかってしまったが、本書を執筆していたのは二年前。ちょうど第八章にさしかかったとき、安倍晋三銃撃事件がおこった。まさに一九〇九年一〇月、安重根が伊藤博文を撃ち、幸徳秋水が身を震わせていたところだ。わたしとしては、どうしてもこの二つの事件が重なってしまう。

もちろん、山上徹也も安重根もアナキストではないんだよ。思想的には「愛国」だろうか。それに安倍晋三についていえば、殺すというよりも、もっとぎゃふんといわせてやりたかった。秋水だったら、いままで人民を収奪してすみませんでしたとわび状を書かせるというだろうか。

だけど、すこしでも身を捨てて決起した二人におもいをよせてみれば、秋水とおなじようにビリビリと震えを感じざるをえない。ということで、この「おわりに」、まずは秋水の思想でいまの銃撃事件を論じるところからはじめてみよう。

命がけでボヤボヤしようぜ

安倍晋三が死んだ。暗殺された。山上徹也が散弾銃でふっとばしたのだ。アナキストのことばでいえば、「行動によるプロパガンダ」だろうか。プロパガンダといっても、その行動に政治的な宣伝効果があったからよいといっているのではない。結果として、旧統一教会がらみのはなしがメディアにとりあげられ、自民党の政治家たちがバッシングをうけたけれども、そこまですべて計算ずくで行動したわけではないだろう。

幸徳秋水だったら、「仁」ということばをつかうだろうか。目のまえでひとがたおれたら、われしらず手をさしのべてしまう。見返りはいらない。というか、相手ももとめていないかもしれない。だが、おせっかい上等だ。もとめられていなくてもたすけてしまう。その結果、だれにも感謝されないかもしれない。むしろ余計なお世話だとなじられるかもしれない。損しかしない。だが、そんなことを考えるまえに、無意識的に身体がうごいてしまう。自ずと発するかのように、そうしてしまうのだ。制御できない。「仁」とは、アナーキーの自発にほかならない。

ちなみに、自己犠牲ではない。いつだって犠牲は交換を前提にしている。だれかの命とひきかえに、ゲットしたいものがあるのだ。昔から為政者はいう。あなたがたの尊い自己犠牲によって、日本がまもられるのです。つきましては戦地へ、ゴー。特攻隊かよ。あるいは、過労死するまではたらいて、たくさん税をおさめてくださいと。みんなの利益になるから？　ひとの命が損得勘定にさらされる。やってられない。

秋水の「仁」はこれとはちがう。たすけたい。そうおもったら、われしらずだ。交換する自分なんてない。そしたら損も得もない。無償の生をいきる。その力が相互扶助となって人助けになることもあれば、蜂起となって爆発することもある。それでパッと死んでしまうこともあるかもしれない。なにも特別なことではない。死は日常にゴロゴロしている。むしろ究極の死があるとおもうから、そこに絶対的なものをみいだしてしまうのだ。命がけでボヤボヤしようぜ。みんな志士仁人だよ。

はなしをもどそう。山上徹也だ。ちまたには、自分とおなじように苦しんでいる宗教二世がいる。もうだれにもおなじおもいをさせたくない。なのに、いまだに旧統一教会は勢力をのばしつづけているし、自民党の政治家がそれを支援してやまない。がまんできない。われしらず決起だ。

そんなの、計算してやれることではない。身を捨ててたちあがる。なにも変えられないかもしれない。むしろ決起することで、世間から猛烈にたたかれて状況を悪化させてしまうかもしれない。そしたら、みんなからおまえのせいだとなじられるだろう。なにひとつ得することなんてない、損しかしない。だとしても、それでも手をさしのべてしまう、たちあがってしまうのだ。

あとさきなんて考えない。ときに生死にすらとらわれずに生きてしまう。なにものにも縛られない。アナーキー（無支配）の原理そのものだ。いまこの一瞬に狂い咲く。それをパッとやってのけてしまう。それをパッとやってのけたのだ。「身を殺して仁をなす」。そんなものにふれてしまったら、わたしの身体も震えてしまう。わたしもぼくも、われもわれもとわれをうしなってゆく。「行動によるプロパガンダ」だ。もともとプロパガンダとは「種をまく」という意味だから、こういいかえてもいいだろうか。そこかしこに無支配の種をぶっぱなせ。それがアナキズムの精神だ。

政府の無能は、統治の過剰

ところでこの数年、あらためておもっていたことがある。日本の統治がやたら過剰だということだ。政府がバシッとすごい政策をとったわけではない。だれもがおどろくようなテクノロジーを導入したわけでもない。まったくの逆だ。コロナ禍に、日本政府はマジでなにもしなかった。

ヨーロッパでは、ガツンとロックダウン。めっちゃ権力を発動して、行動制限はされたけどかわりにカネはもらえた。申請すれば、三日くらいで給与保障をしてもらえたのだ。一方で、台湾ではデジタル・テクノロジーを駆使して、みんなの行動をみんなで監視。どこに感染者がでているのか。スマホをみればすぐにわかるし、自宅待機中に外出すれば通報される。デジタル・デモクラシーだ。

もちろん、どっちも嫌なのだ。いくらカネをもらえても国家に絶対服従なんて、まっぴらごめんだ。国畜かよ。あるいは、みんなでみんなを統治するといっても、いつも他人の目を意識して、みずからすすんでみんなのことを考えるだなんて、いきぐるしいだけじゃないか。自発的服従だ。

ちなみに、日本はどっちもできなかった。緊急事態宣言はだしたけど効力はなかったし、カネはだすといったけど、何か月たっても振り込まれない。それに、台湾のマネでもしようとおもったのか、ＣＯＣＯＡという接触確認アプリを導入しようとしていたが、そもそもシステムの不具合でほとんどつかいものにならなかった。

そのかわりに当時、首相だった安倍晋三が総力をあげて実施したのがアベノマスク。滑稽なほどちっこい布マスクだ。しかもそれをくばるのに何か月もかかって、けっきょくとどかなかったひとも続出していた。なにがおこっていたのか。信じがたいほど、政府が無能だったのだ。正直、わたしは「無能」ということばが好きなので、お株をうばわれてしまってくやしかったのをおぼえている。

きっと、おおくのひとが政府の無能さをあざけったことだろう。わたしもそうだ。アベノマスクをおもいだすと、いまでもおもしろくてヒャハハと笑ってしまう。だがそれで日本は遅れているだとか、近代国家として未熟なのだといってバカにしていると、いつのまにか足元をすくわれてしまう。なにせカネもださないし、デジタル・テクノロジーもないのに、ヨーロッパや台湾とおなじくらい、もしくはそれ以上の統治がなされていたのだから。自粛ポリスだ。

不要不急の外出はひかえましょう。政府が無能なら、われわれこそが日本をまもらなければならない。みずからすすんで他人を監視し、とりしまってゆく。こんなたいへんなときに、みんなに迷惑をかけるやつらはウイルスだ。なにをやってもいい。駆除せよ。通報、通報、通報。アプリなど必要ない。人力じゃあ。

もしかしたら自粛ポリスというと、マスクをしないひとをぶん殴ったり、感染者がでたらその家に投石や落書きをしたりと、ひとにぎりのお騒がせ者だけだとおもわれてしまうかもしれないが、そうじゃない。マスコミもふくめて、かなりの人たちがすさまじく陰険な相互監視をやっていたとおもう。外にでるだけで、問われるのだ。あなたはなぜ外出しているのですか。うるせえよ。

国家がなにもしないからこそ、ほんらい国がすべきことを過剰にやる。それがうまいぐあいに被害者意識とかさなっていく。われわれはこんなにマジメにやっているのに、あいつらのせいで感染するんだよ。それなのにいまのお上はなにもしてくれない。ならば、われわれ国民がみずからの手で、よりよい国家をつくるしかない。

だが、そういって他人をとりしまればとりしまるほど、そこに労力をさいたものだから、やっぱり自分は犠牲をはらっているかのようにおもえてしまう。もっととりしまれ、もっともっと。どんどんエスカレートして、他人にいやがらせをしてハッピーになる。加害者のくせして、被害者のまねごと。国民運動のスパークだ。これはいったいなんなのか。政府の無能は、統治の過剰。

カルトじゃねえよ、神秘だよ

なぜ、こんなはなしをしたのか。戦前とほとんどかわっていないからだ。日露戦争のころをおもいだしてほしい。たとえば、日比谷焼討事件。日本もロシアも朝鮮を侵略したくて殺しあっていただけなのに、いざ戦争がながびいてめちゃくちゃ戦死者がでて、税金もひきあげられて苦しいおもいをしていると、いつのまにか自分たちが被害者におもえてくる。われわれはこんなに犠牲を強いられてきたのに、政府はロシアから賠償金もとれないのか。ああ、無能。

こうなったら、われわれの手でよりよい国家をつくりだすしかない。われわれはお上の命令をきくだけの臣民じゃないぞ。この国をささえている誇りたかい国民さまだ。犠牲のぶんだけ、権利をもとめよ。被害のぶんだけ、報いをうけさせよ。講和に反対。やつらの領土をうばいとれ。みんなの犠牲をとりもどすのだ。ディス・イズ・プライド。国民運動がスパークしてゆく。

もう一例くらいあげてみようか。一九二三年には関東大震災。このとき、朝鮮人虐殺があった。日本企業がやすい労働力ほしさに朝鮮から労働者をやといいれただけなのに、やつらはわれわれの仕事をうばいにきたのだ、領土をうばいにきたのだと被害妄想。あげくのはてに、この機にじょうじて内乱をおこそうとしているぞ、井戸に毒をいれたぞとウソをたれながした。それでいて、行政は機能不全。ならば、国民さまがやるしかない。自警団のハッスルだ。殺せ、殺せ、殺せ。何千人も殺戮していく。

しかもその国民さまの顔をたてるかのように、犯人逮捕はかたちだけ。翌年には皇太子ヒロヒトが結婚したというので、おおくは恩赦で放免だ。これがよりよいニッポンである。バンザイ。ふつうだったら政府の無能があきらかになれば、人心がはなれるだけのことだろう。だけど日本の場合、ずっとそうさせない力がはたらいてきた。むしろ異様にナショナリズムがあおられる。そのための権力装置がある。天皇制だ。

古代からよわい部族を攻めほろぼして侵略をくりかえしてきたのに、それが侵略とはよばれない。だって太古からこの大地も富も人民も、すべて神である天皇のものであり、それをまもってきたというのだから。いつも蛮族の侵略にさらされながら、日本をまもってきたのだといわれてしまう。

天皇は「犠牲者」のシンボルであり、その救世主なのだ。おのれの加害を絶対的な被害に転化せよ。それが国体とよばれ、国の信仰心そのものになり、国民道徳とよばれていく。どんなにひどいことをやっても、被害者ぶってマウントをとればいい。戦前から、それが統治の過剰をうみだしてきたのだとおもう。くたばれ、天皇制。

日露戦争のころから、秋水がドンパチをくりひろげてきたのはこれだったのだとおもう。国家は犠牲のシンボルをつくりあげ、贖罪という名の侵略をくりかえしていく。やつらの血で罪をつぐなわせるのだ。宗教かよ。

さいきん、旧統一教会がらみでカルトということばがはやっているが、カルトの語源はラテン語の「cultus」。「崇拝」という意味であり、「カルチャー」の語源のひとつでもある。犠牲者崇拝のものがたりだ。それが皇国神話であり、文化の起源である。統治はカルトであり、カルトは文化なのだ。

どうしたらいいか。秋水は日比谷焼打事件の群衆のなかにも、「国民」の殻をつきやぶる「民衆」のすがたをみていた。目のまえで、友だちが警官にめったうちにされている。おもわず警官を殴りつける。自分もとりおさえられて、ボコボコにされるかもしれない。自分が得することはない。友だちだってそんなこともとめていないかもしれない。なにひとつ見返りはない。だがそれでも手がでてしまうのだ。

しかもそんな光景をみていたら、だれもかれもが身体を震わせてしまう。われもわれもと、みしらぬひとが手をさしのべる。ハッシハッシと石つぶて。つぎは交番じゃあ。ワッショイ、ワッショイ。建物ごとひきたおす。だれのためでも、なんのためでもない。ましてや、国民の誇りなどない。暴動は無償だよ。

そのすこしまえ、ロシアでは民衆たちが戦争をとめようとして、殺されても殺されても、わが身かえりみずにたちあがっていた。血の日曜日。どこかのだれかが銃弾にたおれる。そうおもったら、われしらず街頭にでてしまうのだ。みんな戦争がキライ。愛と勇気だけが友だちさ。非戦は志士仁人なのだ。

せっかくなので、現代のはなしにもどしてみよう。どんなに統治が過剰であっても、そこからハミだしていく人たちはいくらでもいる。国家がなにもしないなら、ただ無視すればいい。外出するかどうかなんて、自分で考えればいい。あたりまえだ。おまえがきめろ。近所のだれかがコロナにかかったら、救援物資をもってまわってゆく。

もし行政も経済もとまったら、公園にでも食料をもちよってわけあえばいい。そのすがたをみたら衣料品や医薬品、われもわれもと必要だとおもうものをもってくる。相互扶助だ。それでもたりなければ、カネもちからうばいとってでもわけあってゆく。これをお食べよ。パンの略取じゃあ。

ギブ、ギブ、ギブ、ギブ、ギブ、ギブ。ギブ、ギブ、ギブ、ギブ、ギブ、ギブ。ギブ、ギブ、ギブ、ギブ、ギブ、ギブ。ギブ、ギブ、ギブ、ギブ、ギブ、ギブ。ギブ、ギブ、ギブ、ギブ、ギブ、ギブ。ギブ、ギブ、ギブ、ギブ、ギブ、ギブ。

ギブ、ギブ、ギブ、ギブ、ギブ、ギブ。ギブ、ギブ、ギブ、ギブ、ギブ、ギブ。ギブ、ギブ、ギブ、ギブ、ギブ、ギブ。ギブ、ギブ、ギブ、ギブ、ギブ、ギブ。ギブ、ギブ、ギブ、ギブ、ギブ、ギブ。ギブ、ギブ、ギブ、ギブ、ギブ、ギブ。

ギブ、ギブ、ギブ、ギブ、ギブ、ギブ。ギブ、ギブ、ギブ、ギブ、ギブ、ギブ。ギブ、ギブ、ギブ、ギブ、ギブ、ギブ。ギブ、ギブ、ギブ、ギブ、ギブ、ギブ。ギブ、ギブ、ギブ、ギブ、ギブ、ギブ。ギブ、ギブ、ギブ、ギブ、ギブ、ギブ。ギブ、ギブ、ギブ、ギブ、ギブ、ギブ。ギブ、ギブ、ギブ、ギブ、ギブ、ギブ。ギブ、ギブ、ギブ、ギブ、ギブ、ギブ、ギブ、ギブ、ギブ、ギブ、ギブ。ギブ、ギブ、ギブ、ギブ、ギブ、ギブ。ギブ、ギブ、ギブ、ギブ、ギブ、ギブ。ギブ、ギブ、ギブ、ギブ、ギブ、ギブ。ギブ、ギブ、ギブ、ギブ、ギブ、ギブ。ギブ、ギブ、ギブ、ギブ、ギブ、シャー。

なにがおこっているのか。「仁」の暴走だ。加害者を被害者にかえるカルトの統治。その犠牲と交換のロジックをヒョイととびこえるのだ。志士仁人に文化はない。しかしメリットもなにもないのであれば、わたしたちはそれをどうやって発動すればいいのだろうか。いざというときに、そんな行動をえらぶことができるのだろうか。

心配ご無用。だって、選択の余地などないのだから。自己の良心が宇宙のことわりに合致してゆく。だれもかれもが、まるで宇宙のさだめであるかのように手をさしのべてしまう。もう何億年もまえからきまっていたかのように決起してしまう。人類の未来は過去にあるのだ。ところで、宇宙ってなんだ。カルトじゃねえよ、神秘だよ。

そろそろ、おわりにしようか。ある日、過去の未来がよみがえる。遠い声がきこえてくる。「残しゆく我が二十《はたと》せの玉の緒を／百とせのちの君にささげむ[1]」。雷がおちる。美の痙攣がとまらない。わが身を被っていた「国民」の殻が割れてゆく。この身体が統治できないなにかにかわる。アナーキーは必然なのだ。懐かしい未来の革命を生きろ。神もなく主人もなく。文化なき人生をあゆんでゆきたい。がんばらなくっちゃ。

＊

さて、謝辞です。まずは山泉進さんに。学生時代からお世話になっているのですが、数年前、あらためて高知の夜を案内していただきました。たのしかったです。ありがとうございました。秋水の故郷、四万十市中村で活動されている「幸徳秋水を顕彰する会」のみなさんにも感謝を。とくに田中全さんの郷土愛にシビれました。秋水餅、最高！　そして、いつもながら五井健太郎さんにも。なんどもすばらしいアドバイスをいただきました。ありがとうございます。装丁をおひきうけいただいた成田圭祐さんにも。どんな表紙になるのか、いまからワクワクしています。

四万十市中村の風景　著者撮影

脚注

はじめに

（1）梅森直之「読書という病、魔酔する文」（『初期社会主義研究　特集：幸徳秋水』第一二号、一九九九年）。おすすめだ。「魔酔」については、また後述します。
（2）興味のあるかたは、フェリックス・ガタリ『分子革命』（杉村昌昭訳、法政大学出版局、一九八八年）をどうぞ。

第一章　暴動はケアだよ

（1）西川光二郎「足尾騒動詳報」（山泉進編『思想の海へ８　社会主義事始』社会評論社、一九九〇年）一四一頁。
（2）前掲、西川光二郎「足尾騒動詳報告」一四五頁。
（3）吉川守圀『荊逆星霜史』（青木文庫、一九五七年）一二五頁。
（4）「日本社会党大会に於ける幸徳秋水氏の演説」（『幸徳秋水全集　第六巻』幸徳秋水全集編集委員会編、明治文献、一九六八年）一五六〜一五七頁。
（5）前掲、「日本社会党大会に於ける幸徳秋水氏の演説」一五一頁。

（6）幸徳秋水「『革命』！」（『幸徳秋水全集　第六巻』幸徳秋水全集編集委員会編、明治文献、一九六八年）一四七頁。
（7）前掲、幸徳秋水「『革命』！」一四八頁。
（8）二村一夫『足尾暴動の史的分析』（東京大学出版会、一九八八年）を参照のこと。
（9）幸徳秋水「新美卯一郎宛書簡」（『幸徳秋水全集　第六巻』幸徳秋水全集編集委員会編、明治文献、一九六八年）四五七～四五八頁。

第二章　おーい、伝次郎

（1）中村の風土や秋水の親類縁者については、田中全『秋水を生んだ風土と人々』（田中全、二〇二〇年）、および田中全『わがふるさと中村』（田中全、二〇〇八年）を参考にした。
（2）師岡千恵子「風々雨々」（『幸徳秋水全集　別巻一』明治文献、一九七二年）五七頁。
（3）樋口真吉について知りたいかたは、南寿吉『幕末足軽物語　樋口真吉伝　完結編』（リーブル出版、二〇二一年）をどうぞ。
（4）幸徳家、安岡家の家系図をみたいかたは、『幸徳秋水全集　別巻二』（明治文献、一九七三年）をどうぞ。
（5）南極老星「雲のかげ」（『幸徳秋水全集　別巻一』明治文献、一九七二年）。
（6）岡崎てる「後のかたみ」二八～二九頁。
（7）用語解説だけしておきます。「鳳雛《ほうすう》」は将来を期待された子どものことで、孫たちをさしている。「侃母《かんぼ》」は厳しい母、祖母のこと、「緑髪」は若々しい黒髪を意味している。
(8)この点については、森田亜紀『芸術の中動態』(萌書房、二〇一三年)を参考にした。
(9)前掲、南極老星「雲のかげ」一三頁。
(10)前掲、南極老星「雲のかげ」一六頁。
(11)前掲、南極老星「雲のかげ」一五~一六頁。
(12)幸徳秋水「年譜」(『幸徳秋水全集　第九巻』)五八二頁。
(13)前掲、幸徳秋水「年譜」五八二頁。
(14)幸徳秋水「後のかたみ」(『幸徳秋水全集　第九巻』明治文献、一九六九年)。
(15)前掲、幸徳秋水「後のかたみ」二七頁。
(16)前掲、幸徳秋水「後のかたみ」二八頁。
(17)前掲、幸徳秋水「後のかたみ」二八~二九頁。
(18)前掲、幸徳秋水「後のかたみ」二九頁。
(19)前掲、幸徳秋水「後のかたみ」二五頁。
(20)前掲、幸徳秋水「後のかたみ」二九頁。
(21)酒枝義旗「幸徳先生と父義員」(『幸徳秋水全集　第九巻』附録、明治文献、一九六九年)。
(22)前掲、幸徳秋水「後のかたみ」二九~三〇頁。

（1）幸徳秋水「兆民先生行状記」（『幸徳秋水全集　第八巻』明治文献、一九七二年）一九頁。現在は、幸徳秋水『兆民先生　他八篇』（梅森直之校注、岩波文庫、二〇二三年）でも読むことができる。
（2）中江兆民「民約訳解」（『日本の名著36　中江兆民』河野健二編、中央公論社、一九八四年）一四五頁。
（3）前掲、中江兆民「民約訳解」一八五頁。
（4）中江兆民「君民共治の説」（『日本の名著36　中江兆民』河野健二編、中央公論社、一九八四年）七〇頁。
（5）幸徳秋水「後のかたみ」（『幸徳秋水全集　第九巻』明治文献、一九六九年）一七〜一九頁を参考にした。
（6）幸徳秋水「兆民先生」（『幸徳秋水全集　第八巻』明治文献、一九七二年）四〇〜四一頁。
（7）前掲、幸徳秋水「兆民先生」四一頁。
（8）中江兆民「無血虫の陳列場」（『日本の名著36　中江兆民』河野健二編、中央公論社、一九八四年）三四六頁。
（9）磯辺弥一郎述『国民英学会創立第三十周年回想録』（国民英学会出版局、一九一八年四月刊、非売品、国立国会図書館デジタルコレクションにて閲覧可）を参考にしている。なおこの資料をふくめ、国民英学会については、山泉進氏の講演会「幸徳秋水と翻訳」（二〇二一年一二月五日、高知県立文学館於）で教えていただいた。
（10）『明治二四年　東京遊学案内』（編述者・黒川文淵（安治）、発行者・山県順、発行所・少年園、一八九一年七月一日刊、国立国会図書館デジタルコレクションにて閲覧可）。
（11）前掲、幸徳秋水「兆民先生」六五頁。

（12）『荘子（上）』（池田知久訳、講談社学術文庫、二〇一四年）九八一頁。
（13）幸徳秋水「織物会社を観る」（『幸徳秋水全集　第一巻』明治文献、一九七〇年）二〇四頁。
（14）幸徳秋水「大森駅奉送記」（『幸徳秋水全集　第一巻』明治文献、一九七〇年）二〇八頁。
（15）田中全「西村ルイのこと　秋水最初の妻（一〜三）」（ブログ「幡多と中村から」）を参考にした。
（16）幸徳秋水「社会腐敗の原因と其救治」（『幸徳秋水全集　第二巻』明治文献、一九七〇年）一五〇頁。
（17）幸徳秋水「現今の政治社会と社会主義」（『幸徳秋水全集　第一巻』）二九一〜二九二頁。
（18）師岡千代子「風々雨々」（『幸徳秋水全集　別巻一』明治文献、一九七二年）をどうぞ。
（19）幸徳秋水「治安警察法案」（『幸徳秋水全集　第二巻』）二九七頁。
（20）前掲、幸徳秋水「兆民先生」七〇頁。
（21）幸徳秋水「自由党を祭る文」（『幸徳秋水全集　第二巻』）四二三頁。
（22）前掲、幸徳秋水「自由党を祭る文」四二四頁。
（23）前掲、幸徳秋水「自由党を祭る文」四二五頁。

第四章　わかっちゃいるけど、やめられない

（1）日清・日露戦争とその日本経済への影響については、石井寛治『日本の産業革命』（講談社学術文庫、二〇一二年）を参考にした。

（2）幸徳秋水「再び珍国問題を論ず」（『幸徳秋水全集　第一巻』明治文献、一九七〇年）五八八頁。署名は「いろは庵」。
（3）幸徳秋水「保全の妖術」（『幸徳秋水全集　第一巻』）六〇六頁。署名は「いろは庵」。
（4）幸徳秋水「二十世紀の怪物　帝国主義」（『幸徳秋水全集　第三巻』明治文献、一九六八年）一一七頁。本書の引用、および解釈については、幸徳秋水『帝国主義』（山泉進校注、岩波文庫、二〇〇四年）も参考にした。
（5）幸徳秋水「二十世紀の怪物　帝国主義」（『幸徳秋水全集　第三巻』）一一七頁。
（6）幸徳秋水「二十世紀の怪物　帝国主義」（『幸徳秋水全集　第三巻』）一二四頁。
（7）カール・シュミット『政治的なものの概念』（田中浩、原田武雄訳、未来社、一九七〇年）をどうぞ。
（8）幸徳秋水「二十世紀の怪物　帝国主義」（『幸徳秋水全集　第三巻』）一四三頁。
（9）幸徳秋水「二十世紀の怪物　帝国主義」（『幸徳秋水全集　第三巻』）一四三頁。
（10）幸徳秋水「二十世紀の怪物　帝国主義」（『幸徳秋水全集　第三巻』）一九六頁。
（11）これについては、幸徳秋水『帝国主義』（岩波文庫）に収録されている山泉進の「解説」を参考にした。
（12）ベン・ミドルトン「幸徳秋水と帝国主義」（『初期社会主義研究　第１２号』梅森直之訳、一九九九年）を参考にした。急進的自由主義という世界的な潮流のなかで、ロバートソンと秋水を比較した超イカした論文だ。
（13）田中正造については、『田中正造文集（１）鉱毒と政治』（由井正臣、小松裕編、岩波文庫、二〇〇四年）を参考にした。
（14）川俣事件については、布川了『要約　川俣事件』（「川俣事件百年祭」実行委員会、二〇〇〇年）を参考にした。
（15）幸徳秋水「臣民の請願権」（『幸徳秋水全集　第三巻』）三七五〜三七六頁。
（16）師岡千代子「雨々風々」（『幸徳秋水全集　別巻一』明治文献、一九七二年）を参考にした。おもしろい。

(17)幸徳秋水「夏草」(『幸徳秋水全集　第三巻』)二八八頁。
(18)神崎清『実録　幸徳秋水』(読売新聞社、一九七一年)の写真より。
(19)中江兆民「続一年有半」(『日本の名著36　中江兆民』中央公論社、一九八四年)四二二頁。
(20)木下尚江「幸徳秋水と僕」(『幸徳秋水全集　別巻一』明治文献、一九七二年)三五〇～三五一頁。
(21)安部磯雄「社会民主党宣言」(『思想の海へ8　社会主義事始』山泉進編、社会評論社、一九九〇年)二一七～二一八頁。
(22)この演説については、演説草稿「武士道論」(『幸徳秋水全集　別巻二』一九七三年)を参考にした。
(23)師岡千代子「風々雨々」(『幸徳秋水全集　別巻一』明治文献、一九七二年)一六四～一六五頁。
(24)以下、堺の半生については、堺利彦『堺利彦伝』(中公文庫、二〇一〇年)、および黒岩比佐子『パンとペン』(講談社、二〇一〇年)を参考にした。
(25)堺利彦「三十歳記」(『堺利彦全集　第一巻』法律文化社、一九七一年)三三一頁。
(26)堺利彦「我輩の根本思想」(『堺利彦全集　第二巻』法律文化社、一九七一年)一七七頁。
(27)堺利彦「我輩の根本思想」(『堺利彦全集　第二巻』法律文化社、一九七一年)一七八頁。
(28)リチャード・イリーは、アメリカの有名な経済学者。不公正な資本主義にたいし、政府の介入をもとめたことでしられている。
(29)この点については、山泉進『平民社の時代――非戦の源流』(論創社、二〇〇三年)を参考にした。
(30)堺利彦「三十歳記」(『堺利彦全集　第一巻』法律文化社、一九七一年)三六六頁。
(31)幸徳秋水「社会主義神髄」(『幸徳秋水全集　第四巻』明治文献、一九六八年)四八四～四八五頁。

(32)幸徳秋水「社会主義神髄」(『幸徳秋水全集　第四巻』)五一六頁。
(33)幸徳秋水「社会主義神髄」(『幸徳秋水全集　第四巻』)五一二頁。
(34)幸徳秋水「社会主義神髄」(『幸徳秋水全集　第四巻』)五一九頁。
(35)幸徳秋水「社会主義神髄」(『幸徳秋水全集　第四巻』)五一九頁。
(36)この読み下し文については、山泉進編『思想の海へ8　社会主義事始』(社会評論社、一九九〇年)六七頁を参考にした。
(37)幸徳秋水「社会主義神髄」(『幸徳秋水全集　第四巻』)五三五頁。
(38)久野収、鶴見俊輔『現代日本の思想』(岩波新書、一九五六年)一三二頁。
(39)在原業平の歌。ただ好きなので引用してみた。なにが神代《かみよ》の国だよ。この荒ぶる竜田川《たつたがわ》はそんなものふっとばしてしまうくらいの激流だぞ。この勢いで世界を真っ赤に染めてやる、という意味だ。
(40)堺利彦、幸徳秋水「退社の辞」(『幸徳秋水全集　第四巻』)三五六〜三五七頁。

第五章　もう非戦しかないもんね

(1)興味のあるかたは、岡林伸夫『ある明治社会主義者の肖像(山根吾一覚書)』(不二出版、二〇〇〇年)をどうぞ。
(2)荒畑寒村『寒村自伝(上)』(岩波文庫、一九七五年)八二頁。
(3)「宣言」(『幸徳秋水全集　第五巻』明治文献、一九六八年)一二三頁。

（4）この点については、山泉進『平民社の時代』（論創社、二〇〇三年）を参考にした。
（5）幸徳秋水「吾人は飽くまで戦争を非認す」（『幸徳秋水全集　第五巻』）六七頁。
（6）幸徳秋水「戦争来」（『幸徳秋水全集　第五巻』）八二頁。
（7）幸徳秋水「戦争来」（『幸徳秋水全集　第五巻』）八三頁。
（8）幸徳秋水「與露国社会党書」（『幸徳秋水全集　第五巻』）九六頁。
（9）幸徳秋水「露国社会党より」（『幸徳秋水全集　第五巻』）一八〇頁。
（10）幸徳秋水「戦争と新聞紙」（『幸徳秋水全集　第五巻』）九〇〜九一頁。
（11）幸徳秋水「嗚呼増税！」（『幸徳秋水全集　第五巻』）一〇二頁。
（12）幸徳秋水「嗚呼増税！」（『幸徳秋水全集　第五巻』）一〇四頁。
（13）幸徳秋水「籠城後の平民社」（『幸徳秋水全集　第五巻』）一四六頁。
（14）山川均『山川均自伝』（岩波書店、一九六一年）を参考にした。
（15）社会主義伝道行商については、荒畑寒村『寒村自伝（上）』（岩波文庫、一九七五年）、または荒畑寒村編『社会主義伝道行商日記』（新泉社、一九七一年）をどうぞ。
（16）静岡三人組については、小池喜孝『平民社農場の人びと』（徳間書店、一九八〇年）をどうぞ。おもしろい。
（17）渡辺政太郎については、多田茂治『大正アナキストの夢　渡辺政太郎とその時代』（皓星社、二〇二一年）をどうぞ。
（18）大杉栄「名古屋より」（『大杉栄全集　第一巻』ぱる出版、二〇一五年）三頁。
（19）幸徳秋水「トルストイ翁の非戦論を評す」（『幸徳秋水　第五巻』）二四二頁。

(20)マルクス、エンゲルス「共産党宣言」(幸徳秋水、堺利彦訳『幸徳秋水全集　第五巻』)四〇八頁。
(21)幸徳秋水「社会主義に対する迫害と其効果」(『幸徳秋水全集　第五巻』)三一五頁。
(22)幸徳秋水「社会主義に対する迫害と其効果」(『幸徳秋水全集　第五巻』)三一五頁。
(23)由井正雪《ゆいしょうせつ》は、江戸時代初期の軍学者。幕府転覆をもくろんだが、計画がもれて失敗。捕縛直前に自刃している。無念なり。
(24)佐倉惣五郎《さくらそうごろう》は、江戸時代初期の義民。藩の圧政を正すべく、四代将軍・家綱に直訴。これによって領民は救われたが、当時、直訴はご法度。惣五郎は磔にされ、妻と子供四人も処刑された。
(25)堺利彦「日本社会主義運動史話」(『堺利彦全集　第六巻』法律文化社、一九七〇年)二六八頁。
(26)幸徳秋水「アルバート・ジョンソン宛(一九〇五年八月一〇日)」(『幸徳秋水全集　第九巻』)二五四頁の英文を翻訳した。
(27)藤野裕子『民衆暴力』(中公新書、二〇二〇年)を参考にした。
(28)荒畑寒村『寒村自伝(上)』(岩波文庫、一九七五年)一六七頁。
(29)幸徳秋水「多数の力」(『幸徳秋水全集　第五巻』)五六四頁。

第六章　わけのわからぬ出会いに身をまかせたい

(1)幸徳秋水「渡米日記」(『幸徳秋水全集　第九巻』明治文献、一九六九年)一七〇〜一七一頁。

(2)幸徳秋水「渡米日記」(『幸徳秋水全集　第九巻』)一八〇頁。
(3)幸徳秋水「渡米日記」(『幸徳秋水全集　第九巻』)一八一頁。
(4)カール・ヨネダ「幸徳秋水の在米時代」(『幸徳秋水全集　第七巻』付録)。
(5)幸徳秋水「日米関係の将来」(『幸徳秋水全集　第六巻』明治文献、一九六八年)四八頁。
(6)幸徳秋水「日米関係の将来」(『幸徳秋水全集　第六巻』)五二頁。
(7)幸徳秋水「無政府共産制の実現」(『幸徳秋水全集　第六巻』)八四頁。
(8)「社会革命党宣言」(『幸徳秋水全集　第六巻』)九二頁。
(9)幸徳秋水「世界革命運動の潮流」(『幸徳秋水全集　第六巻』)一〇一頁。
(10)幸徳秋水「無政府党鎮圧」(『幸徳秋水全集　第六巻』)一〇六頁。
(11)このあたりの事情については、山泉進『平民社の時代　非戦の源流』(論創社、二〇〇三年)を参考にした。
(12)幸徳秋水「余が思想の変化」(『幸徳秋水全集　第六巻』)一四三頁。
(13)幸徳秋水「人民の中に」(『幸徳秋水全集　第六巻』)一六〇頁。
(14)幸徳秋水「人民の中に」(『幸徳秋水全集　第六巻』)一六一頁。
(15)アーノルド・ローレル「経済組織の未来」(幸徳秋水訳『幸徳秋水全集　第七巻』明治文献、一九六九年)六六頁。
(16)アーノルド・ローレル「経済組織の未来」(幸徳秋水訳『幸徳秋水全集　第七巻』)六七頁。
(17)『大逆事件を生きる　坂本清馬自伝』(大逆事件の真実をあきらかにする会編、一九七六年)四四頁。
(18)幸徳秋水「道徳論」(『幸徳秋水全集　第六巻』)三二四頁。

(19)秋水と中国の革命家の交流については、川上哲正「幸徳秋水のみた中国」(『初期社会主義研究』一九九九年、第一二号)を参考にした。
(20)景梅九『留日回顧　一中国アナキストの半生』(大高巌、波多野太郎訳、東洋文庫、一九六六年)一二二頁。
(21)興味のあるかたは、クロポトキン「アナキズムの道義」(『相互扶助再論』大窪一志訳、同時代社、二〇一二年)をどうぞ。
(22)章炳麟『章炳麟集　清末の民族革命思想』(西順蔵、近藤邦康編訳、一九九〇年、岩波文庫)三四七頁。
(23)幸徳秋水「水滸淦」(『幸徳秋水全集　第六巻』)三三二頁。
(24)「無政府党大会決議」(幸徳秋水訳『幸徳秋水全集　第六巻』)四二七頁。
(25)「無政府党大会決議」(『幸徳秋水全集　第六巻』)四三一頁。
(26)「無政府党大会決議」(『幸徳秋水全集　第六巻』)四三五頁。
(27)上山慧『神戸平民倶楽部と大逆事件』(風詠社、二〇二一年)を参考にした。
(28)上田穣一、岡本宏編著『大逆事件と「熊本評論」』(三一書房、一九八六年)を参考にした。
(29)幸徳秋水「別府より」(『幸徳秋水全集　第六巻』)三七六〜三七七頁。
(30)『高知新聞』(二〇二二年一月二四日)を参考にした。この手紙については現在、解説・訳　山泉進、田中ひかる、山本健三「クロポトキン・幸徳秋水往復書簡」(『初期社会主義研究　第三〇号』二〇二二年四月)で読むことができる。
(31)『高知新聞』(二〇二一年一一月二六日)より引用。

(32)クロポトキン「麺麭の略取」（幸徳秋水訳『幸徳秋水全集　第七巻』）一二三頁。
(33)クロポトキン「麺麭の略取」（幸徳秋水訳『幸徳秋水全集　第七巻』）一二二頁。
(34)クロポトキン「麺麭の略取」（幸徳秋水訳『幸徳秋水全集　第七巻』）一二三頁。
(35)クロポトキン「麺麭の略取」（幸徳秋水訳『幸徳秋水全集　第七巻』）一四四頁。
(36)クロポトキン「麺麭の略取」（幸徳秋水訳『幸徳秋水全集　第七巻』）一四五頁。
(37)クロポトキン「麺麭の略取」（幸徳秋水訳『幸徳秋水全集　第七巻』）一八八頁。
(38)幸徳秋水「新美卯一郎宛書簡」（『幸徳秋水全集　第六巻』）四五五頁。
(39)幸徳秋水「新美卯一郎宛書簡」（『幸徳秋水全集　第六巻』）四五六〜四五七頁。

第七章　がまんできない

(1)神崎清『革命伝説　大逆事件（第一巻）』（子どもの未来社、二〇一〇年）を参考にした。
(2)「我徒は暗殺主義の実行を主張す――日本皇帝睦仁君に与う」（『思想の海へ8　社会主義事始』山泉進編、社会評論社、一九九〇年）一九七頁。
(3)この漢詩のルビと意味については、神崎清『革命伝説　大逆事件（第一巻）』（子どもの未来社、二〇一〇年）二一〇頁を参考にした。
(4)大石誠之助については、おもに絲屋寿雄『大石誠之助　大逆事件の犠牲者』（濤書房、一九七一年）を参考にした。

(5)たとえば、柳広司『太平洋食堂』小学館文庫、二〇二三年)、嶽本あゆ美『嶽本あゆ美戯曲集　太平洋食堂』ハーベスト社、二〇一九年)。おもしろいよ。

(6)高木顕明については、大東仁『大逆の僧　高木顕明の真実』(風媒社、二〇一一年)を参考にした。それから現在、浄泉寺の服住職である山口淨華さんの『漫画・高木顕明』響流書房、二〇二一年)もおすすめだ。

(7)ここで参考にした高木顕明「余が社会主義」を読みたい方は、菱木政晴『極楽の人数』(白澤社、二〇一二年)をどうぞ。

(8)幸徳秋水「同志諸君」(『幸徳秋水全集　第六巻』明治文献、一九六八年)四六七頁。

(9)幸徳秋水「同志諸君へ」(『幸徳秋水全集　第六巻』)四六七頁。

(10)幸徳秋水「同志諸君へ」(『幸徳秋水全集　第六巻』)四六七頁。

(11)内山愚童については、おもに柏木隆法『大逆事件と内山愚童』(JCA出版、一九七九年)を参考にした。

(12)内山愚童「予は如何にして社会主義となりしか」(山泉進編『思想の海へ8　社会主義事始』社会評論社、一九九〇年)一〇八頁。

(13)幸徳秋水「同志諸君」(『幸徳秋水全集　第六巻』)四六七頁。

(14)幸徳秋水「一段落だ」(『幸徳秋水全集　第六巻』)四七〇頁。

(15)内山愚童「入獄紀念・無政府共産・革命」(柏木隆法『大逆事件と内山愚童』JCA出版、一九七九年)一九八頁。この資料については、池田浩士編『逆徒「大逆事件」の文学』(インパクト出版会、二〇一〇年)も参考にした。

(16)内山愚童「入獄紀念・無政府共産・革命」(柏木隆法『大逆事件と内山愚童』)二〇二頁。

(17)この日記については、神崎清『革命伝説　大逆事件（第二巻）』（子どもの未来社、二〇一〇年）五三～五四頁から引用した。
(18)『大逆事件を生きる　坂本清馬自伝』（大逆事件の真実をあきらかにする会編、新人物往来社、一九七六年）五三頁。
(19)『大逆事件を生きる　坂本清馬自伝』（大逆事件の真実をあきらかにする会編、新人物往来社、一九七六年）五七頁。
(20)『大逆事件を生きる　坂本清馬自伝』（大逆事件の真実をあきらかにする会編、新人物往来社、一九七六年）五七頁。
(21)幸徳秋水「論文の三要件」（『幸徳秋水全集　第六巻』）三四七頁。
(22)幸徳秋水「発刊の序」（『幸徳秋水全集　第六巻』）四七六頁。
(23)『管野須賀子全集　第三巻』（弘隆社、一九八四年）一三五頁。
(24)荒畑寒村『寒村自伝（上）』（岩波文庫、一九七五年）三〇二頁。
(25)幸徳秋水「大石誠之助宛（一九〇九年八月三日）」（『幸徳秋水全集　第九巻』）四四七～四四八頁。
(26)幸徳秋水「縁陰漫語」（『幸徳秋水全集　第六巻』）四八三頁。
(27)幸徳秋水「幸徳多治宛（一九〇九年九月一九日）」（『幸徳秋水全集　第九巻』）四六二頁。
(28)木村哲人『テロ爆弾の系譜』（三一書房、一九八九年）をどうぞ。
(29)幸徳秋水「フエレルに就きて」（『幸徳秋水全集　第六巻』）四九三～四九四頁。
(30)幸徳秋水「恭賦新年雪」（『幸徳秋水全集　第九巻』）四八〇頁。
(31)『管野須賀子全集　第三巻』（弘隆社、一九八四年）一五九頁。
(32)『管野須賀子全集　第三巻』（弘隆社、一九八四年）一六〇頁。

(33)『管野須賀子全集　第三巻』(弘隆社、一九八四年)一六一頁。

第八章　神もなく主人もなく

(1)幸徳秋水「安重根肖像絵葉書に題す」(『幸徳秋水全集　別巻二』明治文献、一九七三年)二〇一頁。
(2)田岡嶺雲「数奇伝(抄)」(『幸徳秋水全集　別巻一』明治文献、一九七二年)四二三頁。
(3)田岡嶺雲「数奇伝(抄)」(『幸徳秋水全集　別巻一』明治文献、一九七二年)四二三頁。
(4)塩田庄兵衛、渡辺順三編『秘録　大逆事件(上)』(春秋社、一九五九年)一〇二頁。
(5)書簡「横山勝太郎宛(一九一〇年六月九日)」『菅野須賀子集　第三巻』(弘隆社、一九八四年)一六四頁。
(6)この発見のいきさつについては、千葉県我孫子市のホームページにて、小林康達「大逆事件針文字書簡の発見」杉村楚人冠記念館講演会)の報告要旨を読むことができる。
(7)幸徳秋水「基督抹殺論」(『幸徳秋水全集　第八巻』明治文献、一九七四年)四七二頁。
(8)山泉進編『思想の海へ8　社会主義事始』(社会評論社、一九九〇年)三〇九頁。
(9)幸徳秋水「堺利彦宛(一九一〇年一二月一一日)」(『幸徳秋水全集　第九巻』明治文献、一九六九年)五四〇頁。
(10)猪股達也「出来事中心の世間縦横記」(『幸徳秋水全集　別巻一』明治文献、一九七二年)四四一頁。
(11)猪股達也「出来事中心の世間縦横記」(『幸徳秋水全集　別巻一』明治文献、一九七二年)四四一頁。
(12)幸徳秋水「獄中から三弁護人宛の陳弁書」(『幸徳秋水全集　第六巻』明治文献、一九六八年)五三七頁。

（13）幸徳秋水「獄中から三弁護人宛の陳弁書」（『幸徳秋水全集　第六巻』明治文献、一九六八年）五二二頁。
（14）幸徳秋水「獄中から三弁護人宛の陳弁書」（『幸徳秋水全集　第六巻』明治文献、一九六八年）五三六〜五三七頁。
（15）塩田庄兵衛、渡辺順三編『秘録　大逆事件（下）』（春秋社、一九五九年）一三七〜一三八頁。
（16）塩田庄兵衛、渡辺順三編『秘録　大逆事件（下）』（春秋社、一九五九年）一三七頁。
（17）『幸徳秋水全集　第八巻』（明治文献、一九七二年）五七三頁。
（18）幸徳秋水「死刑の前に」（『幸徳秋水全集　第六巻』明治文献、一九六八年）五四四頁。
（19）幸徳秋水「死刑の前に」（『幸徳秋水全集　第六巻』明治文献、一九六八年）五四六頁。
（20）幸徳秋水「死刑の前に」（『幸徳秋水全集　第六巻』明治文献、一九六八年）五四八頁。
（21）興味のあるかたは、ギュイヨー『義務も制裁もなき道徳』（長谷川進訳、岩波文庫、一九五四年）をどうぞ。
（22）坂本清馬『大逆事件を生きる　坂本清馬自伝』（新人物往来社、一九七六年）七六頁。
（23）大杉栄「春三月・・・」（『大杉栄全集　第一巻』ぱる出版、二〇一五年）三〇七頁。

おわりに

（1）管野須賀子の辞世の句だ。アーメン。

参考文献

著作、翻訳

『幸徳秋水全集（全九巻、別巻二巻、補巻一巻）』（幸徳秋水全集編集委員会、明治文献、一九六八〜一九七三年）

『幸徳秋水（日本の名著44）』（伊藤整編、中央公論社、一九八四年）

『幸徳秋水（平民社百年コレクション第一巻）』（山泉進編、論創社、二〇〇二年）

幸徳秋水『帝国主義』（山泉進校注、岩波文庫、二〇〇四年）

幸徳秋水『二十世紀の怪物　帝国主義』（山田博雄訳、光文社古典新訳文庫、二〇一五年）

幸徳秋水『社会主義神髄』（岩波文庫、一九五三年）

幸徳秋水『基督抹殺論』（岩波文庫、一九五四年）

幸徳秋水『現代語訳　幸徳秋水の基督抹殺論』（佐藤雅彦訳、鹿砦社、二〇一二年）

幸徳秋水『兆民先生　他八篇』（梅森直之校注、岩波文庫、二〇一三年）

幸徳秋水『平民主義（中公クラシックス）』（中央公論新社、二〇一四年）

クロポトキン『麺麭の略取』（幸徳秋水訳、岩波文庫、一九六〇年）

幸徳秋水のアナキズム入門

『孟子（全二巻）』（小林勝人訳、岩波文庫、一九六八年）

『荘子（全二巻）』（池田知久訳、講談社学術文庫、二〇一七年）

『陶淵明（ビギナーズ・クラシックス）』（釜谷武志訳、角川ソフィア文庫、二〇〇四年）

ピョートル・クロポトキン『〈新装〉増補改訂版　相互扶助論』（大杉栄訳、同時代社、二〇一七年）

ピョートル・クロポトキン『相互扶助再論　支え合う生命・支え合う社会』（大窪一志訳、同時代社、二〇一二年）

ギュイヨー『義務も制裁もなき道徳』（長谷川進訳、岩波文庫、一九五四年）

グスタフ・ランダウアー『懐疑と神秘思想　再生の世界認識』（大窪一志訳、同時代社、二〇二〇年）

田川健三『〈第二版　増補改訂版〉イエスという男』（作品社、二〇〇四年）

デヴィッド・グレーバー『負債論』（酒井隆史、高祖岩三郎、佐々木夏子訳、以文社、二〇一六年）

Peter Glassgold, *Anarchy! An Anthology of Emma Goldman's Mother Earth*, Counterpoint ; New, Expanded ed. edition (October 30, 2012)

評伝

社会経済労働研究所編『幸徳秋水評伝』（伊藤書店、一九四七年）

田中惣五郎『幸徳秋水　一革命家の思想と生涯』（理論社、一九五五年）
飛鳥井雅道『幸徳秋水　直接行動の源流』（中公新書、一九六九年）
神崎清『実録　幸徳秋水』（読売新聞社、一九七一年）
大河内一男『幸徳秋水と片山潜』（講談社現代文新書、一九七二年）
絲屋寿雄『幸徳秋水（人と思想51）』（清水書院、一九七三年）
フレッド・G・ノートヘルファー『幸徳秋水　日本の急進主義者の肖像』（竹山護夫訳、福村出版、一九八〇年）
坂本武人『幸徳秋水　明治社会主義の一頭星』（清水新書、一九八四年）
西尾陽太郎『幸徳秋水』（吉川弘文館、一九八七年）
塩田庄兵衛『幸徳秋水』（新日本新書、一九九三年）
木戸啓介『幸徳秋水その人と思想』（デジプロ、二〇一〇年）

時代背景をまなぼう

山泉進編『社会主義事始「明治」における直訳と自生（思想の海へ8）』（社会評論社、一九九〇年）
山泉進『平民社の時代　非戦の源流』（論創社、二〇〇三年）
梅森直之『初期社会主義の地形学　大杉栄とその時代』（有志舎、二〇一六年）
『平民新聞論説集』（林茂、西田長寿編、岩波文庫、一九六一年）
『初期社会主義研究　第一二号（特集：幸徳秋水）』（初期社会主義研究会、一九九九年）

『初期社会主義研究　第三〇号（特集：社会主義二〇〇年）』（初期社会主義研究会、二〇二二年）
田中全『秋水を生んだ風土と人々』（田中全、二〇二〇年）
久野収、鶴見俊輔『現代日本の思想』（岩波新書、一九五六年）
安丸良夫『神々の明治維新　神仏分離と廃仏毀釈』（岩波新書、一九七九年）
石井寛治『日本の産業革命』（講談社学術文庫、二〇一二年）
二村一夫『足尾暴動の史的分析　鉱山労働者の社会史』（東京大学出版会、一九八八年）
藤野裕子『民衆暴力　一揆・暴動・虐殺の日本近代』（中公新書、二〇二〇年）

大逆事件ってなんですか？

神崎清『革命伝説　大逆事件（全四巻）』（子どもの未来社、二〇一〇年）
塩田庄兵衛、渡辺順三編『秘録大逆事件（全二巻）』（春秋社、一九五九年）
大原慧『幸徳秋水の思想と大逆事件』（青木書店、一九七七年）
田中伸尚『大逆事件　死と生の群像』（岩波現代文庫、二〇一八年）
高澤秀次『文学者たちの大逆事件と韓国併合』（平凡社新書、二〇一一年）
山泉進編『大逆事件の言説空間』（論創社、二〇〇七年）
池田浩士編『逆徒「大逆事件」の文学』（インパクト出版会、二〇一〇年）

幸徳秋水と愉快な仲間たち

『中江兆民（日本の名著36）』（河野健二編、中央公論社、一九八四年）
田中正造『田中正造文集（全二巻）』（由井正臣、小松裕編、岩波文庫、二〇〇四年）
『堺利彦全集（全六巻）』（川口武彦編、法律文化社、一九七〇～一九七一年）
黒岩比佐子『パンとペン　社会主義者・堺利彦と「売文社」の闘い』（講談社文庫、二〇一三年）
『大杉栄全集（全一三巻）』（大杉栄全集編集委員会、ぱる出版、二〇一四～二〇一六年）
冨坂敦『大杉栄年譜』（ぱる出版、二〇二一年）
栗原康『大杉栄伝　永遠のアナキズム』（角川ソフィア文庫、二〇二一年）
『石川三四郎著作集』（全八巻）』（青土社、一九七七～一九七九年）
大澤正道『石川三四郎　魂の導師』（虹霓社、二〇二〇年）
荒畑寒村『寒村自伝（全二巻）』（岩波文庫、一九七五年）
吉川守圀『荊逆星霜史』（青木書店、一九五七年）
小池喜孝『平民社農場の人びと　明治社会主義者のロマンと生きざま』（現代史出版会、一九八〇年）
多田茂治『大正アナキストの夢　渡辺政太郎とその時代』（皓星社、二〇二〇年）
景梅九『留日回顧　中国アナキストの半生』（東洋文庫、一九八九年）
嵯峨隆『近代中国の革命幻影　劉師培の思想と生涯』（研文出版、一九九六年）
章炳麟『章炳麟集　清末の民族革命思想』（西順蔵、近藤邦康訳、岩波文庫、一九九〇年）

『管野須賀子全集（全三巻）』（清水卯之助編、弘隆社、一九八四年）
瀬戸内寂聴『遠い声　管野須賀子』（岩波現代文庫、二〇二〇年）
田中伸尚『飾らず、偽らず、欺かず　管野須賀子と伊藤野枝』（岩波書店、二〇一六年）
坂本清馬『大逆事件を生きる　坂本清馬自伝』（新人物往来社、一九七六年）
鎌田慧『残夢　大逆事件を生き抜いた坂本清馬の生涯』（講談社文庫、二〇一五年）
吉岡金市『森近運平　大逆事件の最もいたましい犠牲者』（日本文教出版株式会社、一九六一年）
絲屋寿雄『大石誠之助　大逆事件の犠牲者』（濤書房、一九七一年）
柳博司『太平洋食堂』（小学館、二〇二〇年）
柏木隆法『大逆事件と内山愚童』（ＪＣＡ出版、一九七九年）
大東仁『大逆の僧　高木顕明の真実　真宗僧侶と大逆事件』（風媒社、二〇一一年）
山口浄華『漫画・高木顕明　国家と差別に抗った僧侶』（響流書房、二〇二一年）
田中伸尚『囚われた若き僧　峰尾節堂　未決の大逆事件と現代』（岩波書店、二〇一八年）
上田穣一、岡本宏『大逆事件と熊本評論』（三一書房、一九八六年）
上山慧『神戸平民倶楽部と大逆事件　岡林寅松と小松丑治』（風詠社、二〇二二年）

幸徳秋水　略年譜

一八七一年（〇歳）
一一月五日、高知県幡多郡中村町（現、四万十市）でうまれる。翌年九月、お父さんの篤明が病死。

一八七六年（五歳）
一〇月、神風連の乱で、熊本県令だったおじの安岡良亮が殺される。一二月、中村小学校に入学。

一八七九年（八歳）
木戸明の修明舎でまなぶ。翌年九月、中村中学校に入学。

一八八五年（一四歳）
八月、中村中学校が台風で倒壊。そのまま廃校に。ガーン。一二月、中村にやってきた自由党の林有造を訪問。かっこいい。

一八八六年（一五歳）
二月、中村で板垣退助歓迎会。諸君、体をきたえたまえ。同月、高知中学に進学。木戸明の遊焉義塾に寄宿させてもらう。牢獄みたいでつらい。病気でくるしむ。

一八八七年（一六歳）
六月、中学の進級試験に落第。いちど帰省。八月、家出。いざ花の都大東京へ。林有造の書生になる。一二月、保安条例で東京追放。泣きながら家にかえった。

一八八八年（一七歳）
一一月、ふたたび家出。大阪へ。中江兆民の玄関番になる。

一八八九年（一八歳）
一〇月、兆民一家といっしょに東京へ。翌年六月、体調をくずし、しばらく帰郷。

一八九一年（二〇歳）
四月、ふたたび上京。兆民一家と同居。個室がなくておちつかないので、おじ、小野道一の家へ。おじさんが口うるさいので、親からカネをもらってはじめてのひとり暮らし。六月、国民英学校に入学。

一八九三年（二二歳）

三月、国民英学校を卒業。九月、『自由新聞』に入社。しかし翌年の年末には経営難でつぶれてしまう。無念。

一八九五年（二四歳）

五月、『中央新聞』に入社。社会派ジャーナリスト、秋水の誕生だ。

一八九六年（二五歳）

東京の家に母、多治をむかえる。西村ルイと結婚するもすぐに離縁。ひどいよ。

一八九七年（二六歳）

この年のはじめ、安岡雄吉から社会主義の話をきく。四月に発足した社会問題研究会に参加。

一八九八年（二七歳）

二月、『中央新聞』をやめる。大キライな伊藤博文に買収されたためだ。かわりに『万朝報』へ。一一月、社会主義研究会にはいる。

一八九九年（二八歳）

七月、師岡千代子と結婚。

一九〇〇年（二九歳）

八月、『万朝報』で「自由党を祭る文」を発表。自由民権を夢みたあなたへ。おまえはもう死んでいる。

一九〇一年（三〇歳）

四月、『二十世紀の怪物　帝国主義』を刊行。初単著、おめでとう。五月、社会民主党を結成するが、すぐに結成禁止。七月、黒岩涙香のよびかけで「理想団」結成。秋水も参加している。一一月、田中正造にたのまれて、直訴文を起草。一二月、正造は直訴するも失敗。くやしいです。同月、中江兆民が病死。ううっ、先生！

一九〇三年（三二歳）
七月、『社会主義神髄』を刊行。革命は天なり。一〇月、『万朝報』が日露戦争の主戦論にかたむく。秋水は内村鑑三、堺利彦とともに退社。一一月、堺とともに有楽町に平民社をかまえる。週刊『平民新聞』発刊。絶対非戦だ。

一九〇四年（三三歳）
三月、週刊『平民新聞』にのせた「嗚呼増税！」で、新聞紙条例違反。堺が禁固二か月をくらう。一一月、石川三四郎の「小学校教師に告ぐ」で、秋水も五か月の禁固刑。同月、堺とふたりで「共産党宣言」を訳出。これも発行人の西川光二郎ともども秋水、堺の三人にそれぞれ罰金刑八〇円。社会主義協会にも解散命令がくだされる。

一九〇五年（三四歳）
一月、週刊『平民新聞』を廃刊。二月、巣鴨監獄に入獄。さむい。お腹がいたい。七月に出獄。死ぬかとおもった。九月、週刊『平民新聞』の後継誌、『直言』が廃刊。一〇月には平民社を解散している。一一月、渡米。一二月、サンフランシスコに到着。アナキストだったフリッチ夫人の家でお世話になる。選挙無用、治者暗殺のおしえをさずかる。

一九〇六年（三五歳）
四月、サンフランシスコ大地震。災害後、行政も企業も機能停止。民衆自身がたすけあう。いまここにある無政府共産制だ。六月、オークランドで社会革命党をたちあげる。同月、帰国。日本社会党の演説会で「世界革命運動の潮流」。議会はいらない。労働者の解放は労働者自身の手によるものでなければならない。拳、拳、拳。直接行動をあおりまくる。

一九〇七年（三六歳）
一月、日刊『平民新聞』を発刊。二月、足尾暴動。日本社会党の第二回大会で、田添鉄二と論争。同月、日本社会党が結社禁止処分。四月には、日刊『平民新聞』を廃刊。八月、九段下のユニバリスト教会で社会主義夏期講習会。同月末、中国の革命家も社会主義講習会をひらく。秋水は講師。九月、堺や大杉とともに金曜会をたちあげる。一〇月、いったん帰郷。

一九〇八年（三七歳）

六月、赤旗事件。サカイヤラレタスグカエレ。七月、中村を出発。和歌山県新宮にとどまり、大石誠之助たちと交流。熊野川で舟遊び。八月、箱根の内山愚童をたずねる。アヒルを食べた。上京し、赤旗事件の第一回公判を傍聴。秋水は柏木（現、新宿）に家をかりて平民社の表札をかける。九月、巣鴨にひっこし。愚童の訪問。秘密出版『無政府共産』への協力をもとめられる。ことわった。愚童は自力で出版配布。愛知でうけとった宮下が大感動。一一月、大石の来訪。秋水に余命宣告。誤診だ。その後、みんなで革命放談。同月、松尾卯一郎の訪問。一二月、クロポトキン『麺麭の略取』を秘密出版。翌年、出版許可申請をするが罰金刑をくらう。

一九〇九年（三八歳）

一月、妻の千代子が上京。二月、長野から新村忠雄やってくる。巣鴨平民社に同居。同月、愛知から宮下の来訪。天皇を爆破しようよ。秋水、ことわる。宮下はひとり黙々と爆弾をつくる。三月、千代子と離婚。同月、千駄木にひっこし。管野須賀子と新村の三人で同居した。まもなく新村は薬局生として新宮の大石のもとへ。五月、管野とともに雑誌『自由思想』創刊号を発刊。即発禁。このころふたりは恋仲になる。仲間うちでボロクソにいわれた。うるせえよ。六月、『自由思想』第二号を発刊。即発禁。七月、病床の管野が強引に拘束される。九月、管野がぜんぶで六四〇円の罰金刑。はらえなければ一〇〇日の換金刑だ。チキショー。一〇月、奥宮健之から爆弾の製造法をきき、それを宮下につたえた。まもなく管野が脳充血で卒倒。一一月、秋水は病床の管野に暗殺はいそがなくてもよいと告げる。本がかきたい。そのかんにも宮下、爆弾実験に成功。

一九一〇年（三九歳）

元日、宮下太吉がやってくる。みんなでおせち。爆弾をなげる練習をした。秋水は気がのらない。なのに同月、「爆弾を飛ぶよと見てし初夢は千代田の松の雪折れの音」とざれ歌をよむ。三月、千駄ヶ谷平民社を解散。管野をつれて湯河原の天野屋旅館へ。あてにしていた『戦国史』のはなしがなくなる。秋水は『基督抹殺論』の執筆。五月、管野はひとり上京。新村、古河力作とくじ引きで爆弾をなげる順番をきめる。その後、管野は出頭し、一〇〇日の換金刑へ。五月二五日、長野で宮下が逮捕。同日、やはり長野に帰省していた新村も逮捕。六月一日、上京しようとしていた秋水も湯河原で逮捕される。東京監獄に護送。大逆罪で起訴された。一一月九日、予審終了。接見通信の禁止がとかれたので『基督抹殺論』を脱稿。死後に出版される。一一月二七日、母の多治が上京、面会。わが子よ。一二月一〇日、公判開始。一二月二二日、秋水は火を吐くような弁論をくりひろげる。一二月二八日、郷里で多治が病没。おお、マザー。一二月二九日、審理終了。

一九一一年

一月一八日、判決。秋水をふくめ、二四名に死刑宣告。ごきげんよう、さようなら。無政府党バンザイ。翌日、一二名に恩赦がくだされ、無期懲役になる。むろん秋水に恩赦はない。一月二四日、午前八時六分に死刑執行。三九歳で昇天だ。翌日、遺体は落合火葬場で荼毘にふされる。二月七日、故郷、中村の正福寺に遺骨を埋葬。あばよ、秋水。

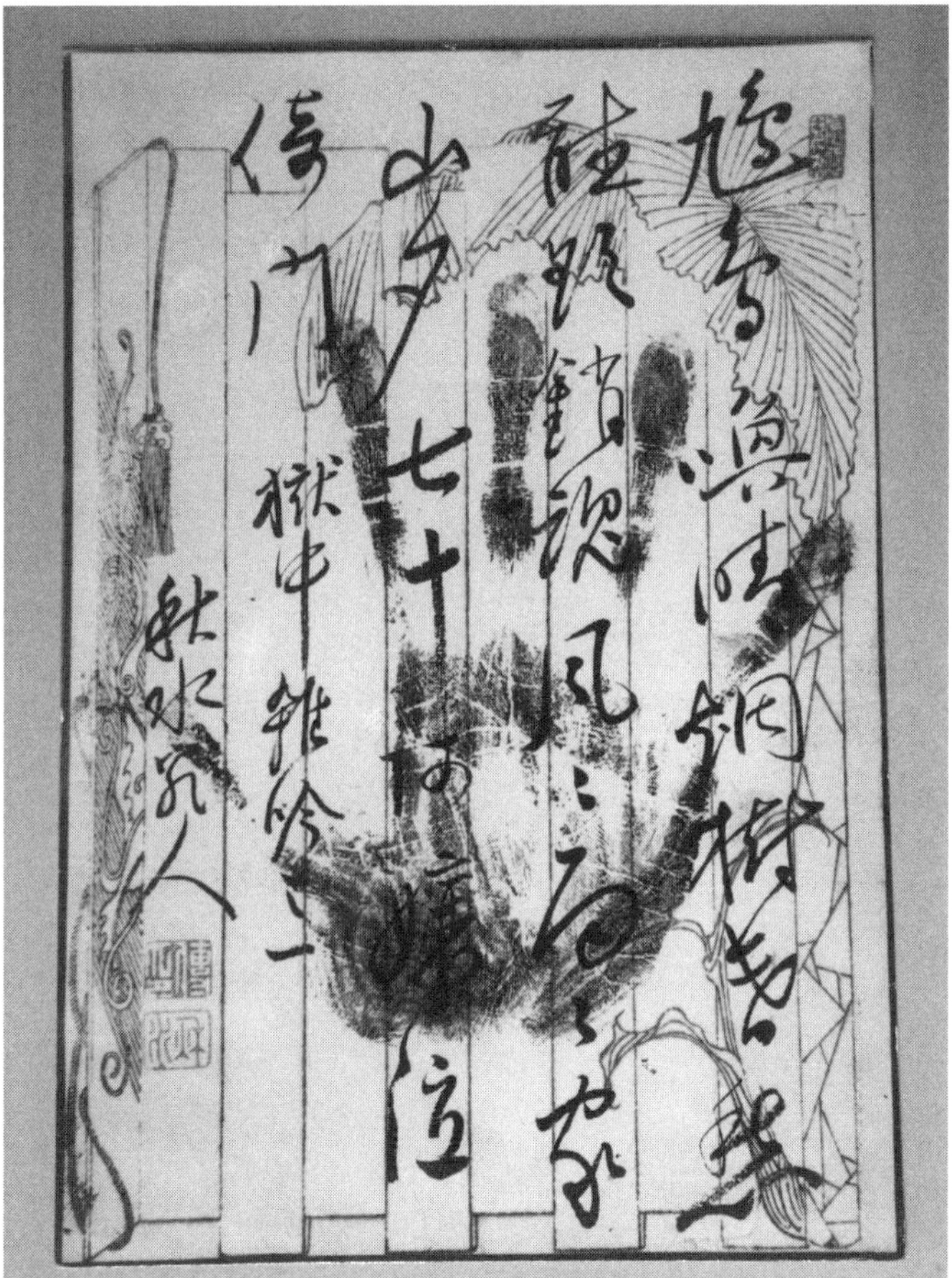

明治43年11月10日　市ヶ谷監獄から母多治宛書簡
「鳩鳥喚晴烟樹昏　愁聴點滴欲消魂　風風雨雨家山夕　七十阿嬢泣倚門」
（現代語訳）
鳩が鳴くと晴れるものだが、暗くて樹木がかすんでみえる
雨音を聴いていると、いまにも魂が消えてしまいそうで悲しい
なぜなら雨の日も風の日も、夕暮れどきになるとふるさとでは
七〇になる母が門のまえで泣いているからだ

成石平四郎
幸徳秋水
新見

大逆事件で死刑となった12名
上段左から、新村忠雄、大石誠之助、奥宮健之、森近運平、
中段左から、松尾卯一太、宮下太吉、幸徳秋水、成石平四郎、内山愚童、
下段左から、古河力作、管野須賀子、新美卯一郎

栗原康（くりはらやすし）

1979年埼玉県生まれ。早稲田大学政治学研究科・博士後期課程満期退学。東北芸術工科大学非常勤講師。専門はアナキズム研究。

『大杉栄伝』（夜光社／角川ソフィア文庫）にて、第5回「いける本大賞」受賞。2017年、池田晶子記念「わたくし、つまりNobody賞」受賞。

単著：『G8サミット体制とはなにか』（以文社）、『はたらかないで、たらふく食べたい』（タバブックス／ちくま文庫）、『現代暴力論』（角川新書）、『村に火をつけ、白痴になれ』（岩波現代文庫）、『死してなお踊れ』（河出文庫）、『無支配の哲学』（角川新書）、『アナキズム』（岩波新書）、『執念深い貧乏性』（文藝春秋）、『奨学金なんかこわくない！』（新評論）、『アナキスト本を読む』（新評論）、『サボる哲学』（ＮＨＫ出版新書）、『超人ナイチンゲール』（医学書院）など。

編著：『日本のテロ』（河出書房新社）、『狂い咲け、フリーダム』（ちくま文庫）、『大杉栄セレクション』（平凡社ライブラリー）、『伊藤野枝セレクション』（平凡社ライブラリー）など。

共著：『菊とギロチン』（原作：瀬々敬久、相澤虎之助、タバブックス）、『経済徴兵制をぶっ潰せ！』（岩波ブックレット）、『文明の恐怖に直面したら読む本』（白石嘉治との対談、Ｐヴァイン）、『半島論』（響文社）、『平成遺産』（淡交社）、『統べるもの／叛くもの』（新教出版社）、『思想としてのアナキズム』（以文社）など。

ビール、長渕剛、河内音頭が好き。

幸徳秋水伝——無政府主義者宣言

2024年9月18日　第一刷発行

著　者　栗原康
装　幀　成田圭祐
画像提供　アナキズム文献センター
発行者　川人寧幸
発行所　夜光社
〒145-0071 大田区田調布 4-42-24
電話 03-6715-6121　FAX03-3721-1922
Yakosha 4-42-24, Den'en-Chofu, Ota-ku,
Tokyo, Japan 145-0071
http://www.yakosha.tsubamebook.com
booksyakosha@gmail.com

印刷製本　シナノ書籍印刷

ISBN978-4-906944-23-1　Printed in Japan